Romancero castellano; ó, Coleccion de antiguos romances populares de los españoles, publicada con una introduccion y notas; nueva edicion, con las notas de Antonio Alcala-Galiano

Georg Bernhard Depping, Antonio Alcalá Galiano

ROMANCERO CASTELLANO.

TOMO SEGUNDO.

ROMANCERO CASTELLANO,

ó

COLECCION

DE ANTIGUOS ROMANCES POPULARES DE LOS ESPAÑOLES,

PUBLICADA

CON UNA INTRODUCCION Y NOTAS

POR

G. B. DEPPING.

George Bernhard

NUEVA EDICION,

CON LAS NOTAS

DE

DON ANTONIO ALCALA - GALIANO.

TOMO SEGUNDO.

LEIPSIQUE:
F. A. BROCKHAUS.
1844.

CONTENIDO DEL TOMO SEGUNDO.

ROMANCES CABALLERESCOS.

ROMANCES MORISCOS.

ROMANCES SOBRE VARIOS ASUNTOS.

CONTENIDO DEL TOMO SEGUNDO. IX

ROMANCES CABALLERESCOS.

1.

Herida que recibe Don Tristan de mano del rey, su tio, celoso de él. Va á verse con él la reina y le acaricia. Fatales resultas de sus vistas.

Ferido está Don Tristan
De una muy mala lanzada;
Diérasela el rey, su tio,
Que celoso dél estaba.

El fierro tiene en el cuerpo,
De fuera le tiembla el hasta.
Valo á ver la reina Iseo
Por la su desdicha mala.

Júntanse boca con boca
Como palomillas mansas;
Llora el uno, llora el otro,
La cama bañan en agua.

Alli nace un arboledo,
Que azucena se llamaba;
Cualquier muger que la come
Luego se siente preñada.
Comióla la reina Iseo
Por la su desdicha mala.

De Tristan no hay otro romance mas que este sacado del libro viejo de caballería que lleva su nombre, y que ha sido traducido en varias lenguas. Y aun este romance pinta una accion y no mas. **D.**

Bien puede añadirse que el romance parece incompleto, quedando por demas obscura aun la sola y corta accion en él referida. **A. G.**

ROMANCES SOBRE AMADIS.

2.

Píntase á Amadis de Gaula en la selva, enfermo de cuerpo y alma, desaliñado, y llegando á quedar amortecido con las penas que le causaron sus amores.

En la selva está Amadis,
El leal enamorado;
Tal vida estaba haciendo,
Cual nunca hizo Cristiano.

Cilicio trae vestido
Á sus carnes apretado;
Con disciplinas destruye
Su cuerpo muy delicado.

Llagado de las heridas,
Y en su señora pensando,
No se conoce en su gesto,
Segun lo trae delgado.

De ayunos y de abstinencias
Andaba debilitado;

La barba trae crecida,
Deste mundo se ha apartado.

Las rodillas tiene en tierra,
Y en su corazon echado,
Con gran humildad os pide
Perdon, si habia errado.

Al alto Dios poderoso
Por testigo ha publicado,
Y acordádosele habia
Del amor suyo pasado,
Que asi le derribó
De su sentido y estado.

Con estas grandes pasiones
Amortecido ha quedado
El mas leal amador
Que en el mundo fue hallado.

¿ Quien no conoce á Amadis, el fiel amador, y la penitencia que le fue impuesta por su querida Oriana ? En el Cancionero general de 1577 hay un poema bastante largo sobre la tal penitencia, hecha en el lugar llamado la Peña Pobre. **D.**

3.

Concluida su penitencia en la Peña Pobre, pasa Amadis á verse con su señora Oriana, la cual le recibe amorosa. Ternezas y gozo de ambos amantes.

Despues que el muy esforzado
Amadis, que fue de Gaula,
Por mandado de su señora,
La hermosa Oriana,

Partió de la Peña Pobre,
Do la doncella lo hallara,
Vínose á Miraflores,
Adonde Oriana estaba,

Puesta en muy grande cuita
Por aquel que tanto amaba,
Tan lastimada y tan triste,
Que la vida le faltara,

Si no fuera por Mabilia,
Que mucho la consolaba.
Cuando se vieron los dos,
Los dos que tanto se amaban,

No hay quien contar pudiese
La gloria de que gozaban,
Abrazados por gran rato,
Que ninguno se hablaba;

Trasportados del dulzor
Que su vista les causaba,
Como aquellos que el amor
Por igual los sojuzgaba.

En cabo de un gran rato
Cada uno en sí tornaba,
Y con muy grande alegría
El uno al otro hablaba,

Contando las graves penas
Que el ausencia les causaba;
Mas si congojas pasaron,
En placer se les tornara.

ROMANCES SOBRE LANZAROTE.

4.

Comienza la historia de Lanzarote. Refiérese lo que le ocurrió con unas damas y con un hermitaño acerca de ir en busca de un ciervo de pie blanco, el cual era hijo encantado de un rey. Hácese mencion de la dueña Quintañona.

Tres hijuelos habia el rey,
Tres hijuelos, que no mas;
Por enojo que hubo dellos,
Todos maldito los ha.

El uno se tornó ciervo,
El otro se torna can,
El otro, que se hizo Moro,
Pasa las aguas del mar.

Andábase Lanzarote
Entre las damas holgando.
Grandes voces dió la una:
„¡Caballero, estad parado!

„¡Si fuese la mi ventura,
Cumplido fuese mi hado,
Que yo casase con vos,
Y vos comigo de grado,

„Y me diésedes en arras
Aquel ciervo del pie blanco!"
„Dároslo he yo, mi Señora,
De corazon y de grado.

„¡Si supiese yo las tierras
Donde el ciervo era criado!"
Ya cabalga Lanzarote,
Ya cabalga, y va su via.

Delante de sí llevaba
Los sabuesos por la trailla;
Llegado habia á una hermita,
Donde un hermitano habia.

„¡Dios te salve, el hombre bueno!"
„¡Buena sea tu venida!
Cazador me pareceis
En los sabuesos que trais."

„Dígasme tú, el hermitano,
Tú, que haces santa vida:
¿Ese ciervo del pie blanco
Donde hace su manida?"

„Quedaos aqui, mi hijo,
Hasta que sea de dia;
Contaros he lo que ví,
Y todo lo que sabia."

„Por aqui pasó esta noche
Dos horas antes el dia,
Siete leones con él,
Y una leona parida.

„Siete condes deja muertos,
Y mucha caballería.
¡Siempre Dios te guarde, hijo,
Por doquier que fuer tu ida!

„Que quien acá te envió,
No te queria dar la vida.
¡Ay, dueña de Quintañones,
De mal fuego seas ardida!
Que tan buen caballero
Por tí ha perdido la vida."

5.

Obsequios que recibe Lanzarote, cuidado por dueñas y doncellas y princesas, asistido por la dueña Quintañona, y admitido al trato amoroso de la reina Ginebra. Informado por esta de las jactancias de cierto caballero, solo llamado el Orgulloso, Lanzarote va contra él, y le vence, mata, y corta la cabeza.

Nunca fuera Caballero
De damas tan bien servido,
Como fuera Lanzarote,
Cuando de Bretaña vino;

Que dueñas curaban dél,
Doncellas de su rocino,
Esa dueña Quintañona,
Esa le escanciaba el vino.

La linda reina Ginebra
Se lo acostaba consigo,
Y estando al mejor sabor,
Que sueño no habia dormido.

La reina toda turbada
Un pleito ha conmovido:
„Lanzarote, Lanzarote,
Si antes hubieras venido,
No hablara el Orgulloso
Las palabras que habia dicho:

„Que á pesar de vos, Señor,
Se acostaria comigo."
Ya se arma Lanzarote,
De gran pesar conmovido.

Despídese de su amiga,
Pregunta por el camino;
Topó con el Orgulloso
Debajo de un verde pino.

Combátense de las lanzas,
Á las hachas han venido;
Ya desmaya el Orgulloso,
Ya cae en tierra tendido.

Cortárale la cabeza
Sin hacer ningun partido;
Vuélvese para su amiga,
Donde fue bien recibido.

Lanzarote del lago es harto conocido por los cuentos de la tabla redonda. Los dos romances aqui insertos, que de él tratan, deben de ser antiguísimos, y mas todavía que el segundo el primero. **D.**

ROMANCE SOBRE EL CONDE DIRLOS.

6.

Refiérese la historia del conde Dirlos, su partida á guerrear con
el rey moro Aliarde, su separacion de la hermosa condesa, con
quien estaba recien casado, las honras que recibe del emperador y
los doce Pares, como confía su esposa al conde Don Beltran,
su tio, y al Infante Gaiferos, y lo que dispone de su muger y
tierras durante su ausencia, y en caso de su fallecimiento en
tierra extraña y lejana. Cuéntase su tristeza durante su expe-
dicion, y como venció y usó de la victoria. Añádese como tras
de larga ausencia volvió á Francia, y que encontró casada
á su muger, á la cual engañaron falsas nuevas de su muerte;
pero que, sabido ser él vivo, andaba la corte dividida en bandos
sobre volverle su esposa y tierras. Conducta acertada del conde
en tal apuro, y buen suceso que tuvo, recobrando á su consorte
sin mancha, y con ella su honra y hacienda.

Estábase el conde Dirlos,
Sobrino de Don Beltrane,
Asentado en las sus tierras,
Deleitándose en cazare,

Cuando le vinieron cartas
De Cárlos el emperante.
De las cartas placer hubo,
De las palabras pesare;
Que lo que las cartas dicen,
Á el parece muy male.

„Rogaros quiero, sobrino,
El buen Frances naturale,
Llegueis vuestros caballeros,
Los que comen vuestro pane.

„Darles heis doblado sueldo
Del que les solíais dáre,
Dobles armas y caballos;
Que bien menester los hane.

„Darles heis el campo franco
De todo lo que ganaren;
Partiros heis á los reinos
Del rey moro Aliarde.

„Desafiamiento me ha dado,
Á mi y á los doce Pares;
Grande mengua me seria
Que todos hubiesen de andare.

„No veo caballero en Francia
Que mejor pueda embiare
Sino á vos, el conde Dirlos,
Esforzado en peleare.“

El conde, que esto oyó,
Tomó tristeza y pesare,
No por temor de los Moros,
Ni miedo de peleare;

Mas tiene muger hermosa,
Muchacha y de poca edade.
Tres años anduvo en armas,
Para con ella casare;
Y el año no era cumplido,
De ella lo mandan apartare.

Desque esto él pensaba,
Tomó dello gran pesare;
Triste estaba y pensativo,
No cesa de sospirare.

Despide los falconeros,
Los monteros manda pagare;
Despide todos aquellos
Con quien solia deleitare.

No burla con la condesa,
Como solia burlare;
Mas muy triste y pensativo
Siempre le veian andare.

La condesa, que esto vido,
Llorando empezó de hablare:
,,Triste estades vos, el Conde,
Triste y lleno de pesare

,,Desta tan triste partida,
Para mí de tanto male.
Partiros quereis, Conde,
Á los reinos de Aliarde.

,,Dejaisme en tierras agenas
Sola y sin quien me acompañe.
¿Cuantos años, el buen Conde,
Haceis cuenta de tardare?

,,Yo volverme he á las tierras,
Á las tierras de mi padre,
Vestirme he de un paño negro;
Ese será mi llevare.

,,Maldiré mi hermosura,
Maldiré mi mocedade;

Maldiré aquel triste dia
Que con vos quise casare.

,,Mas si vos queredes, Conde,
Yo con vos querria andare;
Mas quiero perder la vida
Que sin vos de ella gozare.''

El conde, desque esto oyera,
Empezóla de mirare;
Con una voz amorosa
Presto tal respuesta hace:

,,No lloredes vos, Condesa,
De mi partida no hayais pesare;
No querades en tierra agena
Sino en la vuestra mandare.

,,Que antes que yo me parta,
Todo vos lo quiero dare;
Podreis vender cualquier villa,
Y empeñar cualquier ciudade,

,,Como principal heredera,
Que nada vos puedan quitare.
Quedareis encomendada
Á mi tio, Don Beltrane,

,,Y á mi primo, Don Gaiferos,
Señor de Paris la grande';
Quedareis encomendada
Á Oliveros y Roldane,

,,Al emperador y á los doce
Que á una mesa comen pane;
Porque los reinos son lejos
Del rey moro Aliarde;
Que son cerca la casa santa,
Allende del nuestro mare.

,,Siete años, la Condesa,
Todos siete me esperade;
Si á los ocho no viniere,
Á los nueve vos casade.

1 * *

„Sereis de veinte y siete años,
Que es la mejor edade;
El que con vos case, Señora,
Mis tierras tome en ajuare.

„Gozará muger hermosa,
Rica y de gran linage.
Bien es verdad, la Condesa,
Que conmigo os querria llevare;

„Mas yo voy para batallas,
Y no cierto para holgare.
Caballero que va en armas
De mugere no ha curare.

„Porque con el bien que os quiero
La honría habria de olvidare;
Mas aparejad, Condesa,
Mandadvos aparejare.

„Ireis conmigo á las cortes,
Á Paris, esa ciudade.
¡Toquen, toquen mis trompetas!
¡Manden luego cabalgare!"

Ya se parte el buen conde,
La condesa otro que tale;
La vuelta van de Paris
Apriesa, no de vagare.

Cuando son á una jornada
De Paris, esa ciudade,
El emperador, que lo supo,
Á recebírselos sale.

Con él sale Oliveros,
Con él sale Don Roldane,
Con él Dardin Dardeña, [1]
Y Urgel de la fuerza grande.

Con él salia Guarinos,
Almirante de la mare;

Con él sale el esforzado
Reinaldos de Montalvane.

Con él van todos los doce
Que á una mesa comen pane,
Sino el infante Gaiferos
Y el buen conde Don Beltrane,
Que salieron tres jornadas
Mas que todos adelante.

No quiso el emperador
Que hubiesen de aposentare,
Sino en sus reales palacios
Posada les mandó dare.

Empiezan luego su partida
Apriesa y no de vagare;
Dale diez mil caballeros
De Francia mas principales,

Y con mucha otra gente,
Y gran ejército reale;
El sueldo les pagó junto
Por siete años y mase.

Ya tomadas buenas armas,
Caballos otro que tale,
Enderezan su partida,
Empiezan de cabalgare.

Cuando el bueno conde Dirlos
Ruega mucho al emperante
Que él y todos los doce
Se quisieran ayuntare.

Cuando todos fueron juntos
En la gran sala reale,
Entra el conde y la condesa;
Mano por mano se vane.

---

1) Arderin de Ardeña.

Cuando son en medio de ellos,
El conde empezó de hablare:
„Á vos os lo digo, mi tio,
El buen viejo Don Beltrane,

„Y á vos, Infante Gaiferos,
Y á mi buen primo carnale,
Y esto delante de todos,
Lo quiero mucho rogare,

„Y al muy alto emperador,
Que sepa es mi voluntade,
Como villas y castillos,
Y ciudades y lugares

„Los dejo á la condesa,
Que nadie las pueda quitare;
Como principal heredera
En ellas pueda mandare,

„Y vender cualquiera villa,
Y empeñar cualquier ciudade;
De aquello que ella hiciere,
Todos se hayan de agradare.

„Si por tiempo no viniere,
Vosotros la querais casare;
El marido que ella tome
Mis tierras haya en ajuare.

„Y á vos la encomiendo, tio,
En lugar de marido y padre;
Y á vos, mi primo Gaiferos,
Por mí la querais honrare.

„Y encomiéndola á Oliveros,
Y encomiéndola á Roldane,
Y encomiéndola á los doce,
Y á Don Cárlos el emperante.“

Á todos les place mucho
De aquello que el conde hace;
Ya se parte el buen conde
De Paris, esa ciudade.

La condesa, que ir lo vido,
Jamas lo quiso dejare
Hasta orillas de la mar,
Do se habia de embarcare.

Con ella va Don Gaiferos,
Con ella va Don Beltrane;
Con ella va el esforzado
Reinaldos de Montalvane,

Sin otros muchos caballeros
De Francia mas principales.
Atan triste despedida
El uno del otro hacen;

Que si el conde iba triste,
La condesa mucho mase;
Palabras se están diciendo,
Que era dolor de escuchare.

El conhorte que se daban
Era contino llorare;
Con gran dolor manda el conde
Hacer vela y navegare.

Como sin muger se vido,
Navegando por la mare,
Movido de muy gran saña,
Movido de gran pesare,

Diciendo que por ningun tiempo
De ella lo harán apartare,
Sacramento tiene hecho
Sobre un libro misale

De jamas volver en Francia,
Ni en ellas comer pane,
Ni que nunca enviará carta,
Porque dél no sepan parte.

Siempre triste y pensativo,
Puesto en pensamiento grande,
Navegando en sus jornadas
Por la tempestosa mare,

Llegado es á los reinos
Del rey moro Aliarde.
Ese gran soldan de Persia
Con poderío muy grande

Ya les estaba aguardando
Á las orillas del mare;
Cuando vino cerca tierra,
Las naves mandó llegare.

Con un esfuerzo esforzado
Los empieza de esforzare:
,,¡O esforzados caballeros,
O mi compañía leale,

,,Acuérdeos que dejamos
Nuestra tierra naturale!
Dellos dejamos mugeres,
Dellos hijos, dellos padres,

,,Solo para ganar honra,
Y no para ser cobardes.
Esforzados caballeros,
Esforzad en peleare.

,,Yo llevaré la delantera,
Y no me querais dejare.‘‘
La morisma era tanta,
Tierra no dejan tomare.

El conde, que era esforzado
Y discreto en peleare,
Manda toda artillería
En las sus barcas posare.

Con el ingenio que traia
Empiézales de tirare;
Los tiros eran tan fuertes,
Que por fuerza hacen lugare.

Vereis sacar los caballos
Muy apriesa cabalgare;
Tan fuerte dan en los Moros,
Que tierra les hacen dejare.

En tres años, que el buen conde
Entendió en peleare,
Ganados tiene los reinos
Del rey moro Aliarde.

Con todos sus caballeros
Parte por iguales partes;
Tan grande parte da al chico,
Tanto le da como al grande.

Solo él se retraia
Sin querer algo tomare;
Armado de armas blancas,
Y cuentas para rezare,

Tan triste vida hacia,
Que no se puede contare.
El soldan le hace tributo,
Y reyes de allende el mare.

De tributos que le daban,
A todos hacia parte;
Hace á todos mandamiento,
Y á los mejores jurare

Que ninguno sea osado
Hombre á Francia enviare,
Y que al que envíe con cartas,
Luego le hará matare.

Quince años el conde estuvo
Siempre de allende del mare,
Y no escribió á la condesa,
Ni á su tio, Don Beltrane.

Ni escribió á los doce,
Ni menos al emperante;
Unos creian que era muerto,
Otros anegado en mare.

Las barbas y los cabellos
Nunca los quiso afeitare;
Tiénelos fasta la cinta
Fasta la cinta y aun mase,

La cara mucho quemada
Del mucho sol y del aire,
Con el gesto demudado,
Muy fiero y espantable.

Los quince años cumplidos,
Dez y seis querian entrare;
Acostárase en su cama
Con deseo de holgare.

Pensando estaba, pensando
La triste vida que hace,
Pensando en aquel tiempo
Que solia festejare,

Cuando justas y torneos
Por la condesa solia armare.
Dormióse con pensamiento,
Y empezara de holgare,

Cuando hace un triste sueño,
Para él de gran pesare;
Via estar la condesa
En los brazos de un infante.

Salto diera de la cama
Con un pensamiento grande,
Gritando con altas voces,
No cesando de hablare:

,,¡Toquen, toquen mis trompetas,
Mi gente manden llegare!''
Pensando que habia Moros
Todos llegados se hane.

Desque todos son llegados,
Llorando empezó á hablare:
,,¡O esforzados caballeros,
O mi compañía leale,

,,Yo conozco aquel ejemplo
Que dicen (y es gran verdade)
Que todo hombre nacido,
Que es de hueso y de carne,

,,El mayor deseo que tenia
Era en sus tierras holgare!
Ya cumplidos son quince años,
Y en dez y seis quiere entrare,

,,Que somos en estos reinos,
Y estamos en soledade;
Quien tenia muger hermosa,
Vieja la debe de hallare.

,,El que dejó hijos pequeños,
Hallarlos ha hombres grandes;
Ni el padre conocerá al hijo,
Ni el hijo menos al padre.

,,Hora es ya, mis caballeros,
De ir á Francia á holgare,
Pues llevamos harta honra,
Y dineros mucho mase.

,,Lleguen, lleguen naves luego,
Mándolas aparejare;
Capitanes ordenemos
Para las tierras guardare.''

Ya todo es aparejado,
Ya empiezan á navegare.
Cuando todos son llegados
Á las orillas del mare,

Llorando el conde de sus ojos,
Les empieza de hablare:
,,¡O esforzados caballeros,
O mi compañía leale,

,,Una cosa rogarvos quiero,
No me la querais negare!
Quien secreto me tuviere,
Yo le he de galardonare:

,,Que todos juntos jureis
Sobre un libro misale
Que en parte ninguna que sea
No me hayais de nombrare;

„Porque con el gesto que traigo
Ningunos me conoceráne;
Mas viéndome tanta gente,
Y un ejército reale,

„Si vos demandan quien soy,
No les digais la verdade.
Decid que soy mensagero,
Que vengo de allende el mare;

„Que voy con una embajada
Á Don Cárlos el emperante,
Porque es hecho un mal suyo,
Y quiero ver si es verdade."

Con la alegría que llevan
De á su Francia se tornare,
Todos hacen sacramento
De tenerle puridade.

Embárcanse muy alegres,
Empiezan de navegare;
El viento tienen muy fresco,
Que placer es de mirare.

Allegados son en Francia,
En sus tierras naturales;
Cuando el conde se vió en tierra,
Empieza de caminare.

No va vuelta de las cortes
De Cárlos el emperante,
Mas va vuelta de sus tierras,
Las que solia mandare.

Ya llegado pues á ellas,
Por ellas empieza á andare;
Andando por su camino,
Una villa fue á hallare.

Llegado se habia cerca,
Por con alguno hablare:
Alzó los ojos en alto
Á la puerta del lugare.

Llorando de sus ojos,
Comenzara de hablare:
„¡O esforzados caballeros,
De mi pena habed pesare!

„Armas que mi padre puso
Mudadas las veo estare;
Ó es casada la condesa,
Ó mis tierras van á male."

Allegóse á las puertas
Con gran enojo y pesare;
Y mirando por entre ellas,
Gentes de armas vido estare.

Llamando está uno dellos
Mas viejo en antigüedade;
De la mano él lo toma,
Y empiézale de hablare:

„Por Dios te ruego, el portero,
Me digas una verdade:
¿De quien son aquestas tierras?
¿Quien los solia mandare?

„Pláceme, dijo el portero,
De deciros la verdade:
Ellos eran del conde Dirlos,
Señor de aqueste lugare.

„Agora son de Celinos,
De Celinos, el Infante."
Al conde, desque esto oyera,
Vuelto se le ha la sangre.

Con una voz demudada
Otra vez le fue á hablare:
„Por Dios te ruego, hermano,
No te quieras enojare;

„Que esto que agora me dices
Tiempo habrá que te lo pague.
Dime, ¿heredólas Celinos?
Ó si las fue á mercare;

„Ó si en el juego de dados
Él las fuera á ganare;
Ó si las tiene por fuerza,
Que no las quiere tornare."

El portero, que esto oyera,
Presto le fue á hablare:
„No las heredó, Señor,
Que no le vienen de linage,

„Que hermanos tiene el conde,
Aunque se querian male;
Y sobrinos tiene muchos,
Que las podian heredare.

„Ni menos las ha mercado,
Que no las basta á pagare;
Que Irlos es grande ciudade,
Y ha muchos villas y lugares.

„Cartas hizo contrahechas,
Que al conde muerto le hane,
Por casar con la condesa,
Que era rica y de linage.

„Y aun ella no se casara,
(Cierto á su voluntade)
Si no por fuerza de Oliveros,
Y á porfía de Roldane,

„Y á ruego de Cárlo Magno,
De Francia rey emperante,
Por casar bien á Celinos,
Y ponerle en buen lugare.

„Mas el casamiento han hecho
Con una condicion tale,
Que no goce á la condesa,
Ni á ella haya de llegare.

„Desposárase por él
Ese paladin Roldane;
Ricas fiestas se hicieron
En Irlos, esa ciudade,

„Gastos, galas y torneos
Muchos de los doce pares."
El conde, desque esto oyera,
Vuelto se le ha la sangre.

Por mucho que disimula,
No cesa de sospirare,
Diciéndole: „Sigue, hermano,
No te enojes de contare

„Quien fue en aquestas bodas,
Y quien no quiso estare."
„Señor, en ellas fue Oliveros,
Y el emperador, y Roldane.

„Fue Belardos y Montesinos,
Y el gran conde Don Grimalde;
Y otros muchos caballeros
De los de los doce Pares.

„Pesóle mucho á Gaiferos,
Pesó mucho á Don Beltrane;
Y mas pesó á Don Galban,
Y al fuerte Meriane.

„Ya que fueron desposados,
Misa les querian dare,
Cuando llegó un falconero
Á Cárlos el emperante,

„Que venia de aquellas tierras
De allá de allende el mare,
Y dijo el conde era vivo,
Y que traia señale.

„Plugo mucho á la condesa,
Pesóle mucho al Infante,
Porque en las grandes fiestas
Hubo grande desbarate.

„Allá traen grandes pleitos
En cortes del emperante,
Por lo cual es vuelta Francia
Y todos los doce pares.

„Ella dice como un año
Pidió antes de desposare,
Por enviar mensageros
Muchos allende la mare;

„Y que, si el conde era muerto,
El casamiento fuese adelante;
Si era vivo, bien sabia
Que ella no podia casare.

„Por ella responde Gaiferos,
Gaiferos y Don Beltrane;
Por Celinos era Oliveros,
Oliveros y Roldane.

„Creemos que es dada sentencia,
Ó se queria ahora dare,
Porque ayer hubimos cartas
De Cárlos el emperante,

„Que quitemos estas armas,
Pongamos las naturales,
Y que guardemos las tierras
Por el conde Don Beltrane,

„Que ninguno de Celinos
En ellas no pueda entrare.“
El conde, desque esto oyera,
Movido de gran pesare,

Vuelve riendas al caballo,
En el lugar no quiso entrare;
Mas allá en un verde prado
Su gente mandó llegare.

Con una voz muy humilde
Les empieza de hablare:
„¡O esforzados caballeros,
O mi compañía leale,

„El consejo que os pidiere
Bueno me lo querais dare!
Si me aconsejais que vaya
Á las cortes del emperante,

„Ó que mate á Celinos,
Á Celinos, el Infante,
Volveremos en allende,
Do podremos bien estare.“

Caballeros, que esto oyeron,
Presto tal respuesta hacen:
„Calledes, Conde, calledes;
Conde, no digais vos tale.

„No mirad á vuestra gana,
Mas mirad á Don Beltrane
Y esos buenos caballeros
Que tanta honra vos hacen.

„Si vos matais á Celinos,
Dirán que fuisteis cobarde;
Idos, idos á las cortes
De Cárlos el emperante.

„Conocereis quien bien quiere,
Y quien os queria male.
Por bueno que es Celinos,
Vos sois de tan buen linage,

„Y teneis dos tantas tierras
Y dineros que gastare;
Nosotros vos prometemos
Con sacramento leale

„(Somos diez mil caballeros
Y Franceses naturales)
De por vos perder la vida,
Y cuanto tenemos gastare,

„Quitando al emperador
Contra cualquier otro grande.“
El conde, desque esto oyera,
Respuesta ninguna hace.

Da de espuelas al caballo,
Va por el camino adelante;
La vuelta va de Paris,
Como aquel que bien la sabe.

Cuando fue á una jornada
De las cortes del emperante,
Otra vez llega á los suyos,
Y les empieza de hablare:

„Esforzados caballeros,
Una cosa os quiero rogare;
Siempre tomé vuestro consejo,
El mio querais tomare.

„Porque, si entro en París
Con ejército reale,
Saldrá por mí el emperador
Con todos los principales.

„Si no me conoce de vista,
Conocerme ha en el hablare;
Y asi no sabré de cierto
Todo mi bien y mi male.

„Al que no tiene dineros,
Yo les daré que gastare;
Los unos vuelvan á caza,
Los otros pasen delante,

„Los otros en derredor
Por las villas y lugares.
Yo iré con cien caballeros,
Entraréme en la ciudad

„De noche y escurecido,
Sin que me conozca nadie;
Vosotros en ocho dias
Podeis poco á poco entrare.

„Hallareisme en los palacios
De mi tio, Don Beltrane,
Aparejándoos posada
Y dineros que gastare.“

Todos fueron muy contentos,
Pues al conde asi le place.
La noche era escurecida,
Cerca diez horas ó mase,

Cuando entró el conde Dirlos
En Paris, esa ciudade;
Derecho va á los palacios
De su tio Don Beltrane.

Pero cuando atravesaban
Por medio de la ciudade,
Vido asomar muchas hachas,
Gente de armas mucho mase;

Por do él pasar babia,
Por alli van á pasare.
El conde, cuando los vido,
Los suyos manda apartare.

Desque todos son pasados,
El postrero fue á llamare:
„Por Dios te ruego, escudero,
Me digas una verdade:

„¿Quien son esa gente de armas
Que agora van por ciudade?“
El escudero, que esto oyera,
Tal respuesta le fue á dare:

„Señor, la condesa Dirlos
Viene del palacio reale
Sobre un pleito que traia
Con Oliveros y Roldane.

„Los que la llevan en medio
Son Roldan y Don Beltrane;
Aquellos que van postreros,
Donde tantas lumbres vane,

„Son el Infante Gaiferos,
Y el fuerte Meriane.“
El conde, desque esto oyera,
De la ciudad él se sale.

Debajo de una espesura
Para cabe los adarves
Diciendo está á los suyos:
„No es hora de entrare;

„Que desque sean apeados,
Tornarán á cabalgare.
Yo quiero entrar en hora
Que de mí no sepan párte."

Alli están razonando
De armas y de hechos grandes,
Hasta que era media noche,
Los gallos querian cantare.

Vuelven rienda á los caballos,
Y entran en la ciudade;
Vuelta van de los palacios
Del buen conde Don Beltrane.

Antes de llegar á ellos,
De dos calles y aun mase
Tantas cadenas hay puestas,
Que ellos no pueden pasare.

Lanzas las ponen al pecho,
No cesando de hablare:
„¡Vuelta, vuelta, caballeros,
Que por aqui no hay pasare!

„Que aqui están los palacios
Del buen conde Don Beltrane,
Enemigo de Oliveros,
Y enemigo de Roldane;

„Enemigo de Belardos,
Y de Celinos, el Infante."
El conde, desque esto oyera,
Presto tal respuesta hace:

„Ruégote yo, caballero,
Que me quieras escuchare.
Anda, vé, y dile luego
Á tu señor Don Beltrane,

„Que aqui está un mensagero,
Que viene de allende el mare;
Cartas traigo del conde Dirlos,
Su buen sobrino carnale."

El caballero con placer
Empieza de aguijare;
Presto las nuevas le daba
Al buen conde Don Beltrane,

El cual ya se acostaba
En su cámara reale.
Desque tal nueva oyera,
Tornóse á vestir y calzare.

Caballeros al derredor
Trescientos trae por guardarle;
Hachas muchos encendidas
Al patio hizo bajare.

Mandó que al mensagero
Solo le dejen entrare.
Cuando fue en el patio,
Con la mucha claridade

Mirándole está, mirando,
Viéndole como salvage.
Como el que está espantado,
Á él no se osa llegare.

Bajito el conde le habla,
Dándole muchas señales.
Conocióle Don Beltran
Entonces en el hablare,

Y con los brazos abiertos
Corre para le abrazare;
Diciéndole está: *sobrino*,
Sin cesar de suspirare.

El conde le está rogando
Que nadie de él sepa parte,
Envían presto á las plazas
Carnecerías otro que tale,

Para mercarles de cena,
La cual manda aparejare.
Manda que á sus caballeros
Todos los dejen entrare:

Que les tomen los caballos,
Y los hayan bien pensare.
Abren muy grandes estudios,
Mándanlos aposentare.

Alli entra el conde y los suyos,
Ningun otro dejan entrare,
Porque no conozcan el conde,
Ni de él supiesen parte.

Vereis todos los del palacio
Unos con otros hablare
Si es este el conde Dirlos,
Ó quien otro puede estare,

Segun el recibimiento
Que le ha hecho Don Beltrane.
Oídolo ha la condesa
Á las voces que dan grandes.

Mandó llamar sus doncellas,
Y encomienza de hablare:
,,¿ Qué es aquesto, mis doncellas?
No me lo querais negare;

,,Que esta noche tanta gente
Por el palacio siento andare.
Decidme: ¿Do es el señor,
El mi tio Don Beltrane?

,,¿ Si quizá dentro en mis tierras
Roldan ha hecho algun male?''
Las doncellas, que lo oyeran,
Atal respuesta le hacen:

,,Lo que vos sentis, Señora,
No son nuevas de pesare;
Es venido un caballero
Propio como salvage.

,,Muchos caballeros con él
Gran acatamiento le hacen;
Muy rica cena le guisa
El buen conde Don Beltrane.

,,Unos dicen que es mensagero
Que viene de allende el mare,
Otros que es el conde Dirlos,
Nuestro señor naturale.

,,Allá se ha encerrado,
Que nadie no puede entrare.
Segun ven el aparejo,
Creen todos que es verdade.''

La condesa, que esto oyera,
De la cama fue á saltare;
Apriesa demanda el vestido,
Apriesa demanda el calzare.

Muchas damas y doncellas
Empiezan de aguijare;
Á las puertas de los estudios
Grandes golpes manda dare.

Da voces á Don Beltran,
Que dentro la manda entrare;
No queria el conde Dirlos
Que la dejasen entrare.

Don Beltran salió á la puerta,
No cesando de hablare:
,,¿ Qué es esto, Señora prima?
No tengais priesa tan grande;

,,Que aun no sé bien las nuevas
Que el mensagero me trae;
Porque es de tierras agenas,
Y no le entiendo el lenguage.''

Mas la condesa por esto
No quiere sino entrare;
Mensagero de su marido
Ella lo quiere honrare.

De la mano la entraba
Ese conde Don Beltrane.
Desque ella estuvo dentro,
Al mensagero empieza mirare.

Mas él mirarla no osaba,
No cesando suspirare;
Y meneando la cabeza,
Los cabellos ponia á la face.

Desque la condesa viera
Todos callar y no hablare,
Con una voz muy humilde
Empieza de razonare:

,,¡ Por Dios vos ruego, mi tio,
Por Dios vos quiero rogare,
Pues que este mensagero
Viene de tan luengas partes,

,,Que, si no terná dineros,
Ni tuviere que gastare,
Decidle si algo le falta,
No cese de demandare!

,,Pagarle hemos su gente,
Darle hemos que gastare;
Pues viene por mi señor,
Yo no le puedo faltare

Á él y á todos los suyos,
Aunque fuesen muchos mase.''
Estas palabras hablando,
No cesaba de llorare.

Mancilla hubo su marido
Con amor que tiene grande;
Pensando de consolarla,
Acordó de la abrazare,

Y con los brazos abiertos
Iba para la tomare.
La condesa espantada
Púsose tras Don Beltrane.

El conde á grandes sospiros
Comenzóle de hablare:
,,¡No huyades, la Condesa,
Ni os querais espantare!

,,Que yo soy el conde Dirlos,
Vuestro marido carnale;
Estos son aquellos brazos
En que solíades holgare.''

Con las manos se aparta
Los cabellos de la face;
Conociólo la condesa
Entonces en el hablare.

En sus brazos ella se echa,
No cesando de llorare:
,,¿Qué es aquesto, mi Señor?
¿Quien os hizo ser salvage?

,,No, no es aquel gesto
Que vos teníades antes;
Quítenos aquestas armas,
Otras luego os quieran dare.

,,Traigan de aquellos vestidos
Que solíades llevare.''
Ya les paraban las mesas,
Ya les daban á cenare,

Cuando empezó la condesa
Á decir esto y á hablare;
,,Cierto parece, Señor,
Que lo hacemos muy male;

,,Que el conde está ya en sus
                      tierras,
Y ya está en la su heredade,
Que no avisemos á aquellos
Que su honra quieren mirare.

,,No lo digo aun por Gaiferos,
Ni por su hermano Meriane,
Sino por el esforzado
Reinaldos de Montalvane.

,,Bien sabedes, Señor tio,
Cuanto se quiso mostrare,
Siendo siempre con nosotros
Contra el paladin Roldane.''

Llamaron dos caballeros
De aquellos mas principales;
El uno envían á Gaiferos,
Otro al de Montalvane.

Apriesa viene Gaiferos,
Apriesa y no de vagare.
Desque vido la condesa
En brazos de aquel salvage,

Á ellos él se allega,
Y empezóles de hablare.
Desque el conde lo vido,
Levantóse á abrazarle.

Desque se han conocido,
Grande acatamiento se hacen;
Ya puestas eran las mesas,
Ya les daban á cenare.

La condesa lo servia,
Y estaba siempre delante.
En esto llegó Reinaldos,
Reinaldos de Montalvane.

Y desque el conde le vido,
Hubo un placer muy grande;
Con una voz amorosa
Le empezara de hablare:

„¡Ó esforzado conde Dirlos,
Vuestra venida me place,
Porque agora vuestros pleitos
Mejor se podrán librare!

„Mas si yo fuera creido,
Antes se habian de acabare,
Ó no me halláredes vivo,
Ó al paladin Don Roldane.“

El conde, desque esto oyera,
Grandes mercedes le hace,
Diciendo: „Juramento he hecho
Sobre un libro misale

„De jamas quitar las armas,
Ni con la condesa holgare,
Hasta que haya cumplido
Toda la su voluntade.“

El concierto que ellos tienen
Por mejor y naturale,
Era que el otro dia
Se presente al emperante

El conde, y vaya á palacio
Por la mano le besare.
Toda la noche pasaron
Descansando en hablare.

Y cuando vino el ótro dia,
Á la hora del yantare,
Cabalgara el conde Dirlos,
Muy lucidas armas trae,

Y encima un collar de oro,
Y una ropa rozagante,
Solo con cien caballeros;
Que no quiere llevar mase.

Á la izquierda va Gaiferos,
Á la derecha Don Beltrane,
Y viénense á los palacios
De Cárlos el emperante.

Cuantos grandes alli hallan,
Acatamiento le hacen
Por honra de Don Gaiferos;
Que era suya la ciudade.

Cuando son á la gran sala,
Hallan alli al emperante
Asentado á la su mesa;
Que le daban á yantare.

Con él está Oliveros,
Con él está Don Roldane,
Con él está Baldovinos,
Y Celinos el Infante.

Con él los grandes están
De Francia la naturale.
En entrando por la sala,
Grande reverencia hacen,

Y al emperador saludan
Los tres juntos á la pare.
Desque Don Roldan los vido,
Presto se fue á levantare.

Apriesa demanda á Celinos,
No cesando de hablare:
,, Cabalgad presto, Celinos,
No esteis mas en la ciudad;

,, Que quiero perder la vida
(Si bien mirais las señales),
Si aquel no es el conde Dirlos,
Que viene como salvage.

,, Yo quedaré por vos, primo,
Á lo que querrán demandare."
Ya cabalga Celinos,
Y sale de la ciudade.

Con él va gran gente de armas,
Por haberlo de guardare;
El conde y Don Gaiferos
Lléganse al emperante.

La mano besar le quieren,
Y él no se la quiere dare;
Mas está maravillado,
Diciendo: ,,¿Quien podrá estare?

El conde, que asi lo vido,
Empezóle de hablare:
,, No se espante Vuestra Alteza,
Que no es de maravillare;

,, Que quien dijo que era muerto,
Mintió, y no dijo verdade.
Soy, Señor, el conde Dirlos,
Vuestro servidor leale;.

,, Mas los malos caballeros
Siempre presumen el male."
Conocido le han todos
Entonces en el hablare.

Levantóse el emperador,
Y empezó de abrazarle;
Y mandó salir á todos,
Y las puertas bien cerrare.

Solo queda Oliveros
Y el paladin Don Roldane;
El conde Dirlos y Gaiferos,
Y el buen viejo Don Beltrane,

Asentóse el emperador,
Y á todos manda posare.
Entonces con voz humilde
Le empezó asi de hablare:

,, Esforzado conde Dirlos,
Vuestra venida me place,
Aunque de vuestro enojo
No es de tener pesare;

,,Porque no hay cargo ninguno,
Ni vergüenza otro que tale;
Que si casó la condesa,
No cierto á su voluntade,

,, Sino á porfía mia,
Y á ruego de Don Roldane,
Y con tantas condiciones,
Que sería largo de contare;

,, Por do siempre ha mostrado
Teneros amor muy grande.
Si ha errado Celinos,
Hízolo con mocedade

,, En escrebir que érades muerto,
Pues que no era verdade;
Mas por eso nunca quise
Á ella dejar tocare.

„Ni aun á los desposorios
Á él no dejé estare,
Mas por él fue presentado
Ese paladin Roldane.

„Mas la culpa, Conde, es vuestra,
Y á vos os la debeis dare,
Para ser vos tan discreto
Y de esforzado linage.

„Dejastes muger hermosa,
Moza y de poca edade;
Si de vista no la vias,
De cartas la debíades visitare.

„Si supiera que á la partida
Llevábades tan gran pesare,
No os enviara yo, el Conde,
Que otros pudiera enviare;

„Mas por ser bueno caballero,
Solo á vos quise enviare.“
El Conde, desque esto oyera,
Atal respuesta le hace:

„¡Calle, calle Vuestra Alteza!
¡Buen Señor, no diga tale!
Que no cabe quejar de Celinos,
Por ser de tan poca edade.

„Y con tales caballeros
Yo no me costumbro honrare;
Por él está aqui Oliveros,
Por él está Don Roldane,

„Que son buenos caballeros,
Y los tengo yo por tales.
¡Consentir ellos tal carta!
¡Consentir tan gran maldade!

„Ó me tenian en poco,
Ó me tienen por cobarde;
Pues creyeron que, siendo vivo,
No se lo osaria demandare.

„Por eso suplico á Vuestra Alteza
Campo me quiera otorgare;
Y pues por él pleito toman,
Pueden el campo aceptare,

„Si quieren uno por uno,
Ó amos juntos á la pare,
No perjudicando á los mios,
Aunque haya hartos de linage

„Que á esto y mucho mas que esto
Recando bastan á dare.
Porque conozcan que sin parientes
Amigos no me han de faltare,

„Tomaré al esforzado
Reinaldos de Montalvane.“
Don Roldan, que esto oyera,
Con gran enojo y pesare

(No por lo que el conde dijo,
Que con razon lo veia estare),
Mas en nombrarle Reinaldos,
Vuelto se le ha la sangre;

Porque ellos mal se quieren,
Y por hacerle pesare,
Luego le dan por los ojos
Reinaldos de Montalvane.

Movido de muy gran saña,
Luego habló asi Don Roldane:
„Soy contento, el Conde Dirlos,
Y tomad este mi guante,

„Y agradeced que sois venido
Tan presto sin mas tardare;
Que á pesar de quien pesara
Yo los hiciera casare,

„Sacando á Don Gaiferos,
Sobrino del emperante.“
„Calledes, dijo Gaiferos,
Roldan, no digais vos tale:

„Por ser soberbio y descortes,
Mas vos quieren los doce pares;
Que otros tan buenos como vos
Defienden la otra parte,

„Y yo faltar no les puedo,
Ni dejar pasar lo tale.
Aunque mi primo es Celinos,
Hijo de hermana de madre,

„Bien sabeis que el conde Dirlos
Lo es de hermano de padre;
Y por ser de padre hermano,
No le tengo de faltare,

„Porque no pasa la vuestra
En quereros ventajare.‟
Toma el guante el conde Dirlos,
Y de la sala se sale.

Tras él guia Don Gaiferos,
Y tras él va Don Beltrane;
Triste está el emperador,
Haciendo llantos muy grandes,

Viendo á Francia revuelta,
Y á todos los doce Pares.
Desque Reinaldos lo supo,
Hubo dello placer grande.

Decia al conde palabras,
Mostrándole voluntade:
„Esforzado Conde Dirlos,
Lo que habeis hecho, me place,

„Y muy mucho mas del campo
Contra Oliveros y Roldane.
Una cosa rogar quiero,
No me la querais negare.

„Pues no es principal Oliveros,
Ni menos es Don Roldane,
Sin perjudicar vuestra honra,
Con cualquier podeis peleare.

„Tomad vos á Oliveros,
Y dejadme á Don Roldane.‟
„Pláceme, dijo el conde,
Reinaldos, pues á vos place.‟

Desque supieron las nuevas
Los grandes y principales
Que es venido el conde Dirlos,
Y que está ya en la ciudade,

Vereis parientes y amigos,
Que grandes fiestas le hacen.
Los que á Roldan mal quieren,
Al conde Dirlos hacen parte.

Por lo cual toda la Francia
En armas vereis estare;
Mas si los doce quisieran,
Bien los podian paciguare.

Mas ninguno por paz se pone,
Todos hacen parcialidade,
Sino el arzobispo Turpin,
Que es de Francia cardenale,

Sobrino del emperador,
En esfuerzo principale;
Que solo aquel se ponia,
Si los podia apaciguare.

Mas ellos escuchar no quieren,
Hanse mala voluntade;
Vereis ir dueñas, doncellas
Á unos y á otros rogare.

Ni por ruegos, ni por cosas
No los pueden paciguare;
Muestra mas saña que todos
El esforzado Meriane,

Hermano del conde Dirlos,
Y hermano de Durandarte
(Aunque por diferencias
No se solian hablare).

Desque sabe lo que ha dicho
En el palacio reale,
Que, si el conde mas tardara,
El casamiento hiciera pasare

Á pesar de todos ellos,
Y á pesar de Don Beltrane.
Por estos cartas envía
Con palabras de pesare

Que aquello que él ha dicho,
No lo basta hacer verdade;
Que aunque el conde no viniera,
Habia quien lo demandare.

El emperador, que lo supo,
Muy grandes llantos hace;
Por perdida dan á Francia,
Y á toda la cristiandade.

Dicen que alguna de las partes
Con Moros se irá á ayuntare.
Triste iba y pensativo,
No cesando el sospirare.

Mas los buenos consejeros
Aprovechan á la necesidade;
Consejan al emperador,
Para remedio tomare,

Mande tocar las trompetas,
Y á todos mande juntare;
Y al que luego no viniere,
Por traidor lo mande dare;

Que le quitará las tierras,
Y mandará desterrare;
Mas como leales son,
Todos juntado se hane.

El emperador en medio de ellos
Llorando empezó de hablare:
,,¡Esforzados caballeros,
O primos mios carnales,

,,Entre vosotros no hay diferencia,
Si no la quereis buscare!
Todos sois muy esforzados,
Todos primos de linage.

,,Mirad que habeis de morir,
Y que á Dios haceis pesare
No solo en perder á vosotros,
Mas toda la cristiandade,

,,Rogaros quiero una cosa,
Y no os querais enojare:
Que sin mis leyes de Francia
Campo no se puede dare.

,,Del campo no soy contento,
Ni á mi cierto me place;
Porque yo no veo causa
Por que lo haya de dare.

,,Ni hay vergüenza, ni injuria
Que á ninguno se pueda dare;
Ni al conde han enojado
Oliveros ni Roldane.

,,Ni el conde á ellos menos,
Porque se hayan de matare;
De ayudar á sus amigos
Ya es la usanza tale.

,,Si Celinos ha errado
Con amor y mocedade,
No ha tocado á la condesa,
Ni ha hecho tanto male,

,,Que dello merezca muerte,
Ni se la deben de dare.
Ya sabemos que el conde Dirlos
Es esforzado y de linage,

,,Y de los grandes señores
Que en Francia comen pane,
Que quien enojare á él,
Él le basta á enojare,

II.   2

,,Aunque fuese el mejor caballero
Que en el mundo se hallare.
Mas porque sea escarmiento
Á otros hombres de linage,

,,Que ninguno sea osado,
Ni pueda hacer otro tale;
Si estimara su honra,
En esto no osara entrare,

,,Que mengüemos á Celinos
Por villano, y no de linage;
Que en el número de los doce
No se haya de contare;

,,Ni cuando el conde fuere en
cortes,
Celinos no pueda estare,
Ni do fuere la condesa,
Él no pueda habitare.

,,Y esta honra, el conde Dirlos,
Para siempre os la daráne.''
Don Roldan, cuando esto oyera,
Presto tal respueste hace.

,,Mas quiero perder la vida
Que tal haya de pasare.''
El conde Dirlos, que lo oyera,
Presto fue á levantare,

Y con una voz muy alta
Empezara de hablare:
,,Pues requiéroos, Don Roldan,
Por mí y el de Montalvane,

,,Que de hoy en los tres dias
En campo hayais de estare;
Si no, á vos y á Oliveros
Daros hemos por cobardes.''

,,Pláceme, dijo Roldan,
Y aun, si quisiéredes, antes.''
Vereis llantos en palacio,
Que el cielo quieran llegare.

Dueñas y grandes señoras,
Casadas y por casare,
Á pies de maridos é hijos
Los vereis arrodillare.

Gaiferos fue el primero
Que ha mancilla de su madre,
Asimesmo Don Beltran
De su hermana carnale,

Don Roldan de la su esposa,
Que tan tristes llantos hace;
Retíranse entonces todos
Para irse aposentare.

Los valedores hablando
Á voz alta y sin parare:
,,Mejor será, caballeros,
Á todos apaciguare;

,,Pues no hay afrenta ninguna,
Todo se haya de dejare.''
Entonces dijo Roldan
Que es contento y que le place,

Con aquesta condicion,
Y esto se quiere otorgare,
Que Celinos es mochacho,
De quince años y no mase,

Y no es para las armas,
Ni aun para peleare,
Que hasta veinte y cinco años,
Y hasta en aquella edade

Que en el número de los doce
No se haya de contare,
Ni en la mesa redonda
Menos pueda comer pane.

Do fuere el conde y condesa,
Celinos no pueda estare;
Cuando fuere de veinte años,
Ó puesto en mejor edade,

Si estimare la su honra,
Que lo pueda demandare;
Y que entonces por las armas
Todos defiendan su parte,

Porque no diga Celinos
Que era de menor edade.
Todos fueron muy contentos,
Y á ambas partes les place.

Entonces el emperador
Todos los hace abrazare;
Todos quedan muy contentos,
Todos quedan muy iguales.

Otro dia el emperador
Muy real sala les hace;
Á damas y caballeros
Convídalos á yantare.

El conde se afeita las barbas,
Los cabellos otro tale;
La condesa en las fiestas
Sale muy rica y triunfante.

Los mestresalas que servian
De parte del emperante,
Es uno el Don Roldan,
Y el otro el de Montalvane,

Por dar mas avinenteza,
Que hubiesen de parlare.
Cuando ya hubieron yantado,
Antes de bailar ni danzare,

Se levantó el conde Dirlos
Delante todos los grandes,
Y al emperador entregó
De las villas y lugares

Las llaves y lo ganado
Del rey moro Aliarde,
Por lo cual el emperador
Dello le da muy gran parte,

Y él á sus caballeros
Grandes mercedes les hace.
Los doce tenian en mucho
La gran victoria que trae.
De alli quedó con gran honra
Y mayor prosperidade.

De todos los romances existentes el mas largo es el que acaba de insertarse. Contiene toda una historia de caballería, donde están pintados por mano maestra los principales pasos de la accion. No hay que atender en él á algunas inverisimilitudes, como son por ejemplo la de que se case la muger del conde Dirlos, ya de edad de 34 años, con un mozo de 15, y la mencion hecha del uso de la artillería en la expedicion á Persia, la cual como que declara ser el romance menos viejo que lo que deberia presumirse. Quizá este último anacronismo es obra de algun enmendador ó interpolador moderno. Asi y todo bien puede este romance por su donosa y linda sencillez ser puesto al lado de los mejores que tratan de los sucesos de Cárlo Magno. **D.**

7.

Cuentan la jornada del palmero desde Mérida á París, y como se presentó ante el emperador Cárlo Magno, y como trató con poco acatamiento á Oliveros y á Roldan, de donde se originan disputas y desazones graves, llegando el peregrino á herir en el rostro al mas afamado de los pares de Francia. Refiérese como el emperador mandó ahorcar al atrevido; pero que al ir á ejecutarse la sentencia, se descubrió ser el palmero hijo del mismo Cárlo Magno.

De Mérida sale el palmero,
De Merida, esa ciudade;
Los pies llevaba descalzos,
Las uñas corriendo sangre.

Una esclavina trae rota,
Que no valia un reale,
Y debajo traia otra,
Bien valia una ciudade;

Que ni rey ni emperador
No alcanzaba otra tale.
Camino lleva derecho
De Paris, esa ciudade,

Ni pregunta por meson,
Ni menos por hospitale;
Pregunta por los palacios
Del rey Cárlos, adó estáe.

Uu portero está á la puerta,
Empezóle de hablare:
,,¡Dijésesme tú, el portero,
El rey Cárlos donde estáe!''

El portero, que lo vido,
Mucho maravillado se hae,
Como un romero tan pobre
Por el rey va á preguntare.

,,Digádesmelo, Señor,
Deso no tengais pesare.''
En misa estaba, el palmero,
Allá en san Juan de Letrane;

Dice misa un arzobispo,
Y la oficia un cardenale.
El palmero, que lo oyera,
Ibase para san Juane.

En entrando por la puerta,
Bien vereis lo que haráe:
Humillóse á Dios del cielo,
Y á santa María, su madre.

Humillóse al arzobispo,
Humilióse al cardenale,
Porque decia la misa,
No porque merecia mase.

Humillóse al emperador
Y á su corona reale.
Humillóse á los doce
Que á una mesa comen pane.

No se humilla á Oliveros,
Ni menos á Don Roldane,
Porque un sobrino que tienen
En poder de Moros estáe,

Y pudiéndolo hacer,
No le van á rescatare.
Desque aquesto vió Oliveros,
Desque aquesto vió Roldane,

Sacan ambos las espadas,
Para el palmero se vane:
El palmero con su bordon
Su cuerpo va á amparare.

Alli hablara el buen rey,
Bien oireis lo que diráe:
„¡Tate, tate, Oliveros,
Tate, tate, Don Roldane! '

„¡Ó este palmero es loco,
Ó viene de sangre reale.“
Tomárale por la mano,
Y empiézale de hablare:

„Dígasme tú,`el palmero,
No me niegues la verdade:
¿En que año y en que mes
Pasaste aguas de la mare?“

„En el mes de Mayo, Señor,
Yo las fuera á pasare,
Porque yo me estaba un dia
Á orillas de la mare.

„En el huerto de mi padre,
Por haberme holgare,
Cautiváronme los Moros,
Pasáronme allende el mare.

A la Infanta de Sansueña
Me fueron á presentare.
La Infanta, cuando me vido,
De mí se fue á enamorare.

La vida que yo tenia,
Rey, quiéroosla yo contare:
En la su mesa comia,
Y en su cama me iba á echare.“

Alli hablara el buen rey,
Bien oireis lo que diráe:
„Tal cautividad como esa
Quienquiera la tomara.

„Dígasme tú, el palmerico,
¿Si la iria yo á ganare?“
„No vades allá, el buen rey,
Buen rey, no vades alláe.

„Porque Mérida es muy fuerte,
Bien se vos defenderáe;
Trescientos castillos tiene,
Que es cosa de los mirare;

„Que el menor de todos ellos
Bien se os defenderáe.“
Alli hablara Oliveros,
Alli habló Don Roldane:

„Miente, Señor, el palmero,
Miente, y no dice verdade;
Que en Mérida no hay cien
                    castillos,
Ni noventa á mi pensare.

„Y estos, que Mérida tiene,
No tiene quien los defensare;
Que ni tenian, Señor,
Ni menos quien los guardare.“

Desque aquesto oyó el palmero,
Movido con gran pesare,
Alzó su mano derecha,
Dió un bofeton á Roldane.

Alli hablara el rey
Con furia y con gran pesare:
„¡Tomadle, la mi justicia,
Y llevédeslo ahorcare! «

Tomado lo ha la justicia,
Para habello de justiciare;
Y aun allá al pie de la borca
El palmero fuera hablare:

„¡O mal hubieses, rey Cárlos,
Dios te quiera hacer male!
Que un hijo solo que tienes,
Tú le mandas ahorcare.“

Oido lo habia la reina,
Que se lo paró á mirare:
„¡Dejédeslo, la justicia,
No le querais hacer male!

„Que si él era mi hijo,
Encubrir no se podráe;
Que en un lado ha de tener
Un extremado lunare."

Ya le llevan á la reina,
Ya se lo van á llevare;

Desnúdanle una esclavina,
Que no valia un reale.

Ya le desnudaban otra,
Que valia una ciudade;
Hallado le han al Infante,
Hallado le han la señale.
Alegrías se hicieron,
No hay quien las pueda contare.

El nombre de palmero era era general calificacion de ciertos peregrinos ó romeros que volvian de la Tierra Santa, porque, segun parece, traian de allá un ramo de palma por divisa.   **D.**

ROMANCES SOBRE REINALDOS.

8.

Refiérese de Claricia, muger de Reinaldos de Montalvan, como estaba trabajando una sobreveste para su marido, cuando echó menos á su hijo, y que al buscarle le halló en la muralla y al frente de él á Galalon armado, con el cual motivo habla de las maldades del traidor Magances en mengua y daño de su esposo y otros buenos.

Labrando estaba Claricia
Una sobreveste blanca
Para Reinaldos, su esposo,
Que andaba en el monte á caza.

Y como se la ponia
Sobre las doradas armas,
Las batallas que ha vencido
Bordaba de sedas varias.

Echó menos á su hijo;
Que entretanto que ella labra,
Le devanaba la seda
Sobre unas dobladas cartas.

Saltos le da el corazon,
Y sospechas le da el alma;
Picóla el dedo la aguja,
Cubrió de sangre la holanda.

Dióle voces, no responde;
Dejó la labor turbada;
Al salir al corredor
Pisó la falda á la saya,

Cuando entre este mal agüero
Oye que tocan al arma;
El niño estaba en el muro,
Galalon en la campaña.
Por la empresa le conoce,
Y desta suerte le habla:

,,¡Mal hubiese el caballero
De la casa de Maganza,
Que puso mal con el rey
Á quien honraba su causa!

,,Reinaldos de Montalvan
Venció cuarenta batallas,

Ayudó al conde Godofré
Á ganar la casa santa.

„Galalon cobarde siempre,
Cuando Cárlos fue á Bretaña,
Se escondió en una arboleda,
En escuchando las cajas.

„Siempre aconsejan los nobles
Que con el rey privan y hablan
Que galardone á los buenos
Cuyas virtudes ensalzan.

„Los traidores y envidiosos
Á los honrados apartan;
Porque nunca posan juntas
La humildad y la arrogancia."

Un dia de san Dionis
Que á la mesa se sentaban
De Cárlos su emperador
Todos los Grandes de Francia,

Díjoles que el que mas Moros
Hubiese muerto en batalla
Tomase á su lado silla;
Fue Galalon á tomarla.

Reinaldos le desvió,
Diciéndole: „¡Infame, aparta!
Que Roldan, Dudon y Urgel,
Pudiendo tomalla, callan.

„Tras ellos Reinaldos solo
Merece silla tan alta."
Replicóle que mentia,
Puso la mano en su cara.

Enojóse Cárlos de esto,
Desterróle de su casa;
Crecieron los testimonios,
Retiróse á la montaña.

Esta primera composicion falta en el Cancionero de romances, y
Duran tampoco la tiene en su recopilacion; pero Lope de Vega la
inserta en su comedia „Las pobrezas de Reinaldo, haciendo que allí
la cante Claricia misma. Prueba de que en su forma actual no es
muy antigua es estar en ella mentado el lienzo llamado holanda, en
el cual se supone que está Claricia bordando. Quizá esto fue inter-
calado en época moderna, porque este romance tiene el tono de los
mas antiguos caballerescos. Tambien es notable anacronismo en el
hablar de Reinaldo de Montalvan, como compañero de Godofredo de
Bullon en la conquista de la Tierra Santa. **D.**

El no estar en el Cancionero esta composicion demuestra de ser
ella muy moderna, como lo declara su estilo sin dejar lugar á la duda,
pues si el tono de ella es caballeresco á la antigua, lo es por imitar
á los antiguos quien la compuso. Pero la diccion y fluidez del
verso y los bien puestos asonantes sin consonantes la acreditan de
ser obra de fines del siglo XVI. Acaso es del mismo Lope, compositor de muchos romances en estilo muy parecido al de este. **A. G.**

9.

Estando preso Reinaldos de Montalvan, aboga por que se le dé libertad. Don Roldan hablando al emperador Cárlo Magno con atrevimiento, da libertad el emperador al preso, pero desterrándole á la Tierra Santa. Encamínase allá Reinaldos como peregrino. Alcánzale en el camino Roldan, y le exhorta á volver, prometiendo hacerle vengado. Insiste Reinaldos en cumplir la sentencia como leal. Noble conducta que sigue en la Tierra Santa, y hazañas que hace, y fama y poder que adquiere, sin poder por eso lograr perdon del emperador injusto y enconado.

Ya que estaba Don Reinaldos
Fuertemente aprisionado,
Para haberlo de sacar
Á luego ser ahorcado,

Porque el gran emperador
Asi lo habia mandado,
Llegó el valiente Roldan
De todas armas armado

En el fuerte Briador,
Su poderoso caballo,
Y la fuerte Durlindana
Muy bien ceñida á su lado,

La lanza como una entena,
El fuerte escudo embrazado,
Vestido de fuertes armas,
Y él con ellas encantado.

Por la visera del yelmo
Fuego venia lanzando;
Retemblando va la lanza
Como un junco muy delgado;

Y á toda la hueste junta
Fieramente amenazando:
,,¡Nadie en Don Reinaldos toque,
Si quiere ser bien librado!

,,Quien otra cosa hiciere,
Él será bien pagado;
Que todo el resto del mundo
No le escape de mi mano

,,Sin quedar pedazos hecho,
Ó muy bien escarmentado.''
Serenos estaban todos
Hasta ver en que ha parado.

Nadie no se removia
Contra tan buen abogado.
Alli el fuerte Don Roldan
Junto á Cárlos se ha llegado.

Diciendo de esta manera
De encima de su caballo:
,,No es cosa de emperador
Lo que tienes ordenado.

,,El caballero se viene
De su voluntad y grado.
¿Como es aquesto, Señor,
Que asi ha de ser tratado

,,La flor de los caballeros,
Como claro es probado?
,,Como asi tu propia sangre,
Tan cercano emparentado,

,,Que manso como un cordero
Ante tí se ha presentado,
Sabiendo tu Magestad
Que nadie hubiera bastado,

,,Ni el mundo todo junto
Á prendello ni matallo,
Y mas agora, Señor,
Que estaba tan prosperado:

2 * *

„Y pudiendo correr tus tierras,
Y mas conquistar tu estado,
Como otras voces solia
Tenerte en Paris cercado;

„Cuando tú ni por tí nadie
Le osaba salir al campo?
„¿Quieres tú quitar la vida
Á quien á tí te la ha dado?

„No una vez, sino ciento
De peligros te ha sacado,
Poniéndose á la muerte,
Por acrecentar tu estado.

„¿Y este pago le tenias
Di, Señor, aparejado?
Si á todos pagas asi,
Tú serás harto afamado,

„De excellente pagador
Rica fama habrás ganado.“
Respondió el emperador
Como mal aconsejado:

„¡O, como hablas, sobrino,
Con rostro tan enojado!
¿No sabeis que este traidor
Muchas voces ha robado?

„Por caminos y carreras
Las gentes ha despojado;
Ya muchos piden justicia
De los que él ha salteado;

„Y si lo soltamos agora,
Volverá á lo regostado.“
Alli dijo Don Roldane:
„Eso tú lo has causad

„¡Diérasle tú en que viviera
De cuanto te ha acrecentado!
¿Y por que razon, Señor,
Jamas te has acordado?

„Á otros menores que él,
Y que menos te han honrado,
Muy muchas villas y tierras
De tu mano les has dado,

„Y aqueste, que es el mejor,
Siempre fue de tí olvidado.
¿De qué habia de vivir,
Andando contino armado?

„Con sus brazos vigorosos
Muchas veces ha librado
La cristiandad de peligro
Del cruel pueblo pagano.

„Bien sabeis que ya los Moros
Todos dél están temblando;
Y que por su miedo dél
Contigo se han concertado.

„Por estar seguros dél,
Las parias te han enviado,
Y agora, si ellos tuviesen
El seguro de su mano,

„Yo sé bien que no tardasen
En haberse levantado,
Por donde la cristiandad
Harto mal habria ganado.

„Digo que no es de perder
En tus reinos tal vasallo;
Tristes sarán los Cristiaños
Por tal brazo que han cobrado.

„Si lo perdiesen agora,
No volverán á cobrallo,
Porque ya no vuelven todos
Por su vida, honra ni estado;

„Que hoy todo junto lo pierde,
Si de Dios no es remediado.
O caballeros de Francia,
Decí, ¿habeis olvidado

„De cuantos graves afrentas
Reinaldos os ha sacado?
„Porqué agora consentis
Ante vos ser tal tratado

„Vuestro fuerte capitan,
De todos primo ú hermano?
No consienta nadie, no,
Tan gran tuerto ser pasado;

„Que juro por san Dionis
Y al eterno sobrano
Que en lo tal yo no consienta,
Ni tal será ejecutado.

„Ó todo el mundo se guarde
De mi espada y de mi mano;
Que tal se ejecutare,
Será de mí tan vengado,

„Que toda Francia lo llore,
Por no habello remediado.
Tírense todos afuera,
No sea nadie tan osado

„De querer luego estrenar
Lo que yo tengo jurado.
¡Sus de presto, Maganceses,
Afuera, afuera, priado!

„No me pare mas ninguno,
Buscad veredas temprano.‟
Viérades á Galalon
Con su Maganza temblando,

Y tanto que él no quisiera
Ser alli entonces hallado;
Y tornando á Cárlos luego,
Prosiguiendo en su hablado,

Dijo: „¿Qué quieres, Señor,
Que persigues á Reinaldos?
Di, ¿no sabes tú, Señor,
Y está muy claro probado,

„Que lo mas que él tenia
Haberlo á Moros ganado?
Debríate ya bastar
Que á perder lo has echado,

„Destruyéndole una villa
Sola, que Dios le habia dado.
Si la cabeza do sale
Todo aquesto en que has andado,

„Ella fuese ya cortada,
Quedaria sosegado
Todo el tu gran imperio,
Que no te cantase gallo.‟

Respondió el emperador
Algun tanto ya amansado:
„¡O mi querido sobrino,
No te tornes tan airado,

„Ni pases mas adelante
Lo que llevas comenzado!
Hágase como quisieres,
Y sea luego soltado;

„Mas con esta condicion
Que lo doy por desterrado
Con gran pleito y homenage,
Que ante mí haya jurado,

„Que solo y sin compañía
Á Jerusalem descalzo,
En hábito de romero
Sea luego encaminado;

„Y que mas aqui no pare
Del tercero dia pasado,
Y jamas no torne en Francia
Sin mi licencia y mandado;

„Y que su muger y hijo
Acá se hayan quedado,
Y su hermano tambien,
Todos á muy buen recaudo;

Porque si él algo hiciere,
En ellos seré vengado."
Lo cual asi se cumplió,
Segun de suso es contado;

Que luego al tercero dia
Reinaldos se ha aparejado
De esclavina y de bordon,
Y una maleta á su lado,

Para echar las limosnas
Que por Dios le hubiesen dado;
Vistió una gruesa camisa,
Como penitente armado,

Llorando de los sus ojos
Con corazon traspasado,
Despidiéndose en la corte
De cuantos lo han amado.

Ya á todos los doce pares
Mucho les ha encomendado
Que por su muger é hijitos
Por ellos hayan mirado,

Y tambien por sus hermanos,
Que en prision los ha dejado;
Diciendo que por ventura
Jamas seria tornado.

Mas quizá en algun tiempo
Les seria bien pagado
Á todos los que miraren
Por las prendas que ha dejado.

Sus lágrimas eran tantas,
Que á todos han convidado
Á quebrar sus corazones
De verlo tan lastimado.

Ya se va nuestro romero
Del todo desconsolado;
De toda la cristiandad
Iba ya desamparado,

Aunque él por muchas veces
La habia bien abrigado,
Defendiéndola de Moros
Con corazon esforzado.

Capitan de los Cristianos
Por el mundo era llamado:
Tal fuerza contra paganos
Por jamas se ha hallado.

Mas al cabo de tres dias
Que asi desnudo y descalzo
Caminaba con paciencia,
Con su bordon en la mano,

Y con espesos gemidos
Y sospiros que iba dando,
Don Roldan fue en pos de él
En su ligero caballo.

Y alcanzólo á una montaña,
Saliendo por un atajo.
Desque Reinaldos lo vido,
Á mal lo hubo tomado.

Mas es leal Don Roldan,
Otro llevaba pensado;
Pues le dijo luego asi
Al momento y en llegando:

"O flor de caballería,
¿Donde vas tan desmayado?
¿Qué es de tus caballerías?
¿Donde las has ya dejado?

,,¿Qué es de las tus fuertes armas?
¿Qué es de tu fuerte caballo?
Ves aqui tu buena espada,
Cata aqui do te la traigo.

,,Torna, torna, Señor primo;
Que yo haré sea alzado
El destierro al cual tú fuiste
Tan á tuerto sentenciado.

„No me tengan por Roldan,
Si no fuere asi acabado;
Que yo sacaré del mundo
Á quien quisiere estorballo,

„Porque tan buen caballero
No sea en Francia faltado;
Que mas vales tú que todos
Cuantos allá han quedado."

Mas por mas que le rogó,
Nada le fue otorgado;
Ni jamas volvió con él
Á lo que le era rogado,

Por no dejar su camino
Á cumplir lo que ha jurado;
Que entre buenos caballeros
Asi es acostumbrado

De perder antes la vida
Que no hacer quebrantado
El homenage que hacen
Donde les es demandado.

Mas tomó su rica espada,
Que Roldan le habia llevado,
Para llevarla secreta
Debajo su pobre hato,

Por, si algo se viniese,
Que tenga de que echar mano.
Asi los dos se despiden,
Harto gimiendo y llorando;

Que peor les fue el partir
Que no morir peleando.
Mas aquel noble guerrero
Mucho se va encomendando

Al muy alto Jesú Cristo,
Por el cual él fue guiado
A las tierras del gran Can,
Que fue muy maravillado

Que tan alto caballero
Ante él fuera llegado
Tan descalzo y tan desnudo,
Tan hambriento y fatigado.

Mas comoquiera que fuesen
En el tiempo ya pasado
Ambos hermanos en armas,
Gran fiesta le ha ordenado,

Y despues que le contó
Todo su hecho pasado,
El gran Can le respondió:
„¡O mi buen Señor y hermano,

„Pídeme lo que quisieres,
Para volver contra Cárlos!
Ves aqui do tengo junto
Nuestro gran poder pagano;

„Que no hay cosa que non hagan
Por mi servicio y mandado.
Irán conmigo y contigo,
Para hacerte bien vengado.

„Y segun, Señor, tú eres
En armas tan estimado,
Con este tan gran poder,
Que de acá hayas llevado,

„Muy de presto podrás ser
En Cristianos coronado
Á pesar de quien pesare,
Sin poder ser estorbado;

„Que mas pertenece á tí
Que no á aquel falso de Cárlos,
Pues tan mal ha conocido
Cuanto le has administrado."

„¡No lo mande Dios del cielo,
Le responde Don Reinaldos,
Que yo quiebre el homenage!
Pues en Francia hube jurado

„Que yo ni otro por mí
No vuelva contra Cristianos."
Vista ya su voluntade,
El gran Can fue acordado,

Por complacer á Reinaldos,
Y subirlo en alto estado,
Que seria bueno ir
Con treinta mil de á caballo

Sobre aquel emperador
De Trapisonda nombrado,
Que muy mucho mal hacia
Á todos sus comarcanos,

Usurpándoles las tierras
Por fuerza, que no de grado.
Reinaldos, que tal oyó,
Presto fue aparejado,

No de esclavina y bordon,
Ni menos maleta al lado,
Mas de buen caballo y armas,
En lo que era acostumbrado.

Tomando los treinta mil,
Tales manos se ha dado,
Como aquel que en ellas era
Maestro bien afamado.

Halló al emperador,
Que tenia puesto campo
Sobre una gran ciudad,
Cien mil y mas de caballo.

Pegó con ellos de noche,
Al mejor sueño tomando;
Recordólos de tal suerte
Que pocos han escapado.

Porque el triste campo estaba
Durmiendo, tan descuidado,

Que cuando el alba rompió,
Los mas se han abajado

Con su señor al infierno,
Que los estaba esperando,
Salvo aquellos que se dieron
Á merced de Don Reinaldos.

Por ende muy presto fue
Emperador coronado,
Sojuzgando muchos reyes
Y señores de alto grado.

De lo cual luego escribió
Á su enemigo Cárlo Magno;
Con riquísimos presentes
Mensages le ha despachado,

Pidiendo le dé merced
Que allá le haya enviado
Alguna gente cristiana,
Que alli no hay mas de un Cristiano,

Que es el mesmo Don Reinaldos,
El valiente y esforzado,
Y noble en toda virtud,
Hermoso y mucho agraciado.

Mas tal odio le tenia
El ya dicho Cárlo Magno,
Que en lugar de socorrer,
Á la hora ha pregonado

Que no vaya nadie allá
So pena de su mandado;
Ni tampoco le enviasen
La muger, hijos y hermano.

Mas Roma y Constantinopla
Le enviaron tal recaudo,
Que sin ir nadie de Francia,
Cristianos le han sobrado.

Probable es que no sea este romance del mismo poeta de quien
son los otros grandes romances relativos á Cárlo Magno y sus paladines. Porque en los otros está retratado el emperador como cercado siempre de una especie de auréola gloriosa, y aqui al reves
aparece débil y falto de dignidad, cuando aguanta los duros reproches que con vigor y donaire le hace Roldan por haber estado in-
justísimo con Reinaldos. Tambien faltan en este romance los consonantes en **are** que hay en los otros sobre Cárlo Magno. **D.**

10.

*Refiérese de Reinaldos de Montalvan, como yendo en busca de
una muger la mas linda del mundo, la fue á buscar, y la dió
por encontrada en la hija del rey moro Aliarde, señor de
lejanas tierras. Cuéntanse los amores de la princesa mora y el
paladin frances, y que sabidor de ellos Aliarde, manda prender
á Reinaldos, y dispone quitarle la vida; pero le suelta al cabo,
enterado de su valor. Añádese lo que hizo Reinaldos de vuelta
en Francia, y como volvió para las tierras de Aliarde, acompañándole Don Roldan, y que por traicion de Galalon, el cual
dió aviso al rey moro de que iban contra él, estuvo á pique de
morir el paladin. Al fin este entra en batalla con los Moros, y
mata de ellos á muchos, y viniéndose con él la princesa, torna
victorioso á Francia con su dama, siendo bien recibido.*

Estábase Don Reinaldos
En Paris, esa ciudade,
Con su primo Malgesí,
Que bien sabe adevinare.

Estábale preguntando,
Él le queria demandare:
„Primo mio, primo mio,
Primo mio naturale,

„Mucho os ruego de mi parte,
Me lo querais otorgare,
Pues que de nigromancía
Es vuestro saber y alcanzare,

„Que me digais una cosa
Que yo os quiero demandare:

¿La más linda muger del mundo,
Donde la podria hallare?"

„Pláceme, dijo su primo,
Pláceme de voluntade."
Luego mandó á un espíritu
Que dijese la verdade,

Ó se la trajese delante
Presto sin mas se tardare.
Él, como era apremiado,
Dijo luego su mandare

Que el rey moro Aliarde
Tenia hija de poca edade,
Que en el mundo no habia otra
Que fuese con ella iguale.

Este tiene el reino lejos,
Tiénelo allende la mare·
En tierras muy apartadas,
Que no eran de conquistare.

Reinaldos, desque esto supo,
No quiso mas aguardare;
Pidió licencia al emperador,
Él se la fue luego á dare.

No se la diera de grado,
Mas contra su voluntade;
Que se queria ir á los reinos
Que estaban allende el mare

Del Moro Aliarde,
Para con su hija hablare.
Despidióse del emperador,
De los doce otro que tale.

Ya se parte Don Reinaldos,
Ya se parte, ya se vae;
Ibase para los reinos
Que están allende la mare.

Con él iba un pagecico,
Que lo solia acompañare.
Andando por sus jornadas,
Al reino fue á llegare.

Fuérase para la villa
Do el rey moro suele estare;
Hallólo en sus palacios,
Que se queria armare.

Porque asi lo acostumbraba,
Por mas se asegurare;
Y luego que hube llegado,
El rey le fue saludare:

,,¿De donde es vuestra venida?
¿Ó como os soleis nombrare?"
,,Señor, so un caballero,
De Francia es mi naturale.

,,Desterróme el emperador,
En Francia no puedo entrare;
Por eso vengo á servir
Á tu Alteza reale."

,,Pues que venis muy cansado
De tan largo caminare,
Reposad en mi palacio;
Que podreis bien descansare."

Don Reinaldos pidió un laud,
Que lo sabia bien tocare;
Ya comienza de tañer,
Muy dulcemente á cantare;

Que á todo hombre que lo oia
Parecia celestiale.
Bien lo oia la Infanta,
Y holgaba de lo escuchare.

Desque lo vió tan gracioso,
De gracias muy singulare,
El amor, que nunca cesa,
En ella fue aposentare.

Tales fueron sus amores,
Que no los podia encelare;
Amores de Don Reinaldos
No la dejan reposare.

Tambien se enamoró él de ella,
Tanta era su beldade.
Enviólo á llamar la Infanta
Que viniese á le hablare.

Muy cortes y mesurado
Las manos le fue á besare;
La Infanta era discreta,
Y no se las quiso dare.

Mas antes sus corazones
Eran de conformidad;
Que de verse el uno al otro
Comienzan á desmayare.

Desmayan los corazones,
Pero no la voluntade;
Despues de ya recordados,
Comenzaron de llorar.

El uno y otro decian
Palabras de grande amare.
„Por tus amores, Señora,
Vine de allende la mare.

„Por veniros á servir
Dejara mi naturale;
He dejado yo mis tierras,
Al emperador quise dejare,

„He dejado muchos amigos,
Que me solian honrare;
He dejado á los doce,
Dellos era principale.“

Alli habla la Infanta,
Bien oireis lo que diráe:
„Pues por mí os desterrastes,
Y acá os quisistes llegare,

„Tened confianza en mí,
Que lo entiendo bien pagare;
Por eso, amigo mio,
Comenzaos de alegrare.

„Mucho os ruego que esta noche
No me querades faltare;
Que vengais solo á mi cámara,
Adonde yo suelo estare,

„Porque alli solos entrambos
Placer nos podamos dare.“
„Nunca quiera Dios, Señora,
Ni la santa Trinidade,

„Que yo tocase en la honra,
Á la corona reale,
Pues me tiene vuestro padre
Por caballero leale.“

Respondióle la Infanta
Enojada en le escuchare:
„Lo que habeis vos de rogarme,
Os tengo yo de rogare.

„Pues yo os juro por mi ley,
Por la ley de Mahomáe,
Que, si no haceis lo que digo,
Que luego os mande matare.“

Don Reinaldos con esfuerzo
Tal respuesta le fue á dare:
Que le costase la vida,
Mas no podia aventurare,

Y que sin falta vernia
Por hacer su voluntade.
Aquella noche siguiente
Gran placer ambos se dan.

Otro dia de mañana
Á su posada se vae.
No pasaron muchos dias,
Pocos fueron á pasare

Que el traidor de Galalon,
Aquel traidor desleale,
Envió cartes á Aliarde,
Cartas para le avisare

Como en su corte tenia
Don Reinaldos de Moutalvane,
Que á otra cosa no habia ido
Sino á lo deshonorare;

Que guardase bien su hija,
No se la quisiese fiare;
Que no fue por otra cosa
Sino por amor tomare.

El rey, que vido las cartas,
Los suyos mandó llamare,
Porque tomen á Reinaldos,
Y lo hayan de aprisionare.

Tomólo gran gente de armas,
Por mas seguro tomare;
Échanle en una prision
De muy grande escuridade.

Aconsejóse con los suyos,
Tomó consejo reale,
Que debian hacer al triste,
Ó que castigo le dare.

Hallaron por sus derechos
Por la razon naturale,
Pues habia sido traidor
Á la corona reale,

Que era digno de la muerte,
Y se la hubiesen de dare.
Todos firman la sentencia,
El rey la fue á firmare.

La sentencia ya era dada,
Para hacello degollare;
Alli estaba un pagecico,
Que la Infanta fue á criare.

Va corriendo á la Infanta
De priesa y no de vagare;
Sola estaba la Infanta,
Á nadie queria escuchare.

Entra el page por la puerta,
Comiénzale de hablare:
„Por amor de vos, Señora,
Hoy se hace gran crueldad;

„Que aquel caballero extraño
Por vos lo quieren matare.‟
De lo que dijo el pagecico
Ella tuvo gran pesare.

Vase para los palacios
Donde el rey solia estare;
Tal entraba en la puerta,
Que á todos queria matare.

„¿Qué es aquesto, Señor padre?
¿Aquesto qué puede estare?
¿Sin saber cierto las cosas
Al cabo quereis llegare?

„La sentencia que habeis dado,
Vos la querais revocare;
Que si Don Reinaldos muere,
Primero á mí heis de matare,

„Pues la verdad no sabiendo,
Vos me quereis disfamare.
Las cartas de Galalon,
Las que él os quiso enviare,

„Son por volveros con él,
Son para hacelle matare
Por envidia que dél tiene,
Por querer con vos estare;

„Que en Paris, ni en todo Francia
Nadie le puede igualare.
Por eso os ruego, Señor,
La vida le querais dare.‟

„Pláceme, respondió el rey,
Pláceme de voluntade;
Mas con una condicion:
Que en mis reinos no ha de estare.‟

Alli luego la Infanta
Las manos le fue á besare;
Mándanle quitar los grillos,
Y de la prision sacare.

Entonces luego el buen rey
Le mandara desterrare;
Ya se parte de la corte
Con dolor y gran pesare,

Por dejar á su señora,
Y con ella no quedare.
Maldecia su ventura,
No cesaba de llorare.

Á sus jornadas contadas
En Francia fue él á llegare;
Íbase luego derecho
Á la villa de Montalvane.

El rey quedaba pensoso,
Á su hija queria casare;
Mas no salia con quien
Á su honra la pudiese dare.

Envió cartas por el mundo,
Todo el mundo en generale,
Que quien quisiese su reino
Y con su hija casare,

Que dentro de treinta dias
Viniese á su corte reale,
Para hacer un torneo,
Para mas honra ganare;

Y el que mejor lo hiciese,
Con la Infanta haya casare.
Don Reinaldos, que esto supo,
Mucho se fue á alegrare;

Porque si él allá se iba,
El campo entiende ganare.
Luego pidió su caballo,
Las armas otro que tale,

Y mucho rogó á su primo,
Á su primo Don Roldane,
Que se quisiese ir con él,
Por major honra llevare.

Ya se parte Don Reinaldos,
Con él iba Don Roldane,
Y por jornadas contadas
Al reino llegado hane.

Sabido por Galalon
Que á tierras de Moros vane,
Luego envió un mensagero,
Para el rey moro avisare,

Que su criado Don Reinaldos
Y su primo Don Roldane
Eran idos á su reino
Para habello de matare.

Cuando el rey supo tal nueva,
Dello se fue á maravillare;
Envió á hombres de armas,
Que los fuesen á buscare.

Alli habló un caballero,
Bien oireis lo que diráe:
„Vergüenza es de tanta gente
Á dos solos ir á buscare.

„Dédesme licencia á mí;
Que yo solo quiero andare.‟
Dijo el rey que le placia
De muy buena voluntade.

Ya se partia aquel Moro,
Ya se va por los buscare;
Vase para una posada,
Adonde él solia posare.

En entrando por la puerta,
Con ellos fuera á encontrare;
Conoció á Don Reinaldos,
Que con el solia holgare.

„Pésame mucho de vosótros,
En mí tengo gran pesare;
Que el rey sabe que estais aqui,
Haos mandado matare.

„Yo os ruego mucho, Señores,
Que me digais la verdade;
Porque el rey tenia cartas,
Que Galalon le fue á enviare,

„Avisándole de cierto
Que le queríades matare.‟
Respondiera Don Reinaldos:
„¡Nunca Dios quiera lo tale!

„El rey no es mi enemigo,
Ni yo le queria male;
Mas hemos venido al campo
Que el rey mandó pregonare.‟

Mucho se holgó el Moro
De tal razon escuchare;
Que viniesen en hora buena,
Para el campo á peleare.

Otro dia de mañana
Comiénzanse de aparejare,
Y sálense luego al campo,
Donde habian de torneare.

Mataron tantos de Moros,
Que no hay cuento ni pare;
Bien veia la Infanta
Á Reinaldos y á Don Roldane.

Lloraba de los sus oyos,
Que no les podia ayudare;
Envióles un pagecico,
Que fuesen á la hablare;

Que se lleguen al castillo,
Porque lo queria probare.
Ellos, rompiendo la gente,
Al castillo llegado hane.

La Infanta, cuando los vido,
De alli se dejó colgare,
Tomándola Don Reinaldos
En su caballo á cabalgare.

Mataron tantos de Moros,
No tienen cuento ni pare;
Por mas Moros que vinieron,
No se le pueden quitare.

Á sus jornadas contadas
Á Paris fueron llegare;
El emperador, cuando lo supo,
Á recibírselos sale.

Con él salen los doce pares
Y toda la corte reale;
Si hasta alli eran esforzados,
Despues eran mucho mase.

11.

Reinaldos de Montalvan tras de lamentar su mala suerte se va á Montalvan, su tierra. Júntase alli con el Don Roldan, su primo, y ambos se van en compañía á tierra de Moros. Hállanse con un torneo, y enójase Reinaldos con Roldan, porque teme que le dispute la posesion de la hermosa Celidonia. Reconciliause los dos caballeros franceses. Honrado proceder del rey moro con los dos pares de Francia, á quienes da partes de la traicion que les ha hecho Galalon, avisando de su ida, y suponiéndoles intentos de dar muerte al rey. Arma el Moro á los Cristianos, y luego se les declara enemigo. Vencen Reinaldos y Roldan á los Moros. Va el primero á llevarse á su Celidonia, cuando un Moro, hermano de esta, de una lanzada quita la vida á la hermosa princesa. Dolor de Reinaldos, el cual venga á su muerta dama.

Cuando aquel claro lucero
Sus rayos quiere enviar,
Esparcidos por la tierra,
Por cada parte y lugar;

Cuando los prados floridos
Suaves olores dan,
Á mi preciado vergel
Me fui para dar lugar

Á la triste vida mia
Y muy gran necesidad;
Vide las rosas en flor,
Que querian ya granar.

Hice una guirnalda de ellos;
No hallando á quien la dar,
Por un bosque despoblado
Comencé de caminar,

Y diera en una floresta,
Do nadie suele pasar.
En el dulce mes de Mayo
Yo me fui por descansar

Por medio de una arboleda
De cipres y de rosal;
Vide una huerta muy florida
De jazmines y arrayan.

Los cantos eran tan dulces,
Que me hicieron parar;
Ví avecitas que por ellas
No hacen sino volar.

Papagayo y ruiseñor
Decian en su cantar:
,,¿Donde vas, el caballero?
Atras te quieras tornar.

,,Hombre que aqui pasa,
No puede vivo escapar.''
Mirando estas avecitas,
Su canto y armonizar,

Á su sombra de un verde pino
Me senté por descansar;
Hiciera mi cabecera
Encima de un arrayan.

Los cuidados dos á dos
Me cercaron sin parar;
Con un suspiro muy fuerte
Comencé de querellar:

,,¡O tú, noble emperador,
Mi gran Señor natural,
Mira cuan pobre y cuitado
Me podrias acatar!

Sé que de mi mal te place,
Aunque estoy á tu mandar;
Acordársete debia
Que te fuiste á enamorar

De la Infanta Belisandra,
Hija del rey Trasiomar.
Por librarte á tí de pena,
Yo me pasé á la cobrar

,,Con el noble paladin,
El esforzado Roldan.
Hízonos, por te servir,
Mercaderes por el mar.

,,Yo la saqué de su tierra,
Y la puse á tu mandar.
¡O todos los doce pares,
O Oliveros y Roldan!

,,¡O vos, el noble Angeleros,
Y Angelinos el Infante,
Ya no os acordais de mí,
Ni he con que os pueda honrar!

,,¡O vos, Duque Don Estolfo,
De Inglaterra capitan,
O mis Señores y amigos,
Cuan lejos os veo estar!"

Tomóle tal pensamiento
De se haber de desterrar
En las tierras de los Moros,
Por su ventura probar.

Estando en este propuesto,
Se tornó á Montalvan;
Sin despedirse de alguno,
Luego al momento se va.

Por sus jornadas contadas
Á Paris llegado ha;
Á Roldan fue á rogar luego
Que le quiera acompañar;

Que se va á unos torneos
Que hacen allende del mar.
Don Roldan, que es codicioso
De fama y honra ganar,

Adereza su partida
Sin en nada discrepar.
En forma de peregrinos
Por los Moros engañar,

Andando por sus jornadas,
Muy cerca van á llegar;
Jueves era aquel dia,
La víspera de san Juan,

Que un torneo es aplazado,
Por ser dia principal.
Esa noche á una floresta
Se fueron á descansar.

Otro dia de mañana
Clarines oyen sonar;
Que sacan á la princesa,
Por las fiestas mas honrar.

Lleva encima la cabeza
Una corona real,
Sus cabellos esparcidos,
Que acrecientan su beldad.

Ella estaba tan hermosa,
Que á todos hace turbar;
Muchas doncellas delante,
Todas dicen un cantar.

Comenzó de hablar luego
El esforzado Roldan:
,,¡O Dios, y que linda dama,
En el mundo no hay su par

,,Sin ofender á Doña Alda,
Yo la quisiera gozar."
Reinaldos con turbacion
De lo que dijo Roldan,

Con el gesto demudado
Le comenzó de hablar:
„Primo, excusado os fuera
De tal suerte blasonar,

„Porque Celidonia es mia,
Yo la entiendo de ganar.
Si no me sois enemigo,
En ello no habeis de hablar.‟

Con gran enojo que tiene,
Se pone encima Bayarte;
Va derecho para el campo,
Por los torneos ganar.

Vido muchos caballeros
Del caballo en tierra dar;
Mira al mas valiente de ellos,
Que era el rey Gargaray,

Derrocando caballeros,
Cuantos topaba á lanzar.
Por encima del arzon
Al Moro fue á derribar,

Al Moro y caballo en tierra,
Y al caballo fue á picar,
Derrocando á cuantos topa
Y podia alcanzar.

Raras maravillas hace,
Que espanto pone en mirar;
En esto aquel gran rey moro
Tornó presto á lidiar.

Ya se parte Don Reinaldos
Otra vez por le encontrar;
Tan fuerte golpe le diera,
Que otra vez fue á lanzar.

Con el corage el rey moro
No tiene en nada su mal;
Nadie justa con Reinaldos,
Nadie le osa esperar.

De los golpes que reciben
Van huyendo sin parar;
Ya Febo se declinaba
Hácia el océano mar,

Cuando el gran rey Agolandro
Clarines mandó sonar,
Porque paren los torneos,
Y vayan á reposar

Hasta en el dia siguiente,
Que los tiene de acabar.
Reinaldos iba tan fuerte,
Que espanto pone en mirar.

Don Roldan, que cerco estaba,
Viénele luego á abrazar:
„¿Qué es aquesto, primo mio?
¿Como andais sin aguardar?

„Tanto holgaba de veros,
Que olvidaba el pelear,
Viendo vuestra gran destreza
Contra el gran rey Gargaray.‟

„Vos lo decis, Señor mio,
Que me quereis motejar;
Vámonos, Señor, al monte,
Do solemos albergar.

„No nos conozcan los Moros,
No entremos en la ciudad.‟
El fuerte rey, que los vido,
Comenzólos de llamar:

„O vos, fuertes pelegrinos,
¿Donde vos vois á holgar?‟
„Señor, vámonos al monte,
No teniendo que gastar.

„No nos quieren dar posada
Por Dios ni por caridad;
Pasamos al gran Mahomá,
Por su templo visitar.‟

„Señores, si vos pluguiese,
Yo vos quiero aposentar."
Don Reinaldos habló luego:
„Cúmplase vuestro mandar."

Hiciéronles dar posada
En acertado lugar;
Que el Moro es acostumbrado
Á romeros albergar.

Luego les vino mensage
Que el rey los envía á llamar.
Díjoles que los caballeros
Son Reinaldos y Roldan;

Que su amigo Galalon
Se lo enviaba á avisar.
Todos se ponen en armas,
Para haberlos de matar.

El buen rey, que aquesto vido,
Altas voces fue á dar:
„¡Ha caballeros galanes
De corte tan principal,

„Yo no soy de parecer
Que asi se hayan de tratar
Los mejores caballeros
De toda la cristiandad!

„Pues que yo les dí seguro,
Yo no les puedo faltar.
Mas luego siendo de dia,
Os podeis todos armar,

„Y como gentiles hombres
Con ellos en campo entrar."
Ya se partia el buen rey,
Y á los romeros se va.

„¡O los nobles caballeros,
Reinaldos y Don Roldan,
Seades los bien venidos
Los dos Cristianos sin par!

„Sabed que Don Galalon
Una carta fue á enviar,
En que nos dice por ella
Que veníades por matar

„Al noble rey Agolandro,
Y él nos hiciera llamar,
Do se determinó luego
De venir á vos matar,

„Sino por respeto mio
Que nunca les dí lugar.
Mas sabed que en la mañana
En batalla habeis de entrar,

„Vos y el noble paladin,
Con cuantos alli vendrán:
Y vos, Señor Don Reinaldos,
No os podeis excusar;

„Que conmigo y cuatro reyes
En campo os habeis de hallar;
Por ende esforzaos mucho."
Luego los fuera á abrazar.

Don Reinaldos le responde:
„Grande es, Señor, tu bondad;
Grandemente nos obligas,
Mas que podríais pensar."

El rey se despidió de ellos,
Y á su casa fue á cenar;
Otra dia, el sol salido,
El rey los vino á llamar.

Ya se ponen los arneses,
Y el rey los ayuda á armar;
Y cuando armados los vido,
Comenzóles de hablar:

„¡O los nobles caballeros,
Querádesme perdonar!
Porque en viéndoos armados,
Enemigo os soy mortal."

Dicho esto, fuese luego,
Sin mas palabras hablar;
Apréstanse los dos primos,
Y á la batalla se van.

Bayarte, que ve la gente,
Espanto pone en mirar;
Dando corcobos y empinos,
Comienza de relinchar.

Tan fuerte va para ellos,
Que la tierra hace temblar;
Reinaldos mira á los reyes
Con quien ha de pelear.

Tambien mira á Celidonia,
Que en el cadahalso está.
Tanto corage le crece,
Que comienza de hablar:

„¡O vosotros los Romanos,
Todos venid á ayudar
Á aquestos cinco reyes
Que conmigo han de justar:

„Porque en el dia de hoy
Yo les quiero demostrar
Las fuerzas que Dios me dió,
Por su santa fé ensalzar!"

Da de espuelas al caballo,
En el campo fue á entrar.
Los reyes, que entrar lo ven,
Juntos lo van á encontrar

De tal suerte, que las lanzas
En piezas hacen volar.
Mas Reinaldos con esfuerzo
Encontró al rey Gargaray

De tal suerte, que la lanza
Le pasó al espaldar;
No le duraron los otros,
Que á todos los fue á matar.

Y quebrada la su lanza,
Á Fisberta fue á sacar,
Haciendo mil maravillas,
Por en el campo quedar,

Hasta topar á su primo,
El buen paladin Roldan,
Que llevaba un gran tropel
De morisma á mal andar.

Despues que juntos se vieron,
Muy gran contento se dan;
Con esfuerzo denodado
Renuevan el pelear.

Tantos matan de los Moros,
Que no hay cuenta ni par;
El alarido es tan grande,
Que al cielo quiere llegar.

Alzó los ojos Reinaldos
Adó el cadahalso está;
Vido muchos caballeros
Á la princesa guardar.

Allegóse para ellos
Con muy gran ferocidad;
El estruendo que traia,
La terra hace temblar.

Á la bella Celidonia
Fue en su caballo á sentar;
Arremete con denuedo,
Por la batalla dejar.

Los Moros, que aquesto vieron,
No le osaban dañar,
Por no dar á la princesa,
Ni le hacer algun mal.

Con sollozos y gemidos,
Que al cielo quieren llegar,
Lloran su gran perdicion,
La muerte de Gargaray.

II.

La princesa ya vencida
Deste que no tiene par,
Con una voz delicada
Comenzóle de hablar:

,,¡O Señor, en que peligro
Os poneis en me llevar!
Mas querria yo morir
Que no vuestro peligrar.‟

Abrazándola muy fuerte,
En el rostro fue á besar;
Por sus delicados ojos
Lágrimas vieron saltar,

Temiendo de lo perder,
Viéndolo tanto aquejar,
Que su rostro de Reinaldos
En agua hizo bañar.

Vuélvese á consolarla
Con amoroso hablar:
,,Esforzad, Señora mia,
No querades desmayar.‟

Ellos estando en aquesto,
Su hermano fuera á llegar;
Dádola la cruel herida,
Su cuerpo le fue á pasar

En los brazos de Reinaldos,
Que su fin fuera á causar.
Con voz ronca y muy plañida
Comenzara de hablar:

,,¡O amor mio y mi bien,
De mí os querais acordar!
Pues yo recibo la muerte,
No me querais olvidar,

,,Sabiendo vos, amor mio,
Que os iba yo á acompañar,
Dejando yo al rey mi padre
Con tanto enojo y pesar.

,,¡O que pena y que pasion
Llevo en aqueste pensar!‟
El rostro se le desmaya,
La habla fuera á cesar.

Con un suspiro muy fuerte
Vieron su fin allegar;
Don Reinaldos, que esto viera,
El color perdido ha.

Con voz triste y dolorosa
Comenzóse á lamentar:
,,¡Ay desdichado de mí,
Ya no me quiero nombrar

,,El esforzado Reinaldos,
Ni él me quiero llamar.
O muerte, ¿porqué no vienes?
No quiero vivo quedar.

,,O Celidonia, amor mio,
¿Donde te iré yo á buscar?
Yo fui de tí homicida,
Yo solo te fui á matar.

,,¡O traidor, mal caballero,
Que piensas aqui aguardar!‟
Vuélvese contra los Moros,
Para en ellos se vengar.

Puso en tierra á Celidonia,
Sintiendo mucho su mal;
Va buscando al caballero
Que le hizo tal pesar.

Hiriendo y matando Moros
Cuantos podia topar,
Hace tal matanza en ellos,
Que es cosa para espantar.

Hasta topar su enemigo,
No deja de atropellar;
Vídole andar en batalla,
Que parece un gavilan.

Arremetió para él
Con esfuerzo singular;
Trabóle por los cabellos,
Del caballo lo fue á echar.

Atóle fuerte los pies,
Y al suyo lo fue á pasar;
Desque á su guisa lo tuvo,
Tornó presto á cabalgar.

Va atropellando los Moros,
Hasta su primo topar;
Despues que juntos se vieron,
Comienzan de caminar

Para la noble de Francia,
Llevando muy gran pesar.
La muerte de Celidonia
No le deja consolar,
Hasta ver á Galalon,
Que tanto mal fue á causar.

12.

No acudiendo Reinaldos á la corte de Cárlo Magno en la fiesta de san Jorge, el emperador se enoja y le insulta, instigado por el traidor Galalon. Defiende Don Roldan á su primo Reinaldos, y por ello es maltratado por el emperador. Sálese airado de la corte, y vase para España. En el camino topa con un Moro, lidia con él, le vence y mata, y vistiéndole sus ropas, le envía á su esposa, suponiendo ser él el muerto. Tras esto júntase con el rey moro, é yendo con él sobre Paris, reta á los demas pares, y los vence y cautiva. Apurado Cárlo Magno, pide ayuda á Reinaldos. Sale este á pelear con el supuesto Moro, y conociendo en él á su primo Roldan, le abraza. Caen juntos sobre la morisma, y la vencen y destruyen, entrándose triunfantes en Paris, donde son recibidos con placer y honra.

Dia era de san Jorge,
Dia de gran festividad.
Aquel dia por mas honor
Los doce se van á armar,

Para ir con el emperador,
Y haberlo de acompañar.
Todos vinieron de grado,
Con un placer singular,

Sino el bueno de Reinaldos,
Que se estaba en Montalvan,
Y no se halló al presente
En la tal festividad.

Alli todos los caballeros
Por traidor le van reptar;
Esto causó Galalon,
Porque le queria mal.

Revolvióle con el emperador,
Con los doce otro que tal;
Mucho le pesó á Roldan
De vello asi maltratar.

Fuese para el emperador
De priesa y no de vagar,
Y con voz muy enojada
Al emperador fue á hablar:

3 *

„Mucho me pesa, Señor,
Dello tengo gran pesar,
Que á Reinaldos en ausencia
Tan mal le quieran tratar;

„Y si tal cosa pasase,
La vida me ha de costar.“
El emperador con enojo,
Que habia de lo escuchar,

Alzó la mano con saña,
Un bofeton le fue á dar,
Que otra vez no fuese osado
Al emperador asi hablar.

Mucho se enojó de aquesto
El bueno de Don Roldan;
Alli hizo juramento
Encima de un altar,

En los dias que viviese,
En Francia jamas entrar,
Hasta que de todos los doce
Él se hubiese de vengar.

Ya se parte Don Roldan,
Ya se parte, ya se va
Solo con un pagecico,
Que le solia acompañar.

Por sus jornadas contadas
Á España fuera llegar.
Andando por su camino
Á su ventura buscar,

Encontró un Moro valiente,
Cerca estaba de la mar;
Guarda era de una puente,
Que á nadie deja pasar,

Sino que por fuerza ó grado
Con él haya de pelear;
Porque su señor el rey
As se lo fue á mandar:

Que hombre que viniese armado,
No lo dejase pasar,
Ó que dejase las armas,
Ó en el reino no ha de entrar.

Don Roldan con gran enojo,
Que habia de lo escuchar,
Hablóle muy mesurado,
Tal respuesta le fue á dar:

Que ante las defenderia
Que no habellas de dejar,
Porque nadie fuese osado
De las sus armas quitar,

Que no le costase la vida
Al menos menos costar.
Alli le hablara el Moro,
Bien oireis lo que dirá:

„Pues que lo quereis, caballero,
Luego se haya de librar;
Que ó vos dejareis las armas,
Ó yo quedaré con mal.“

Luego abajaron las lanzas,
Fuéronse ambos á encontrar;
Á los primeros encuentros
Las lanzas quebrado han.

Echan mano á las espadas
De priesa y no de vagar;
Tan fuertes golpes se daban,
Que era cosa de mirar.

Alzó el Moro su espada,
Á Don Roldan fue acertar
Encima de la cabeza
Que lo hizo arrodillar.

Don Roldan, que aquesto vido,
Tal golpe le fuera á dar,
Que de la grande herida
Luego se fue á desmayar.

„Di, Moro, ¿qué has sentido?
¿Ya no curas de hablar?“
„He sentido un acarito,
Por medio me fue á pasar.“

Don Roldan le dijo luego,
Bien oireis lo que dirá:
„¡Que maldito fuese el hombre
Que no sentia su mal!

„Cálzate ya esa espuela,
Que se te quiere quitar.“
Abajóse á mirar la espuela,
No se pudo levantar.

Murió luego prestamente,
Sin mas un punto pasar;
Quitóle luego las armas
El buen de Don Roldan.

Tambien le quitó el vestido,
Los suyos le fue á dejar,
Un sayo de cuatro cuartos,
Con que solia caminar,

Y con un su pagecico
Á Francia lo fue enviar.
Armado y con sus vestidos,
Parecia Don Roldan.

Díjole que lo llevase
Adonde Doña Alda está,
Y dijese que era su esposo,
Que le hiciese enterrar.

Desque el page fue llegado
Á Paris, esa ciudad,
Mostráraselo á Doña Alda
Con gran angustia y pesar.

Desque vido el cuerpo muerto,
Pensó que era Don Roldan;
Los llantos que ella hacia
Dolor eran de mirar.

Por él lloraban los doce,
El emperador otro que tal;
Llórale toda la corte,
El comun en general.

Arzobispos y perlados,
Cuantos en la corte están,
Con mucho pesar y tristeza
Lo llevaron á enterrar.

Don Roldan muy bien armado
Con armas que fue á tomar,
Fuérase para las tiendas
Do el rey Moro suele estar.

Era el rey Moro mancebo,
Ganoso de pelear;
De los doce pares de Francia
Él se queria vengar.

Recibióle con mucha honra,
Alli amor le fue á mostrar,
Pensando que era el Moro valiente
Que los reinos solia guardar.

Díjole como en la puente
Habia muerto á Don Roldan;
El rey luego en aquel dia
Á Francia le fue á enviar.

Dióle luego mucha gente,
Hízole su capitan,
Para ir á buscar los doce
Y con ellos pelear.

Ya se parte Don Roldan
Á Paris á la cercar;
Los Moros que van con él
Pensaban en su pensar

Que era el Moro valiente
Que los reinos solia guardar.
Envían luego mensageros
Á Paris, esa ciudad,

Que ya despues allegados,
Asentado su real,
Que presto y sin dilacion
Se les diese la ciudad,

O los doce salgan luego,
Si por armas se ha de librar.
Respondió el emperador,
Bien oireis lo que dirá:

Que le placia de buen grado
Los doce allá enviar.
Para un dia señalado
Concertaron el pelear.

Aquel dia salieron los doce
Al campo para lidiar.
Los caballos llevan holgados,
No se hartan de relinchar. -

Con una furia muy grande
En los Moros se van lanzar;
Hácese una batalla
Muy cruel en la verdad.

Mas los Moros siendo muchos,
Todos los fueron á cativar,
Y tambien á Galalon
Asimesmo otro que tal.

Gran deshonra es de los doce
En dejarse asi tomar.
Viendo esto el emperador
Desde su palacio real,

Mandó llamar sus caballeros,
Para consejo tomar:
,,Ya sabeis que Don Reinaldos
Es buen vasallo real,

,,Y es uno de los doce,
De lo bueno principal;
Siempre miró por mi honra,
Por mi corona imperial

,,Pues los doce le han reptado,
Yo le quiero perdonar.''
Todos holgaron muy mucho
De lo que el emperador fue hablar.

Envían luego á Don Reinaldos
Adó estaba, en Montalvan,
Que viniese luego á Paris,
Para con el Moro pelear;

Que era cosa que complia
Á su alta magestad,
Y tambien porque en Francia
No le hay mas singular.

Ya se parte Don Reinaldos
Donde los Moros están;
Con aquel Moro valiente,
Con él iba á pelear.

Consigo lleva á Doña Alda,
La esposica de Roldan;
Mas bien sabia Don Reinaldos,
Bien sabia la verdad,

Que aquel Moro valiente
Era su primo Roldan;
Que un tio que tenia
Le dijera la verdad.

Por arte de nigromancía
Asi lo fuera á hallar:
Que Don Roldan era venido,
Y como estaba en el real,

Y que el cuerpo que trajeron
Era un muerto que fue á matar.
Andando por sus jornadas,
Fueron al campo á llegar.

Armóse luego Reinaldos,
Para con el Moro pelear;
Á los primeros encuentros
Los primos conocido se han.

Conociéronse entrambos
En el aire de pelear;
Cuando iban á encontrarse,
Las lanzas desviado han.

Dejado han caer las armas,
Al suelo las fueron á echar;
Vanse con mucho amor
El uno al otro á abrazar.

Alli hubieron gran placer,
Olvidado han el pesar.
Mandó llamar á los Moros,
Á todos hizo juntar,

Para dalles la razon
De lo que queria hablar:
,,Vosotros teneis los doce,
Yo los fuera á cativar.

,,Yo no siento aqui ninguno
Con quien haya de pelear,
Si no es con este hombre solo,
Pues vergüenza me será.''

Don Roldan y Don Reinaldos
Comienzan de pelear;
Cuantos matan de los Moros,
Maravilla es de mirar.

Despues de muertos los Moros
Y de todos los matar,
Fue Roldan á su esposica,
Con ella placer tomar.

Cuando lo vido Doña Alda,
De placer queria llorar;
Las alegrías que hacen
No se podrian contar.

Vanse luego á Paris
Al emperador consolar.
Cuando el emperador supo
Que venia Don Roldan,

Con toda la caballería
Salió fuera la ciudad:
,,¡Bien vengais vos, mi sobrino,
Bueno sea vuestro llegar!

,,Gran placer tengo de veros
Vivo y sano en verdad.''
Grandes fiestas se hacian,
Que no se pueden contar.

Allá iban todos los doce,
Que á la mesa comen pan;
Todos tuvieron placer
De la venida de Don Roldan.

13.

Pregunta Calainos á vista de Sansueña, hoy Zaragoza, por la hermosa Infanta Sevilla á un Moro viejo que solia guardarla. Oyendo la Mora que preguntan por ella, se asoma á la ventana. Pasan coloquios entre ella y el caballero forastero. Requerida Sevilla de amores, pide á Calainos que si quiere hacerla suya, le traiga las cabezas de Oliveros, Roldan y Reinaldos de Montalvan. Calainos promete hacerlo asi, vase á Francia, y desafía al emperador y á los doce pares. Pelea con Baldovinos, y le vence y cautiva, perdonándole la vida; pero entrando luego en batalla con Don Roldan, queda vencido y muerto.

Ya cabalga Calainos
Á las sombras de una oliva;
El pie tiene en el estribo,
Cabalga de gallardía.

Mirando estaba á Sansueña,
El arrabal con la villa,
Por ver si veria algun Moro
Á quien preguntar podria.

Venia por los palacios
La linda Infanta Sevilla;
Vido estar un Moro viejo,
Que á ella guardar solia.

Calainos, que le vido,
Llegado á él se habia;
Las palabras que le dijo
Con amor y cortesía:

„Por Alá te ruego, Moro,
Asi te alargue la vida,
Que me muestres los palacios
Donde mi vida vivia,

„De quien triste soy cativo,
Y por quien pena tenia;
Que cierto por sus amores
Creo yo perder la vida.

„Mas si por ella la pierdo,
No se llamará perdida;

Que quien muere por tal dama,
Aunque muerto, tiene vida.

„Mas porque me entiendas, Moro,
Por quien preguntado habia,
Es la mas hermosa dama
De toda la morería;

„Sepas que á ella la llaman
La grande Infanta Sevilla.“
Las razones que pasaban,
Sevilla bien las oia.

Púsose á una ventana,
Muy hermosa á maravilla,
Con muy ricos atavíos,
Los mejores que tenia.

Ella era tan hermosa,
Otra su par nó la habia.
Calainos, que la vido,
Desta suerte le decia:

„Cartas te traigo, Señora,
De un señor á quien servia;
Creo que es el rey tu padre,
Porque Almanzor se decia.

„Desciende de la ventana,
Sabrás la mensagería.“
Sevilla, cuando lo oyera,
Presto de alli descendia.

Apeóse Calainos,
Gran reverencia le hacia.
La dama, cuando esto vido,
Tal pregunta le hacia:

„¿Quien sois vos, el caballero,
Que mi padre acá os envía?"
„Calainos soy, Señora,
Calainos de Arabia,

„Señor de los Montes Claros,
De Constantina la llana,
Y de las tierras del Turco
Yo gran tributo llevaba.

„Y el Preste Juan de las Indias
Siempre parias me enviaba;
Y el soldan de Babilonia
Á mi mandar siempre estaba.

„Reyes y príncipes moros
Siempre señor me llamaban,
Si no es el rey vuestro padre;
Que yo á su mandaba estaba.

„No porque le he menester,
Mas por nuevas que me daba
Que tenia una hija,
Á quien Sevilla llamaban,

„Que era mas linda muger
Que cuantas Moras se hallan,
Por vos le serví cinco años
Sin sueldo ni sin soldada,

„Él á mí no me la dió,
Ni yo se la demandaba:
Por tus amores, Sevilla,
Pasé yo la mar salada;

„Porque he de perder la vida,
Ó has de ser mi enamorada."
Cuando Sevilla esto oyera,
Esta respuesta le daba:

„Calainos, Calainos,
De aqueso yo no sé nada;
Que siete amas me criaron,
Seis moras y una cristiana.

„Las Moras me daban leche,
La otra me aconsejaba;
Segun eran los consejos,
Bien mostraba ser Cristiana.

„Diérame muy buen consejo,
Y aun bien se me acordaba,
Que jamas yo prometiese
Ser de alguno enamorada,

„Hasta que primero hubiese
Algun buen dote ó arras."
Calainos, que esto oyera,
Esta respuesta le daba:

„Bien podeis pedir, Señora,
Que no se os negará nada,
Si quereis castillos fuertes,
Ciudades en tierra llana,

„Ó si quereis plata ú oro,
Ó moneda amonedada."
Sevilla, cuando lo oyó,
Como no los estimaba,

Respondióle, si queria
Tenella por namorada,
Que vaya dentro á Paris,
Que en medio de Francia estaba,

Y le traiga tres cabezas,
Cuales ella demandaba;
Y que si aquesto hiciese,
Seria su enamorada.

Calainos, cuando oyó
Lo que ella le demandaba,
Respondióle muy alegre,
Aunque él se maravillaba

3 * *

Dejar villas y castillos,
Y los dones que le daba,
Por pedirle tres cabezas,
Que no le costarán nada.

Dijo que las señalase,
Ó diga como se llaman.
Luego la Infanta Sevilla
Se las empezó á nombrar:

„La una es de Oliveros,
La otra de Don Roldan;
La otra del esforzado
Reinaldos de Montalvan.“

Ya señalados los hombres,
Á quien habia de buscar,
Despídese Calainos
Con su muy cortes hablar:

„Déme la mano tu Alteza,
Que se la quiero besar,
Y la fé y prometimiento
De conmigo te casar,

„Cuando traiga las cabezas
Que quisiste demandar.“
„Pláceme, dijo, de grado,
Y de buena voluntad.“

Alli se toman las manos,
La fé se hubieron de dar;
Que el uno ni aun el otro
No se pudiesen casar,

Hasta que el buen Calainos
De allá hubiese de tornar,
Y que si otra cosa fuese,
La enviara á avisar.

Ya se parte Calainos,
Ya se parte, ya se va;
Hace broslar sus pendones,
Y en todos una señal.

Cubiertas de ricas lunas,
Teñidas en sangre van;
En camino es Calainos
Á los Franceses buscar.

Andando jornadas ciertas,
Á Paris llegado ha;
En la guardia de Paris
Cabe san Juan de Letran.

Alli levantó su seña,
Y empezara de hablar:
„Tañan luego esas trompetas,
Como quien va á cabalgar,

„Porque me sientan los doce
Que dentro en Paris están.“
El emperador aquel dia
Habia salido á cazar.

Con él iba Oliveros,
Con él iba Don Roldan;
Con él iba el esforzado
Reinaldos de Montalvan,

Tambien el Dardin Dardeña,
Y el buen viejo Don Beltran;
Y ese Gaston y Don Claros,
Con el Romano final.

Tambien iba Baldovinos,
Y Argel en fuerzas sin par;
Y tambien iba Guarinos,
Almirante de la mar.

El emperador entre ellos
Empezara de hablar:
„Escuchad, mis caballeros,
Que tañen á cabalgar.“

Ellos estando escuchando,
Vieron un Moro pasar;
Armado va á la morisca,
Empiézanle de llamar.

Y ya que es llegado el Moro
Do el emperador está,
El emperador, que lo vido,
Empezóle á preguntar:

„Di, ¿adonde vas tú, el Moro?
¿Como en Francia osaste entrar?
Grande osadía tuviste
De hasta Paris te llegar.“

El Moro, cuando esto oyó,
Tal respuesta le fue á dar:
„Vo á buscar al emperante
De Francia la natural;

„Que le traigo un embajada
De un Moro principal,
Á quien sirvo de trompeta
Y tengo por capitan.“

El emperador, que esto oyó,
Luego le fue á demandar
Que dijese que queria,
Porque á él iba á buscar;

Que él es el emperador Cárlos
De Francia la natural.
El Moro, cuando lo supo,
Empezóle de hablar:

„Señor, sepa tu Alteza
Y tu corona imperial
Que ese Moro Calainos,.
Mi señor, me envía acá,

„Desafiando á tu Alteza
Y á todos los doce pares,
Que salgan lanza por lanza,
Para con él pelear.

„Señor, veis allí su seña,
Donde los ha de aguardar;
Perdóneme vuestra Alteza,
Que respuesta le vo á dar.“

Cuando fue partido el Moro,
El emperador fue á hablar:
„Cuando yo era mancebo,
Que armas solia llevar,

„Nunca Moro fue osado
De en toda Francia asomar;
Mas agora que soy viejo,
Á Paris los veo llegar.

„No es mengua de mí solo,
Pues no puedo pelear;
Mas es mengua de Oliveros,
Y asimesmo de Roldan,

„Mengua de todos los doce,
Y á cuantos aqui están.
Por Dios, á Roldan me llamen,
Porque vaya á pelear

„Con el Moro de la enguardia,
Y lo haya de alli quitar;
Que lo traiga muerto ó preso,
Porque se haya de acordar

„De como viene á Paris,
Para me desafiar.“
Don Roldan, cuando esto oyera,
Empiézale de hablar:

„Exensado es ya, Señor,
De enviarme á pelear,
Porque teneis caballeros
Á quien podeis enviar;

„Que cuando son entre damas,
Bien se saben alabar
Que aunque vengan dos mil Moros,
Uno los esperará,

„Y al mirarse en la batalla
Véolos volver atras.“
Todos los doce callaron
Sino el de menor edad,

Al que llaman Baldovinos,
En el esfuerzo muy grande.
Las palabras que dijera
Eran de riguridade:

„Mucho estoy maravillado
De vos, Señor Don Roldan,
Que amengüeis todos los doce
Vos que los debeis honrar.

„Si no fuérades mi tio,
Con vos me fuera á matar,
Porque entre todos los doce
Ninguno podeis nombrar

„Que lo que dice la boca,
No lo sepa hacer verdad.“
Levantóse con enojo
Ese paladin Roldan.

Baldovinos, que esto viera,
Tambien se fue á levantar,
Y el emperador entre ellos,
Por el enojo quitar.

Ellos en aquesto estando,
Baldovinos fue á llamar
Á los mozos que traia,
Por las armas fue á enviar.

El emperador, que esto vido,
Empezóle de rogar
Que le hiciese un placer,
Que no fuese á pelear;

Porque el Moro era esforzado,
Podríale maltratar;
Pues aunque ánimo tenia,
La fuerza podria faltar,

Siendo el Moro diestro en armas,
Y vezado á pelear.
Baldovinos, que esto oyó,
Empezóse á desviar,

Diciendo al emperador
Licencia le fuese á dar,
Y que si él no se la diese,
Que él se la queria tomar.

Cuando el emperador vido
Que no lo podia excusar,
Cuando llegaron sus armas,
Él mesmo le ayudó á armar.

Dióle licencia que fuese
Con el Moro á pelear.
Ya se parte Baldovinos,
Ya se parte, ya se va.

Ya es llegado á la guardia
Do Calainos está.
Calainos, que lo vido,
Empezóle asi de hablar:

„Bien vengais, el Francesico
De Francia la natural;
Si quereis vivir conmigo,
Por page os quiero tomar.“

Baldovinos, que esto oyera,
Tal respuesta le fue á dar:
„Calainos, Calainos,
No debíades asi hablar;

„Que antes que de aqui me vaya,
Yo os lo tengo de mostrar
Que aqui morireis primero
Que por page me tomar.“

Cuando el Moro aquesto oyera,
Empezó asi de hablar:
„Tórnate, el Francesico,
Á Paris, esa ciudad;

„Que si esa porfía tienes,
Caro te habrá de costar;
Porque quien entra en mis manos,
Nunca puede bien librar.

Cuando el mancebo esto oyera,
Tornóle á porfiar
Que se aparejase presto;
Que con él se ha de matar.

Cuando el Moro vió al mancebo
De tal suerte porfiar,
Díjole: ,,Vente, Cristiano,
Presto para me encontrar;

,,Que antes que de aqui te vayas,
Conocerás la verdad;
Que te fuera muy mejor
Conmigo no pelear.''

Vanse el uno para el otro
Tan recio que es de espantar;
Á los primeros encuentros
El mancebo en tierra está.

El Moro, cuando esto vido,
Luego se fue á apear;
Sacó un alfange muy rico,
Para habello de matar.

Mas antes que lo firiese,
Le empezó de preguntar
Quien ó como se llamaba,
Y si es de los doce pares.

El mancebo estando en esto,
Luego dijo la verdad
Que le llaman Baldovinos,
Sobrino de Don Roldan.

Cuando el Moro tal oyó,
Empezóle de hablar:
,,Por ser de tan pocos dias
Y de esfuerzo singular,

,,Yo te quiero dar la vida,
Y no te quiero matar;
Mas quiérote llevar preso,
Porque te venga á buscar

,,Tu buen pariente Oliveros,
Y tu tio Don Roldan,
Y ese otro muy esforzado
Reinaldos de Montalvan;

,,Que por esos tres ha sido
Mi venida á pelear.''
Don Roldan allá do estaba
No hace sino suspirar,

Viendo que el Moro ha vencido
Á Baldovinos Infante.
Sin mas hablar con ninguno,
Don Roldan luego se parte,

Y vase para la guardia,
Para aquel Moro matar.
El Moro, cuando lo vido,
Empezóle á preguntar

Quien es, ó como se llama,
Si era de los doce pares.
Don Roldan, cuando esto oyó,
Respondiérale muy mal:

,,Esa razon, perro moro,
Tú no me la has de tomar,
Porque á ese á quien tú tienes,
Yo te lo haré soltar.

,,Presto aparéjate, Moro,
Y empieza de pelear.''
Vanse el uno para el otro
Con un esfuerzo muy grande.

Danse tan recios encuentros,
Que el Moro caido hae.
Roldan, que el Moro vió en tierra,
Luego se fue á apear.

Tomó al Moro por la barba,
Empezóle de hablar:
,,Dime tú, traidor de Moro,
No me lo quieras negar:

„¿Como tú fuiste osado
De en toda Francia parar,
Ni al buen viejo emperador,
Ni á los doce desafiar?

„¿Cual diablo te engañó
Cerca de Paris llegar?"
El Moro, cuando esto oyera,
Tal respuesta le fue á dar:

„Tengo una cativa Mora,
Señora de gran linage;
Requerila yo de amores,
Y ella me fue á demandar

„Que le diese tres cabezas
De Paris, esa ciudad;
Que si estas yo le llevo,
Conmigo habia de casar.

„La una es la de Oliveros,
La otra de Don Roldan,
La otra del esforzado
Reinaldos de Montalvan."

Don Roldan, cuando esto oyera,
Asi empezó de hablar:
„Muger que tal te pedia

Cierto te queria mal;
Porque esas no son cabezas
Que tú las puedes cortar."

Mas porque fuese castigo,
Y otro se haya de guardar
De desafiar los doce,
Ni venir á los buscar,

Echó mano á un estoque
Para el Moro matar.
La cabeza de los hombros
Luego se la fue á cortar.

Llevóla al emperador,
Y fuésela á presentar;
Los doce, cuando esto vieron,
Toman placer singular

En ver asi muerto al Moro,
Y por tal mengua le dar.
Tambien trajo á Baldovinos,
Que él mismo lo fue á soltar.

Asi murió Calainos
En Francia la natural
Por manos del esforzado,
El buen paladin Roldan.

ROMANCES SOBRE EL MARQUES DE MANTUA.

14.

Yendo de caza el marques de Mantua, se empeña tras de un ciervo, y tropezando con rastros de sangre, y oyendo lastimosas voces, da con un caballero postrado, mal herido, y cercano á la muerte. Por los lamentos de este malaventurado se descubre ser Baldovinos, sobrino del marques, y que habia sido herido de muerte á traicion por Carloto, hijo del emperante, el cual le enamoraba á su esposa Sevilla. Lamentaciones y desesperacion del marques al conocer á su sobrino y enterarse de su tragedia. Confesion y momentos postreros del herido. Declaracion de su desconsolado escudero. Bondad y cuidados de un santo ermitaño que alli estaba y confesó al difunto, y como se sabe ser aquel lugar la Floresta, sitio de mala ventura. Exequias de Baldovinos y sentido terrible juramento que hace el marques de Mantua sobre tomar venganza de su muerte alevosa.

De Mantua salió el marques
Danes Urgel el leale;
Allá va á buscar la caza
Á las orillas del mare.

Con él van sus cazadores
Con aves para volare;
Con él van los sus monteros
Con perros para cazare.

Con él van sus caballeros,
Para haberlo de guardare:
Por la ribera del Po
La caza buscando vane.

Con él van los sus monteros
Con perros para cazare;
Con él van sus caballeros,
Para haberlo de guardare.

Por la ribera del Po
La casa buscando vane;
El tiempo era caluroso,
Víspera era de san Juane.

Métense en una arboleda,
Para refresco tomare;
Al derredor de una fuente
Á todos mandó asentare.

Viandas aparejadas
Traen, y procuran yantare.
Desque hubieron yantado,
Comenzaron de hablare
Solamente de la caza,
Como se ha de ordenare.

Al pie estaban de una breña
Que junto á la fuente estáe;
Oyeron un gran ruido
Entre las ramas sonare.

Todos estuvieron quedos,
Por ver que cosa seráe;
Por los mas espesas matas
Ven un ciervo asomare.

De sed venia fatigado,
Al agua se iba á lanzare;
Los monteros á gran priesa
Los perros van á soltare.

Sueltan lebreles, sabuesos,
Para le haber de tomare;
El ciervo, que los sintió,
Al monte se vuelve á entrare.

Caballeros y monteros
Comienzan de cabalgare;
Siguiendo iban el rastro
Con gana de le alcanzare.

Cada uno va corriendo,
Sin uno á otro esperare;
El que traia buen caballo,
Corria mas por le atajare.

Apártanse unos de otros,
Sin al marques aguardare.
El ciervo era muy ligero,
Mucho se fue adelantare.

Al ladrido de los perros
Los mas siguiendo le vane;

El monte era muy espeso,
Todos perdido se hane.

El sol se queria poner,
La noche queria cerrare,
Cuando el buen marques de Mantua
Solo se fuera á hallare
En un bosque tan espeso,
Que no podia caminare.

Andando á un cabo y á otro,
Mucho alejado se hae;
Tantas vueltas iba dando,
Que no sabe donde estáe.

La noche era muy escura,
Comenzó recio á tronare;
El cielo estaba nublado,
No cesa de relampagueare.

El marques, que asi se vido,
Su bocina fue á tomare;
Á sus monteros llamando,
Tres veces la fue á tocare.

Los monteros eran lejos,
Por demas era el sonare;
El caballo iba cansado
De por las breñas saltare.

Á cado paso caia,
No se podia meneare.
El marques muy enojado
La rienda le fue á soltare.

Por do el caballo queria,
Lo dejaba caminare;
El caballo era de casta,
Esfuerzo fuera á tomare.

Diez millas ha caminado,
Sin un momento parare;
No va camino derecho,
Mas por do podia andare.

Caminando todavía,
Un camino va á topare;
Siguiendo por el camino,
Va á dar en un pinare.

Por él anduvo una pieza,
Sin poder dél se apartare;
Pensó repasar alli
Ó adelante pasare.

Mas por buscar á los suyos,
Adelante quiere andare;
Del pinar salió muy presto,
Por un valle fuera á entrare,

Cuando oyó dar un gran grito
Temeroso y de pesare,
Sin saber que de hombre fuese,
Ó de que pudiese estare. .

Solo gran dolor mostraba,
Otro no pudo notare;
De que se turbó el marques,
Todo espeluzado se hae.

Mas aunque viejo de dias,
Empiézase de esforzare;
Por su camino delante
Empieza de caminare.

Á pie va, que no á caballo;
El caballo va á dejare,
Porque estaba muy cansado,
Y no podia bien andare.

En un prado que alli estaba,
Alli le fuera á dejare.
Cuando llegó á un rio
En medio de un arenale,

Vido un caballero muerto.
Comenzóle de mirare;
Armado estaba de guerra,
Á guisa de peleare.

Los brazos tenia cortados,
Las piernas otro que tale;
Y mas adelante un poco,
Una voz sintió hablare:

„¡O santa María Señora,
No me quieras olvidare!
Á tí encomiendo mi alma,
Plégate de la guardare.

„En este trago de muerte
Esfuerzo me quieras dare;
Pues á los tristes consuelas,
Quieras á mí consolare.

„Y al tu precioso hijo
Por mí te plega rogare
Que perdone mis pecados,
Mi alma quiera salvare.“

Cuando aquesto oyó el marques,
Luego se fuera apartare;
Revolvióse el manto al brazo,
La espada fuera á sacare.

Apartado del camino,
Por el monte fuera á entrare;
Hácia do sintió la voz,
Empieza de caminare.

Las ramas iba cortando,
Para la vuelta acertare;
Á todas partes miraba,
Por ver que cosa seráe.

El camino por do iba
Cubierto de sangre estáe;
Vínole grande congoja,
Todo se fue á demudare;

Que el espíritu le daba
Sobresalto de pesare.
De donde la voz oyera,
Muy cerca fuera á llegare.

Al pie de unos altos robles
Vido un caballero estare,
Armado de todas armas,
Sin estoque ni puñale.

Tendido estaba en el suelo,
No cesa de se quejare;
Las lástimas que decia,
Al marques hacen llorare.

Por entender lo que dice,
Acordó de se acercare;
Atento estaba escuchando,
Sin bullir ni menearse.

Lo que decia el caballero,
Razon es de lo contare:
,,¿Donde estás, Señora mia,
Que no te pena mi male?

,,De mis pequeñas heridas
Compasion solias tomare;
Agora de las de muerte
No tienes ningun pesare.

,,No te doy culpa, Señora,
Que descanso en el hablare;
Mi dolor, que es muy sobrado,
Me hace desatinare.

,,Tú no sabes de mi mal,
Ni de mi angustia mortale;
Yo te pedí la licencia,
Para mi muerte buscare.

,,Pues yo la hallé, Señora,
Á nadie debo culpare,
Cuanto mas á tí, mi bien,
Que no me la querias, dare.

,,Mas cuando mas no podiste,
Bien sentí tu gran pesare
En la fé de tu querer,
Segun te ví demostrare.

,,Esposa mia y Señora,
No cures de me esperare;
Hasta el dia del juicio
No nos podemos juntare.

,,Si viviendo me quisiste,
Al morir lo has de mostrare,
No en hacer grandes extremos,
Mas por el alma rogare.

,,¡O mi primo Montesinos,
Infante Don Meriane,
Deshecha es la compañía
En que solíamos andare!

,,Ya no espereis mas de verme,
No os cumple ya mas buscare;
Que en balde trabajareis,
Pues no me podreis hallare.“

,,¡O esforzado Don Reinaldos,
O buen paladin Roldane,
O valiente Don Urgel,
O Don Ricardo Normante!

,,¡O marques Don Oliveros,
O Durandarte el galane,
O archiduque Don Estolfo,
O gran duque de Milane!

,,¿Donde seis todos vosotros?
¿No venis á me ayudare?
¡O emperador Cárlo Magno,
Mi buen señor naturale,

,,Si supieses tú mi muerte,
Como la harias vengare!
Aunque me mató tn hijo,
Justicia quieras guardare;

,,Pues me mató á traicion,
Viniéndole acompañare.
O príncipe Don Carloto,
¿Que ira tan desiguale

„Te movió sobre tal caso
Á quererme asi matare,
Rogándome que viniese
Contigo por te guardare?

„¡O desventurado yo,
Como venia sin cuidare
Que tan alto caballero
Pudiese hacer tan maldade!

„Pensando venir á caza
Mi muerte vine á cazare.
No me pesa del morir,
Pues es cosa naturale,

„Mas por morir como muero,
Sin merecer ningun male,
Y en tal parte donde nunca
La mi muerte se sabráe.

„¡O alto Dios poderoso,
Justiciero y de verdade,
Sobre mi muerte inocente
Justicia quieras mostrare!

„¡Desta ánima pecadora
Quieras haber piedade!
¡O triste reina, mi madre,
Dios te quiera consolare!

„Que ya es quebrado el espejo
En que te solias mirare.
Siempre de mí recelabas
Recebir algun pesare;

„Agora de aqui adelante
No te cumple recelare.
En las justas y torneos
Consejos me solias dare;

„Agora triste en la muerte
Aun no me puedes hablare.
¡O noble marques de Mantua,
Mi Señor tio carnale!

„¿Donde estás que no ois
Mi doloroso quejare?
¡Que nueva tan dolorosa
Os será y de gran pesare,

„Cuando de mí no supierdes,
Ni me pudierdes hallare!
Hecístesme heredero,
Por vuestro estado heredare.

„Mas vos lo habreis de ser mio,
Aunque sois de mas edade.
¡O mundo desventurado,
Nadie debe en tí fiare!
Al que mas subido tienes,
Mayor caida haces dare.‟

Estas palabras diciendo,
No cesa de suspirare
Suspiros muy dolorosos,
Para el corazon quebrare.

Turbado estaba el marques,
No pudo mas escuchare;
El corazon se le aprieta,
La sangre vuelto se le hae.

Á los pies del caballero
Junto se fue á llegare;
Con la voz muy alterada
Empezóle de hablare:

„¿Que mal teneis, caballero?
Querédesmelo contare.
¿Teneis heridas de muerte,
O teneis otro algun male?‟

Cuando lo oyó el caballero,
La cabeza probó alzare.
Pensó que era su escudero;
Tal respuesta le fue á dare:

„¿Qué dices, amigo mio?
¿Traes con quien me confesare?

Que ya se me sale el alma,
La vida quiero acabare.

,,Del cuerpo no tenga pena,
Que el alma querria salvare."
Luego le entendió el marques,
Por otro le fue á tomare.

Respondióle muy turbado,
Que apenas pudo hablare:
,,Yo no soy vuestro criado,
Nunca comí vuestro pane.

,,Antes soy un caballero
Que por aqui acerté á pasare;
Vuestras voces dolorosas
Aqui me han hecho llegare .

,,Á saber que mal teneis,
Ó de que es vuestro penare.
Pues que caballero sois,
Querádesvos esforzare;

,,Que para esto es este mundo,
Para bien y mal pasare.
Decidme, Señor, quien sois,
Y de que es vuestro male;

,,Que si remediarse puede,
Yo os prometo de ayudare.
No dudeis, buen caballero,
De decirme la verdade."

Tornara en sí Baldovinos,
Respuesta le fue á dare:
,,¡Muchas mercedes, Señor,
Por la buena voluntade!

,,Mi mal es crudo y de muerte,
No se puede remediare.
Veinte y dos heridas tengo,
Que cada una es mortale.

,,El mayor dolor que siento
Es morir en tal lugare,
Do no se sabrá mi muerte,
Para poderse vengare.

,,Porque me han muerto á traicion,
Sin merescer ningun male.
Á lo que habeis preguntado,
Por mi fé os digo verdade;

,,Que á mí dicen Baldovinos,
Que el Franco solian llamare.
Hijo soy del rey de Dacia,
Hijo soy suyo carnale,

,,Uno de los doces pares
Que á la mesa comen pane;
La reina Doña Ermelina
Es mi madre naturale.

,,El noble marques de Mantua
Era mi tio carnale;
Hermano era de mi padre,
Sin en nada discrepare.

,,La linda Infanta Sevilla
Es mi esposa sin dudare;
Hame herido Carloto,
Su hijo del emperante,

,,Porque él requirió de amores
Á mi esposa con maldade.
Porque no le dió su amor,
Él en mí se fue á vengare,

,,Pensando que por mi muerte
Con ella habia de casare.
Hame muerto á traicion,
Viniendo yo á le guardare.

,,Porque él me rogó en Paris
Le viniese acompañare
Á dar fin á una aventura,
En que se queria probare.

„Quienquier que seais, caballero,
La nueva os plega llevare
De mi desastrada muerte
En Paris, esa ciudade.

„Y si hácia Paris no fuerdes,
Á Mantua la ireis á dare;
Que el trabajo que ende babreis,
Muy bien os lo pagaráne.

„Y si no quisierdes paga,
Bien se os agradeceráe.“
Cuando aquesto oyó el marques,
La babla perdido hae.

En el suelo dió consigo,
La espada fue arrojare;
Las barbas de la su cara
Empezólas de arrancare.

Los sus cabellos muy canos
Comiénzalos de mesare.
Á cabo de una gran pieza
En pie se fue á levantare.

Allegóse al caballero,
Por las armas le quitare.
Desque le quitó el almete,
Comenzóle de mirare.

Estaba en sangre bañado,
Con la color muy mortale;
Estaba desfigurado,
No lo podia figurare.

No lo podia conocer
En el gesto ni el hablare;
Dudando estaba, dudando
Si era mentira ó verdade.

Con un paño que traia
La cara le fue á limpiare;
Desque le hubo limpiado,
Luego conocido lo hae.

En la boca lo besaba,
No cesando de llorare;
Las palabras que decia,
Dolor es de las contare.

„¡O sobrino Baldovinos,
Mi buen sobrino carnale!
¿Quien os trató de esta suerte?
¿Quien os trujo á tal lugare?

„¿Quien es el que á vos mató,
Que á mí vivo fue á dejare?
Mas valiera la mi muerte
Que la vuestra en tal edade.

„¿No me conoceis, sobrino?
Por Dios, queraisme hablare;
Yo soy el triste marques
Que tio solíades llamare.

„Yo soy el marques de Mantua
Que debo de rebentare,
Llorando la vuestra muerte,
Por con vida no quedare.

„¡O desventurado viejo!
¿Quien me podrá conortare?
Que en pérdida tan crecida
Mas dolor es de consolare.

„Yo la muerte de mis hijos
Cón vos podria olvidare;
Agora, mi buen Señor,
De nuevo habré de llorare.

„Á vos tenia por sobrino,
Para mi estado heredare;
Agora por mi ventura
Yo vos habré de enterrare.

„Sobrino, de aqui adelante
Yo no quiero vivir mase.
Ven, muerte, cuando quisieres,
No te quieras retardare.

,,Mas al que menos te teme,
Le huyes por mas penare.
¿Quien e llevará las nuevas
Amargas de gran pesare

,,Á la triste madre vuestra?
¿Quien la podrá consolare?
Siempre lo oí decir,
Agora veo ser verdade

,,Que quien larga vida vive,
Mucho mal ha de pasare;
Por un placer muy pequeño
Pesares ha de gustare.‘‘

Destas palabras y otras
No cesaba de hablare,
Llorando de los sus ojos,
Sin poderse conortare.

Esforzóse Baldovinos
Con el angustia mortale;
Cuando conoció á su tio,
Alivio fuera á tomare.

Tomóle entrambas las manos,
Muy recio le fue apretare;
Disimulando su pena,
Comenzó al marques á hablare:

,,No lloredes, Señor tio,
Por Dios, no querais llorare;
Que me dais doblada pena,
Y al alma haceis penare.

,,Mas lo que yo os encomiendo,
Es por mí querais rogare;
Y no me desampareis
En este esquivo lugare.

,,Hasta que yo haya espirado,
No me querades dejare;
Encomiéndoos á mi madre,
Vos la querais consolare;

,,Que bien creo que mi muerte
Su vida habrá de acabare.
Encomiéndoos á mi esposa,
Por ella querais mirare.

,,El mayor dolor que siento
Es no le poder hablare.‘‘
Ellos estando en aquesto,
Su escudero fue á llegare.

Un ermitaño traia
Que en el bosque fue á hallare,
Hombre de muy santa vida,
Del órden sacerdotale.

Cuando llegó el ermitaño,
El alba queria quebrare.
Esforzando á Baldovinos,
Comenzóle amonestare

Que olvidando aqueste mundo,
De Dios se quiera acordare.
Aparte se fue el marques,
Por dalles mejor lugare.

El escudero á otra parte
Tambien se fuera apartare;
Al marques de quebrantado
Gran sueño le fue á tomare.

Confesóse Baldovinos
Á toda su voluntade.
Estando en su confesion,
Ya que queria acabare,
Las angustias de la muerte
Comienzan de le aquejare.

Con el dolor que sentia,
Una gran voz fuera á dare;
Llama á su tio el marques,
Comenzó asi de hablare:

,,¡Á Dios, á Dios, mi buen tio,
Á Dios os querais quedare!

Que yo me voy de este mundo,
Para la mi cuenta dare.

„Lo que os ruego y encomiendo,
No lo querais olvidare;
Dadme vuestra benedicion,
La mano para besare."

Luego perdiera el sentido,
Luego perdiera el hablare;
Los dientes se le cerraron,
Los ojos vuelto se le hane.

Recordó luego el marques,
Á él se fuera á llegare;
Muchas veces lo bendice,
No cesando de llorare.

Absolvióle el ermitaño,
Por él comienza á rezare,
Y á cabo de poco rato
Baldovinos fue á expirare.

El marques de verlo asi
Amortecido se hae;
Consuélalo el ermitaño,
Muchos ejemplos le dae.

El marques, como discreto,
Acuerdo fuera á tomare,
Pues remediar no se puede,
Á haberse de conortare.

Lo que hacia el escudero,
Lástima era de mirare;
Rascuñaba la su cara,
Sus ropas rasgado hae.

Sus barbas y sus cabellos
Por tierra los va á lanzare;
Á cabo de una gran pieza,
Que ambos cansados estáne,

El marques al ermitaño
Comienza de preguntare:
„¡Pídoos por Dios, Padre hon-
rado,
Respuesta me querais dare!

„¿Donde estamos, ó en que
reino,
En que señorío ó lugare?
¿Como se llama esta tierra?
¿Cuya es, y á que mandare?

El ermitaño responde:
„Pláceme de voluntade.
Debeis de saber, Señor,
Que esta tierra sin poblare

„Otro tiempo fue poblada;
Despoblóse por gran male,
Por batallas muy crueles,
Que hubo en la cristiandade.

„Á esta llaman la Floresta
Sin ventura y de pesare;
Porque nunca caballero
En ella acaeció entrare

„Que saliese sin gran daño
Ó desastre desiguale.
Esta tierra es del marques
De Mantua, la gran ciudade.

„Hasta Mantua son cien mi-
llas,
Sin poblado ni logare,
Sino sola una ermita,
Que á seis millas de aqui
estáe,

„Donde yo hago mi vida,
Por del mundo me apartare.
El mas cercano poblado
Á veinte millas estáe;

„Es una villa cercada
Del ducado de Milane.
Ved lo que quereis, Señor,
En que yo os pueda ayudare;

„Que por servicio de Dios
Lo haré de voluntade,
Y por vuestro acatamiento,
Y por hacer caridade.“

El marques, que aquesto oyera,
Comenzóle de rogare
Que no recibiese pena
De con el cuerpo quedare,

Mientras él y el escudero
El caballo van buscare,
Que alli cerca habia dejado
En un prado á descansare.

Plúgole al ermitaño
Alli haberlos de esperare;
El marques y el escudero
El caballo van buscare.

Por el camino do iban,
Comenzóle á preguntare:
„Dígasme, buen escudero,
Si Dios te quiera guardare,

„¿Qué venia tu Señor
Por esta tierra buscare?
¿Y por que causa lo han muerto,
Y quien le fuera á matare?“

Respondióle el escudero,
Tal respuesta le fue á dare:
„Por la fé que debo á Dios,
Yo no lo puedo pensare,

„Porque no lo sé, Señor;
Lo que ví, os quiero contare.
Estando dentro en Paris,
En cortes del emperante,

„El principe Don Carloto
Á mi señor envió á llamare;
Estuvieron en secreto
Todo el dia en su hablare.

„Cuando la noche cerró,
Ambos se fueron armare;
Cabalgaron á caballo,
Salieron de la ciudade.

„Armados de todas armas
Á guisa de peleare.
Yo salí con Baldovino,
Y con Don Carloto un page.

„Ayer hubo quince dias,
Salimos de la ciudade.
Luego cuando aqui llegamos,
Á este bosque de pesare,

„Mi señor y Don Carloto
Mandáronnos esperare;
Solos se entraron los dos
Por aquel espeso valle.

„El page estaba cansado,
Gran sueño le fue á tomare;
Yo pensando á Baldovinos,
No podia reposare.

„Apartéme del camino,
En un árbol fui á pujare;
Á todas partes miraba,
Cuando los veria tornare.

„Á cabo de un grande rato
Caballo oí relinchare;
Ví venir tres caballeros,
Mi señor no ví tornare.

„Venian bañados en sangre,
Luego ví mala señale;
El uno era Don Carloto,
Los dos no pude notare.

„Con grande miedo que tenia,
No les osé preguntare
Do quedaba Baldovinos,
Do le fueran á dejare.

„Mas abajéme del árbol,
Entré por aquel pinare.
Desque los ví trasponer,
Yo comencé de buscare

„Á mi señor Baldovinos,
Mas no lo podia hallare:
El rastro de los caballos
No dejaba de mirare.

„Á la entrada de un llano,
Al pasar de un arenale,
Ví huella de otro caballo,
La cual me pareció male.

„Ví mucha sangre por tierra,
De que me fui á espantare;
En la orilla del rio
El caballo fui á hallare.

„Mas adelante no mucho
Á Baldovinos ví estare;
Boca abajo estaba en tierra,
Ya casi queria expirare,

„Todo cubierto de sangre,
Que apenas podia hablare.
Levantáralo de tierra,
Comencéle de limpiare.

„Por señas me demandó
Confesor fuese á buscare.
Esto es, noble Señor,
Lo que sé deste gran male.“

En estas cosas hablando,
El caballo van topare;
Cabalgó en él el marques,
Y á las ancas le fue á tomare.

Adó quedó el ermitaño,
Presto tornado se hane.
Desque hablaron un rato,
Acuerdo van á tomare

Que se fuesen á la ermita,
Y el cuerpo allá lo llevare.
Pónenlo encima el caballo,
Nadie quiso cabalgare.

El ermitaño los guia,
Comienzan de cabalgare:
El ermitaño los guia,
Comienzan de caminare.

Llevan via de la ermita
Apriesa y no de vagare.
Desque allá hubieron llegado,
Van el cuerpo desarmare.

Quince lanzadas tenia,
Cada una era mortale;
Que de la menor de todas
Ninguno podria escapare.

Cuando asi lo vió el marques,
Traspasóse de pesare,
Y á cabo de una gran pieza
Un gran suspiro fue á dare.

Entró dentro en la capilla,
De rodillas se fue á hincare;
Puso la mano en un ara,
Que estaba sobre el altare,

Y en los pies de un crucifijo
Jurando, empezó de hablare:
„Juro por Dios poderoso,
Por santa María, su madre,

„Y el santo sacramento,
Que aqui suelen celebrare,
De nunca peinar mis canas,
Ni las mis barbas cortare,

II.   4

„De no vestir otras ropas,
Ni renovar mi calzare,
De no entrar en poblado,
Ni las armas me quitare

„(Si no fuere una hora,
Para mi cuerpo limpiare),
De no comer en manteles,
Ni á mesa me asentare,

„Hasta matar á Carloto
Por justicia ó peleare,
Ó morir en la demanda,
Manteniendo la verdade.

„Y si justicia me niega
Sobre esta tan gran maldade,
De con mi estado y persona
Contra Francia guerreare;

„Y manteniendo la guerra,
Morir ó vencer sin pare;
Y por este juramento
Prometo de no enterrare

„El cuerpo de Baldovinos,
Hasta su muerte vengare.“
Desque aquesto hubo jurado,
Mostró no sentir pesare.

Rogando está al ermitaño
Que le quisiera ayudare,
Para llevar aquel cuerpo
Al mas cercano lugare.

El ermitaño piadoso
Su bestia le fue á dejare;
Amortajaron el cuerpo,
En ella lo van á posare.

Con armas de Baldovinos
El marques se fue á armare;
Cabalgara en su caballo,
Comienza de caminare.

Camino van de la villa.
Que arriba oistes nombrare
Con él iba el ermitaño,
Por el camino mostrare.

Antes que á la villa lleguen.
Una abadía van hallare
De la órden de san Bernardo,
Que en una montana estáe

Á la bajada de un puerto,
Y á la entrada de un lugare.
Allá se fue el marques,
Y alli acordó quedare,

Por estar mas encubierto,
Y el cuerpo en guarda dejare,
Paca hacelle un atahud,
Y habello de embalsamare.

Al ermitaño rogaba
Dineros quiera tomare:
Desque dinero no quiso,
Sus ricas joyas le dae.

No quiso ninguna cosa,
Su bestia fue á demandare;
Despidióse del marques,
Á Dios le fue á encomendare.

Despues de ser despedido,
Para su ermita se vae;
Por el camino do vuelve
Á muchos topado hae

Qne al marques iban buscando,
Llorando por le hallare.
Muchos por él preguntaban,
Las señales ciertas dane.

Por los señas que le dieron,
Él conocido lo hae,
Y á todos les respondia:
„Yo os digo cierto verdade;

„Que un hombre de tales
  señas,
Que no sé quien es ni cuale,
Dos dias ha que le acom-
  paño, ,
Sin saber adonde vae.

„Dejélo en un abadía,
Que dicen de Floresvalle,
Con un caballero muerto,
Que acaso fuera á hallare.
Si allá quereis ir, Señores,
Hallaréislo de verdade.“

15.

*Preséntanse en Paris ante Cárlo Magno el conde Dirlos y el
duque de Sanson, embajadores del marques de Mantua, pidiendo
justicia por la muerte alevosa dada á Baldovinos. El emperador
acoge bien la demanda, no ostante ser su hijo el delincuente.
Ceremonias con que se dispone la prision y juicio de Carloto,
y nombramiento de los personages principales que han de entender en su proceso.*

De Mantua salen á priesa,
Sin tardanza ni vagare
Ese noble conde Dirlos,
Visorey de allende mare,

Con el duque de Sanson,
De Picardía naturale;
Camino van de Paris,
Aunque ninguno lo sabe;

Que el marques Danes Urgel
Los envía con mensage
Á ese alto emperador,
Que estaba en Paris la grande.

Llegados son á Paris,
Sin mucho tiempo tardare;
Caballeros son de estima,
De grande estado y linage,
De los doce que á la mesa
Redonda comian pane.

Los Grandes, que lo supieron,
Salen por los acompañare;
Cuando entraron en Paris,
Vanse al palacio reale.

Preguntan por el emperador,
Para habelle de hablare.
Desque lo supo Don Cárlos,
Luego los mandó entrare.

Desque son delante dél,
Las rodillas van hincare;
Demandáronle las manos,
Mas no se las quiso dare.

Mandólos alzar de tierra,
Comenzóles preguntare:
„¿De donde venides, Duque?
¿De que parte ó que lugare?

„¿Donde habeis estado, Conde?
¿Venis de allende la mare?“
Respondieron ambos juntos,
Presto tal respuesta dane:

„En Francia habemos estado,
En Mantua, esa ciudade,
Con el marques Danes Urgel,
Por le haber de acompañare.

4*

„La embajada que traemos,
Señor, queraisla escuchare;
Mandad salir todos fuera,
No quede sino Roldane;

„Que despues, siendo contento,
Bien se podrá publicare."
Todos se salieron luego
De la cámara reale.

Todos cuatro quedan solos,
Las puertas mandan cerrare;
De rodillas por el suelo,
El conde comenzó á hablare:

„¡O muy alto Emperador,
Sacra real magestade,
Tu vasallo soy, Señor,
Y de Francia naturale!

„Pues vengo por mensagero,
Licencia me manda dare
Para decir mi embajada,
Si no recibes pesare."

Respondió el emperador,
Sin el semblante mudare:
„Decid, Conde; ¿qué quereis?
Pues no os cumple recelare.

„Bien sabeis que el mensagero
Licencia tiene de hablare;
Al amigo y enemigo
Siempre se debe escuchare,

„Por amistad al amigo,
Y al otro por se avisare."
Levantóse luego el conde,
Una carta fue á mostrare,

La cual era de creencia.
Dióla en manos de Roldane,
Comenzó de hacer su habla
Con discreto razonare:

„Creyendo hacer mas servicio
Á tu sacra magestade,
Acepté, Señor, el cargo
De este mensage explicare;

„Porque sin pasion ninguna
La verdad podré contare,
Segun que vengo informado,
Sin añadir ni quitare.

„La embajada que yo traigo
Es justicia demandare
Del Infante Don Carloto,
Tu propio hijo carnale.

„Dicen que él mató sin culpa
Á Baldovinos el Infante,
Hijo del buen rey de Dacia,
Tu vasallo naturale,

„Y matóle con aleve,
Con engaño y falsedade,
Rogándole que se fuese
Con él á le acompañare.

„Por casarse con su esposa,
Dicen que le fue á matare.
De este delito se quejan
Muchos hombres de linage,

„Que son parientes del muerto,
Y se sienten de tal male.
El marques Danes Urgel
Se muestra mas principale,

„Por ser tio de Baldovinos,
Hermano del rey, su padre.
Demas de ser su pariente,
Tiene muy mayor pesare,

„Porque lo halló herido,
Casi á punto de expirare,
En un bosque muy esquivo,
Apartado de lugare.

,, Él mismo le contó el caso,
Á él se fue encomendare;
En sus brazos expiró,
Razon es no le olvidare.

,, Y ese maestre de Rodas,
Urgel de la fuerza grande,
Que es primo del marques,
Tio tambien del Infante,

,, Y ese duque de Baviera,
Don Naimo el Singulare,
Abuelo de Baldovinos,
Padre carnal de su madre,

,, Y ese rey de Sansueña,
Tu vasallo naturale,
Padre de la Infanta Sevilla,
Que Cristiana fue á tornare

,, Por amor de Baldovinos,
Para con él se casare,
Y otros muchos caballeros
Tambien se van á quejare,

,, Los unos por parentesco,
Los otros por amistade;
Sobre todos esa reina
Doña Ermelina, su madre.

,, Tus naturales y extraños
Tambien te envían á suplicare;
Que si tu hijo los mata,
¿ Quien los ha de defensare?

,, Si no mantienes justicia,
Dejarán su naturale,
Y se partirán de Francia
Á otros reinos á morare.

,, El caso es abominable,
Y terrible de contare;
Y si tal cosa es, Señor,
Bien lo debes castigare.

,, Acuérdate de Trajano
En la justicia guardare;
Que no dejó sin castigo
Su único hijo carnale;

,, Aunque perdonó la parte,
Él no quiso perdonare.
Si niegas, Señor, justicia,
Mucho te podrán culpare;

,, Que tal caso como este
No es para dejar pasare.
Mira bien, Señor, en ello,
Respuesta nos manda dare.''

Turbóse el emperador,
Que apenas pudo hablare;
La mano tenia en la barba
Muy pensativo ademase.
Á cabo de una gran pieza
Tal respuesta le fue á dare:

,, Si lo que habeis dicho, Conde,
Se puede hacer verdade,
Mas quisiera que mi hijo
Fuera el muerto sin dudare.

,, El morir es una cosa
Que á todos es naturale;
La memoria queda viva
Del que muere sin fealdade.

,, Del que vive deshonrado
Se debe tener pesare;
Porque asi viviendo muere,
Olvidado de bondade.

,, Decilde, Conde, al marques
Y á cuantos con él estáne
Que el pesar que desto tengo,
No lo puedo demostrare.

,, Mas yo daré tal ejemplo
En esta muerte vengare,

Que la pena del delito
Sobrepuje á la maldade,

„Porque todos se escarmienten,
Cuantos lo oyeren nombrare.
Vengan á pedir justicia;
Que yo la haré guardare,

„Como es costumbre en Francia,
Usada de antigua edade;
Si buena verdad trujeren,
En mi corte se veráe.

„Do mi persona estuviere,
La justicia será iguale
Asi al pobre como al rico,
Asi al chico como al grande,

„Y tambien al extrangero
Como al propio naturale.
Mas quiero dejar memoria
De grande riguridade

„Que dejar sin dar castigo
Al que comete maldade,
Aunque sea mi propio hijo,
Que me tenia de heredare.“

Cuando esto oyó el conde,
Las manos le fue á besare;
Alabando su respuesta,
El duque comenzó hablare.

„Siempre, Señor, confiamos
De tu ínclita bondade
Que por mantener justicia
Tal respuesta habias de dare.

„Mas porque el caso requiere
En sí mesmo gravedade,
Y por ser cosa de hijo,
Tú no lo debes juzgare.

„El marques Danes Urgel
Te envía á suplicare
Que porque él tiene jurado
De en poblado nunca entrare,

„Hasta que alcance derecho
De Carloto el Infante,
Y él mismo tiene de ser
El que lo ha de acusare,

„Que no quieras ser presente,
Para haber de sentenciare;
Mas que nombres caballeros
Que puedan determinare

„Segun costumbre de Francia
Entre hombres de linage;
Y que los que señaláredes,
Para este caso mirare,

„Sean caballeros de estado,
De tu consejo imperiale;
Y que hagan juramento
De administrar la verdade.

„Y tu magestad provea
De señalar un lugare
En el campo sin poblado,
Adó se haya de juzgare,

„Para oir ambas las partes
Hasta ejecucion finale;
Porque el marques trae gentes,
Para se haber de guardare

„De quien algo le quisiere,
Y le hubiere de enojare;
Y sus parientes y amigos
Vienen por le acompañare.

„Y entre ellos viene Reinaldos,
El señor de Montalvane,
El cual está puesto en bandos
Con su sobrino Roldane.

„Porque no saber el marques
Si recibirás pesare,
No quiere venir con gentes,
Sin saber tu voluntade.

„Pues viene á pedir justicia,
Y no para guerreare,
Pide, Señor, le asegures,
Y á cuantos con él vernáne;

„Mientras que el pleito durare,
Seguro les mandes dare
Para venida y estada,
Y despues para tornare;

„No porque él tema á ninguno,
Ni haya de quien se recelare,
Mas por cumplir lo que debe
Á tu sacra magestade.

„Desta manera, Señor,
Él vendrá sin detardare;
Que ya es partido de Mantua,
No cesa de caminare.

„Don Reinaldos le aposenta,
Sin hacer daño ni male;
En tierras de señoríos
Todos recaudo le dane.

„Pagando de sus dineros
Lo acostumbrado pagare,
Para pasar por sus tierras,
Licencia les manda dare.

„Y todos los bastimentos
Que hubieren necesidade,
Pagando lo que valiere,
No se les deben negare.“

Al emperador le plugo,
Todo lo fue asi otorgare:
„El marques venga seguro,
Y cuantos con él vernáne;

„Venga siquiera de guerra,
O como le placeráe,
Yo lo tomo so mi amparo,
So mi corona reale.

„Porque mas seguro venga,
Este mi anillo tomade;
Todo lo que yo os prometo,
Siempre hallareis verdade.

„La licencia que pedis
Soy contento de os la dare;
Ordenaldo á vuestra guisa,
Que asi lo quiero firmare.“

Sacó un anillo de oro
Con el sello imperiale;
El duque le tomó luego,
Las manos le fue á besare.

Del emperador se despiden,
Á sus posadas se vane;
Don Roldan quedó enojado,
Mas no lo quiso mostrare.

Luego se supo en la corte
Todo lo que fue á pasare,
La embajada que traian,
Lo que vénian á demandare.

Mucho pesó á Don Carloto,
Quiérelo disimulare;
Fuese al emperador
Á haberse de desculpare.

Mas nunca lo quiso oir
Sino en consejo reale.
La audiencia que le dió
Fue mandarlo aprisionare.

Hasta ser determinada
Por su corte la verdade.
Preso ya y puesto á recaudo
En guarda lo fuera dare

Á Don Reinaldos de Belanda,
Que Ayuelos suelen llamare,
Gran condestable de Francia,
Y en cortes gran senescale.

Mucho pesaba á los Grandes,
Que le tenian amistade;
Sobre todos le pesaba
Á ese paladin Roldane.

Todos buscaban maneras,
Para le haber de soltare;
Mas nunca el emperador
Á alguno quiso escuchare.

Cuanto mas por él le ruegan,
Tanto mas lo hace guardare;
Cada dia entra en consejo,
Las leyes hacia mirare,

Quien tal crímen cometia,
Que pena le habia de dare.
Estando en esto las cosas,
El marques fuera á llegare

Á tres millas de Paris,
Á vista de la ciudade;
No quiso pasar delante,
Mandó asentar su reale.

Aposentóle Reinaldos
Ribera de un rio caudale,
Do mejor le pareció
Y mas seguro lugare.

Y él adelante pasó
Una milla ó poco mase;
Armaron luego su tienda,
Su bandera mandó alzare.

La gente de la ciudad
Todos iban á mirare
El gran campo del marques,
Su concierto singulare,

La diversidad de gentes,
La órden que el marques trae.
Muchos Grandes y señores
Al marques iban á hablare,

Por probar algun concierto,
Y saber su voluntade.
Él estaba en su tienda,
En aquel estado grande,

Armado de todas armas,
Y descubierta la face,
El atahud alli delante,
Por mas dolor demostrare;

La madre de Baldovinos,
Y su esposa alli á la pare,
De aquella forma y manera
Que arriba oistes nombrare.

Los que venian á la tienda
Para el marques visitare,
Desque le veian armado
Y de aquella forma estare,

Habian dél compasion,
Llegaban por le hablare.
Recebíalos muy bien,
Cabe él los hacia sentare,

El caso como pasara
Á todos iba á contare.
Cuando algo le rogaban,
Mostraba mucho pesare.

Rogaba con cortesía
Le quisieren perdonare,
Por no poder complacerlos,
Como era su voluntade,

Porque él se habia quitado
Sobre esto la libertade.
El juramento que hizo,
Á todos hacia mostrare,

Porque no tuviesen causa
Sobre ello de importunare.
Los Grandes que alli venian,
No le querian fatigare,

Ni querian sobre tal caso
El su dolor renovare.
Volvíanse para Paris
Pensativos ademase,

Diciendo tener razon
El marques de se vengare
De un tan grave delito,
Y hacello bien castigare.

Cuando el emperador supo
Que el marques fuera á llegare,
Mandó llamar al consejo
En su palacio imperiale.

Mandó, cuando fueron juntos,
Los embajadores llamare,
La embajada que trajeron
Tornasen á recontare.

Levantóse el conde Dirlos,
Comenzóla de explicare;
Desque la hubo acabado,
Tornóse luego á sentare.

Todos se maravillaban
De oir tan gran maldade;
Por amor del emperador
Todos recibian pesare:

Mirábanse unos á otros,
Á todos parecia male.
Antes que hablase ninguno,
El emperador fue hablare:

,,Lo que aqui pide el marques
Por primero y principale,
Es que yo le nombre jueces,
Para esto determinare.

,,Por ser caso de Carloto,
Presente no quiero estare.
Para mejor señalarlos,
Yo les daré potestade

,,Que administren la justicia
En su conciencia y verdade."
Á todos está mirando,
Y empiézales de hablare:

,,Los jueces que yo le nombro,
Para justicia guardare,
El uno es Dardin Dardeña,
Que Delfin suelen llamare

,,De tres estados de Francia,
El primero en consejare;
El otro el conde de Flandes,
Don Alberto el Singulare,

,,Uno de los tres estados,
Y primero en el mandare;
Otro el duque de Borgoña,
Primero estado en juzgare,

,,Riguroso y justiciero,
En mis reinos principale;
El otro el duque Don Cárlos,
Mi sargente generale;

,,Otro el duque de Borbon,
Mi cuñado Don Grimalte;
El otro el conde de Foy,
Y el buen viejo Don Beltrane.

,,Otro sea Don Reinerio,
Llamado duque de Aste,
Y el conde Don Galalon,
De Alemaña principale;

,,Otro el duque Bibiano,
De Agramonte naturale,
Asistente de mi corte,
Para los pleitos juzgare;

4 * *

,,Otro el duque de Saboya,
Que venturas fue á buscare,
Y en las mas partes del mundo
Trances ha visto pasare;

,,Otro el duque de Ferrara,
Ese nombrada ciudade,
Don Arnao el gran Bastardo;
Asi se hace intitulare.

,,Otro sea Don Guarinos,
Almirante de la mare,
De todas flotas y armadas
Sobre todos generale.

,,Y nombro por presidente,
Para en mi lugar estare,
Don Reinaldos de Belanda,
De Francia gran condestable.

,,Para ello le doy mi cetro,
Poder soluto en mandare.
Todos estos juntos puedan
Absolver y sentenciare

,,Esto que pide el marques
Como se debe juzgare,

Si por prueba de testigos
Ó trance de peleare.

,,Yo les doy mi comision
Con poder y facultade
Que la sentencia que dieren,
La puedan ejecutare,

,,Segun costumbre de Francia,
Por su propia autoridade,
Dando la pena y castigo
Á quien la hubieren de dare

,,Asi por via de justicia,
Como por en campo entrare,
Al cual puedan ser presentes,
Y en mi nombre asegurare

,,Al marques Danes Urgel,
Y á cuantos con él estáne,
Mas que á mi persona propia
Nadie pueda demandare.‟

Asi como aqui lo dijo,
Á todos los va á mandare,
So pena de ser traidor,
Quien lo osare quebrantare.

16.

*Queda condenado Carloto á muerte cruel y afrentosa. Pide en
este trance favor á Don Roldan, el cual tras de andar dudoso,
casi se resuelve á ir en su amparo. Danse prevenciones para
impedir que sea libertado el condenado. Al fin queda ejecutada
la terrible sentencia.*

,,En el nombre de Jesus,
Que todo el mundo ha formado,
Y de la Vírgen, su madre,
Que de niño lo ha criado,

,,Nosotros Dardin Dardeña,
Delfin en Francia llamado;

Don Alberto y Don Reinero,
De tres estados nombrado;

,,El conde de Flandes viejo,
Consejero delegado,
Con el duque de Borgoña,
El primero en el juzgado;

,,Con el buen duque Don Cárlos,
El regente, el sargentado,
Con el duque de Borbon
Don Grimalte, fiel cuñado

,,Del muy alto emperador,
Con la su hermana casado;
El buen viejo Don Beltrane
Con el conde de Foijano;

,,Y el conde Don Galalon,
Con el duque de Bibiano,
Con el duque de Saboya,
Que venturas ha buscado;

,,Con el duque de Ferrara
Don Arnao el gran Bastardo,
El almirante Guarinos,
En los mares estimado;

Don Reinaldos de Belanda,
Condestable diputado
En el lugar y mandar
Del sumo emperador Cárlo:

,,Todos juntos en consejo
Y acuerdo deliberado,
Vista la requisicion
Que el buen marques nos ha dado;

,,Vista tambien la demanda
Que el mesmo ha procesado;
Vistas todas las respuestas
Que Don Carloto ha enviado;

,,El proceso todo entero
Con gran fé desaminado,
Lo que venia de justicia
Y de derecho mirado;

,,Ni al uno por el otro
El derecho no quitado;
Teniendo á Dios en la piensa,
Y en los ojos presentado;

,,Visto que claro parece
Por lo que se ha alegado,
Que segun la ley divina
Quien mata ha de ser matado

,,Con cuchillo ó sin cuchillo
Á tal acto ejercitado;
Y visto que traicion
Don Carloto ha intentado

,,En matar á Baldovinos
En un bosque despoblado,
Segun que claro se muestra
Por la confesion que ha dado

,,Don Carloto á la demanda
Que el marques ha presentado;
Visto que punto por punto
El delito ha confesado

,,Por la pena del tormento,
Aunque lo habia negado;
Y visto que nada obsta
Que él le haya sojuzgado

,,Á la real audiencia,
Pues que le han perdonado;
Lo que viene de justicia,
Nada otro no mirado:

,,Por esta nuestra sentencia
Cada cual bien informado
Del hecho de la verdad,
Segun que se ha confesado,

,,Condenamos á Carloto:
Primero á ser arrastrado
Por el campo y por la arena
Por un rocin mal domado.

,,Despues de lo cual queremos
Que sea descabezado
En un alto cadahalso,
Do pueda ser bien mirado

„De fuera de la ciudad
Por donde será llevado;
Despues de lo cual cumplido,
Y aquesto ser acabado,

„Le corten manos y pies,
Porque quede mas pagado,
Y despues de aquesto hecho,
Que sea desquartizado.

„Lo cual cumplido, queremos
Sea un edificio obrado
De piedra muy bien labrada
Y de canto bien picado;

„Que sea en lo venidero
Memoria de lo pasado
Del caso de Baldovinos,
Y de como fue vengado.“

Don Carloto temeroso,
Aunque era muy esforzado,
Tremecióse, cuando oyó
Lo que se ha publicado.

Esforzóse cuanto pudo,
Una pluma ha demandado;
Diéronle tinta y papel,
Una carta ha ordenado.

Con un page que alli estaba
Á Don Roldan la ha enviado;
Nadie sabe lo que envía.
Para vello se ha apartado

Don Roldan, leyó la carta,
Todo se ha alterado;
Él de cierto bien quisiera
Dar remedio en lo rogado.

Doloroso y pensativo
Un poco tiempo ha quedado;
Duda si debe hacer
Lo que le fue suplicado,

Ó si debe dar desvío
Á lo que le es recitado;
Hallóse puesto en gran duda,
En gran estrecho y cuidado.

El amor dice que haga,
El temor teme el mandado
Dese sumo emperador
Que al marques ha asegurado.

Mas al fin quiere la sangre
Perder por la sangre estado;
Delibera hacer respuesta
Que no esté atemorizado;

Que con parientes y amigos
El saldrá al campo armado,
Con el deseo de perder
La vida, ó ser remediado.

Sin que gran rato pasase,
Fue Don Carloto informado
De lo que ordena Roldan,
De lo que fue algo gozado.

Quiérelo disimular,
Mas no pudo ser celado;
Allégase el condestable,
Y el papel le ha tomado.

Leido que fue el papel,
Por Paris se ha divulgado
Que Don Roldan hace gente,
Y que ejército ha juntado.

El emperador lo sabe,
Al marques ha avisado;
Manda poner á Carloto
Apercibido recaudo.

Pregonan por la ciudad
De que nadie sea osado,
So pena perder la vida,
De al otro dia ir armado.

Á Roldan envió á decir
Que solo no sea osado
De mas estar en Paris
Hasta un año pasado,

So pena de ser traidor,
Y por traidor publicado.
El marques, que el caso siente,
Á Reinaldos ha enviado

Que á otra·dia ameneciendo
Sea sin falta llegado
Á las puertas de Paris
Con tres mil hombres de estado.

De caballo lleve mil,
Y que no sea mudado,
Hasta tanto que Carloto
En medio será tomado;

Y en cadahalso sea puesto,
Para que fue sentenciado,
Y que á cualquiera que venga,
Defienda lo encomendado.

Otro dia de mañana
Todo asi fue acabado;
Ya sacaban á Carloto
Con fierros muy bien ferrado,

Los pregoneros delante,
Su gran maldad publicando.
Cuando fueron á la puerta,
Don Reinaldos lo ha tomado,

Y en medio toda su gente
Lo ha bien aposentado.
Cuando están en el lugar
Do ha sido sentenciado,

Delante toda Paris
Fue todo ejecutado,
Segun que por la sentencia
Fue proveido y mandado.

Asi murió Don Carloto,
Quedando alevosado,
Y Baldovinos viviendo,
Aunque murió, muy honrado.

17.

Pregunta la Infanta Sevilla á Nuño Vero por Baldovinos, y él le cuenta como ha muerto, y en el punto mismo la requiere de amores. Responde la Infanta con indignacion á tal atrevimiento.

La Infanta.

¡Nuño Vero, Nuño Vero,
Buen caballero probado,
Hinquedes la lanza en tierra,
Y arrended el caballo!

Preguntaros he por nuevas
De Baldovinos, el Franco.

El caballero.

Aquesas nuevas, Señora,
Yo bien las diré de grado.

Esta noche á media noche
Entramos en cabalgada,
Y los muchos á los pocos
Lleváronnos de arrancada.

Hirieron á Baldovinos
De una mala lanzada;
La lanza tenia dentro,
De fuera tiembla el asta.

Su tio, el emperador,
Á penitencia le daba;

Ó esta noche morirá,
O de buen madrugada.

Si te pluguiese, Sevilla,
Fueses tú mi enamorada.
Amédesme, mi Señora;
Que en ello perdereis nada.

La Infanta.

¡Nuño Vero, Nuño Vero,
Mal caballero probado,
Yo te pregunto por nuevas,
Tú respóndesme al contrario!

Que aqueste noche pasada
Conmigo durmiera el Franco;
Él me diera una sortija,
Yo le dí un pendon labrado.

Este romance está en tono muy diverso del usado en los anteriores, y sin duda ha de proceder de diferente orígen; pero así y todo es muy antiguo, y acaso lo es todavía mas que los anteriores.

D.

18.

Lamentos de la Infanta Sevilla por la muerte de Baldovinos, y sus imprecaciones contra Carloto, del cual pide justicia al cielo y á la tierra.

Sobre el cuerpo desangrado
De su esposo Baldovino,
Á quien mató alevemente
De un rey justo un traidor hijo,

La bella Infanta Sevilla
Con lágrimas y suspiros
Baña el rostro, azota el aire,
Llora al muerto, y mueve al vivo.

Ya le besa, ya le abraza,
Y entre el uno y otro oficio,
Pidiendo venganza al rey,
Dijo al rey, y al cielo dijo:
¡Castigo, castigo!
¡Dé la muerte á Carloto su amor
mismo!

Y pues es razon que paguen
Los cómplices del delito,
Si dicen que yo lo fui,
Estrénese en mí el cuchillo.

Quiero ser actor y reo,
Órden nueva de juicio;
Pida el alma como esposa
Al cuerpo como enemigo.

No piense Carloto, no,
Que por ser muger me libro;
Que trocaré por su muerte
La muerte del paladino.
¡Castigo, castigo!
¡Dé la muerte á Carloto su amor
mismo!

19.

Descríbese el entierro de Baldovinos hecho con grandes pompas.

Grande estruendo de campanas
Por todo Paris babia,
Su doloroso sonido
Las piedras entristecia.

Por muerte de un caballero
Baldovinos se decia;
Uno era de los doce,
Y de reyes descendia.

Ya lo llevan á enterrar
Con gran pompa en demasía;
Grandes mortajas y lutos,
Mucha gente le seguia.

El gran número de hachas
Vence la lumbre del dia,
Cien pages cabe la tumba
Que le lleva compañía.

Muchos duques, muches condes,
Muy gran caballería;
Cantándole va responsos
Infinita clerecía.

El gran cardenal de Ostia
Por presbítero venia;

El arzobispo de Milan
De diácono servia.

Por subdiácono de ellos
El obispo de Aux venia.
Allá en san Juan de Letran
El aparato se hacia

De una rica sepultura,
Que á las del mundo excedia.
Todo era de piedra jaspe
Y hermosa mazonería,

Y unas columnas de mármol,
En donde se sostenia.
Hechas pues ya las obsequias
Como á él pertenecia,

Ciñenle estoque dorado
De muy gran precio y valía;
Métenle yelmo muy rico
De infinita pedrería.

En hábito militar,
Y armado por esta via,
Lo meten en el sepulcro,
Como usarse solia.
Quedando el cuerpo con fama,
Con gloria el alma subia.

20.

Enhorabuena del conde Don Beltran al conde Don Roldan por el casamiento recien contraido de este, y buenos consejos que le da como viejo, y de experiencia sabe la vida de casado.

,,¡Señor Conde Don Roldan,
Sea muy enorabuena
El dichoso desposorio
Con vuestra Doña Alda bella!

,,Es un toque el casamiento,
Do se conocen y prueban
De paciencia y discrecion
Los quilates y finezas.

,,De aqui procede la vida
Que es gloria, si bien se acierta,
Ó la de infierno impaciente,
Si por contrario se yerra.

,,Setenta años habrá y mas
Que en mi flor y edad primera
Ese nuevo estado vuestro
Sustenté en vida quieta.

,,Si dais crédito á mis canas
Por una larga experiencia,
Diréos en breves razones
Que hice con mi condesa.

,,Amé con moderacion,
Y en extremo regaléla;
Siempre en público la honraba,
Y en secreto aconsejéla.

,,No mezclé veras con burlas,
Mucho estimando las veras,
Ni jamas la descubrí
Los graves secretos dellas.

,,Mostréme ser recatado,
No dando celosas muestras;
Sus menudencias dejaba,
Dejóme en las cosas gruesas.

,,Agasajé sus parientes,
No tuvo en los mios molestia;
Dudé temas que reñia,
Creí sus riñas sin temas.

,,En ellas no la atajé;
Que si á la muger no dejan,
Hallando contradicion,
Mil historias se renuevan.

,,En enojos fui postrero,
Primero en las paces era;
Siempre á la puerta de casa
Dejaba enfados de afuera.

,,No le conté libertades,
Honestidades contéla;
Ninguna alabé de hermosa,
Pero infinitas de buenas.

,,Hice al fin que sus visitas
Moderacion no excedieran,
Y á quien y cuando y porque
Con grande ocasion tuvieran.

,,Al ir advertíla mucho,
Poco escuchéla á la vuelta;
Adorné su mozo brio
Con galas ricas y honestas.

,,No fié prosperidades,
Aunque mucho fiaba della;
Ni la dejé que sintiese
Necesitada vergüenza.

,,De otros mil modos usaba,
Conforme los tiempos eran,
Con que yo viví seguro,
Y ella pasaba contenta.''

Asi al recien desposado
En puridad aconseja

El buen viejo Don Beltran,
Y Don Roldan se lo aprueba.

En este romance está enseñada en estilo conciso y nervoso la verdadera filosofía de la vida. **D.**

Por su estilo y versificacion se ve ser el romance anterior tan alabado y con suma justicia por el Señor D. otro moderno, sin duda de los últimos años del siglo XVI. Lo cual es prueba de que no solo en los romances antiguos campean las prendas de vigor y concision en el estilo y lenguage. **A. G.**

ROMANCES SOBRE DON BELTRAN.

21.

Echan menos á Don Beltran, y va en su busca su padre an-
ciano, quien, despues de tomar noticias, sabe por un Moro que
yace muerto en un prado, herido de siete lanzadas.

En los campos de Alventosa
Mataron á Don Bertran;
Nunca lo echaron menos
Hasta los puertos pasar.

Siete veces echan suertes
Quien lo volverá á buscar;
Todas siete le cupieron
Al buen viejo de su padre.

Las tres fueron por malicia
Y las cuatro con maldad;
Vuelve riendas al caballo,
Y vuélveselo á buscar

De noche por el camino,
De dia por el jaral;
Por la matanza va el viejo,
Por la matanza adelante.

Los brazos lleva cansados
De los muertos rodear;
No hallaba al que buscaba,
Ni menos la su señal.

Vido todos los Franceses,
Y no vido á Don Beltran.
Maldiciendo iba el vino,
Maldiciendo iba el pan,

El que comian los Moros
Que no el de la cristiandad;
Maldiciendo iba el árbol
Que solo en el campo nace;

Que todas las aves del cielo
Alli se vienen á asentar,
Que de rama ni de hoja
No lo dejaban gozar.

Maldiciendo iba el caballero
Que cabalgaba sin page.
Si se le cae la lanza,
No tiene quien se la alce;

Y si se le cae la espuela,
No tiene quien se la calce.
Maldiciendo iba la muger
Que tan solo un hijo pare.

Si enemigos se lo matan,
No tiene quien lo vengar.
A la entrada de un puerto,
Saliendo de un arenal,

Vido en esto estar un Moro
Que velaba en un adarve.
Hablóle en algarabía,
Como aquel que bien la sabe:

„Por Dios te ruego, el Moro,
Me digas una verdad:
Caballero de armas blancas
Si lo viste acá pasar.

„Y si tu lo tienes preso,
Á oro lo pesarán;
Y si tú lo tienes muerto,
Désmelo para enterrar,

„Pues que el cuerpo sin el alma [1])
Solo un dinero no vale.“
„Ese caballero, amigo,
Dime tú que señas trae.“

„Blancas armas son las suyas,
Y el caballo es alazan;
En el carillo derecho
Él tenia una señal;

„Que siendo niño pequeño,
Se la hizo un gavilan.“
„Este caballero, amigo,
Muerto está en aquel pradal.

„Las piernas tiene en el agua,
Y el cuerpo en el arenal.
Siete lanzadas tenia
Desde el hombro al calcañar,

„Y otras tantas su caballo
Desde la cincha al pretal.
No le des culpa al caballo;
Que no se la puedes dar.

„Siete veces lo sacó
Sin herida y sin señal,
Y otras tantas lo volvió
Con gana de pelear.

En la Floresta está este romance mucho mas corto, pues en lugar de las once cuartetas primeras que aqui tiene hay las cuatro que siguen:

Por la matanza va el viejo,
Por la matanza adelante;
Los brazos lleva cruzados
De los muertos rodeare.

Visto á todos los Franceses,
Y no visto á Don Beltrane,
Siete veces echan suerte
Quien lo volverá á buscare.

Echan las tres con malicia,
Las cuatro con gran maldade.
Todas siete le cupieron
Á su buen padre carnale.

[1)] Porque el cuerpo sin el alma
  Muy poco debe costar.

Vuelve riendas al caballo,
Y él se lo vuelve á buscare
De noche por el camino,
De dia por el jarale.

D.

22.

Vuelve á contarse como murió Don Beltran, y como perdido en el alcance que á los Franceses dieron los Españoles, y echada suerte siete veces sobre quien le iria á buscar, tocó hacerlo á su padre. Lamentos del viejo, y reconvenciones que hace á los que abandonaron á su hijo.

Cuando de Francia partimos,
Hicimos pleito homenage
Que el que en la guerra muriese,
Dentro en Francia se enterrase.

Y como los Españoles
Prosiguieron el alcance,
Con la mucha polvareda
Perdimos á Don Beltrane.

Siete veces echan suertes
Sobre quien irá á buscalle;
Todas siete le cupieron
Al buen viejo de su padre.

Las tres le caben por suerte,
Las cuatro por gran maldade.
Mas aunque no le cupieran,
Él no se podia quedare.

Vuelve riendas al caballo,
Sin que nadie le acompañe,
Y con el dolor que lleva
Les dice razones tales:

„¡Volved á Francia, Franceses,
Los que amais la vida infame!
Que yo por solo mi hijo
Fui con vosotros cobarde.

„No me lleva el juramento,
Ni las suertes que falseastes;
Que el amor y la venganza
Bastaban para llevarme.

„Y pues él por el honor
No se acordó de su padre,
Yo quiero acordarme dél,
Y volver á Roncesvalles.

„Y si con vosotros pueden
Juramentos y homenages,
No penseis que con mi muerte
Del peligro os escapastes.

„Echá desde luego suertes
Sobre quien irá á buscarme;
Que no yo voy por el muerto,
Sino á morir, ó vengalle.“

Por otro romance, cuyos versos primeros son los siguientes:

Un gallardo paladin,
Aunque invencible, vencido,

De Francia quinto delfin,
Cercano al último fin,
Dice, hallándose rendido,

y en el cual hay varios versos comunes al romance que antecede,
se ve que en este se supone ser un Frances quien hace la relacion
del suceso.   **D.**

El romance á que alude el Señor D. debe de estar en quintillas,
pues quintilla es la estrofa que cita, esto es estrofa de cinco versos
con dos consonantes. Trazas tiene de obra mas moderna que la
antecedente.   **A. G.**

ROMANCES SOBRE DON ROLDAN.

23.

Yendo ya de huida los Franceses en la batalla contra los Moros, los esfuerza Don Roldan y los hace volver á la lid. Huyen entonces los Moros, y con ellos su rey Marfil, maldiciendo su suerte.

Domingo era de ramos,
La pasion quieren decir,
Cuando Moros y Cristianos
Todos entran en la lid.

Ya desmayan los Franceses,
Ya comienzan de huir.
¡O cuan bien los esforzaba
Ese Roldan, paladin!

„¡Vuelta, vuelta, los Franceses,
Con corazon á la lid!
¡Mas vale morir por buenos
Que deshonrados vivir!"

Ya volvian los Franceses
Con corazon á la lid;
Á los encuentros primeros
Mataron sesenta mil.

Por las sierras de Altamira
Huyendo va el rey Marsin,

Caballero en una cebra,
No por mengua de rocin.

La sangre que dél corria
Las yervas hace teñir;
Las voces que iba dando
Al cielo quieren subir:

„¡Reniego de tí, Mahoma,
Y de cuanto hice en tí!
Hícete cuerpo de plata,
Pies y manos de un marfil.

„Hícete casa de Meca
Donde adorasen en tí;
Y por mas te honrar, Mahoma,
Cabeza de oro te fiz.

„Sesenta mil caballeros
Á tí te los ofrecí;
Mi muger, la reina mora,
Te ofreció otros treinta mil."

Este romance hube de ser cancion muy preciada ó amada entre el pueblo, pues poetas posteriores han tomado de él versos, para dar con ellos principio á otras composiciones. **D.**

24.

Derrotados en Roncesvalles los Franceses, muertos once de los doce pares, y puesto en huida Cárlo Magno el emperador, Roldan estropeado y acongojado se lamenta de su desgracia, y al venir al emperador fugitivo y sin corona cae muerto á impulsos de su pena.

Por muchas partes herido
Sale el viejo Cárlo Magno,
Huyendo de los de España,
Porque le han desbaratado.

Los once deja perdidos,
Solo Roldan ha escapado;
Que nunca ningun guerrero
Llegó á su esfuerzo sobrado,

Y no podia ser herido,
Ni su sangre derramado.
Al pie estaba de una cruz,
Por el suelo arrodillado.

Los ojos vueltos al cielo,
Desta manera ha hablado:

„Animoso corazon,
¿Como te has acobardado

„En salir de Roncesvalles
Sin ser muerto ó bien vengado?
Ay amigos y Señores,
¡Como os estareis quejando

„Que os acompañé en la vida,
Y en la muerte os he dejado!
Estando en este congoja,
Vió venir á Cárlo Magno

„Triste, solo y sin corona,
Con el rostro ensangrentado.
Desque asi lo hubo visto,
Cayó muerto el desdichado.“

25.

Doña Alda, muger de Don Roldan, rodeada de sus damas, tiene un sueño que la atribula, y explicándosele de un modo favorable, iba serenándose, cuando le llegan las nuevas de ser su marido muerto en la caza de Roncesvalles.

En Paris está Doña Alda,
La esposa de Don Roldan,
Trecientas damas con ella,
Para la acompañar.

Todas visten un vestido,
Todas calzan un calzar;
Todas comen á una mesa,
Todas comian de un pan,

Si no era sola Doña Alda,
Que era la mayoral;
Las ciento hilaban oro,
Las ciento tejen cendal;

Las ciento tañen instrumentos,
Para Doña Alda holgar.
Al son de los instrumentos
Doña Alda adormido se ha.

Ensoñado habia un sueño,
Un sueño de gran pesar.
Recordó despavorida,
Y con un pavor muy grande

Los gritos daba tan grandes,
Que se oian en la ciudad.
Alli hablaron sus doncellas;
Bien oireis lo que dirán:

„¿Qué es aquesto, mi Señora?
¿Qué es el que os hizo mal?“
„Un sueño soñé, doncellas,
Que me ha dado gran pesar;

„Que me veia en un monte,
En un desierto lugar;
Bajo los montes muy altos
Un azor vide volar.

„Tras dél viene una aguililla,
Que lo ahinca muy mal.
El azor con grande cuita
Metióse so mi brial.

„El aguililla con gran ira
De alli lo iba á sacar;
Con las uñas lo despluma,
Con el pico lo deshace.“

Alli habló su camarera;
Bien oireis lo que dirá:
„Aquese sueño, Señora,
Bien os lo entiendo soltar.

„El azor es vuestro esposo,
Que viene de allende mar;
El águila sedes vos,
Con la cual ha de casar.

„Y aquel monte es la iglesia,
Donde os han de velar.“
„Si asi es, mi camarera,
Bien te lo entiendo pagar.“

Otro dia de mañana
Cartas de fuera le traen;
Tintas venian de dentro,
De fuera escritas con sangre:
Que su Roldan era muerto
En la caza de Roncesvalles.

ROMANCES SOBRE GUARINOS.

26.

Pregunta una hermosa Francesa á un mensagero moro por uno de los doce pares, cautivo en la batalla de Roncesvalles, de quien se muestra muy prendada. Siendo la respuesta del Moro que el cautivo va á ser libre, pero que ha dado su alma á otra señora, la Francesa rompe en quejas dolorosas.

,,Detente, buen mensagero,
Que Dios de peligros guarde,
Si acaso eres Albanes,
Como lo muestra tu trage,

,,Y dime de aquel tu dueño
Que perdido en Roncesvalles
Los Moros de Zaragoza
Presentaron á Amurates.

,,¿En qué entretiene los dias
De la mañana á la tarde?
Aunque todo es de noche
Para quien vive en la cárcel.

,,Y dime si está muy triste;
Que no es posible que baste
Su valor y su paciencia
Para destierro tan grande;

,,Y si es verdad, como dicen,
Que libertad quieren darle,

Para que vuelva otra vez
Á cautivar libertades;

,,Que despues que aqui se trata
Su libertad y rescate,
Dos mil albas han salido,
Y nunca la suya sale.

,,No sé que tiene de bueno;
Que en toda Alemania y Flandes
No hay muger que no le adore,
Ni hay hombre que no le alabe.

,,Siendo su sangre tan buena,
Que nadie iguala su sangre,
Vale mas él por sí solo
Que por su nobleza vale.

,,Yo soy á quien no conoce,
Y quien de solo miralle
Matar los toros un dia
No hay gusto que no me mate,

Π.

5

„Y con saber que en viniendo
Ha de acabar de matarme,
Ruego á Dios que presto sea,
Aunque él me remedie tarde.“

„Este cautivo, Madama,
Que fue de los doce pares,
Le responde el mensagero,
Cerca está de rescatarse.

„Bravas galas se aparejan
De vestidos y plumages,
Para de España salir
Y entrar en Francia galanes.

„Pero no espero, Señora,
Vuestro remedio ni aun tarde;
Que aunque ahora libre el cuerpo,
Tiene el alma en otra parte.

„Muchos tiempos ha que adora
Á la hermosa Bradamante,
Tan justamente perdido,
Que llama glória sus males.“

La Francesa, que esto oyó,
Sin que mas razon aguarde,
Cerró la ventana, y fuese,
Rompiendo á voces los aires.

27.

Háblase de la derrota de los Franceses en Roncesvalles, donde perdió su honra Cárlo Magno, y los doce pares sus vidas, y Guarinos, el almirante, su libertad. Cuéntase como cupo este en suerte como cautivo á Marlotes, el Infante, quien intentó seducirle á la falsa fé de Mahoma, y como, resistiéndose á ello el Frances, le encarceló el Moro y cargó de hierros. Añádese como en una fiesta fue traido el cautivo á derribar un tablado que nadie podia conseguir echar por tierra, y como, aprovechando el momento, puesto en su caballo y armado, venciendo y matando á muchos Moros, se hizo libre.

Mala la vistes, Franceses,
La caza de Roncesvalles;
Don Cárlos perdió la honra,
Murieron los doce pares.

Cativaron á Guarinos,
Almirante de las mares;
Los siete reyes de los Moros
Fueron en su cativare.

Siete veces echan suertes,
Cual dellos lo ha de llevare;
Todas siete le cupieron
A Marlotes el Infante.

Mas lo preciaba Marlotes
Que Arabia con su ciudade;
Dícele desta manera,
Y empezóle de hablar:

„Por Alá te ruego, Guarinos,
Moro te quieras tornar;
De los bienes deste mundo
Yo te quiero dar asaz.

„Las dos hijas que yo tengo,
Ambas te las quiero dar,
La una para el vestir,
Para vestir y calzare,

„La otra para tu muger,
Tu muger la naturale;
Darte he en arras y dote
Arabia con sus ciudades.

„Si mas quisieses, Guarinos,
Mucho mas te quiero dare."
Alli hablara Guarinos;
Bien oreis lo que dirá:

„No lo mande Dios del cielo,
Ni santa María, su madre,
Que deje la fé de Cristo,
Por la de Mahoma tomar;

„Que esposica tengo en Francia,
Con ella entiendo casar."
Marlotes con gran enojo
En cárceles lo manda echar

Con esposas á las manos,
Porque pierda el pelear,
El agua hasta la cintura,
Porque pierda el cabalgar,

Siete quintales de fierro
Desde el ombro al calcañar.
En tres fiestas, que hay en el año,
Le mandaba justiciar,

La una, pascua de Mayo,
La otra por navidad,
La otra pascua de flores,
Esa fiesta general.

Vanse dias, vienen dias,
Venido era el de san Juan,
Donde Cristianos y Moros
Hacen gran solenidad.

Los Cristianos echan juncia,
Y los Moros arrayan;
Los Judíos echan yervas,
Por la fiesta mas honrar.

Marlotes con alegría
Un tablado mandó armar,
Ni mas chico ni mas grande
Que al cielo quiere llegar.

Los Moros con alegría
Empiézanle de tirar;
Tira el uno, tira el otro,
No llegan á la mitad.

Marlotes muy enojado
Un pregon mandara dar
Que los chicos no mamasen,
Ni los grandes coman pan,

Hasta que aquel tablado
En tierra haya de estar.
Oyó el estruendo Guarinos
En las cárceles, do está.

„¡O válasme Dios del cielo,
Y santa María, su madre!
Ó casan hija de rey,
O la quieren desposar;

„Ó era venido el dia
Que me suelen justiciar."
Oido lo ha el carcelero,
Que cerca se fue á hallar:

„No casan hija de rey,
Ni la quieren desposar,
Ni es venida la pascua,
Que te suelen azotar;

„Mas era venido un dia,
El cual llaman de san Juan,
Cuando los que están contentos
Con placer comen su pan.

„Marlotes de gran placer
Un tablado mandó armar;
El altura, que tenia,
Al cielo quiere allegar.

5 *

„Hanle tirado los Moros,
No le pueden derribar;“
Marlotes de enojado
Un pregon mandara dar

Que ninguno no comiese,
Hasta habello de derribar.“
Alli respondió Guarinos;
Bien oireis que fue á hablar:

„Si vos me dais mi caballo,
En que solia cabalgar,
Y me diésedes mis armas,
Las que yo solia armar,

„Y me diésedes mi lanza,
La que solia llevar,
Aquellos tablados altos
Yo los pienso derribar;

„Y si no los derribase,
Que me mandasen matar.“
El carcelero, que esto oyera,
Comenzóle de hablar:

„Siete años habia, siete,
Que estás en este lugar;
Que no siento hombre del mundo
Que un año pudiese estar.

„¿Y aun dices que tienes fuerza
Para el tablado derribar?
Mas espera tú, Guarinos;
Que yo lo iré á contar

„Á Marlotes el Infante,
Por ver lo que me dirá.“
Ya se parte el carcelero,
Ya se parte, ya se va.

Siendo cerca del tablado,
Á Marlotes fue hablar:
„Unas nuevas os traia,
Queráismelas escuchar.

„Sabed que aquel prisionero
Aquesto dicho me ha,
Si le diesen su caballo,
En que solia cabalgar,

„Y le diesen las sus armas,
Que él se solia armar,
Que aquestos tablados altos
Ellos entiende derribar.“

Marlotes, desque esto oyera,
De alli lo mandó sacar,
Por mirar si en caballo
Él podria cabalgar.

Mandó buscar su caballo,
Y mandáraselo dar;
Que siete años son pasados
Que andaba llevando cal.

Armáronlo de sus armas,
Que bien mohosas están.
Marlotes, desque lo vido,
Con reir y con burlar

Dice que vaya al tablado,
Y lo quiera derribar.
Guarinos con grande furia
Un encuentro le fue á dar

Que mas de la mitad dél
En el suelo fue á echar.
Los Moros, desque esto vieron,
Todos lo quieren matar.

Guarinos como esforzado
Comenzó de pelear
Con los Moros, que eran tantos,
Que el sol querian quitar.

Peleaba de tal suerte,
Que él se hubo de soltar,
Y se fuera á su tierra,
Á Francia la natural.
Grandes honras le hicieron,
Cuando le vieron llegar.

Este romance de forma agradable y tono franco y sencillo, y que se refiere á una victoria alcanzada por los Españoles sobre los Franceses, habia llegado á correr muy valido entre el pueblo, andando en boca de todos, y por eso la supone el autor de Don Quijote cantada por un campesino. Quizá la cantaban entonces con una bonita tonada. Por una circunstancia ó casualidad, con cuya explicacion no es fácil acertar, este romance español ha venido á ser asimismo cancion rusa, y en este mismo siglo algunos viageros le han oido cantar en Siberia. En ruso empieza con la siguiente cuarteta:

Chudo, chudo, o Franzusai,
W' Ronzowalje builo vam
Karl welikji tam lischilsja
Latschich raizarei swach.

Lo cual quiere decir ¡Ay de vosotros Franceses en Roncesvalles, donde perdió Cárlo Magno sus mejores caballeros! (Vease á Adolf Erman „Reise um die Erde durch Nordasien. Berlin, 1833, Tom. I., p. 514.) ¿ Llegaria por ventura esta cancion á los Rusos por las regiones del oriente?　　**D.**

ROMANCES SOBRE GRIMALTOS E MONTESINOS.

28.

Cuéntanse las aventuras de Grimaltos, que fue page del rey de Francia, y luego camarero y conde, llegando por su virtud, nobleza y esfuerzo á tal privanza, que el rey le quiso tomar por hijo, haciéndole su yerno, y le dió el gobierno de varias tierras. Refiérese con cuanto acierto y cuanta justicia gobernó, y como sin embargo por traicion de Don Tomillos vino á ser sospechoso al rey. Añádese como en sueños tuvo aviso el conde de su desventura, y como lo refirió á la condesa, y la disposicion dada por los dos esposos de irse á Paris á presentarse al rey. Dícese ademas como el rey inculpó al conde y le condenó á destierro, y que, llorados por todos los buenos, salieron á cumplir la dura sentencia. Descríbense las miserias y tristezas de los desterrados, y como entre mil trabajos llegó á parir la condesa desvalida, bautizando un ermitaño al recien nacido, á quien fue puesto por nombre Montesinos, por haber nacido en el monte. Trátase asimismo de la buena educacion y enseñanza que dió Grimaltos á su hijo, y como desde una altura le enseñaba á la gran ciudad de Paris.

Muchas veces oí decir
Y á los antiguos contar
Que ninguno por riqueza
No se debe de ensalzar,

Ni por pobreza que tenga
Se debe menospreciar.
Miren bien, tomando ejemplo
Do buenos suelen mirar,

Como el conde, á quien Grimaltos
En Francia suelen llamar,
Llegó en las cortes del rey,
Pequeño y de poca edad.

Fue luego page del rey
Del mas secreto lugar,
Porque él era muy discreto,
Y de él se podia fiar.

Y despues de algunos tiempos,
Cuando mas entró en edad,
Le mandó ser camarero
Y secretario real.

Y despues le dió un condado,
Por mayor honra le dar;
Y por darle mayor honra
Y estado en Francia sin par,

Lo hizo gobernador,
Que el reino puede mandar.
Por su virtud y nobleza,
Y grande esfuerzo sin par

Le quiso tomar por hijo,
Y con su hija le casar.
Celebráronse las fiestas
Con placer y sin pesar.

Y despues de algunos dias
De sus honras y holgar
El rey le mandó al conde
Que le fuese á gobernar,

Y poner cobro en las tierras
Que le fuera á encomendar.
,,Pláceme, dijera el conde,
Pues no se puede excusar.''

Ya se ordena la partida,
Y el rey manda aparejar
Sus caballeros y damas
Para haber de acompañar.

Ya se partia el buen conde
Con la condesa á la par,
Y caballeros y damas,
Que no le quieren dejar.

Por la gran virtud del conde
No se pueden apartar;
De Paris hasta Leon
Le fueron acompañar.

Vuélvense para Paris
Despues de placer tomar;
Las nuevas que dan al rey
Es descanso de escuchar,

De como rige á Leon,
Y le tiene á su mandar,
Y el estado de su Alteza,
Como lo hacia acatar.

De tales nuevas el rey
Gran placer fuera á tomar;
No prosigo mas del rey,
Sino que lo dejo estar.

Tornemos á Don Grimaltos,
Como empieza á gobernar,
Bien querido de los Grandes,
Sin la justicia negar.

Trata á todos de tal suerte,
Que á ninguno da pesar;
Cinco años él estuvo
Sin al buen rey ir á hablar,

Ni del conde á él ir quejas,
Ni de sentencia apelar.
Mas fortuna, que es mudable
Y no puede sosegar,

Quiso serle tan contraria,
Por su estado le quitar.
Fue el caso que Don Tomillos
Quiso en traicion tocar.

Revolvióle con el rey,
Por mas le escandalizar,
Diciéndole que su yerno
Se le quiere rebelar,

Y que en villas y ciudades
Sus armas hace pintar,
Y por señor absoluto
Él le manda intitular,

Y en las villas y lugares
Guarnicion quiere dejar.
Cuando el rey aquesto oyera,
Tuvo dello gran pesar,

Pensando en las mercedes
Que al conde le fuera á dar;
Solo por buenos servicios
Le pusiera en tal lugar,

Y despues por galardon
Tal traicion le ordenar;
Él ha determinado
De hacerle justiciar.

Dejemos lo de la corte,
Y al conde quiero tornar;
Que estando con la condesa
Una noche á bel folgar,

Adurmióse el buen conde,
Recordara con pesar;
Las palabras que decia
Son de dolor y pesar:

,,¿Qué te hice, vil fortuna?
¿Porqué te quieres mudar,
Y quitarme de mi silla,
En que el rey me fue á sentar?

,,¡Por falsedad de traidores
Causarme tanto de mal!
Que segun yo creo y pienso,
No lo puede otro causar."

A las voces que da el conde,
Su muger fue á despertar;
Recordó muy espantada
De verle asi hablar,

Y hacer lo que no solia,
Y de condicion mudar.
,,¿Qué habeis, mi Señor el Conde?
¿En qué podeis vos pensar?"

,,No pienso en otro, Señora,
Sino en cosa de pesar,
Porque un triste y mal sueño
Alterado me hace estar.

,,Aunque en sueños no fiemos,
No sé á que parte lo echar;
Que parecia muy cierto
Que ví una águila volar.

,,Siete halcones tras ella
Mal aquejándola van,
Y ella, por guardarse de ellos,
Retrújose á mi ciudad.

,,Encima de una alta torre,
Alli se fuera á asentar;
Por el pico echaba fuego,
Por las alas alquitran.

,,El fuego, que della sale,
La ciudad hace quemar;
Á mí quemaba las barbas,
Y á vos quemaba el brial.

,,Cierto tal sueño como este
No puede ser sino mal.
Esta es la causa, Condesa,
Que me sentiste quejar."

,,Bien lo merceis, buen Conde,
Si de ello os viene algun mal;
Que bien ha los cinco años
Que en corte no os ven estar.

,,Y sabeis vos bien, el Conde,
Quien alli os quiere mal;
Que es el traidor de Tomillos
Que no se suele reposar,

,,Yo no lo tengo á mucho
Que ordene alguna maldad.
Mas, Señor, si me creeis,
Mañana antes de yantar

„Mandad hacer un pregon
Por toda esa ciudad
Que vengan los caballeros
Que están á vuestro mandar,

„Y por todas vuestras tierras
Tambien los mandeis llamar,
Que para cierta jornada
Todos se hayan de juntar.

„Desque todos esten juntos,
Decirles heis la verdad
Que quereis ir á Paris,
Para con el rey hablar;

„Y que se aperciban todos,
Para en tal caso os honrar;
Segun dellos sois querido,
Creo no os podrán faltar.

„Iros heis con todos ellos
Á Paris, esa ciudad;
Besareis la mano al rey,
Como la soleis besar.

„Y entonces sabreis, Señor,
Lo que él os quiere mandar;
Que si enojo de vos tiene,
Luego os lo demostrará;

„Y viendo vuestra venida,
Bien se le podrá quitar.“
„Pláceme, dijo, Señora,
Vuestro consejo tomar.“

Pártese el conde Grimaltos
Á Paris, esa ciudad,
Con todos sus caballeros
Y otros que él pudo juntar.

Desque fue cerca Paris
Bien quince millas ó mas,
Mando parar á su gente,
Sus tiendas mandó armar.

Hizo aposentar los suyos,
Cade cual en su lugar;
Luego el rey dél hubo cartas,
Respuesta no quiso dar.

Cuando el conde aquesto vido,
En Paris se fue á entrar.
Fuérase para el palacio
Donde el rey solia estar.

Saludó á todos los Grandes,
La mano al rey fue á besar;
El rey de muy enojado
Nunca se la quiso dar,

Antes mas le amenazaba
Por su muy sobrado osar,
Que, habiendo hecho tal traicion,
En Paris osase entrar;

Jurando que por su vida
Se debia maravillar,
Como, vístolo presente,
No lo hacia degollar.

Y si no hubiera mirado
Su hija no deshonrar,
Que antes que el dia pasara,
Lo hiciera justiciar.

Mas por dar á él castigo,
Y á otros escarmentar,
Le mandó salir del reino,
Y que en él no pueda estar.

Plazo le dan de tres dias
Para el reino vaciar;
Y el destierro es desta suerte
Que gente no ha de llevar;

Caballeros ni criados
No le hayan de acompañar;
Ni lleve caballo ó mula
En que puede cabalgar.

5**

Moneda de plata y oro
Deje, y aun la de metal.
Cuando el conde esto oyera,
Ved cual podia estar.

Con voz alta y rigurosa,
Cercado de tan pesar,
Como hombre desesperado
Tal respuesta le fue á dar:

„Por desterrarme tu Alteza,
Consiento en mi destierro;
Mas quien de mí tal ha dicho,
Miente y no dice verdad;

„Que nunca hice traicion,
Ni pensé en maldad usar;
Mas si Dios me da la vida,
Yo haré ver la verdad."

Ya se sale de palacio
Con doloroso pesar;
Fuese á casa de Oliveros,
Y alli halló á Don Roldan.

Contábales las palabras
Que con el rey fue á pesar;
Despidiéndose está dellos,
Pues les dijo la verdad,

Jurando que nunca en Francia
Lo verian asomar,
Si no fuese castigado
Quien tal cosa fue á ordenar.

Ya se despedia dellos,
Por Paris comienza á andar,
Despidiéndose de Baldovinos
Y del Romano Fincan;

Y del Gaston Angeleros,
Y del viejo Don Beltran,
Y del duque Don Estolfo,
De Malgesí otro que tal;

Y de aquel solo invencible
Reinaldos de Montalvan.
Ya se despide de todos
Para su viage tomar.

La condesa fue avisada,
No tardó en Paris entrar.
Derecha fue para el rey,
Sin con el conde hablar,

Diciendo que de su Alteza
Se queria maravillar
Como al buen conde Grimaltos
Lo quisiese asi tratar;

Que sus obras nunca han sido
De tan mal galardonar,
Y que suplica á su Alteza
Que en ello mande mirar;

Y si el conde no es culpado,
Que al traidor haga pagar
Lo que el conde merecia,
Si aquello fuese verdad.

Y asi será castigado
Quien lo tal fue á ordenar.
Cuando el rey aquesto oyera,
Luego la mandó callar,

Diciendo que si mas habla,
Como á él la ha de tratar,
Y que le es muy escusado
Por el conde lo rogar,

Pues quien por traidores ruega,
Traidor se puede llamar.
La condesa que esto oyera,
Llorando con gran pesar,

Descendióse del palacio,
Para el conde ir á buscar.
Viéndose ya con el conde,
Se llegó á lo abrazar.

Lo que el uno y otro dicen,
Lástima era de escuchar:
,,¿Este es el descanso, Conde,
Que me habíades de dar?

,,No pensé que mis placeres
Tan poco habian de durar;
Mas en ver que sin razon
Por placer nos dan pesar,

,,Quiero que cuando vais, Conde,
Cuenta dello sepais dar.
Yo os demando una merced;
No me la querais negar.

,,Porque cuando nos casamos,
Hartas me habíades de dar;
Yo nunca las he habido,
Aun las tengo de cobrar.

,,Ahora es tiempo, buen Conde,
De haberlas de demandar.''
,,Excusado es, la Condesa,
Eso ahora demandar;

,,Porque jamas tuve cosa
Fuera de vuestro mandar;
Que cuanto vos demandeis,
Por mi fé de lo otorgar.''

,,Es, Señor, que donde fuéreis,
Con vos me hayais de llevar.''
,,Por la fé que yo os he dado,
No se os puede negar.

,,Mas de las penas que siento
Esta es la mas principal;
Porque perderme yo solo,
Este perder es ganar,

,,Y en perderos vos, Señora,
Es perder sin mas cobrar.
Mas pues asi lo quereis,
No queramos dilatar.

,,Mucho me pesa, Condesa,
Porque no podais andar;
Que, siendo niña y preñada,
Podríades peligrar.

,,Mas pues fortuna lo quiere,
Recibidlo sin pesar;
Que los corazones fuertes
Se muestran en tal lugar.''

Tómanse mano por mano,
Sálense de la ciudad.
Con ellos sale Oliveros,
Y ese paladin Roldan,

Tambien el Dardin Dardeña,
Y ese Romano Fincan,
Y ese Gaston Angeleros,
Y el fuerte Meridan.

Con ellos va Don Reinaldos,
Y Baldovinos el galan,
Y ese duque Don Estolfo,
Y Malgesi otro que tal.

Las dueñas y las doncellas
Tambien con ellos se van;
Cinco millas de Paris
Los hubieron de dejar.

El conde y condesa solos
Tristes se habian de quedar;
Cuando partirse tenian,
No se podian hablar.

Llora el conde y la condesa,
Sin nadie les consolar;
Porque no hay grande, ni chico
Que estuviese sin llorar;

Pues las damas y doncellas
Que alli hubieran de llegar
Hacen llantos tan extraños,
Que no los oso contar;

Porque mientras pienso en ellos,
Nunca me puedo alegrar.
Mas el conde y la condesa
Vanse sin nada hablar.

Los otros caen en tierra
Con la sobra del pesar,
Otros crecen mas sus lloros,
Viendo cuan tristes se van.

Dejo de los caballeros
Que á Paris quieren tornar;
Vuelvo al conde y la condesa,
Que van con gran soledad

Por los yermos y asperezas,
Do gente no suele andar.
Llegado el tercero dia,
En un áspero boscage

La condesa de cansada
Triste no podia andar.
Rasgáronse sus servillas,
No tiene ya que calzar,

De la aspereza del monte
Los pies no podia alzar;
Doquiera que el pie ponia,
Bien quedaba la señal.

Cuando el conde aquesto vido,
Queriéndola consolar,
Con gesto muy amoroso
La comenzó de hablar:

,,No desmayedes, Condesa,
Mi bien, querais esforzar;
Que aqui está una fresca fuente,
Do el agua muy fria está.

,,Reposaremos, Condesa,
Y podremos refrescar.''
La condesa, que esto oyera,
Algo el paso fue á alargar,

Y en llegando á la fuente,
Las rodillas fue á hincar.
Dió gracias á Dios del cielo
Que la trujo en tal lugar,

Diciendo: ,,Buen agua es esta
Para quien tuviese pan.''
Estando en estas razones,
El parto la fue á tomar,

Y alli pariera un hijo;
Que es lástima de mirar
La pobreza en que se hallan,
Sin poderse remediar.

El conde, cuando vió el hijo,
Comenzóse de esforzar,
Con el sayo que traia
Al niño fue á cobijar.

Tambien se quitó la capa
Por á la madre abrigar;
La condesa tomó el niño,
Para darle á mamar.

El conde estaba pensando
Que remedio le buscar;
Que pan ni vino no tienen,
Ni cosa con que pasar.

La condesa con el parto
No se puede levantar;
Tomóla el conde en los brazos,
Sin ella el niño dejar.

Súbelos á una alta sierra,
Para mas lejos mirar;
En unas breñas muy hondas
Grande humo vió estar.

Tomó su muger y hijo,
Para allá les fue á llevar.
Entrando en la espesura,
Luego al encuentro le sale

Un virtuoso ermitaño
De reverencia muy grande.
El ermitaño, que los vido,
Comenzóles de hablar:

„¡O válgame Dios del cielo!
¿Quien aqui os fue á aportar?
Porque en tierra tan extraña
Gente no suele habitar

„Sino yo que por penitencia
Hago vida en este valle.“
El conde le respondió
Con angustia y con pudor:

„¡Por Dios te ruego, ermitaño,
Que uses de caridad!
Que despues habremos tiempo
De como vengo á contar.

„Mas para esta triste dueña
Dame que la pueda dar;
Que tres dias con sus noches
Ha que no ha comido pan;

„Que allá en esa fuente fria
El parto la fue á tomar.“
El ermitaño, que esto oyera,
Movido de gran piedad,

Llevóles para la ermita
Do él solia habitar;
Dióles del pan que tenia,
Y agua, que vino no hay.

Recobró algo la condesa
De su flaqueza muy grande.
Alli le rogó el conde
Quiera el niño bautizar.

„Pláceme, dijo, de grado,
¿Mas como le llamarán?“

„Como quisiéredes, Padre,
El nombre le podreis dare.“

„Pues nació en ásperos montes,
Montesinos le dirán.“
Pasando y viniendo dias,
Todos vida santa hacen.

Bien pasaron quince años
Que el conde de alli no parte.
Mucho trabajó el buen conde
En haberle de enseñar

Á su hijo Montesinos
Todo el arte militar,
La vida de caballero
Como la habia de usar,

Como ha de jugar las armas,
Y que honra ha de ganar,
Como vengará el enojo
Que al padre fueron á dar.

Muéstrale en leer y escribir
Lo que le puede enseñar;
Muéstrale jugar á tablas,
Y cebar un gavilan.

Á veinte y cuatro de Junio,
Dia era de san Juan,
Padre y hijo paseando
De la ermita se van.

Encima de una alta sierra
Se suben á razonare;
Cuando el conde alto se vido,
Vido á Paris, la ciudade.

Tomó al hijo por la mano,
Comenzóle de hablare;
Con lágrimas y sollozos
No deja de suspirar.

Es una particularidad de este lindo romance que en él sale á plaza
el poeta anónimo, hablando en primera persona, lo cual no se ve en otras
obrillas de esta misma clase. En el Cancionero de romances falta
este; pero en la Silva de romances está incluso. La composicion
siguiente es continuacion inmediata de la historia de caballería en
esta empezada. **D.**

29.

*El conde enseñando la ciudad de Paris á Montesinos, su hijo,
le informa de sus agravios. Sabidor de ellos el mancebo, pasa
á la corte de Cárlo Magno, insulta y mata al traidor Don Tomillos, y prueba la inocencia de su padre. Como vuelve el emperador al conde á su gracia, sin que se quebrante el juramento de no atravesar las puertas de Paris.*

„Cata Francia, Montesinos,
Cata Paris, la ciudad,
Cata las aguas de Duero
Do van á dar en la mar.

„Cata palacios del rey,
Cata los de Don Beltran,
Y aquella que ves mas alta,
Y que está en mejor lugar.

„Es la casa de Tomillos,
Mi enemigo mortal;
Por su lengua difamada
Me mandó el rey desterrar.

„Y he pasado á causa desto
Mucha sed, calor y hambre,
Trayendo los pies descalzos,
Las uñas corriendo sangre.

„A la trista madre tuya
Por testigo puedo dar;
Que te parió en una fuente,
Sin tener en que te echar.

„Yo triste quité mi sayo,
Para haber de cobijarte;

Ella me dijo llorando,
Por te ver tan mal pasar:

„„Tomes este niño, Conde,
„„Y lléveslo á cristianar;
„„Llamédesle Montesinos,
„„Montesinos le llamad.““

Montesinos, que lo oyera,
Los ojos volvió á su padre;
Las rodillas por el suelo
Empezóle de rogare

Le quisiese dar licencia;
Que en Paris quiere pasar,
Y tomar sueldo del rey,
Si se lo quisiere dar,

Por vengarse de Tomillos,
Su enemigo mortal;
Que si sueldo del rey toma,
Todo se puede vengare.

Ya que despedirse quieren,
Á su padre fue á rogare
Que á la triste de su madre
Él la quiera consolare,

Y de su parte le diga
Que á Tomillos va buscar.
„Pláceme, dijera el conde,
Hijo, por te contentare.

Ya se parte Montesinos,
Para en Paris entrare;
Y en entrando por las puertas
Luego quiso preguntar

Por los palacios del rey,
Que se los quieran mostrar.
Los que se lo oian decir,
Dél se empiezan á burlar.

Viéndolo tan mal vestido,
Piensan que es loco ó truhan;
Enfin muéstranle el palacio,
Entró en la sala real.

Halló que comia el rey,
Don Tomillos á la par;
Mucha gente está en la sala,
Por él lo quieren mirar.

Desque hubieron ya comido,
Al 'jedrez van á jugar
Solos el rey y Tomillos,
Sin nadie á ellos hablar,

Si no fuera Montesinos,
Que llegó á los mirar.
Mas el falso Don Tomillos,
En quien nunca hubo verdad,

Jugara una treta falsa,
Donde no pudo callar
El noble de Montesinos,
Y publica su maldad.

Don Tomillos, que esto oyera,
Con muy gran riguridad,
Llevantando la su mano,
Un bofeton le fue á dar.

Montesinos con el brazo
El golpe le fue á tomar,
Y echando mano al tablero,
Á Don Tomillos fue á dar

Un tal golpe en la cabeza,
Que le hubo de matar;
Murió el perverso dañado,
Sin valerle su maldad.

Alborótanse los Grandes,
Cuantos en la sala están;
Prendieron á Montesinos,
Y queríanlo matar,

Sino que el rey mandó á todos
Que no le hiciesen mal,
Porque él queria saber
Quien le dió tan grande osar;

Que no sin algun misterio
Él no osaria tal obrar.
Cuando el rey le interrogara,
Él dijera la verdade:

„Sepa tu real Alteza
Soy tu nieto natural;
Hijo soy de vuestra hija,
La que hicísteis desterrar

„Con el conde Don Grimaltos,
Vuestro servidor leal,
Y por falsa acusacion
Le quisiste maltratar.

„Mas agora vuestra Alteza
Puédese dello informar,
Que el falso de Don Tomillos
Sepan si dijo verdad.

„Y si pena yo merezco,
Buen rey, mándamela dar;
Y tambien, si no la tengo,
Mandédesme de soltar;

,,Y al buen conde y la condesa
Los mandeis ir á buscar,
Y los torneis á sus tierras,
Como solian estar.''

Cuando el rey aquesto oyera,
No quiso mas escuchare;
Aunque veia ser su nieto,
Quiso saber la verdade,

Y supo que Don Tomillos
Ordenó aquella maldade
Por envidia que les tuvo
Al ver su prosperidade.

Cuando el rey la verdad supo,
Al buen conde hizo llamar;
Gente de á pie y de á caballo
Iban por le acompañar,

Y damas por la condesa,
Como solia llevar.
Llegando junto á Paris,
Dentro no queria entrar,

Porque cuando dél salieron,
Los dos fueran á jurar
Que las puertas de Paris
Nunca las vieran pasar.

Cuando el rey aquello supo,
Luego mandó derribare
Un pedazo de la cerca,
Por do pusieran pasare,

Sin quebrar el juramento
Que ellos fueron á jurar.
Llévanlos á los palacios
Con mucha solemnidad,

Y hácenles muy ricas fiestas
Cuantos en la corte están;
Caballeros, dueñas, damas,
Les vienen á visitar.

Y el rey delante de todos,
Por mayor honra les dar,
Les dijo que habia sabido
Como era todo maldad
Lo que dijo Don Tomillos,
Cuando lo hizo desterrar.

Y porque sea mas creido,
Alli les tornó á firmar
Todo lo que antes tenian,
Y el gobierno general;

Y que despues de sus dias
El reino haya de heredar
El noble de Montesinos,
Y asi lo mandó firmar.

En el Cancionero está la mitad y no mas de este romance, y en la Silva ni un solo verso de él hay. No hay que extrañar ver en un cuento como es este de la edad media un yerro geográfico tan grosero como el suponer que hay una alta montaña cerca de Paris, desde la cual se ve aquella ciudad y tambien el rio Duero. **D.**

30.

Pintura del castillo de Rosaflorida y de Rosaflorida, que en él moraba. Como ofrece esta su amor, persona y hacienda á Montesinos.

En Castilla está un castillo
Qna se llama Rosaflorida;
Al castillo llaman Rosa,
Y á la fuente llaman Frida.

El pie tenia de oro,
Y almenas de plata fina;
Entre almena y almena
Está una piedra zafira.

Tanto relumbra de noche,
Como el sol á medio dia.
Dentro estaba una doncella,
Que llaman Rosaflorida.

Siete condes la demandan,
Tres duques de Lombardía.
A todos los desdeñaba,
Tanta es su lozanía.

Enamoróse de Montesinos
De oidas, que no de vista.
Una noche estando así,
Gritos da Rosaflorida.
Oyérala un camarero,
Que en su cámara dormia.

„¿Qué es aquesto, mi Señora?
¿Qué es esto, Rosaflorida?
O tenedes mal de amores,
O estais loca sandía.“

„Ni yo tengo mal de amores,
Ni estoy loca sandía;
Mas llevásesme estas cartas
Á Francia, la bien guarnida.

„Diéseslas á Montesinos,
La cosa que mas queria;
Dile que me venga á ver
Para la pascua florida.

„Daréle yo este mi cuerpo,
El mas lindo de Castilla,
Si no es el de mi hermana,
Que de fuego sea ardida.

„Y si de mí mas quisiere,
Yo mucho mas le daria;
Darle he siete castillos,
Los mejores de Castilla.“

31.

En medio de conversaciones varias en la corte de Cárlo Magno
se traban de razones Oliveros y Montesinos, requiriendo el pri-
mero al segundo que deje los amores de Aliarda. Reta Mon-
tesinos á Oliveros. Quiere mediar Reinaldos. Riñen al fin los
dos fieramente. Dase parte del suceso al emperador, quien acude
á tiempo, y poniéndolos en paz, los deja amigos, casando á
Aliarda con tercera persona.

En las salas de Paris,
En el palacio sagrado,
Donde está el emperador
Con su imperial estado,

Tambien estaban los doce
Que á una mesa se han juntado,
Obispos y arzobispos,
Y un patriarca honrado.

Despues que hubieron comido,
Y las mesas se han alzado,
Ya se levanta la gente,
Todos iban paseando

Por una sala muy grande,
Unos con otros hablando.
Unos hablan de batallas,
Que las han acostumbrado;

Otros hablan de amores,
Los que son enamorados;
Montesinos y Oliveros
Mal se quieren en celado.

Con palabras injuriosas
Oliveros ha hablado;
Las palabras fueron tales,
Que desta suerte ha empezado:

,,Montesinos, Montesinos,
¡Cuanto ha que os he rogado
Que de amores de Aliarda
No tuviérades cuidado!

,,Que no sois para servirla,
Ni para ser su criado;
Si no por el emperador,
Yo os hubiera castigado.''

Montesinos, que esto oyera,
Túvose por injuriado;
La respuesta que le dió
Fue como de hombre esforzado:

,,Buen caballero Oliveros,
Mucho estoy maravillado;
Siendo hombre de buen linage,
Siempre entre buenos criado,

,,Que vos á mí deshonrar
Bien debia ser excusado;
Que si tuviera yo espada,
Como vos teneis al lado,

,,Las palabras que dijistes
Bien os hubieran costado.''
Oliveros, que esto oyera,
En la espada puso mano,

Fuese para Montesinos
Como hombre muy airado;
Montesinos no tiene armas,
Descendióse del palacio.

Los ojos puestos en el cielo,
Juramentos iba echando
De nunca vestir loriga,
Ni cabalgar en caballo,

Ni comer pan en manteles,
Ni nunca entrar en poblado,
Y de no rapar sus barbas,
Ni oir misas en sagrado,

Ni llamarse Montesinos,
Hijo del conde Grimaltos,
Hasta que vengue la mengua
Que Oliveros le ha dado.

En llegando á su posada,
Fue muy prontamente armado;
Pone el yelmo en su cabeza,
Vístese un arnes tranzado.

Mandó sacar una lanza,
Que él tenia en apartado;
Esta lanza era muy fuerte,
Y el hierro bien acerado.

Ya es armado Montesinos,
Ya cabalga en su caballo;
Las cartas que tiene escritas,
Á un page se las ha dado,

Que las lleve á Oliveros,
Y se las diese en su mano,
Y le diga que lo aguarda
Montesinos en el campo,

Armado de todas armas,
Y el caballo encubertado.
Ya se parte el mensagero
Con las cartas que le ha dado.

En casa del emperador
Á Oliveros ha hallado,
Y con grande reverencia
El page lo ha llamado.

Oliveros, que es discreto
Y hombre muy bien criado,
Apartóse con el page
En un lugar apartado.

Preguntó lo que queria,
Ó quien le habia enviado.
El page, cuando esto oyo,
Las cartas le hubo mostrado,

Y Oliveros, que las vido.
Dijo que él daria recaudo.
Ya se parte el pagecico,
Ya se sale del palacio.

El plazo que Montesinos
Á Oliveros hubo dado,
Fue cuatro horas de tiempo
Que le aguardaria en el campo;

Y si al plazo no viniese,
Que traidor seria llamado.
Él acudió de tal suerte,
Que seis horas han pasado.

Tanto aguardó Montesinos,
Que ya estaba enojado.
Mientras que en el campo anduvo
Á Oliveros esperando,

Vió venir un caballero,
Que llamaban Don Reinaldos;
De linage era su primo,
Y en voluntad mas que hermano.

Las palabras que le dijo,
Desta manera ha hablado.
,,Montesinos, Montesinos.
¿Qué haceis, mi primo hermano?

,,Que segun del modo os veo,
Vos estais mal enojado;
Alguno os desafió,
Y vos lo estais esperando;

,,Porque no siento otra cosa,
Que os detuviese aqui armado."
Montesinos, que esto oyera,
Tal respuesta le hubo dado:

„La causa que asi me halleis,
Yo os la contaré de grado;
Un presente hoy me trujeron,
Y en él vino este caballo.

„Mas vos sabeis mi costumbre,
Que si caballo me han dado,
El primer dia que á mí viene,
Ha de ser muy bien probado.

„Y por ver que tal es este,
He subido en él armado.“
Don Reinaldos, que esto oyera,
Esta respuesta le ha dado:

„Montesinos, Montesinos,
Vuestro hablar es excusado;
Vos á mí no me negueis,
Por que estais desafiado.“

Montesinos, que esto vido
Que lo sabia Don Reinaldos,
Luego sin mas dilacion
La verdad hubo contado.

„Vos sabeis, mi Señor primo,
Que hoy dentro en el palacio
Yo y vuestro primo Oliveros
Andábamos paseando.

„De unas razones en otras
Él me ha mal injuriado,
Diciendo que de Aliarda
Yo no tuviese cuidado:

„Que no era para servirla,
Ni para ser su criado;
Que si mirado no hubiese
Al gran emperador Cárlos,

„Por lo enojo que le hice
Ya me hubiera castigado.
Yo le dije que hablaba
Mal y muy desmesurado.

„Y él echó mano á la espada,
Y embrazóse de su manto.
Yo hallándome sin armas,
Descendíme del palacio,

„Fuime para mi posada
Muy triste y muy enojado;
Arméme con estas armas,
Con que vos me hallais armado.

„Cartas envié á Oliveros
Que le aguardaba en el campo;
Cuatro horas le dí de tiempo
Que le estaria esperando;

„Y si en esto no viniese,
Que traidor seria llamado.
Pasadas son las cuatro horas,
Otras dos habian pasado.“

Don Reinaldos, que esto oyó,
Esta respuesta le ha dado:
„Si quereis vos, Montesinos,
Yo iré presto á llamarlo.

„Si no quiere oirlo de lengua,
Decírselo he por las manos;
Si él no quisiere venir
Para vos y mí, sean cuatro.“

Ellos estando en esto,
Oliveros ha llegado
No como hombre de pelea,
Sino como enamorado.

Y viene muy gentil hombre,
Mas tambien muy bien armado;
En llegando á Montesinos,
Desta suerte le hubo hablado:

„Montesinos, Montesinos,
¿Qué es esto, traidor malvado?
Que la fé que tú me diste,
Hásmela muy mal guardado.

„Dijiste que estarias solo,
Y hállote acompañado.“
Montesinos, que esto oyó,
Tal respuesta presto ha dado:

„Oliveros, Oliveros,
De esto no esteis enojado;
Que si compañía tengo,
Cierto vos lo habeis causado.

„Si viniérades á tiempo
Al plazo que os habia dado,
La compañía que tengo,
No la hubiérades hallado;

„Que por caso ó por desdicha
Él me halló aqui armado;
Él me preguntó que habia;
Ya bien me hube excusado.

„Mas por importunacion
Sabed que yo le he contado
Lo que está entre vos y mí,
Y lo que yo hube pasado.

„Mas yo haré juramento,
Donde vos querais tomallo,
Que por esta compañía
No sereis perjudicado,

„Sino que él se iba á Paris,
Quedando nos en el campo.“
„Pláceme, dijo Oliveros,
Desto que habeis hablado.“

Reinaldos se entró en Paris,
Y ellos quedan en el campo.
Ibanse de par en par,
Y juntos lado con lado,

Hasta llegar á la huerta,
Donde el campo se habia dado.
Despues que dentro se vieron,
Montesinos ha hablado:

„Ahora es tiempo, Oliveros,
Que se vea el mas esforzado.“
Vanse el uno para el otro,
Recios encuentros se han dado.

Los golpes han sido tales,
Que entrambos se han derribado;
Media hora y mas estuvieron,
Que ninguno ha hablado.

Ya despues que esto pasó,
El uno se ha levantado;
Fuese para Oliveros,
Desta suerte le ha hablado:

„Buen caballero, no esteis
Por tan poco desmayado;
Echemos mano á las hachas,
Pues las lanzas se han quebrado.“

Oliveros, que esto oyera,
Muy presto fue levantado;
Danse tan terribles golpes,
Que presto se han desarmado.

Las piezas de los arneses
Vereis rodar por el campo;
Oliveros, que esto vido,
Desta suerte le ha hablado:

„Echá mano por la espada,
Pues que ya estais desarmado.“
Montesinos, que esto oyera,
Presto la espada ha sacado.

Hiérense de tales golpes,
Que mal se han aparejado;
Ellos estando en aquesto,
Un cazador ha llegado.

Quísose poner entre ellos,
Hanle mal amenazado,
Que si entre ellos se pone,
Que él sera muy mal tratado.

El cazador, que esto oyera,
Para Paris ha marchado,
Y á grandes voces decia
Muy triste y acongojado:

„¿Qué es de tí, el Emperador,
Que hoy pierdes todo tu estado?
Hoy entre los doce pares
Veo gran ruido armado,

„Y el imperio de Paris
Todo escandalizado."
Oyólo el emperador
Donde estaba en el palacio.

Mandó luego que le llamen
Al que tal iba hablando.
Ya es llegado el cazador
Do está el emperador Cárlos,

Y estas palabras le dice
Con tremor demasiado:
„Señor, sepa vuestra Alteza
Que hoy andando cazando

„En la huerta de san Dionis,
Dentro en ella yo me he hallado
Á Montesinos y á Oliveros,
Que se habian desafiado.

„La sangre que dellos corria
Teñia las yerbas del campo;
Que si ellos ya no son muertos,
Estarán muy mal tratados."

El emperador, que esto oyera,
Muy presto hubo cabalgado
Con todos los caballeros,
Los que alli hubo hallado.

De Oliveros iba un primo,
Y tambien iba un su hermano,
Y el padre de Montesinos,
Ese conde Don Grimaltos.

Cada uno tiene parientes,
Y van escandalizados.
El emperador, que esto vido,
Pregonar luego ha mandado

Que de manos ni de lengua
Ninguno sea osado
De decir descortesía,
Ni quistion hayan buscado,

Y quien quistion revolviese,
Fuese luego degollado.
Por miedo de aquel pregon
Todo hombre va limitado.

En allegando á la huerta,
El emperador ha entrado;
Por el rastro de la sangre
Los caballeros ha hallado,

El uno caido á una parte,
Otro caido á otro lado.
Llamó á sus caballeros,
Los que le han acompañado.

Cuando la gente los vió,
Vereis hacer un gran llanto;
Unos dicen: „¡Ay mi primo!"
Otros dicen: „¡Ay mi hermano!"

El conde Grimaltos dice:
„¡Ay mi hijo mal logrado!"
Cuando el emperador vido
Su pueblo escandalizado,

Mandó traer unas andas,
En que pudiesen llevarlos
Á aquellos dos caballeros,
Que se habian maltratado;

Que los lleven á Paris
Dentro del real palacio,
Doctores y bachilleres
Que viniesen á curarlos.

Fue la voluntad divina
Que á poco tiempo pasado
Les ballan tal mejoría,
Que se han mucho remediado.

Ya sanos los caballeros,
Y Dios que les ha ayudado,
Mandóles el emperador
Que amigos hayan quedado.

Cásalos con sendas damas,
Las mas lindas del palacio,

Y púsoles grandes penas
Que ninguno sea osado

De hablar con Aliarda,
Ni de ser su enamorado;
Y quien esto quebrantase,
De la vida sea privado.

Asi quedaron amigos,
Y el imperio asosegado;
Luego Aliarda casó
Con un caballero honrado.
Quedaron todos contentos,
Y aun el·romance acabado.

32.

Hazañas de Montesinos, lidiando con los Moros. Cuando mayores pruebas está haciendo de su valor, ve á los suyos venir malparados y vencidos.

Por la parte donde vido
Mas sangrienta la batalla,
Se metia Montesinos
Lleno de angustia y de saña.

Cuantos con la lanza encuentra,
Á tierra los derribaba;
La yegua tambien ayuda,
Que á muchos atropellaba.

Lugar le hacen como á toro,
Por doquiera que pasaba;
Echó el ojo Montesinos,
Por todo el campo miraba,

Y vió un Moro esforzado,
Que mucho se aventajaba.
Un alfange trae el Moro
Teñido en sangre de Francia.

Este es aquel Albenzaide,
Que entre todos tiene fama,
Caballero en una yegua
Hermosa, rucia y manchada.

Como le vió Montesinos,
Encendido en ira y saña,
Dió de espuelas á la yegua,
Y en los pechos le encontrara.

Y fue tan recio el encuentro,
Que á tierra lo derribaba;
Del golpe que dió en el suelo
Hizo pedazos la lanza.

No le quedó á Montesinos
Sino un pedazo de hasta.
Como se vió de tal suerte,
Por todo el campo miraba.

Vió la batalla rompida,
Sus gentes desbaratadas,
Y la flor de lis de oro
Que los Moros la arrastraban.

No ve golpe de Oliveros,
Ni oye ya al señor de Braña.

Cubierto de sangre y polvo,
Se salió de la batalla

En busca de Durandarte,
Que de lejos divisaba
Que con herida de muerte
De la batalla escapaba.

ROMANCES SOBRE DURANDARTE Y BELERMA.

33.

Diálogo amoroso con mezcla de quejas y reproches entre Belerma y Durandarte.

Belerma.

„Durandarte, Durandarte,
Buen caballero provado,
Yo te ruego que hablemos
En aquel tiempo pasado;

„Y dime, si se te acuerda,
Cuando fuiste enamorado,
Cuando en galas y invenciones
Publicabas tu cuidado,

„Cuando venciste á los Moros
En campo por mí aplazado.
Agora desconocido
Di ¿porqué me has olvidado?“

Durandarte.

„Palabras son linsongeras,
Señora, de vuestro grado;
Que si yo mudanza hice,
Vos lo habeis todo causado.

Pues amastes á Gaiferos,
Cuando yo fui desterrado;
Que si amor quereis comigo,
Teneislo muy mal pensado;
Que por no sufrir ultraje
Moriré desesperado.“

34.

Al ir á morir Durandarte gravemente herido en la batalla llora por dejar á Belerma recien mudada en tierna de rigurosa que era antes. Llégase á consolarle Montesinos, ayúdale en su postrera hora, y muerto ya, le abre el pecho, y saca el corazon, para llevarle á Belerma.

„¡O Belerma, o Belerma,
Por mi mal fuiste engendrada!
Que siete años te serví,
Sin de tí alcanzar nada.

„Agora que me querias,
Muero yo en esta batalla;
No me pesa de mi muerte,
Aunque temprano me lleva.

„Mas pésame que de verte
Y de servir te dejaba.
¡O mi primo Montesinos,
Lo que agora yo os rogaba,

„Que, cuando yo fuere muerto
Y mi ánima arrancada,
Vos lleveis mi corazon
Adonde Belerma estaba!

„Y servidla de mi parte,
Como de vos yo esperaba,
Y traedle á la memoria
Dos veces cada semana.

„Y direisle que se acuerde
Cuan cara que me costaba,
Y dadle todas mis tierras,
Las que yo señoreaba:

„Pues que yo á ella pierdo,
Todo el bien con ella vaya.
¡Montesinos, Montesinos,
Mal me aqueja esta lanzada!

„El brazo traigo cansado,
Y la mano del espada;

Traigo grandes las heridas,
Mucha sangre derramada.

„Los extremos tengo frios,
Y el corazon me desmaya:
Que ojos que nos vieron ir,
Nunca nos verán en Francia.

„Abraceisme, Montesinos,
Que ya me sale el alma,
De mis ojos ya no veo,
La lengua tengo turbada.

„Á vos doy todos mis cargos,
En vos yo los traspasaba;
El Señor, en quien creeis,
Él oiga vuestra palabra."

Muerto yace Durandarte
Al pie de una alta montaña;
Llorábalo Montesinos,
Que á su muerte se hallara.

Quitándole está el almete,
Desciñéndole el espada;
Hácele la sepultura
Con una pequeña daga.

Sacábale el corazon,
Como él se lo jurara,
Para llevar á Belerma,
Como él se lo mandara.

Las palabras que le dice
De allá le salen del alma:
„¡O mi primo Durandarte,
Primo mio de mi alma,

,,Espada nunca vencida,   Quien á vos mató, mi primo,
Esfuerzo de esfuerzo estaba,   No sé porque me dejara!"

35.

Saliendo Montesinos vencido y malparado de la derrota de Ron-
cesvalles, y siguiendo un rastro de sangre, da con su primo Du-
randarte gravemente herido y cercano á la muerte. Encargos que
hace el moribundo á su primo.

Por el rastro de la sangre
Que Durandarte dejaba,
Caminaba Montesinos
Por una áspera montaña.

Á la hora que camina,
Aun no era bien de mañana,
Las campanas de Paris
Tocan la señal del alba.

Como viene de la guerra,
Trae las armas destrozadas;
Solo en la mano derecha
Trae un pedazo de lanza

De hácia la parte del cuento;
Que el hierro allá lo dejaba
En el cuerpo de Albenzaide,
Un Moro de muy gran fama.

Trae aquella el Frances,
Porque le sirva de vara,
Para hacer andar la yegua;
Que la llevaba cansada.

Mirando iba la yerba,
Como estaba ensangrentada;
Saltos le da el corazon,
Y sospechas le da el alma,

Pensando si seria alguno
De los amigos de Francia.

Confuso en esta sospecha,
Hácia una haya caminaba.

Vió un caballero tendido,
Que parece que le llama;
Dale voces que se llegue,
Que el alma se le arrancaba.

No le conoce el Frances,
Por mucho que le miraba;
Porque le turban la vista
Las cintas de la celada.

Apeóse de la yegua,
Y desarmóle la cara,
Conoció al primo que quiso
Con la vida mas que al alma.

Fuele á hacer compañía
En las últimas palabras;
El herido habla al sano,
Y el sano al herido abraza.

Y por no hablarle llorando,
Detiene un poco la habla;
Viéndole junto de sí,
Desta manera le habla:

,,¡O mi primo Montesinos,
Mal nos fue en esta batalla!
Pues murió en ella Roldan,
El marido de Doña Alda.

6 *

,,Cautivaron á Guarinos,
Capitan de nuestra esquadra;
Heridas tengo de muerte,
Que el corazon me traspasan.

,,Lo que os encomiendo, primo,
Lo postrero que os rogaba,
Que cuando yo sea muerto,
Y mi cuerpo esté sin alma,

,,Me saqueis el corazon
Con esta pequeña daga,

Y lo lleveis á Belerma,
La mi linda enamorada.

,,Y le direis de mi parte
Que muero en esta batalla;
Que quien muerto se le envía,
Vivo no se lo negara.

,,Dareisle todas mis tierras,
Cuantos yo señoreaba;
Que los bienes del cautivo
El señor los heredaba."
Estas palabras diciendo,
El alma se le arrancaba.

36.

Cumpliendo Montesinos el encargo del muerto Durandarte, al
enterrarle saca el corazon, y con él se va para Paris congojoso
á entregarle á Belerma.

Muerto yace Durandarte
Debajo una verde haya;
Con él está Montesinos,
Que en la su muerte se halla.

Haciéndole está la fosa
Con una pequeña daga;
Quitándole está el almete,
Desciñéndole la espada.

Por el costado siniestro
El corazon le sacara;
Asi hablara con él,
Como cuando vivo estaba:

,,Corazon del mas valiente,
Que en Francia ceñia espada,
Ahora sereis llevado
Adonde Belerma estaba."

Envolvióle en un cendal,
Y consigo lo llevaba;

Entierra primero al primo,
Con gran llanto lamentaba

La su tan temprana muerte
Y su suerte desdichada;
Torna á subir en la yegua,
Su cara en agua bañada.

Pónese luego el almete,
Y muy recio le enlazaba;
No quiere ser conocido,
Hasta hacer su embajada,

Y presentarle á Belerma,
Segun que se le encargara,
El sangriento corazon,
Que á Durandarte sacara.

Camina triste y penoso,
Ninguna cosa le agrada;
Por do quiere andar la yegua,
Por alli deja que vaya.

Hasta que entró por Paris,
No sabe en que parte estaba;

Derecho va á los palacios,
Adonde Belerma estaba.

37.

Toda regocijada Belerma se promete buenas nuevas y venturas,
cuando se siente aremetida de tristes presentimientos. En esto
llega Montesinos, y dándole noticia de la muerte de Durandarte,
le entrega el corazon del muerto caballero.

En Francia estaba Belerma
Alegre y regocijada,
Hablando con sus doncellas,
Como otras veces usaba.

Dice y afirma jurando,
Entre todas levantada,
Que se juzga ciertamente
La mas bien aventurada

De las damas de su tiempo,
Y cualquier edad pasada,
Pues le sirve Durandarte,
Galan muy digno de fama,

Mas gallardo y gentil hombre
Que cuantos ciñen espada.
Mas temiendo no la arguyan
Que habla de apasionada,

Dice con rostro sereno
Y con la voz fatigada:
,,Nadie entienda que esto digo,
Por estar enamorada;

,,Que cierto que no le viendo,
En viéndole lo juzgara;
Nunca aviso y gentileza
Tuvieron una posada

,,Como aqueste que la tiene
En lo mejor de mi alma.``

Y diciendo estas razones
Cayó en tierra desmayada.

Mas volviendo en sí Belerma,
Desta manera hablaba:
,,¿Qué es aquesto, amigas mias?
Algun mal se me acercaba;

,,Que nunca mi corazon
Aquestas muestras me daba,
Sin que luego ciertamente
Me acuda alguna desgracia.``

Volvió sus ojos Belerma,
Que mil perlas destilaban;
Vió venir á Montesinos
De la infelice batalla.

Con el rostro mustio y triste,
La color desemejada,
Trae escrito en su semblante
La nueva que reportaba.

Llegó donde está Belerma,
De rodillas se postraba;
Quiere hablar y no acierta,
Y cuando acierta, no osaba.

Mas al fin con poco aliento
Dice con la voz turbada:
,,Nuevas te traigo, Señora,
Que son de grande desgracia.``

„Primero que me las digas
(La dama le replicaba),
¿Qué es de tu querido pri-
   mo?
¿Dónde está? ¿cómo que-
   daba?"

„Muerto queda, mi Señora,
Debajo una verde haya.
Veis aqui su corazon,
Yo mismo se lo sacara,

„Porque al punto de la muerte
La palabra me tomara,
Porque vieses tú, Señora,
Cuanto dél eras tú amada,

„Y porque aves ningunas,
Indignas de tal vianda,
No comiesen corazon,
Donde estabas tú fijada,
Al cual podrás hacer honra
Que él en vida deseaba.

38.

Lamentos de Belerma sobre el corazon del muerto Durandarte.

Sobre el corazon difunto
Belerma estaba llorando
Lágrimas de roja sangre,
Que las de agua hicieron cabo,

El cabello de oro fino
De mesar enherizado,
Las manos hechas un nudo,
El cuerpo todo temblando.

Cuando vió aquel corazon,
Estando en él contemplando,
De nuevas gotas de sangre
Estaba todo bañado:

„Corazon de mi Señor,
Durandarte muy preciado,
En los amores dichoso,
Y en batallas desdichado,

„Quien os trajo ante mis ojos,
Tanta crueldad usando,
No debia de saberlo.
Corazon, que estás pegado

„Con aqueste triste mio,
Pues yo os pagaré llorando."
Asi ha quedado Belerma
Vencida de un gran desmayo.

Las hazañas de Durandarte, apellidado en el Quijote „Flor y espejo de los caballeros enamorados y valientes," y sus malhadados amores son harto conocidos por los libros de caballería. El haberle sacado el corazon Montesinos despues de muerto, y llevádole á su fiel y amada Belerma, segun acaba de verse y contaba una tradicion antigua, ha dado argumento á un malísimo romance, donde se dice lo que sigue:

  Diez años vivió Belerma
  Con el corazon difunto
  Que la dejó en testamento
  Aquel Frances boquirrubio.

En la misma composicion aparece una tal condesa Donalda, la cual aconseja á Belerma que devuelva el corazon á Montesinos y se consuele, del modo siguiente:

Amiga Belerma,
Cese tan necio diluvio
Que anegará vuestros años,
Y ahogará vuestros gustos.

Estése allá Durandarte
Donde la suerte le cupo;
Haya buen gozo su alma
Y pozo en que esté su cuba.

Si él os quiso mucho en vida,
Tambien le quisistes mucho,
Y si murió abierto el pecho,
Queréllese de su escudo.

¿Que culpa tuvistes vos
De su entierro? siendo justo
Que quien como bruto muere,
Que le entierren como bruto.

Volved luego á Montesinos
Ese corazon que os trajo,
Y enviadle á preguntar
Si por gavilan os tuvo.

En este estilo falto de gusto y de imaginacion está compuesta toda la obrilla muy moderna sin duda alguna.   **D.**

Las aventuras de Belerma y Durandarte por lo singulares fácilmente mueven á risa asl como á ternura, viéndose aqui asi como en otras como cuan cerca andan lo ridículo y lo sublime. Por eso quizá se burlan tanto muchos poetas antiguos de la tragedia de Durandarte y su señora. Cervantes en el Quijote trata la historia muy de burlas en la vision de la cueva de Montesinos. Hay asimismo sobre este argumento una comedia burlesca, obra de pésimo gusto como todas las de su clase, de las cuales hasta Calderon hizo alguna no superior á las de otros ingenios. El romance burlesco á que alude el Señor D. es malo en verdad, ni mas ni menos que los de su jaez, censura que debe comprehender aun á los de Góngora sobre Leandro y Hero, y Píramo y Tisbe, y de la que están ejentos solo en parte en gracia de sus buenos dotes algunos de los de Quevedo.

                                                        A. G.

ROMANCES SOBRE DON GAIFEROS.

39.

Una condesa viuda habla con su hijo niño, encomendándole que vengue la muerte de su padre, la cual achaca á Galvan el conde. Defendiéndose este, manda matar al niño y traerle su corazon. Los ejecutores del feroz mandamiento no osan cumplirle. Escapa el niño Gaiferos, y va buscando ayuda y venganza á su tio, el cual se la promete cumplida.

Estábase la condesa
En su estrado asentada;
Tisericas de oro en mano,
Su hijo afeitando estaba.

Palabras le está diciendo,
Palabras de gran pesar;
Las palabras eran tales
Que al niño hacen llorar.

,,¡Dios te dé barbas en rostro,
Y te haga barragan!
¡Déte Dios ventura en armas
Como al paladin Roldan!

,,Porque vengases, mi hijo,
La muerte de vuestro padre.
Matáronlo á traicion,
Por casar con vuestra madre.

,,Ricas bodas me hicieron,
En las cuales Dios no ha parte;
Ricos paños me cortaron,
La reina no los ha tales."

Magüera pequeño el niño,
Bien entendido lo ha.
Alli respondió Gaiferos,
Bien oireis lo que dirá:

,, Asi ruego á Dios del cielo,
Y á santa María su madre."
Oido lo habia el conde
En los palacios do está.

,,Calles, calles, la Condesa,
Boca mala sin verdade;
Que yo no matara el conde,
Ni lo hiciera matare.

„Mas tus palabras, Condesa,
El niño las pagaráe."
Mandó llamar escuderos,
Criados son de su padre,

Para que lleven al niño,
Que lo lleven á matare.
La muerte que él les dijera,
Mancilla es de la escuchare:

„Córtenle el pie del estribo,
La mano del gavilane;
Sáquenle ambos los ojos,
Por mas seguros andare,

„Y el dedo y el corazon
Tráedmelo por señale."
Ya lo llevan á Gaiferos,
Ya lo llevan á matare.

Hablaban los escuderos
Con mancilla que dél han:
„¡O válasme, Dios del cielo,
Y santa María su madre!

„Si á este niño matamos,
¿Que galardon nos darán?"
Ellos en aquesto estando,
No sabiendo que harán;

Vieron venir una perrita
De la condesa su madre.
Alli habló el uno dellos;
Bien oireis lo que dirá:

„Matemos esta perrita
Por nuestra seguridade;
Saquémosle el corazon,
Y llevémoslo á Galvane.

„Cortémosle el dedo al chico,
Por llevar mejor señale."
Ya tomaban á Gaiferos,
Para el dedo le cortare:

„Venid acá vos, Gaiferos,
Y querednos escuchare.
Vos idos de aquesta tierra,
Y en ella no parezcais mas."

Ya le daban entre señas
El camino que hará:
„Iros heis de tierra en tierra
Adó vuestro tio está."

Gaiferos desconsolado
Por ese mundo se va;
Los escuderos se volvieron
Para do estaba Galvan.

Danle el dedo y corazon,
Y dicen que muerto lo han.
La condesa, que esto oyera,
Empezara gritos dare,

Lloraba de los sus ojos
Que queria rebentare.
Dejemos á la condesa,
Que muy grande llanto hace,

Y digamos de Gaiferos,
Del camino por do va;
Que de dia ni de noche
No hace sino caminare,

Hasta que llegó á la tierra
Adonde su tio está.
Dicele desta manera,
Y empezóle de hablare:

„¡Manténgaos Dios, el mi tio!"
„¡Mi sobrino, bien vengais!
¿Que buena venida es esta?
Vos me la querais contare."

„La venida que yo vengo,
Triste es y con pesare;
Que Galvan con grande enojo
Mandado me habia matare.

6 * *

„Mas lo que os ruego, mi
            tio,
Y lo que os vengo á rogare,
Vamos á vengar la muerte
De vuestro hermano mi padre.

„Matáronlo á traicion,
Por casar con la mi madre.“

„Sosegaos, el mi sobrino,
Vos os querais sosegare;

„Que la muerte de mi hermano
Bien la iremos á vengare.“
Y ellos asi se estuvieron
Dos años y aun mas,
Hasta que dijo Gaiferos
Y empezara de hablar.

40.

*El tio de Gaiferos camina con él vestido de romero, por no ser
conocido de Galvan, á vengar en este el daño hecho á su familia.
Llegan á Paris, y vense con la condesa viuda, á la cual piden
limosna, que ella le da muy caritativamente, recibiéndola ellos
enternecidos. Acércase en esto el conde, y denuesta á los romeros, los cuales le hieren y matan, descubriendo despues á la
condesa ser Gaiferos su hijo uno de los que alli estaban.*

„Vámonos, dijo, mi tio,
A Paris esa ciudad
En figura de romeros,
No nos conozca Galvan;

„Que si Galvan nos conoce,
Mandaríanos matar.
Encima ropas de seda
Vistamos las de sayal.

„Llevemos nuestras espadas,
Por mas seguros andar;
Llevemos sendos bordones,
Por la gente asegurar.“

Ya se parten los romeros,
Ya se parten, ya se van
De noche por los caminos,
De dia por los jarales.

Andando por sus jornadas,
Á Paris llegado han;

Las puertas hallan cerradas,
No hallan por donde entrar.

Siete vueltas la rodean,
Por ver si podrán entrar,
Y al cabo de las ocho
Un postigo van á hallar.

Ellos, que se vieron dentro,
Empiezan á demandar;
No preguntan por meson,
Ni menos por hospital;

Preguntan por los palacios,
Donde la condesa está.
Á las puertas del palacio
Alli van á demandar.

Vieron estar la condesa,
Y empezaron de hablar:
„¡Dios te salve, la Condesa!
„¡Los romeros, bien vengais!“

„¡Mandédesnos dar limosna
Por honor de caridad!"
„Con Dios vades, los romeros,
Que no os puedo nada dar;

„Que el conde me habia man-
dado
Á romeros no albergar."
„Dadnos limosna, Señora;
Que el conde no lo sabrá."

„¡Asi la den á Gaiferos
En la tierra donde está!"
Asi como oyó Gaiferos,
Comenzó de suspirar.

Mandábales dar del vino,
Mandábales dar del pan.
Ellos en aquesto estando,
El conde llegado ha:

„¿Qué es aquesto, la Condesa?
¿Aquesto qué puede estar?
¿No os tenia yo mandado
Á romeros no albergar?"

Y alzara la su mano,
Puñada le fuera á dar,
Que sus dientes menudicos
En tierra los fuera á echar.

Allí hablaran los romeros,
Y empezáronle de hablar:

„Por hacer bien la condesa,
Cierto no merece mal."

„Calledes vos, los romeros,
No ayades vuestra parte."
Alzó Gaiferos su espada,
Un golpe le fue á dar,

Que la cabeza de sus hombros
En tierra la fue á echar.
Allí habló la condesa,
Llorando con gran pesar:

„¿Quien érades, los romeros,
Que al conde fuistes matar?"
Allí respondió el romero,
Tal respuesta le fue á dar:

„Yo soy Gaiferos, Señora,
Vuestro hijo natural."
„Aquesto no puede ser,
Ni era cosa de verdad;
Que el dedo y el corazon
Yo los tengo por señal."

„El corazon, que vos teneis,
En persona no fue á estar:
El dedo bien es aqueste,
Aqui lo vereis faltar."

La condesa, que esto oyera,
Empezóle de abrazar.
La tristeza que tenia,
En placer se fue á tornar.

41.

Cautiva Melisendra en Sansueña (hoy Zaragoza), llora por
su amador Gaiferos ausente, creyéndose olvidada.

Cautiva, ausente y celosa,
De mil sospechos cercada,
Melisendra está en Sansueña
Contemplando en sus desgracias.
El camino la consuela,
Que va de Sansueña á Francia,
Pues por él su libertad
Y á Don Gaiferos aguarda.
Y como el que aguarda tiene
La vida puesta en balanza,
Con lágrimas y suspiros
Dice, viendo que se tarda:
„¡Cuitado del que aguarda!
Pues es igual el esperar á brasas.

„No cansada de quererte,
Mas de esperarte cansada
Vivo, ingrato Don Gaiferos,
De esperar desperada.
No me cansa el aguardarte,
Aunque el no verte me cansa;
Que aguardar á quien no viene
Desesperacion se llama.
Si tú libre y en tu tierra
Estás sugeto á mudanzas,
Yo presa muger y ausente
Mas cerca estoy á las llamas.
¡Cuitado del que aguarda!
Pues es igual el esperar á brasas.

„Agravios me tienes hechos,
Si me olvidaste sin causa,
Pues con ella y con agravios
Quien se venga nunca agravia.
¡Cuantas hay que por ausencia,
No siendo ausencia forzada,
Por vengar sus corazones,
Se olvidaron de su fama!
Pues yo presa y entre Moros,
Y de un Cristiano olvidada,

Aunque olvide á quien me olvida,
No merezco ser culpada.
Si en mi nobleza confias,
Has de tener confianza
Que agraviará su nobleza
Una muger agraviada.
¡Cuitado del que aguarda! etc.

„Porque puede en las mugeres
Mas una desconfianza
Que la nobleza en Gaiferos,
Cuando tan poco la guardan.
Pues considera si sirves
En Paris damas cristianas,
Que, aunque Moros, caballeros
En Sansueña me regalan;
Y que soy muger, y vivo
Cautiva y desesperada;
Y aunque soy hija de Cárlos,
Soy muger, y aquesto basta.
¡Cuitado del que aguarda! etc.

„Y básteme haber perdido
De libertad la esperanza,
Para olvidar por un Moro
Quien olvida á una Cristiana.
Bien sé yo que es liviandad,
Y de liviandad se paga,
Pretender contra mi honor
De mis agravios venganza.
Porque donde se atraviesa
Honor y nobleza tanta,
No habrá sinrazon tan grande,
Que contra la razon valga.
¡Cuitado del que aguarda!
Pues es igual el esperar á brasas.

„Ni aun tampoco Dios permita
Que, aunque mas de ti apartada,
Se me olvide á mí jamas

De lo que debo á mi alma;
Que, aunque muger, soy ilustre,
Y en las tales jamas falta
El valor en tiempo alguno,
Si honra el valor acompaña.
Y si ha faltado en alguna,
Puede ser porque no alcanza
El ser natural; que es justo,
Si hacen injusta mudanza.
¡Cuitado del que aguarda! etc.

,,Mas tambien parece mal
Que esté en Sansueña encerrada,
Y que se esté Don Gaiferos

En Paris jugando cañas,
Él libre, y ella cautiva,
Él querido, ella olvidada,
Ella llorando su ausencia,
Él en juegos y entre damas.
Pues mira que soy tu esposa;
Cuando no hubiera otra causa,
Te obligaba el ser muger
Y ser natural de Francia.''
    Proseguir quiso y no pudo
Su razon; que por ser tanta
El grave dolor la incita
Á llorar ansi sus ansias:
,,¡Cuitado del que aguarda!
Pues es igual el esperar á brasas.''

No tenemos noticia de romances antiguos relativos al modo como fue cautivada Melisendra. La composicion que antecede es moderna y no de las mejores. Otra hay muy parecida á ella, y que empieza con los siguientes versos:

Mil celosas fantasías,
Que del esperar se engendran,
Á Melisendra combaten
En la torre de Sansueña.

En esta obrilla únicamente merecen atencion y alabanza los dos versos que á continuacion van por lo bien sentidos:

Mira el camino de Francia,
Que la enoja y la consuela.

En los demas versos resalta demasiado el sutil discurrir del poeta.   **D.**

42.

Amargas reconvenciones del emperador Cárlo Magno á su sobrino Gaiferos, porque, entretenido en juegos y pasatiempos, está olvidada su señora Melisendra, cautiva de Moros.

,,No con los dados se gana,
Ni con las tablas el crédito,
Ni arrojando leves cañas,
Reputacion entre buenos.

,,No con bizarras libreas,
Ni con mugeriles juegos,
Ni con empresas ni cifras
Recamadas de oro y negro.

,,No con vanas esperanzas,
Ni con vestidos soberbios,
Ni con guantes olorosos,
Medallas ni camafeos.

,,Con arnes, espada y lanza
Como buenos combatiendo,
Cuando se ofrece ocasion,
Se ilustran los caballeros.

,,Mejor fuera que entre Moros
Esos azares del juego,
Como son acá en Paris,
Fueran en Sansueña encuentro.

,,Y esas plumas y medallas
Que llevais en el sombrero,
Harta mejor parecieran
En la cimera del yelmo.

,,Y en lugar de aquesa ropa
De martas y terciopelo
Un fino arnes de Milan
Estuviera mas honesto.

,,Mal parece que en Paris
Sustenteis vos los torneos,
Sabiendo que vuestro honor
Teneis en Sansueña preso.

,,Vuestro honor es vuestra esposa;
Si hay honor en vuestro pecho,
Debe de ser vuestra sangre
El rescate de su cuerpo.

,,Conviértanse ya las tablas,
Los dados y pasatiempos
En pensamientos honrados,
Dejad bajos pensamientos.

,,Dejad cañas, tomad lanzas,
Dejad seda, vestí acero;
Sean vuestros juegos armas,
Vuestras galas sean trofeos.

,,Gallarda empresa es la honra,
No querais mas alto premio;
Pues donde aquesta se estima,
No hay empresa de mas precio.

,,No por hijo de un rey
Y de un emperador yerno
Pretendais que sois ilustre,
Si no lo son vuestros hechos.

,,Aquel es honrado y noble
Que tiene honrados respetos;
Que en altos pechos se crian
Los mas honrados intentos.

,,Porque yo sea bien nacido,
No cumplo lo que debo,
Si en los negocios de honra
Doy con obras mal ejemplo.

,,Si como teneis las causas,
Tuviérades los efectos,
No estuviera vuestra esposa
En Sansueña, ha tanto tiempo.

,,Que cuando no os obligara
El conyugal sacramento,
Obligáraos ser muger,
Si fuérais buen caballero.

,,No los sois, pues que no haceis
El debido cumplimiento,
Siendo vos á quien mas toca,
Como esposo y como deudo;

,,Que cuando esta obligacion
No se hallara de por medio,
Ella estuviera ya libre,
Ó yo por librarla muerto.

,,Si no os correis con ser mozo
De lo que yo con ser viejo,
Correos de ver vuestra honra
Andar en corrillos necios.

„Considerad que es muger,
Cautiva, ausente y con celos;
No quiero deciros mas,
Miraldo, pues sois discreto.“

Esto dijo Cárlo Magno
Á su sobrino Gaiferos,
Que estaba jugando tablas
Con el valiente Oliveros.

En el Quijote se cuenta que no contento Cárlo Magno con repre-
hender á Don Gaiferos su mal yerno, y amenazarle con el cetro,
como si fuese á darle de coscorrones. (Aun hay autores que dicen que se los dió, y „muy bien dados.“)   **D.**

43.

*Reconvencido Gaiferos por su tio el emperante porque entre juegos
tiene perdida la memoria de su cautiva esposa Melisendra, se
disculpa; pero su tio Don Roldan le moteja de omiso y poco valiente. Trábanse de razones los dos caballeros. Aplácanse y
aviénense, y despidiéndose Gaiferos de su madre, se parte en
busca de Melisendra, y encontrándola, sácala del cautiverio á las
ancas de su caballo. Danle alcance los Moros, á los cuales
vence Gaiferos, dejándolos admirados de su valor, y llega con
Melisendra á Paris, donde es recibido con honras y festejos.*

Asentado está Gaiferos
En el palacio reale,
Asentado está al tablero,
Para las tablas jugare.

Las dados tiene en la mano,
Que los quiere arrojare,
Cuando entró por la sala
Don Cárlos el emperante.

Desque asi jugar lo vido,
Empezóle de mirare;
Hablándole está, hablando
Palabras de gran pesare:

„Si asi fuésedes, Gaiferos,
Para las armas tomare,
Como sois para los dados,
Y para tablas jugare,

„Vuestra esposa tienen Moros,
Iríadesla á buscare.
Pésame á mí por ello,
Porque es mi hija carnale.

„De muchos fu demandada,
Y á nadie quiso tomare;
Pues con vos casó por amores,
Amores la han de sacare.

„Si con otro fuera casada,
No estuviera en captividade.“
Gaiferos, cuando esto vido,
Movido de gran pesare,

Llevantóse del tablero,
No queriendo mas jugare,
Y tomáralo en las manos,
Para haberlo de arrojare,

Si no por quien con él juega,
Que era hombre de linage;
Jugaba con él Guarinos,
Almirante de la mare.

Voces da por el palacio
Que al cielo quieren llegare;
Preguntando va, preguntando
Por su tio Don Roldane.

Halláralo en el patio
Que queria cabalgare;
Con él era Oliveros
Y Durandarte el galane,

Con él muchos caballeros
De los de los doce pares.
Gaiferos, desque lo vido,
Empezóle de hablare:

„Por Dios os ruego, mi tio,
Por Dios os quiero rogare
Vuestras armas y caballo;
Vos me lo querais prestare;

„Que mi tio el emperante
Tan mal me quiso tratare,
Diciendo que soy para juego,
Y no para armas tomare.

„Bien lo sabeis vos, mi tio,
Bien sabeis vos la verdade;
Que pues busqué á mi esposa,
Culpa no me deben dare.

„Tres años anduve triste
Por los montes y los valles,
Comiendo la carne cruda,
Bebiendo la roja sangre,

„Trayendo los pies descalzos,
Las uñas corriendo sangre.
Nunca yo hallarla pude
En cuanto pude buscare.

„Ahora sé que está en Sansueña,
En Sansueña esa ciudade.
Sabeis que estoy sin caballo,
Sin armas otro que tale;

„Que las tiene Montesinos,
Que es ido á festejare
Allá á los reinos de Ungría,
Para torneos armare;

„Y yo sin caballo y armas
Mal la podré libertare.
Por esto os ruego, mi tio,
Las vuestras me querais dare."

Don Roldan, desque esto oyó,
Tal respuesta le fue á dare:
„Callad, sobrino Gaiferos,
No querades hablar tale.

„Siete años vuestra esposa
Ha que está en captividade;
Siempre os he visto con armas
Y caballo otro que tale.

„Agora que no las teneis,
La quereis ir á buscare.
Sacramento tengo hecho
Allá en san Juan de Letrane

„Á ningun prestar armas,
No me las hayan cobardes.
Mi caballo está bien vezado,
No lo querria mal vezare."

Gaiferos que esto oyó,
La espada fuera á sacare;
Con una voz muy sañosa
Empezara de hablare:

„Bien parece, Don Roldan,
Siempre me quisiste male;
Si otro me lo dijera,
Mostrara si soy cobarde.

„Mas quien á mí ha injuriado,
No lo vais por mí á vengare;
Si vos tio no me fuésedes,
Con vos querria peleare.“

Los grandes que alli se hallan,
Entre los dos puestos se han;
Hablado le ha Don Roldan,
Empezóle de hablare:

„Bien parece, Don Gaiferos,
Que sois de muy poca edade;
Bien oistes un ejemplo
Que conoceis ser verdade;

„Que aquel que bien os quiere,
Ese os quiere castigare.
Si fuérades mal caballero,
No os dijera yo esto tale.

„Mas porque sé que sois bueno,
Por eso os quise asi hablare;
Que mis armas y caballo
Á vos no se han de negare;

„Y si quereis compañía,
Yo os querria acompañare.“
„Mercedes, dijo Gaiferos,
De la buena voluntade;

„Solo me quiero ir, solo,
Para haberla de sacare;
Nunca me dirá ninguno
Que me vido ser cobarde.“

Luego mandó Don Roldan
Sus armas aparejare;
Él encubierta el caballo,
Por mejor lo encubertare.

Él mesmo pone las armas,
Y le ayudaba á armare.
Luego cabalgó Gaiferos
Con enojo y con pesare.

Pésale á Don Roldan,
Tambien á los doce pares,
Y mas al emperador,
Desque solo lo vió andare.

Y desque ya se salia
Del gran palacio reale,
Con una voz amorosa
Llamárale Don Roldan:

„Espera un poco, sobrino,
Pues solo quereis andare;
Dejédesme vuestra espada,
La mia querais tomare.

„Y aunque vengan dos mil Moros,
Nunca les volvais la hace;
Al caballo dadle rienda,
Y haga á su voluntade.

„Que si él ve la suya,
Bien os sabrá ayudare;
Y si ve demasía,
Della os sabrá sacare.“

Ya le daba su espada,
Y toma la de Roldan;
Da de espuelas al caballo,
Sálese de la ciudade.

Don Beltran, desque ir lo vido,
Empezóle de hablare:
„Tornad acá, hijo Gaiferos,
Pues que me teneis por padre,

„Tan solamente que os vea
La condesa vuestra madre.
Tomará con vos consuelo,
Que tan tristes llantos hace,

„Y daráos caballeros,
Los que hayais necesidade.“
„Consoladla vos, mi tio,
Vos la querais consolare.

„Acuérdese que me perdió
Chiquito y de poca edade;
Haga cuenta que de entonces
No me ha visto jamas;

„Que ya sabeis que en los doce
Corren malas voluntades,
Y no dirán vuelvo per ruego,
Mas que vuelvo por cobarde;

„Que yo no volveré en Francia,
Sin Melisendra tornare.“
Don Beltran, desque lo oyera
Tan enojado hablare,

Vuelve riendas al caballo,
Y entróse en la ciudade.
Gaiferos en tierra de Moros
Empieza de caminare.

Jornada de quince dias
En ocho la fue á andare;
Por las tierras de Sansueña
Gaiferos mal airado va.

Las voces que iba dando,
Al cielo quieren llegare;
Maldiciendo iba el vino,
Maldiciendo iba el pane,

El pan que comian los Moros,
Mas no de la cristiandade;
Maldiciendo iba la dueña
Que tan solo un hijo pare.

Si enemigos se lo matan,
No tiene quien lo vengare.
Maldiciendo iba el caballero
Que cabalga sin un page.

Si se le cae la espuela,
No tiene quien se la calce.
Maldiciendo iba el árbol
Que solo en el campo nace;

Que todas las aves del mundo
En él van á quebrantare;
Que de rama ni de hoja
Al triste dejan gozare.

Dando estas voces y otras,
Á Sansueña fue á llegare;
Viernes era, en aquel dia
Los Moros su fiesta hacen.

El rey iba á la mezquita,
Para la zala rezare,
Con todos sus caballeros,
Cuantos él pudo llevare.

Cuando allegó Gaiferos
Á Sansueña esa ciudade,
Miraba si veria alguno
Á quien poder demandare.

Vido un captivo cristiano,
Que andaba por los adarves;
Desque lo vido Gaiferos,
Empezóle de hablare:

„¡Dios te salve, el Cristiano,
Y te torne en libertade!
Nuevas que pedirte quiero,
No me las quieras negare.

„Tú que andas con los Moros,
Dime si oiste hablare
Si hay aqui alguna Cristiana
Que sea de alto linage.“

„Tantos tengo de mis duelos,
De otros no puedo curare;
Que todo el dia caballos
Del rey me hacen pensare.

„Y de noche en honda sima
Me hacen aqui aprisionare.
Bien sé que hay muchas captivas
Cristianas de gran linage.

„Especialmente hay una,
Que es de Francia naturale;
El rey Almanzor la trata
Como á su hija carnale.

„Sé que muchos reyes moros
Con ella quieren casare;
Por eso idos, Caballero,
Por esa calle adelante.

„Vereislas á las ventanas
Del gran palacio reale.“
Derecho se va á la plaza,
Á la plaza la mas grande.

Alli estaban los palacios
Donde el rey solia estare;
Alzó los ojos en alto
Por los palacios mirare.

Vido estar á Melisendra
En una ventana grande
Con otras damas cristianas,
Que están en captividade.

Melisendra que lo vido,
Empezara de llorare,
No porque lo conociese
En el gesto ni en el trage;

Mas en verlo con armas blancas,
Acordóse de los pares;
Acordóse de los palacios
Del emperador, su padre,

De justas, galas, torneos,
Qne por ella solian armare.
Con voz triste y muy llorosa
Le empezara de llamare:

„Por Dios os ruego, caballero,
Queraisos á mí llegare;
Si sois Cristiano ó Moro,
No me lo querais negare.

„Daros he unas comiendas,
Bien pagadas os serán.
Caballero, si á Francia ides,
Por Gaiferos preguntade.

„Decidle que la su esposa
Se le envía á encomendar;
Que ya me parece tiempo
Que la debia sacare.

„Si no me deja por miedo
De con los Moros pelear,
Debe tener otros amores;
De mí no lo dejan acordar.

„Los ausentes por los presentes
Ligeros son de olvidare.
Aun le direis, caballero,
Por darle mayor señale,

„Que sus justas y torneos
Bien las supimos acá.
Y si estas encomiendas
No recibe con solace,

„Dareislas á Don Roldan,
Dareislas á mi señor
El emperador mi padre;
Direis como estó en Sansueña,

„En Sansueña esa ciudad;
Que si presto no me sacan,
Mora me quieren tornare,
Casarme han con el rey moro

„Que está allende la mare;
De siete reyes de Moros
Reina me hacen coronar;
Segun los reyes me acuitan,
Mora me harán tornare.

„Mas amores de Gaiferos
No los puede yo olvidare.“
Gaiferos que esto oyera,
Tal respuesta le fue á dare:

„No lloreis vos, mi Señora,
No querais asi llorare;
Porque esas encomiendas
Vos mesma las podeis dare;

„Que á mí allá dentro en Francia
Gaiferos suelen nombrare.
Soy el Infante Gaiferos,
Señor de Paris la grande,

„Primo hermano de Oliveros,
Sobrino de Don Roldan;
Amores de Melisendra
Son los que acá me traen."

Melisendra que esto vido,
Conosciólo en el hablare;
Tiróse de la ventana,
La escalera fue á tomare.

Salióse para la plaza,
Donde lo vido estare.
Gaiferos, cuando la vido,
Presto la fue á tomare.

Abrázala con sus brazos,
Para haberla de besare.
Alli estaba un perro moro,
Por los Cristianos guardare.

Las voces daba tan altas,
Que al cielo quieren llegare.
Al alarido del Moro
La ciudad mandan cerrare.

Siete voces la rodean,
No hallan por do escapare.
Presto sale el rey Almanzor
De la mezquita rezare.

Vereis tocar las trompetas
Apriesa y no de vagare;
Vereis armar caballeros
Y en caballos cabalgare.

Tantos se arman de los Moros,
Que gran cosa es de mirare.
Melisendra que lo vido
En una priesa tan grande,

Con una voz delicada
Le empezara de hablare:
„Esforzado Don Gaiferos,
No querades desmayare;

„Que los buenos caballeros
Son para necesidade.
Si desta escapais, Gaiferos,
Harto teneis que contare.

„¡Ya quisiera Dios del cielo
Y santa María su madre
Fuese tal vuestro caballo
Como él de Don Roldan!

„Muchas veces le oí decir
En el palacio imperiale
Que si se hallaba cercado
De Moros en algun lugare,

„Al caballo aprieta la cincha,
Y aflojábale el petrale;
Hincábale las espuelas
Sin ningun piedade.

„El caballo es esforzado,
De otra parte va á saltare."
Gaiferos, desque esto oyó,
Presto se fuera á apeare.

Al caballo aprieta la cincha,
Y aflojábale el petrale;
Sin poner pie en el estribo,
Encima fue á cabalgare,

Y Melisendra á las ancas
Que presto las fue tomare.
El cuerpo le da y cintura,
Porque lo pueda abrazare.

Al caballo hinca la espuela
Sin ninguna piedade;
Corriendo venian los Moros
Apriesa y no de vagare.

Las grandes voces que daban
Al caballo hacen saltare;
Cuando fueran cerca los Moros,
La rienda le fue alargare.

El caballo era ligero,
Púsolo de la otra parte.
El rey Moro que esto vido,
Mandó abrir la ciudade.

Siete batallas de Moros
Todas de zaga se van.
Volviéndose iba Gaiferos,
No cesaba de mirare,

Desque vido que los Moros
Le empezaban de cercare,
Volvióse á Melisendra,
Empezóle de hablare:

,,No os enojeis, mi Señora,
Seráos fuerza aqui apeare,
Y en esta grande espesura
Podeis, Señora, aguardare;

,,Que los Moros son tan cerca,
De fuerza nos han de alcanzare.
Vos, Señora, no traeis armas,
Para haber de peleare.

,,Yo pues, que las traigo buenas,
Quiérolas ejercitare.‘‘
Apeóse Melisendra,
No cesando de rezare.

Las rodillas puso en tierra,
Las manos fue á levantare,
Los ojos puestos al cielo,
No cesando de rezare.

Sin que Gaiferos volviese,
El caballo fue á aguijare
Cuando huia de los Moros,
Parece no puede andare.

Y cuando iba hácia ellos,
Iba con furor tan grande,
Que del rigor que llevaba
La tierra hacia temblare.

Donde vido la morisma,
Entro ellos fuera á entrare:
Si bien pelea Gaiferos,
El caballo mucho mas.

Tantos mata de los Moros,
Que no hay cuento ni pare;
De la sangre que salia,
El campo cubierto se ha.

El rey Almanzor que esto vido,
Empezara de hablare:
,,¡O válasme tú, Alá!
¿Esto qué podia estare?

,,Que tal fuerza de caballero
En pocos se puede hallare;
Debe ser el encantado,
Ese paladin Roldan.

,,Ó debe ser el esforzado
Reinaldos de Montalvan;
Ó es Urgel de la Marcha
Esforzado y singulare.

,,No hay ninguno de los doce
Que bastase hacer lo tale.‘‘
Gaiferos que esto oyó,
Tal respuesta le fue á dare:

,Calles, calles, el rey moro,
Calles, y no digas tale;
Muchos otros hay en Francia
Que tantos como estos valen.

„Yo no soy ninguno dellos;
Mas yo me quiero nombrare:
Soy el Infante Gaiferos,
Señor de Paris la grande,

„Primo hermano de Oliveros,
Sobrino de Don Roldan."
El rey Almanzor que le oyera
Con tal esfuerzo hablare,

Con los mas Moros que pudo
Se entrara en la ciudade.
Solo quedaba Gaiferos,
No halló con quien peleare.

Volvió riendas al caballo,
Por Melisendra buscare;
Melisendra que lo vido,
Á recebírselo sale.

Vídole las armas blancas
Tintas en color de sangre;
Con voz muy triste y llorosa
Le empezó de preguntare:

„Por Dios os ruego, Gaiferos,
Por Dios os quiero rogare,
Si traeis alguna herida,
Queráismela vos mostrare;

„Que los Moros eran tantos,
Quizá os habrán hecho male.
Con las mangas de mi camisa
Os la quiero yo apretare,

„Y con la mi rica toca
Yo os las entiendo sanare."
„Calledes, dijo Gaiferos;
Infanta, no digais tale.

„Por mas que fueran los Moros,
No me podian hacer male;
Que estas armas y caballo
Son de mi tio Don Roldan.

„Caballero que las trae
No podia peligrare.
Cabalgad presto, Señora,
Que no es tiempo de aqui estare.

„Antes que los Moros tornen,
Los puertos hemos pasare."
Ya cabalga Melisendra
En un caballo alazan.

Razonando van de amores,
De amores, que no de ál;
Ni de los Moros han miedo,
Ni dellos nada se dan.

Con el placer de ambos juntos
No cesan de caminare,
De noche por los caminos,
De dia por los jarales,

Comiendo las yerbas verdes,
Y agua, si pueden hallare,
Hasta que entraron en Francia
Y en tierra de cristiandad.

Si hasta alli alegres fueron,
Mucho mas de alli adelante.
Á la entrada de un monte
Y á la salida de un valle

Caballero de armas blancas
De lejos vieron asomare.
Gaiferos, desque lo vido,
La sangre vuelto se le hae,

Diciendo á su señora:
„Esto es mas de recelare;
Que aquel caballero que asoma,
Gran esfuerzo es el que trae.

„Que sea Cristiano ó Moro,
Fuerza será peleare:
Apeáosvos, mi Señora,
Y vení de mí á la pare."

De la mano la traia,
No cesando de llorare.
Lléganse los caballeros,
Comienzan aparejare

Las lanzas y los escudos
En son de bien peleare;
Los caballos ya de cerca
Comienzan de relinchare.

Mas conociólo Gaiferos,
Y empezara de hablare:
„Perded cuidado, Señora,
Y tornad á cabalgare;

„Que el caballo que alli viene,
Mio es en la verdade;
Yo le di mucha cebada,
Y mas le entiendo de dare.

„Las armas, segun que veo,
Mias son otro que tale;
Y aun aquel es Montesinos,
Que á mí me viene á buscare;

„Que cuando yo me partí,
No estaba en la ciudade.“
Plugo mucho á Melisendra
Que aquello fuese verdade.

Ya que se van acercando
Casi juntos á la pare,
Con voz alta y crecida
Empiézanse de interrogare.

Conócense los dos primos
Entonces en el hablare;
Apeáreonse á gran priesa,
Muy grandes fiestas se hacen.

Desque hubieron hablado,
Tornaron á cabalgare;
Razonando van de amores,
De otro no quieren hablare.

Andando por sus jornadas
En tierra de cristiandade,
Cuantos caballeros hallan,
Todos los van compañare,

Y dueñas á Melisendra,
Doncellas otro que tale.
Al cabo de pocos dias
Á Paris van á llegare.

Siete leguas de la ciudad
El emperador les sale;
Con él sale Oliveros,
Con el sale Don Roldan,

Con él el Infante Guarinos,
Almirante de la mare;
Con él sale Don Bermudez
Y el buen viejo; Don Beltran;

Con él muchos de los doce,
Que á su mesa comen pane;
Y con él iba Doña Alda,
La esposica de Roldan.

Con él iba Julianesa,
La hija del rey Julian,
Dueñas, damas y doncellas
Las mas altas de linage.

El emperador abraza su hija,
No cesando de llorare;
Palabras que le decia,
Dolor eran de escuchare.

Los doce á Don Gaiferos
Gran acatamiento le hacen;
Tiénenlo por esforzado
Mucho mas de alli adelante,

Pues que sacó á su esposa
De muy gran captividade.
Las fiestas que le hacian,
No tienen cuento ni pare.

Un poeta llamado Miguel Sanchez, que escribió en el siglo XVII.,
trata el mismo argumento en un romance mas corto y atestado de
sentencias, el cual es como sigue:

„Oid, Señor Don Gaiferos,
Lo que como amigo os hablo;
Que los dones mas de estima
Suelen ser consejos sanos.

„Dejad un poco las tablas;
Escuchadme lo que entrambos
Debemos á hijosdalgo.

„Melisendra está en Sansueña,
Vos en Paris descuidado,
Vos ausente, ella muger;
Harto os he dicho, miraldo.

„Assegúraos su nobleza;
Mas no os asegure tanto;
Que vence un presente gusto
Mil nobles antepasados.

„De Cárlos el rey es hija;
Mas es muger, y ha mas años
La mudanza en las mugeres
Que no la nobleza en Cárlos.

„Si enferma es la voluntad,
Morirán respetos altos;
Que no basta sangre buena,
Si el corazon no está sano.

„Galanes Moros la sirven;
Y aunque Moros, recelaldos;
Que sin duda querrá un Moro
La que olvidare un Cristiano.

„Diferentes son las leyes;
Mas no hay ley en pecho humano,
Cuando llega á ser el alma
Idólatra de un cuidado.

„Las mugeres son espejo,
Que viendo vuestro retrato,
Si os descuidais y otro llega,
Hará con el otro tanto.

„Su confuso entendimiento
Es codicioso letrado,
Que hace leyes siempre al gusto
Del que llega á consultallo.

„Su memoria es mar revuelto;
Que luego que pasa el barco,
Si le buscais el camino,
No hallareis senda ni rastro;

„Su voluntad mesonera,
Que aloja á los mas extraños,
Y olvida al que del umbral
De sacar acaba el paso.

„No quiero deciros mas;
Con esto de mi amor salgo,
Mas adviérteos mi lengua
Vuestro amor y mis agravios."

D.

44.

*Descríbese con mas brevedad que en el anterior la cautividad de
Melisendra, y como la libertó Gaiferos, llevándola á Francia.*

El cuerpo preso en Sansueña,
Y en Paris cautiva el alma,
Puesta siempre sobre el muro,
Porque está sobre él su casa,

Vuelta en ojos Melisendra,
Y sus ojos vueltos agua,
Mira de Francia el camino,
Y de Sansueña la playa.

Y en ella vió un caballero
Que junto á la cerca pasa;
Hácele señas, y viene;
Que viene por quien le llama.

„Si sois Cristiano, le dice,
Ó habeis de pasar á Francia,
Preguntad por Don Gaiferos,
Y decid que á cuando aguarda;

„Que harto mejor le estuviera,
Jugando acá por mí lanzas,

Que no allá con pasageros,
Jugando dados y cañas.

„Que si quiere que sea Mora,
Que otra cosa no me falta;
Y amándole, no es posible
Vivir un alma cristiana."

Tanto llora Melisendra,
Que las razones no acaba.
Don Gaiferos la responde,
Alzándose la celada:

„No es tiempo de desculparme,
Señora, de mi tardanza;
Pues el no tenella agora
No es de mucha importancia."

Dícele que aguarde un poco,
Y en menos de un poco baja.
Á ella en las ancas sube,
Y él en la silla cabalga,
Y á pesar de la morisma
La puso dentro de Francia.

Queda contada en seis romances toda la historia de la hermosa Melisendra y de su marido jugador y descuidado Gaiferos, supuesto hijo de Cárlo Magno. Este romance sirvió á Lope de Vega de argumento para una composicion burlesca á modo de entremes. En el primer acto de esta se lamenta Don Gaiferos en el palacio de su padre en Paris por la cautividad de Melisendra, á la cual no puede él ir á dar ayuda en la prision de Sansueña, por hallarse muy necesitado. En esto le dan dineros y un caballo, y él asi socorrido se parte. En el segundo acto aparece la hermosa Melisendra en el torreon de Sansueña guardada por dos Moros, los cuales por buena fortuna de ella se quedan dormidos, dando motivo á la tierna esposa de Don Gaiferos á que exclame:

¡Dormios, verdugos fieros!

Preséntase entonces su marido al pie del terrado, y se traba entre ambos una conversacion, en la cual intercala el poeta varios fragmentos de estos romances, como á continuacion aqui se expresa:

Melisendra.

Caballero, si á Francia ides,
Por Gaiferos preguntad.
Decilde que la su esposa
Se le envía á visitar.

Gaiferos.

Melisendra es, ¡vive Dios!
Mas quiero disimular;
Que vengo muerto de hambre,
Y podria reventar.

Melisendra.

Pues no me quereis hablar,
Débeos de ser enfadosa.
Y si le habeis de buscar,
Decilde que la su esposa
Se le envía á encomendar.

Gaiferos.

No tengo mas sufrimiento.
Don Gaiferos soy, Señora.

Acaba esta escena en llevarse Gaiferos á su muger, y entonces despiertan los guardas ya sobrado tarde. En seguida lleva el poeta la escena al palacio de Cárlo Magno, donde estando congregados los paladines en torno del emperador, llega un mensagero muy apresurado, y da cuenta en una relacion rápida, imitando y copiando los romances de todo cuanto ha pasado en España tocante al modo de dar libertad á Melisendra:

> Salió de aqui Don Gaiferos,
> Y apenas llegó á Sansueña
> (No á Sansueña, á sus murallas),
> Cuando vido á Melisendra.
> En mirándola, caló
> El príncipe la visera.
> Desconoció luego luego
> Gaiferos á Melisendra,
> Ella en alto, y él en bajo,
> Ella con pena, él con ella.

Despues de esta relacion, manda el emperador preparar una fiesta, y con salir á ella Gaiferos y Melisendra queda la farsa acabada.

Del mismo argumento hace uso Cervantes para uno de los mas chistosos episodios de su Don Quijote. Un titiritero representa delante de Don Quijote, Sancha Panza y algunos campesinos la historia de Melisendra. Cuando escapa la cautiva, tocan los Moros las campanas á rebato, á lo cual pone Don Quijote por reparo no usarse las campanas entre Moros, respondiendo á esto Maese Pedro que no hay que hacer alto en semejantes niñerías, y que muchas comedias famosas están llenas de desatinos semejantes. Continúa en esto la representacion, hasta que viendo el caballero de la Mancha aquella numerosa morisma corriendo fuera de la ciudad á dar alcance á los dos esposos cristianos fugitivos, pierde el seso, desenvaina la espada, y cae sobre los muñecos, acuchillándoles á derecha é izquierda hasta hacerlos añicos.   **D.**

ROMANCES SOBRE BRAVONEL Y GUADALARA.

45.

Bravonel, Moro de Zaragoza, amante de la hermosa Guadalara, se parte para Francia un mártes, haciendo alarde de su gente y galas vistosas. Admíranle todos, pero llora Guadalara, temerosa de que se mude.

Bravonel de Zaragoza
Al rey Marsilio demanda
Licencia para partirse
Con él de Castilla á Francia.

Trataba amores el Moro
Con la bella Guadalara,
Camarera de la reina
Y del rey querida ingrata.

Bravonel por despedida
Y en servicio de su dama
Hizo alarde de su gente
Un mártes por la mañana.

Alegre amanece el dia,
Y el sol mostrando su cara,
Madrugaba para verse
En los hierros de las lanzas.

Llevaba su compañia
Marlotas de azul y grana,
Morados caparazones,
Yeguas blancas albeñadas.

Por el coso van pasando
Donde los reyes aguardan;
Colgada estaba la calle,
Y la esperanza colgada.

Aguardaba todo el vulgo
Á Bravonel y á su gala,
Y la reina con ser reina
Á todo el vulgo acompaña.

Ya pasa el Moro valiente,
Ya las voluntades paran;
Mas muchas se van tras él,
Que no es posible parallas.

No lleva plumas el Moro;
Que como de veras ama,
Juró de no componerse
De plumas ni de palabras.

En la adarga berberisca
Con su divisa pintada,
Tan discreta como el dueño,
Y como el dueño mirada,

Era una muerte partida,
Que juntarse procuraba
Con un letrero que dice:
No podrás hasta que parta.

Delante el real balcon
Hasta el arzon se inclinaba;

Hace á las damas mesura,
Levantado se han las damas.

No se pudo levantar
La hermosa Guadalara;
Que el gravo peso de amor
Por momentos la desmaya.

Suplicó la reina al rey
Que hubiese á la noche zambra,
Y el rey, por dalle contento,
Dice que mande aplazalla.

Toda la gente se alegra,
Llorando está Guadalara;
Que es mártes, y hace sol,
Cierta señal de mudanza.

46.

Hácese una zambra por mandado del rey Marsilio, donde Bra-
vonel trae su bizarría. Disputa y pelea que se arma en medio
de la fiesta por amoríos y celos.

Avisaron á los reyes
Que ya las nueve eran dadas,
Y que Bravonel pedia
Licencia para su zambra.

Juntos salieron á verla,
Aunque apartadas las almas.
Bravonel tiene la una,
Y la otra Guadalara.

De la cuadra de la reina
Iban saliendo las damas;
Guadalara viene en medio
De Adalifa y Zelindaja,

Dos Moras que en hermosura
Á todas hacen ventaja,

Y tambien en las desdichas
De aficiones encontradas.

De morado y amarillo [1]
Está la sala colgada,
Las alhombras eran verdes,
Porque huellen de esperanza.

Á cierta seña tras esto
Se oyeron á cada banda
Concordados instrumentos
Y penas desconcertadas.

Bravonel entró el primero,
Y dando á entender que guarda
Amor secreto y firmeza,
Esta divisa sacaba:

1) Azul y verde.

Un potro de dar tormento
Entra coronas y palmas
Con una letra que dice:
Todas son para el que
calla.

Azarque, primo del rey,
Muy azar con Zelindaja,
Abriendo puerta al rigor
De sus encubiertas ansias,

Traia en un cielo azul
Una cometa bordada
Y esta letra en sus rayos:
Cometa celos quien ama.

Záfiro por Adalifa
Un tiempo fue apasionado;
Mostró con esta divisa
De sus tormentos la causa:

Una viuda tortolilla
En seco ramo sentada,

Y un mote que dice ansi:
Tal me puso una mu-
danza.

Guadalara y Bravonel
Tiernamente se miraban;
Que cansados de penar,
De disimular se cansan.

Mucho se ofenden los reyes,
Y mucho el amor se ensalza
En ver que allanan sus flechas
Á las magestades altas.

Azarque y Záfiro hubieron
Sobre no sé que palabras;
Si lo supe, celos fueron
De Adalife y Zelidaja.

Pierden al rey el respeto,
Paró la fiesta en desgracia;
Que entre celos y sospechas
No hay danza sino de espadas.

47.

Caminando Bravonel á Francia, llega á Tudela de Navarra, donde
á orillas del Ebro cuenta sus penas y amores á las ondas del rio,
y despues trueca su divisa por otra nueva.

Alojó su compañía
En Tudela de Navarra
Bravonel de Zaragoza,
Que va caminando á Francia.

Con sus mansas ondas Ebro
Parecia que llamaba
Á la esquina de un jardin
Frontero de su ventana.

El Moro finge que son
Amigos que le avisavan

Que pasan por Zaragoza,
Y que vea si algo manda.

,,Amadas ondas, les dice,
De vosotras fio el alma,
Y estas lagrimas os fio;
Si no son muchas, llevaldas.

,,Pasais por junto á un balcon
Hecho de verjas doradas,
Que tiene por celosías
Clavellinas y albahacas.

,Alli me cumple que todas
Gritando mostreis las ansias
De este capitan de agravios
Que va caminando á Francia.

„Y si por dicha saliere
Á miraros Guadalara,
Procurad que entre vosotras
Vea mis lágrimas caras.

„Mal he dicho; no las vea,
Que me corro de llorallas,
Y de que en mi pecho duro
Cupiesen tiernas entrañas.

„El Bravo me llama el vulgo,
No se desmienta mi fama.
¡Afuera, enredos de amor,
Que me embarazais las armas!"

Tras esto oyó que al marchar
Tañen trompetas bastardas,
Y que aguardan sus ginetes.
Le dijo un cabo de escuadra:

Quitó la partida muerte,
Divisa agorera y mala,
Y en su bandera ponia,
Adevinando bonanza,

Encima de un nuevo mundo
Con grande vuelta una espada,
Y en arábigo esta letra:
Para la vuelta de Francia.

Alegróse Bravonel,
Y en un bobero cabalga,
Diciendo: „¡Para la vuelta
No es un mundo mucha paga!"

48.

Pena de Guadalara por la ausencia de Bravonel, y por ver que
se opone á sus amores el rey. Como divierte su dolor y emplea
su tiempo en memorias de su ausente.

Despues que al mártes triste
Mostró alegre el sol la cara,
Tiene la suya cubierta
La hermosa Guadalara.

No quiere ver ni ser vista,
Despues que Bravonel falta,
Ni mostrar el rostro alegre,
Porque tiene triste el alma.

Mucho siente el acordarse
De la noche de la zambra,
Fin de toda su alegría,
Y principio de sus ansias.

Acuérdase de la empresa
Que su Bravonel llevaba,
Y suspirando decia:
Todas son para el que calla.

Procura encubrir su pena,
No quiere comunicalla,
Porque no pierde la fuerza
El dolor que el alma pasa.

No advierte cual mal se encubre
El fuego que el alma abrasa,
Porque el humo [1]) ha de salir
Por los ojos del que calla.

-----

1) El fuego.

Crecen celos y sospechas,
Y con ausencia tan larga
Está cierta de que quiere
Dudosa, si es olvidada.

Pasados bienes la afligen,
Presentes males la cansan,
Esperanzas la entretienen,
Desconfianzas la acaban.

Dobla el llanto, porque el rey
Mandó á las guardadamas
Que non consientan que escriba
Á Bravonel Guadalara,

Creyendo que larga ausencia
Causará en ella mudanza,
Y que asi le vendrá á ser
Agradecida su ingrata.

Y para aliviar su pena,
No pudiendo escribir carta,
Pensando en su Bravonel,
Pidió una rica almohada.

Sobre un tafetan leonado,
Color que á tristes agrada,
Mostrando firmeza y pena,
Un alta peña labraba,

Y que della nace un rio
Que de un prado marchito baña,
Y en lengua mora esta letra:
Muy mayor es Guadalara.

Y en esto pasa la vida,
Que es muerte desastrada,
Hasta ver á Bravonel,
Que es de sus penas la causa.

49.

Estando escribiendo Guadalara á Bravonel á orillas del Ebro, ve
en las ondas señales de su ausente. Vuelta á hablar con el rio,
deja la carta, y llegando el rey, se la arrebata y rasga, con lo
que ella despechada se retira.

Á las sombras de un laurel
Junto de una fuente clara,
Do vertia sus cristales,
En una negra pizarra

En las riberas famosas
Que el agua del Ebro baña,
Y en un jardin do tenia
El rey Marsilio á sus damas,

Con pluma, tinta y papel
Sentada está Guadalara,

Escribiendo sus pasiones
Á quien de ellas es la causa.

En árabigo le escribe,
Y aljofarando su cara,
Á cada letra que pone
Parece que se desmaya.

Saltó la pluma en el suelo,
Papel y tinta turbada,
Y turbado el pensamiento,
Acude apriesa á la brama, [1])

---

1) Á la playa.

Como aquella que adivina
Que de su Moro las aguas
Alegre nueva la traen,
Con que alegra tanto el alma.

El rio contra costumbre
Y las aguas luego paran,
Mostrando que Bravonel
En ellas está y no habla.

Mira la Mora el misterio
De las aguas y descansa.
„Amadas ondas, les dice,
Del corazon y del alma,

„Aunque mudas, por las señas
Me descubris á la clara
Que vistes á Bravonel
En Tudela de Navarra.

„Decisme que quedo triste;
Mas triste quedó mi alma,

Pues de dia no reposo,
Menos de noche en la cama;

„Que el mártes, cuando partió,
Salió el sol con tal pujanza,
Diferente á las divisas
Que mi Bravonel llevaba.“

En esto llegó la reina
Y el rey con todas sus damas,
Y viendo en tierra un papel,
Para alzarlo se abaja.

Leyóle el rey para sí,
Y en leyéndole le rasga,
Porque no digan las gentes
Que es de alguna de sus damas.

Al ruido de los reyes
Dejó el rio Guadalara;
Mas no pudo ser tambien
Que el rey no la sintió y calla.

50.

Vuelve Bravonel victorioso de Francia á Zaragoza, donde se encuentra con su Guadalara.

Con valerosos despojos
Del valor que tuvo en Francia
Su gallardo y fuerte brazo,
En Tudela de Navarra

Entra bravo Bravonel,
Alegre de su esperanza,
Y él mismo lleva la nueva
De la sangrienta batalla.

Albricias en Zaragoza
Entra pidiendo á su dama,
De quien está tan pagado,
Que el verla tiene por paga.

Y puesto junto á un balcon
Hecho de verjas de plata,
Solo por los ojos negros
Reconoce á Guadalara;

Porque todos de un metal
Le parecen á quien ama,
El fino oro los cabellos,
Lo blanco plata cendrada.

Miraba el vestido verde,
Y las mejillas miraba,
Y el Moró finge que son
Clavellinas y albahacas.

7 * *

Las clavellinas le encienden,	Suspenso está Bravonel,
La albahaca le desmaya;	Guadalara muda estaba,
Que es de natura en amor	Aunque los ojos de entrambos
Una esperanza muy alta.	Con lenguas de amor se hablan.

Bravonel es un héroe moro, pero de la España septentrional, al cual mezcla la tradicion popular con los héroes y tiempos de la caballería antigua. En esta recopilacion la historia de los amores de Bravonel y Guadalara da argumento á seis romances, y aun hay séptimo, que empieza:

> Bravonel de Zaragoza,
> Y este Moro de Villalba,
> Hijo de Celin Gomel,

en el cual de concierto con Celin Gomel enamora á la linda Mora Zaida, quedándose ella

> Neutral entre ambas partes.

Pero esta composicion no debe de corresponder á la serie de romances donde se celebran los amores de Bravonel y Guadalara. Duran pone estos siete romances de Bravonel entre los moriscos; pero es probable que son de orígen español y no arábigo. **D.**

Respetando las razones del Señor D., pueden darse por bien colocados entre los romances caballerescos los de Bravonel, pues se le supone de Zaragoza, y la historia fabulosa de los Moros de esta ciudad mas enlazada está con la de Cárlo Magno que con la de los Moros andaluces. De estos últimos tratan los romances moriscos mas particularmente, si bien tambien hablan alguna vez de Moros de Cuenca ó de Toledo y algun otro lugar de Castilla. Pero por otra parte el estilo y tono de estos romances es idéntico al de los moriscos y desemejante del lenguage de los caballerescos, viéndose claro ser composiciones modernas. Y en cuanto á su ser ellos de orígen árabe, otro tanto sucede con casi todos si no todos los romances moriscos, como ya queda dicho en la introduccion, como el mismo Señor D. reconoce, y como tal vez habrá ocasion de volver á notar mas adelante. **A. G.**

ROMANCES SOBRE RUGERO.

51.

Rugero quita la vida á Rodamonte, que vino á retarle con descortes arrogancia, estando junto á Bradamante su esposa en presencia de Cárlo Magno.

Rotas les sangrientas armas,
El cuerpo ya desangrado,
Despedazado el escudo,
Con el estoque quebrado

Sale el fuerte Rodamonte,
De vida y alma privado
Por el vencidor Rugero,
Que la victoria ha alcanzado.

Matólo, porque á la mesa
Estando junto al rey Cárlos
Con la bella Bradamante,
Con quien estaba casado,

Armado de negras armas,
Negro el escudo y caballo,
Aunque con la blanca espuma
Parece el freno argentado,

Y sin hacer reverencia
Á la persona de Cárlos,
El soberbio y perro Moro
Á Rugero asi le ha hablado:

„Yo soy el rey de Argel, traidor Rugero,
Que en este campo y cruel batalla
Probar tu gran traicion por muerte espero;
Que mal podrás, Cristiano, ya negalla.

„Y si por miedo tú y algun guerrero
Se quisiere ofrecer, quiero aceptalla;
Y por tener en mi verdad respeto,
Al campo tres de tí pido y aceto.

52.

Enhorabuenas que dan á Rugero por haber muerto á Rodamonte
los paladines y el emperador, y ternezas de Bradamante su esposa.

Rendidas armas y vida
De Rodamonte el bravo,
Y el victorioso Rugero
Va entre el rey sobrino y Cárlos.

„¡Viva Ruger, Ruger viva!"
Va la gente pregonando,
Y entre el regocijo vienen
Danes, Oliver y Orlando.

Viene Astolo y Ricardeto,
Baldovinos y Ricardo,
Y los dos, tio y sobrino,
Malgesí y Don Reinaldos.

Entre aquestos paladines,
Que á Ruger sacan del campo,
¡Cuan gallarda va Marfisa
Con el cuerpo bien armado!

Que aunque no dudó el suceso,
Al fin, como era su hermano,
Sacó el cuerpo apercebido
Y la alma puesta en cuidado.

A los corredores sale,
Cuando entraban en palacio,
La contenta Bradamante,
Vivos colores mudando.

Adelántase de todos,
Y á su Rugero mirando,
Antes que llegue, le abraza,
Los brazos al aire echando.

Cuando los cuerpos se juntan,
Y se enlazan con los lazos,
No se hablan, aunque quieren,
Con el contento turbados.

Con los ojos se regalan,
Rostro con rostro juntando,
Y sosegándose un poco,
Bradamante se ha esforzado,

Y dícele: „Mi Rugero,
Descanso de mi cuidado,
En deuda me estais, Señor,
Del sobresalto pasado.

„Cuando en la batalla os via
Con tan soberbio contrario,
Temia de mi ventura
Y fiaba en vuestro brazo.

„Dos mil vidas diera juntas,
Por ser el desafiado,
Y en menos las estimara
Que en vos el mas fácil daño."

„Si Rodamonte supiera,
Rugero la ha replicado,
Que estábades en mi alma,
No viniera tan osado.

„Con dos contrarios pelea
Quien tiene conmigo campo,
Y asi llamarse pudiera
Aquel Sarracino á engaño."

No se dicen mas ternezas,
Porque no los han dejado;
Que llega la emperatriz,
Y por otra parte Cárlos.

Suenan dulces instrumentos,
Y los paladines francos
Juegan cañas y tornean
En la plaza de palacio.

53.

En una isla desierta está Angélica tendida en la playa, para
ser comida por un monstruo marino. Viene en su ayuda Rugero,
que, asistido de encantos, se apresta á combatir con la fiera.
La beldad esquiva á merced de un anillo encantado huye sin ser
vista, temiendo á su libertador tanto cuanto á sus contrarios.

En una desierta isla
Tendida en la fria arena,
Á un duro tronco amarrada
Está Angélica la bella;

Que unos cosarios la tienen
Para manjar de una fiera
Que habita el mar furioso
Y tiene el sustento en tierra,

Y solo de carne humana
Su fiero cuerpo sustenta,
Cuando el valiente Rugero
Por aquella parte allega.

El cual, como asi la vido,
No sabe si duerme ó sueña;
Que está atónito de ver
Tan acabada belleza.

Y estándola asi mirando,
Un ruido grande suena,
Y es que la bestia marina
Viene á comer la doncella.

Rugero trae un escudo
Obrado por tal manera,
Que quitándole un cendal,
Su gran luz la vista ciega.

Y porque su claridad
Á la doncella no empezca,
Sacó un anillo encantado
De extraña virtud y fuerza;

Que ningun encantamento
No le daña á quien le lleva.

Y asi le puso al momento
En la mano blanca y bella,

Y habiéndola desatado
Del tronco donde está puesta,
Se apercibe á la batalla
Con la temerosa fiera.

Angélica reconoce
Que el anillo que le diera
Era suyo y le fue hurtado
Por un ladron en su tierra.

Y como la que bien sabe
Su extraña virtud y fuerza,
Mudó al momento el anillo
Del dedo á la boca bella,

Y luego desaparece,
Como á la boca le llega,
Y asi se va por el campo,
Sin que Rugero la vea.

Y saliendo con victoria
De aquella lid tan sangrienta,
Se vuelve muy descuidado
Á buscar la dama bella.

Y como reconoció
El engaño en que cayera,
Asi á lamentar su suerte
Comienza desta manera:

„Ingrata dama, si este bien me
        has dado
Agora por engaño manifiesto,
Pues el anillo rico me has lle-
        vado,

Que era dártelo en don, to-
              mando el resto,
Toma el escudo y el caballo alado,
Y á mí te doy sin otro presupuesto.

Solo muestra la faz que aqui
              me escondes,
Ingrata, que hoy es dura, y
              no respondes."

54.

Bradamante llora ausente á Rugero su esposo, y tras de llorarle se arma y va en su busca.

Suelta las riendas al llanto,
Celoso el pecho y airado,
La hermosa Bradamante,
Llena de angustia y cuidado

Llora de Ruger la ausencia,
Pensando haberla olvidado;
Arranca un suspiro y otro
Que encendiera un pecho helado;

Mesa sus rubios cabellos,
En que el amor ha enlazado,
Ganándole por despojos
Aljaba, flechos y arco.

Revuelve en el pensamiento
De vestir arnes tranzado,
Para buscar su Rugero,
Á quien ya la palma ha dado.

"¿Qué es de tí? do estás, Ru-
              gero,
Mi bien, mi dulce cuidado?"
Marrano llámale en fé,
De razon y amores falto.

No puede acabar consigo;
Que va amor tan arraigado,
Se le volviese al reves
De lo que siempre ha mostrado.

"¡Ay bellos ojos, luceros
Que alumbraban mi cuidado!

¿Quien pudo tanto con vos,
Que á Bradamante heis dejado?

"Vuelve, vuelve, dulce prenda,
Cumple el término aplazado,
Antes que la muerte horrenda
Me prive de ejecutallo.

"Pueda amor de tanto tiempo
Mas que un hora de regalo.
No dejes, Ruger, morir
Á quien el pecho has robado.

"Mueva tu amor á piedad
Este rostro delicado;
Que en lágrimas de sus ojos
Le verás estar bañado.

"Quien hizo naturaleza
En todo tan extremado,
No es bien que se diga dél
Que la palabra ha falsado."

Llora, solloza y suspira,
Llama siniestro á su hado;
Envía al cielo sus quejas,
Á la fuente, rio y prado.

Vuelve con doblada furia,
Con furor único y raro
Llama su dulce Rugero:
"¡Ruger, vuelve!" y va á abra-
              zallo.

Anda aqui y alli rabiosa,
Mil veces vuelve á llamarlo.
Cuando el eco la responde,
Piensa que Ruger la ha hablado.

„No soy Bradamante, dice,
De quien fuiste enamorado;
No te escondas, no soy esta,
Porque en tí me ha trasformado.

„¿Piensas que caminas solo?
Caminas acompañado
De mi triste corazon,
Que en el tuyo se ha forjado.

„Vuelve esos ojos tan bellos,
Verás mi pecho abrasado;
No tardes, dichoso Moro,
Porque el tardarte es pesado.

„Aplica á este mal remedio,
Mira cuan mal me ha tratado.
Solo, Rugero, en tí está;
Que en otro no hay remediallo."

Entre estas celosas quejas
Vuelve y dice: „Ah esforzado
Pecho de la sangre ilustre
De Claramonte y Mongrano,

„¿Tan presto, di, te olvidaste
De quien eras, de tu estado?
¿Tan presto y tan sin respeto
Desdeñas mi amor preciado?

„No llores mas, tente, basta,
No aflojes la rienda tanto;
Toma tu lanza de oro,
Salta en tu caballo alado."

Dijo, y con furiosa rabia
En un retrete se ha entrado;
Ármase el peto y la cofia,
Espaldar y arnes tranzado,

Y pártese Bradamante
Á buscar su enamorado,
Revolviendo todo el mundo
Sin vagar y sin descanso.

55.

Entra Rugero en Paris ante Cárlo Magno el emperador á hacerse Cristiano, acompañándole Roldan.

En un caballo ruano,
De huello y pisar airoso,
Fuerte, vistoso y galano
Entra en Paris el famoso
Rugero á hacerse Cristiano.

Y como el bravo guerrero
Se hubiese puesto aquel dia
Bizarro en trage extrangero,
Toda la corte decia:

„¡Cuan gallardo entra Rugero!"
Entra el Moro acompañado

Dese que Roldan se llama,
Con otros de grande estado.

Paladin es de gran fama,
Lleva Rugero á su lado.
Alegres y satisfechos,
Y sus personas honrando,

Van á palacio derechos,
Donde el rey está aguardando.
Estaba con gran decoro
Don Cárlos representando

Su magestad y tesoro.
A cuyo faraute hablando,
De rodillas dijo el Moro:
„Buen Cárlos, dame la mano;

„Que aunque no te he servido,
Yo soy Rugero el pagano,
Que á tus cortes he venido
Para volverme Cristiano."

56.

*Camina mal herido y lloroso un caballero moro, al cual dos ca-
balleros cristianos han quitado á Angélica.*

Por una triste espesura
En un monte muy subido
Ví venir un caballero
De polvo y sangre teñido,

Dando muy crueles voces
Y con llanto dolorido.
Con lágrimas riega el suelo
Por lo que le ha sucedido;

Que le quitaron á Angélica
En un campo muy florido
Dos caballeros cristianos
Que en rastro dél han venido.

Y viéndose ya privado
Del contento que ha tenido,
Sin su Angélica y su bien
Va loco por el camino.

Desmayado iba el Moro,
Con diez lanzadas herido;

Pero no se espanta deso,
Ni se daba por vencido;

Que en llegando á una verdura,
Del caballo ha decendido,
Para atarse las heridas,
Que mucho sangre ha perdido.

Y con el dolor que siente
En el suelo se ha tendido;
Y con voces dolorosas
Triste, ansioso y afligido

Maldecia su ventura
Y el dia en que habia nacido,
Pues no se podia vengar
Deste mal que le ha venido.

Y estando en esta congoja,
El gesto descolorido,
Dando suspiros al aire,
El alma se le ha salido.

ROMANCES SOBRE ANGÉLICA E MEDORO.

57.

*Viniendo mal herido Medoro, le encuentra Angélica, y quedando
prendada de su hermosura, le recoge y asiste.*

Envuelto en su roja sangre,
Medoro está desmayado;
Que el enemigo furioso
Por muerto le habia dejado.

Y el ser leal á su rey
Le ha traido á tal estado,
Los ojos vueltos al cielo,
Y el cuerpo todo temblando;

De color pálido el rostro,
Y el corazon traspasado;
Lleno de heridas mortales
Por un lado y otro lado.

Pero al fin con flaco aliento
Y el espíritu cansado
Dijo: ,,Rey y Señor mio,
Perdona que no te he dado

,,La sepultura devida
Á cuerpo tan esforzado;
Mas yo muero por cumplir
Con lo que estaba obligado.

,,De mi muerte no me pesa,
Pues lo permitió mi hado;
Pésame de no acabar
Lo que habia comenzado,

,,Y de ver que no he podido,
Estando tan obligado,
Cumplírseme este deseo,
Pues muriera consolado.

,,De todo perdona, Rey;
Que pues no quiso mi hado
Que estuviera á tus obsequias,
Bien es muera desgraciado.''

Y estando en esta congoja,
Angélica que ha llegado,
Que por caminos y sendas
Huyendo andaba de Orlando,

Reparó viendo á Medoro,
Y el cuello y rostro ha mirado.
Sintió un no sé que en el pecho,
Que el corazon le ha robado.

Y asi el corazon mas duro   Vencido y enamorado;
De los que el cielo ha criado   Y con esta novedad
Está rendido y medroso,   Se siente todo abrasado.

No se acierta, porque entre los romances sobre Angélica y Medoro no ha querido el Señor D. poner el de Góngora, y que es tan famoso y merece serlo, pues si tiene faltas, presenta primores y perfecciones de primera clase y en abundancia. Quintana, que llama á Góngora el rey de los romances, cita algunos retazos del de Angélica y Medoro como el mejor modelo de esta clase de poesía:

Todo es gala el Africano,
Su vestido espira olores,
El lunado arco suspende,
Y el corvo alfange depone.

Tórtolas enamoradas
Son sus roncos atambores,
Y los volantes de Vénus
Sus bien seguidos pendones.

Desnuda el pecho anda ella,
Vuela el cabello sin órden,
Si le abrocha, es con claveles,
Con jasmines, si le coge.

. . . .

Todo sirve á los amantes,
Plumas les baten veloces
Airecillos lisongeros,
Si no son murmuradores.

Los campos les dan alfombras,
Los árboles pabellones,
La apacible fuente sueño,
Música los ruiseñores.

Los troncos les dan cortezas
En que se guarden sus nombres
Mejor que en tablas de mármol
Ó que en láminas de bronce.

No hay verde fresno sin letra,
No hay blanco chopo sin mote;
Si un valle Angélica suena,
Otro Angélica responde.

Duran, crítico de otra y mas moderna escuela, saca de la misma composicion argumentos en defensa del romanticismo contra el falso clasicismo.   **A. G.**

58.

Estánse enamorando Angélica y Medoro; los sorprehende Orlando,
y furioso de celos echa mano á la espada.

Regalando el tierno bello
De la boca de Medoro,
La bella Angélica estaba
Sentada al tronco de un olmo.
Los bellos ojos le mira
Con los suyos piadosos,
Y con sus hermosos labios
Mide sus labios hermosos.
¡Ay Moro venturoso,
Que á todo el mundo tie-
    nes envidioso!

Convaleciente del cuerpo
Estaba el dichoso Moro,
Y tan enfermo del alma,
Que al cielo pide socorro.

Enternecida á las quejas
Angélica de Medoro,
Le cura con propia mano,
Y queda sano del todo.
¡Ay Moro venturoso, etc.

Á las quejas y dulzuras
Que los dos se dicen solos,
Descubriéndolos el eco,
Orlando llegó furioso,
Y viendo á su yedra asida
Del mas despreciado tronco,
Pone mano á Durindana,
Lleno de celos y enojo.
¡Ay Moro venturoso, etc.

Esta série de romances es de orígen moderno é imitada toda de los poetas italianos, como advierte con razon Duran. **D.**

Las octavas en que terminan los romances 51 y 53, asi como el estilo y la versificacion, son nuevas pruebas de lo moderno de estas cinco composiciones sobre Rugero. Sabido es que la octava fue usada primero en España por Boscan y Garcilaso, aunque el endecasílabo habia sido usado mucho antes, pero rara vez. **A. G.**

59.

Recoge Angélica á Medoro, y agasajándole, se le lleva consigo.

Sobre la desierta arena
Medoro triste yacia,
Su cuerpo en sangre bañado,
La cara toda teñida,

Con tristes ansias diciendo:
„Grande ha sido mi desdicha;

Por ser leal á mi rey,
Pierdo cuitado la vida.

„No me pesa tanto desto,
Que muy bien está perdida,
Como de ver que he quedado
Muerto en esta arena fria.

„Aunque me coman las fieras
En esta sola campiña,
No habrá quien de mí se duela,
Ni me tenga compañía.

„Sintiéronme los Cristianos,
Y lo paga el alma mia.
¡O si quisiese ya Febo
Alumbrarme estas heridas!"

Y hablando tristamente
Con las ansias que sentia,
Vido á Angélica la bella
Que de su amor se rendia;

Y como vió á su Medoro
Tendido en la verde orilla,
Movida de compasion,
Para él derecho se iba,

Y del palafren se apea.
Desta manera decia:
„No temas, buen Caballero,
Pues pareces de alta guisa;

„Que á los casos de fortuna
El valor los resistia."
Por el campo anda buscando
Si halla alguna medicina.

Las yervas que son mejores,
Entre las piedras molia;
Ya se las pone al Infante
En las mayores heridas.

Si el Moro tiene dolor,
Ella no tiene alegría.
Mirando estaba á Medoro,
Que mas que á sí lo queria;

Súbelo en su palafren,
Y Angélica á pie camina
Sin sentir jamas cansancio.
Con su Medoro se iba,
Triunfando con gran contento
De todo el reino de Ungria.

60.

Orlando rabia de celos al tener nuevas y ver señales de como se
gozan Angélica y Medoro enamorados.

Entre los dulces testigos
De la gloria de Medoro,
Fuentes, árboles, jazmines,
De las ninfas bello coro,

Donde el Moro bien andante
Gozó del dulce tesoro
De aquella bella hermosura,
Enlazada en lazos de oro,

Está el valeroso Orlando,
Vuelto una fuente de lloro,

Diciendo entre mil suspiros:
„¡Ay felicísimo Moro!"

Dícele: „Fiero enemigo,
¿Qué es del sol por quien yo lloro?
Agora gozas la lumbre
Por quien en tinieblas moro.

„Pues tienes rendida el alma
De aquella á quien yo adoro,
Yo te sacaré la tuya,
Si de este estado mejoro.

„Bien sé que con tal venganza
El ser de Orlando desdoro;
Pero el amor me disculpa,
Que á nadie guarda el decoro.“

Luego, con rabiosa basca
Bramando cual bravo toro,
Se embravece contra sí,
Aumentando mas su lloro.

61.

Al leer Orlando letras y motes, donde Angélica y Medoro declaran su mutuo amor, y como le gozaban, da rienda á su furia, y hace destrozos de cuanto le rodea.

„Aqui gozaba Medoro
De su bella deseada
A pesar del paladino
Y de los Moros de España.

„Aqui sus hermosos brazos,
Como yedra que se enlaza,
Ciñieron su cuello y pecho,
Haciendo un cuerpo dos almas.“

Estas palabras de fuego,
Escritas con una daga
En el mármol de una puerta,
El conde Orlando miraba.

Y apenas leyó el renglon
De las postreras palabras,
Cuando con voces de loco
Echó mano á Durindana.

Y dando sobre las letras
Una y otra cuchillada,
Con el encantado acero
Piedras y centellas saltan,

Que de palabras de amor
No solamente en las almas,
Que en las piedras entra el fuego,
Y dellas sale la llama.

La coluna deja entera,
Como lo está su esperanza,
Que confiesa ser mas firme
Que no el valor de sus armas.

Entrando la casa adentro,
Vió pintada en una cuadra
La amarilla y fiera muerte,
Que á los pies de un niño estaba.

Conoció que era el amor
En las flechas y la aljaba,
Y unas letras que salian
De las manos de una dama.

Lo que decian repite,
Como quien no entiende nada;
Que en males que vienen ciertos,
Es gloria engañar al alma.

Las letras dicen: „Medoro,
El grande amor de su esclava
Ha de vencer á la muerte;
Que aun muerto vive quien ama.“

No tiene el conde paciencia;
Que alborotando la sala,
Despedaza cuanto mira,
De amor injusta venganza.

En algunas ediciones falta la cuarteta que aqui va la última, y
está impresa en otras, la cual comienza:

> Lo que dice, y lo que siente,
> Entiéndalo quien bien ama,
> Si sabe el mal que son celos,
> Que llaman muerte de rabia.

D.

62.

Herido mortalmente Agrican se vuelve Cristiano, y recibe al
morir el bautismo de la mano que le venció y dió el golpe
mortal.

Roja de sangre la espuela
De la bijada del caballo,
Rojo el pretal y la cincha,
Y el freno hecho pedazos;

Despedazado el escudo
Y el fuerte peto acerado,
Y hecha sierra la espada,
Sin vigor ni fuerza el brazo;

Abierta media cabeza
De un golpe de espada bravo,
Que no pudo resistillo
El fuerte yelmo encantado;

Junto á una pequeña fuente,
Recostado en un peñasco,
Estaba el fuerte Agrican,
Para volverse Cristiano.

Compañía tiene á solas
Quien le acompañó en el campo,

Cuando con armas iguales
De las suyas hizo estrago.

Allí le dió agua de fé
Aquella invencible mano
Que nunca se vió vencida
Jamas de ningun contrario.

Venia la noche escura,
Y el claro sol eclipsado,
Con agua y espesas nubes
Turbando los aires claros.

Y con temerosos truenos
En los valles resonando,
Cubria la negra tierra,
Relámpagos, piedra y rayos,

Cuando ya el cristiano rey
El espíritu ha dejado,
Dejándole el cuerpo frio
Al paladin en los brazos.

63.

Los cazadores del rey se acercan á un castillo dicho de Maines.
Allí una hermosa doncella precedida de condes y reyes está
cautiva de Rico Franco el Aragones, que ha quitado la vida á
sus hermanos. La presa engaña á su tirano, y hallándose por
arte con su cuchillo, con él le mata.

Á caza iban, á caza
Los cazadores del rey;
Ni hallaban ellos caza,
Ni hallaban que traer.

Perdido habian los falcones,
Mal los amenaza el rey;
Arrimáranse á un castillo
Que se llamaba Maines.

Dentro estaba una doncella
Muy hermosa y muy cortes;
Siete condes la demandan,
Y asi hacen reyes tres.

Robárala Rico Franco,
Rico Franco Aragones;
Llorando iba la doncella
De sus ojos tan cortes.

Halágala Rico Franco,
Rico Franco Aragones:

,, Si lloras tu padre ó madre,
Nunca mas vos los vereis.

,, Si lloras los tus hermanos,
Yo los maté todos tres.''
,, Ni lloro padre ni madre;
Ni hermanos todos tres;

,, Mas lloro la mi ventura,
Que no sé cual ha de ser.
Prestédesme, Rico Franco,
Vuestro cuchillo lugues;

,, Cortaré fitas al manto
Que no son para traer.''
Rico Franco de cortese
Por las tachas lo fue tender.

La doncella que era artesa,
Por los pechos se lo fue á meter.
Asi vengó padre y madre,
Y aun hermanos todos tres.

ROMANCES SOBRE EL CONDE ALARCOS.

64.

Quéjase la Infanta al rey su padre de que el conde Alarcos se haya casado con otra muger, dejándola á ella, que por su amor ha despreciado un alto enlace, y pide que el conde dé muerte á su muger, para darle á ella despues la mano. Despues de haberla reprehendido el rey flaco de propósito, acude á su ruego. Propone al conde el malvado hecho. Repúgnalo primero el marido; pero al cabo cede y promete cometer el delito. Barbárie con que es muerta la condesa, despues de separarla de sus hijos, niños tiernos, y no obstante sus quejas y ardor con que pide que no la maten. Castigo que da Dios á tan atroz delito en las personas de todos cuantos en él tuvieron parte.

Retraida está la Infanta,
Bien asi como solia,
Viviendo muy descontenta
De la vida que tenia,

Viendo que ya se pasaba
Toda la flor de su vida,
Y que el rey no la casaba,
Ni tal cuidado tenia.

Entre sí estaba pensando
Á quien se descubriria,
Y acordó llamar al rey,
Como otras veces solia,

Por decirle su secreto
Y la intencion que tenia.
Vino el rey, siendo llamado;
Que no tardó su venida.

Vídola estar apartada,
Sola está sin compañía;
Su lindo gesto mostraba
Ser mas triste que solia.

Conociera luego el rey
El enojo que tenia.
,,¿Qué es aquesto, la Infanta?
¿Qué es aquesto, hija mia?

,,Contadme vuestros enojos,
No tomeis malenconía;
Que sabiendo la verdad,
Todo se remediaria.‘‘

,,Menester será, buen Rey,
Remediar la vida mia;
Que á vos quedé encomendada
De la madre que tenia.

„Con vergüenza os lo demando,
No con gana que tenia;
Que aquestos cuidados tales
Á vos, Rey, pertenecian.“

Escuchada su demanda,
El buen rey la respondia:
„Esa culpa, la Infanta,
Vuestra era, que no mia;

„Que ya fuérades casada
Con el príncipe de Hungría;
No quisistes escuchar
La embajada que venia.

„Pues acá en las nuestras cortes,
Hija, mal recaudo habia,
Si no era el conde Alarcos,
Que hijos y muger tenia.“

„Convidaldo vos, el Rey,
Al conde Alarcos un dia;
Y despues que hayais comido,
Decilde de parte mia,

„Decilde que se acuerde
De la fé que dél tenia,
La cual él me prometió,
Que yo no se la pedia,

„De ser siempre mi marido,
Y yo que su muger seria.
Yo fui dello muy contenta,
Y que no me arrepentia.

„Si casó con la condesa,
Que mirara lo que hacia;
Que por él no me casé
Con el príncipe de Hungría.

„Si casó con la condesa,
Dél es culpa, que no mia.“
Perdiera el rey en la oir
El sentido que tenia;

Mas despues en sí tornado,
Con enojo respondia:
„No son estos los consejos
Que vuestra madre os decia.

„Muy mal mirastes, Infanta,
Do estaba la honra mia;
Si verdad es todo eso,
Vuestra honra ya es perdida.

„No podeis vos ser casada.
Mientras la condesa viva.
Si se hace el casamiento
Por razon ó por justicia,

„En el decir de las gentes
Por mala sereis tenida.
Dadme vos, hija, consejo,
Que el mio no bastaria;

„Que ya es muerta vuestra madre,
Á quien consejo pedia.“
„Pues yo os lo daré, buen Rey,
Deste poco que tenia:

„Mate el conde á la condesa,
Que nadie no lo sabria,
Y eche fama que ella es muerta
De un cierto mal que tenia,

„Y tratarse ha el casamiento
Como cosa no sabida.
Desta manera, buen Rey,
Mi honra se guardaria.“

De alli se salia el rey,
No con placer que tenia;
Lleno va de pensamientos
Con la nueva que sabia.

Vido estar al conde Alarcos
Entre muchos, que decia:
„¿Qué aprovecha, Caballeros,
Amar y servir amiga,

II.

„Siendo servicios perdidos,
Donde firmeza no habia?
No pueden por mí decir
Aquesto que yo decia;

„Que en el tiempo que serví
Una que tanto queria,
Si bien la quise entonces,
Agora mas la queria.

„Mas por mí pueden decir:
Quien bien ama, tarde ol-
vida.“
Estas palabras diciendo,
Vido al buen rey que venia,

„Y hablando con el rey,
De entre todos se salia.
Díjole el buen rey al conde,
Hablando con cortesía:

„Convidaros quiero, Conde,
Por mañana en aquel dia
Que querais comer conmigo
Por tenerme compañía.“

„Que se haga de buen grado
Lo que su Alteza decia;
Beso sus manos reales
Por la buena cortesía.

„Detenerme he aqui mañana,
Aunque estaba de partida;
Que la condesa me espera,
Segun carta que me envía.“

Otro dia de mañana
El rey de misa salia;
Luego se asentó á comer,
No por gana que tenia,

Sino por hablar al conde
Lo que hablarle queria.
Alli fueron bien servidos,
Como á rey pertenecia.

Despues que hubieron comido,
Toda la gente salida,
Quedóse el rey con el conde
En la tabla do comia.

Empezó el rey de hablar
La embajada que traia:
„Unas nuevas traigo, Conde,
Que dellas no me placia,

„Por las cuales yo me quejo
De vuestra descortesía:
Prometestes á la Infanta
Lo que ella no os pedia,

„De siempre ser su marido,
Y á ella que le placia.
Si á otras cosas pasaste,
No entro en esa porfía.

„Otra cosa os digo, Conde,
De que mas os pesaria;
Que mateis á la condesa,
Que asi cumple á la honra mia.

„Echeis fama de que es muerta
De cierto mal que tenia,
Y tratarse ha el casamiento
Como cosa no sabida,

„Porque no sea deshonrada
Hija que tanto queria.“
Oidas estas razones,
El buen conde respondia:

„No puedo negar, el Rey,
Lo que la Infanta decia,
Sino que es muy gran verdad
Todo cuanto me pedia.

„Por miedo de vos, el Rey,
No casé con quien debia,
Ni pensé que vuestra Alteza
En ello consentiria.

„De casar con la Infanta,
Yo, Señor, bien casaria;
Mas matar á la condesa,
Señor Rey, no lo haria,

„Porque no debe morir
La que mal no merecia."
„De morir tiene, buen Conde,
Por salvar la honra mia,

„Pues no mirastes primero
Lo que mirar se debia.
Si no muere la condesa,
Á vos costará la vida.

„Por la honra de los reyes
Muchos sin culpa morian;
Que muera pues la condesa,
No es mucha maravilla."

„Yo la mataré, buen rey,
Mas no sea la culpa mia;
Vos os avendreis con Dios
En el fin de vuestra vida.

„Y prometo á vuestra Alteza
Á fé de caballería
Que me tengan por traidor,
Si lo dicho no cumplia

„De matar á la condesa,
Aunque mal no merecia.
Buen Rey, si me dais licencia,
Luego yo me partiria."

„Vayais con Dios, el buen Conde,
Ordenad vuestra partida."
Llorando se parte el conde,
Llorando sin alegría.

Lloraba tambien el conde
Por tres hijos que tenia;
El uno era de teta,
Que la condesa lo cria;

Que no queria mamar
De tres amas que tenia,
Si no era de su madre,
Porque bien la conocia.

Los otros eran pequeños,
Poco sentido tenian.
Antes que el conde llegase,
Estas razones decia:

„¿Quien podrá mirar, Condesa,
Vuestra cara de alegría,
Que saldreis á recibirme
Á la fin de vuestra vida?

„Yo soy el triste culpado,
Esta culpa toda es mia."
En diciendo estas palabras,
Ya la condesa salia;

Que un page le babia dicho
Como el conde ya venia.
Vido la condesa al conde
La tristeza que tenia.

Vióle los ojos llorosos;
Que hinchados los tenia
De llorar por el camino,
Mirando el bien que perdia.

Dijo la condesa al conde:
„¡Bien vengais, bien de mi vida!
¿Qué babeis, el Conde Alarcos?
¿Porqué llorais, vida mia?

„Que venis tan demudado,
Que cierto no os conocia.
No parece vuestra cara
Ni el gesto que ser solia.

„Dadme parte del enojo,
Como dais de la alegria;
Decidmelo luego, Conde,
No mateis la vida mia."

8 *

„Yo lo diré bien, Condesa,
Cuando la hora seria.“
„Si no me lo decis, Conde,
Cierto yo reventaria.“

„No me fatigueis, Señora,
Que no es la hora venida.
Cenemos luego, Condesa,
De aqueso que en casa habia.“

„Aparejado está, Conde.
Como otras veces solia.“
Sentóse el conde á la mesa,
No cenaba, ni podia.

Con sus hijos al costado,
Que muy mucho los queria.
Echóse sobre los hombros,
Hizo como que dormia.

De lágrimas de sus ojos
Toda la mesa cubria.
Mirándolo la condesa,
Que la causa no sabia,

No le preguntaba nada,
Que no osaba, ni podia.
Llevantóse luego el conde,
Dijo que dormir queria.

Dijo tambien la condesa
Que ella tambien dormiria;
Mas entre ellos no habia sueño,
Si la verdad se decia.

Vanse el conde y la condesa
Á dormir donde salian;
Dejan los niños de fuera,
Que el conde no los queria.

Lleváronse el mas chiquito,
El que la condesa cria;
El conde cierra la puerta,
Lo que hacer no solia.

Empezó de hablar el conde
Con dolor y con mancilla:
„¡O desdichada Condesa,
Grande fue la tu desdicha!“

„No soy desdichada, Conde;
Por dichosa me tenia
Solo en ser vuestra muger;
Esta fue gran dicha mia.“

„Si bien lo mirais, Condesa,
Esa fue vuestra desdicha.
Sabed que en tiempo pasado
Yo amé á quien servia,

„La cual era la Infanta.
Por desdicha vuestra y mia
Prometí casar con ella,
Y á ella que le placia.

„Demándame por marido
Por la fé que me tenia.
Puédelo muy bien hacer
Por razon y por justicia.

„Díjomelo el rey, su padre,
Porque della lo sabia.
Otra cosa manda el rey
Que toca en el alma mia.

„Manda que murais, Condesa,
Á la fin de vuestra vida;
Que no puede tener honra,
Siendo vos, Condesa, viva.“

Desque esto oyó la condesa,
Cayó en tierra mortecida:
Mas despues en sí tornada,
Estas palabras decia:

„Pagados son mis servicios,
Conde, con que yo os servia;
Si no me matais, el Conde,
Yo bien os consejaria.

„Enviédesme á mis tierras,
Que mi padre me ternia;
Yo criaré vuestros hijos
Mejor que la que vernia,

„Y os mantendré castidad,
Como siempre os mantenia.‚‚
„De morir habeis, Condesa,
Antes que amanezca el dia.‚‚

„Bien parece, Conde Alarcos,
Yo ser sola en esta vida;
Porque tengo el padre viejo,
Mi madre ya es fallecida,

„Y mataron á mi hermano,
El buen conde Don Garcia;
Que el rey lo mandó matar
Por miedo que dél tenia.

„No me pesa de mi muerte,
Porque yo morir tenia;
Mas pésame de mis hijos,
Que pierden mi compañia.

„Hacémelos venir, Conde,
Y verán mi despedida.‚‚
„No los vereis mas, Condesa,
En dias de vuestra vida.

„Abrazad ese chiquito;
Que aqueste es el que os perdia.
Pésame de vos, Condesa,
Cuanto pesar me podia.

„No os puedo valer, Señora,
Que mas me va que la vida;
Encomendaos á Dios
Que esto de hacerse tenia.

„Dejeisme decir, buen Conde,
Una oracion que sabia.‚‚
„Decilda presto, Condesa,
Antes que amanezca el dia.‚‚

„Presto la habré dicho, Conde,
No estaré un avemaría.‚‚
Afinojóse en la tierra,
Y esta oracion decia:

„En las tus manos, Señor,
Encomiendo el alma mia;
No me juzgues mis pecados
Segun que yo merecia,

„Mas segun tu gran piedad
Y la tu gracia infinita.‚‚
Acabada es ya, buen Conde,
La oracion que yo sabia.

„Encomiéndoos esos hijos
Que entre vos y mí habia,
Y rogad á Dios por mí,
Mientras tuviésedes vida;

„Que á ello sois obligado,
Pues que sin culpa moria.
Dédesme acá ese hijo,
Mamará por despedida.‚‚

„No lo desperteis, Condesa,
Dejaldo estar, que dormia;
Sino que os pido perdon,
Porque ya llegaba el dia.‚‚

„Á vos yo perdono, Conde,
Por amor que vos tenia;
Mas yo no perdono al rey,
Ni á la Infanta, su hija;

„Sino que queden citados
Delante la alta justicia;
Que allá vayan á juicio
Dentro de los treinta dias.‚‚

Estas palabras diciendo,
El conde se apercibia;
Echóle por la garganta
Una toca que tenia.

Apretó con las dos manos
Con la fuerza que podia;
No le aflojó la garganta,
Mientras que vida tenia.

Cuando ya la vido el conde
Traspasada y fallecida,
Desnudóle los vestidos
Y las ropas que tenia.

Echóla encima la cama,
Cubrióla como solia;
Desnudóse á su costado
Obra de un avemaría.

Levantóse, dando voces
Á la gente que tenia:

„¡Socorro, mis escuderos,
Que la condesa se fina!"

Hallan la condesa muerta
Los que á socorrer venian.
Asi murió la condesa
Sin razon y sin justicia.

Mas tambien todos murieron
Dentro de los treinta dias.
Los doce dias pasados,
La Infanta ya se moria,

El rey á los veinte y cinco,
El conde al treinteno dia.
Allá fueron á dar cuenta
Á la justicia divina.
Acá nos dé Dios su gracia,
Y allá la gloria cumplida.

Esta trágica breve historia en verso corre impresa por separado
en varias ediciones. De ellas hay una en un pliego en 4 sin fecha
ni lugar de impresion, pero que parece segun toda probabilidad
hecha en Barcelona como á fines del siglo XVII. El título de esta
obrilla es: „La tragedia del conde Alarcos y de la Infanta: trata de como mató á su muger por casarse con
la dicha Infanta." Federico Schlegel ha tratado este argumento
en versos alemanes.   **D.**

65.

*Amoroso mensage que envía al caballero cristiano Fajardo la
Mora Fatima, prendada de su persona y hechos.*

„Caballero Abindarraez,
Pues os partis á la guerra,
Y para el reino de Murcia
Haceis alarde y reseña,

„Si viéredes á Fajardo,
Aquel de la cruz bermeja,

Aquel alcalde de Lorca,
De quien tantas cosas cuentan,

„Aquel que de ver su sombra
Tiemblan los Moros de veras,
Aquel que mató Alfajar,
Y que arrastró sus banderas,

„Pues yo sé que es vuestro
          amigo,
Que no alcanzareis las vuestras,
Para quitalle sus villas,
Ni hacer á su gente ofensa,

„Decidme como en Grannda
Fatima rogando queda
Á Mahomá su vida
Y por sus altas empresas.

„Decidle que de su fama
Está enamorada, y tierna,
Informada de un esclavo
Que fue yerba de su flecha.

„Decidle que pudo el nombre
De Fajardo en mi dureza

Mas que de Zaide el amor,
Y que ha un año que me in-
          quieta.

„Y decilde que aunque sé
Que el amarle es cosa honesta,
Sé que es el verle imposible,
Y que, siéndolo, se aumenta.

„Y que le labré un pendon
De seda, oro, plata y perlas,
Que le daré de mi mano,
Si quiere Alá que le vea.

„Que me tenga en su memoria,
Y ya que no lo merezca,
Por su muger que le adora,
Y que de suya se precia.“

Este romance está en el II. acto de la comedia de Lope de Vega
intitulada: „El primer Fajardo.“   D.

66.

Viendo la Infanta que el conde aleman enamora á su madre,
quiere impedir la deshonra de su padre, y da falso aviso de
que el conde con dañados intentos la requiere de amor, con lo
cual el rey resuelve castigarle, quedando asi el adúltero con la
debida pena, é ilesa la honra de los reyes.

Á tan alto va la luna
Como el sol á medio dia,
Cuando el buen conde aleman
Ya con la reina dormia. [1]

No lo sabe hombre nacido
De cuantos en corte habia,

Si no era la Infanta, [2]
Aquesa Infanta, su hija.

Y su madre la hablaba,
Desta manera decia:
„Cuanto viéredes, Infanta,
Cuanto viéredes, encobrildo;

---

1) Con esa dama yacia.
2) Sino solo la condesa.

„Daros ha el conde aleman
Un manto de oro fino."
„¡Mal fuego lo queme, madre,
El manto de oro fino,

„Cuando en vida de mi padre
Tuviese padrastro vivo!"
De alli se fuera llorando.
El rey [1]), su padre, la ha visto.

„¿Porqué llorais, la Infanta?
Decid, ¿quién llorar os hizo?"
„Yo me estaba aqui comiendo,
Comiendo sopas de vino,

„Entró el conde aleman,
Y echólas por el vestido."
„Calleis, mi hija, calleis,
No tomeis deso pesar;
Que el conde es niño y muchacho,
Facerlo ha por burlar."

„¡Mal fuego quémese, padre,
Tal reir y tal burlar!
Cuando me tomó en sus brazos,
Conmigo quiso holgar!" [2])

„Si él vos tomó en sus brazos,
Y con vos quiso holgar,
En antes que el sol saliese,
Yo lo mandaré matar."

Esta es una escena escandalosa de algun libro de caballería. La hija delata á su padre el seductor de su madre, pero dándole á creer que intenta deshonrarla á ella. El seductor está señalado solamente con el nombre de conde aleman; pero el título de la composicion en el Cancionero dice ser el conde Baldovin (probablemente de Flandes).

Curiosas son las variantes de este romance. En el Cancionero la adúltera es una reina. En las ediciones siguientes el dictado de reina desaparece, y solo se llama „esa dama." **D.**

---

1) El conde.
2) Non me quiso respectar.

67.

La duquesa de Lorena viene á Toledo á la corte del rey godo
Rodrigo á ver si halla quien combata por ella, estando falsa-
mente acusada por Lembrot, hermano del duque, su marido, de
haber sido poco limpia. Ofrécense á servirla tres de los mejores
caballeros godos, y peleando estos con los contrarios de la du-
quesa, los vencen y matan.

En la ciudad de Toledo
Muy grandes fiestas hacia
Ese rey godo Rodrigo
Con su gran caballería,

Y mucha gente extrangera
Á la tal fiesta venia;
Vienen duques y marqueses,
Y reyes de gran valía.

En España era entonces
La flor de caballería.
La duquesa de Lorena
Á aquella corte venia,

No para mirar los juegos,
Sino á ver si hallaria
Quien se combata por ella
Sobre un pleito que traia

Es el pleito desta suerte
Que ella un marido tenia
Que la hacia heredera
De toda su señoría,

Si de su muerte en dos años
Castidad le mantenia;
Y lo contrario haciendo,
Que todo lo perderia.

Lembrot, hermano del duque,
Con codicia que tenia
De heredar en su ducado,
Testigos falsos ponia

Que acusen á la duquesa
Que con un varon dormia.
Fuéronse al emperador,
Y cada uno decia

De su razon y derecho,
Segun que mejor sabia.
La razon que da Lembrot,
Desta manera decia:

Que buscase la duquesa
Dentro de un año y un dia
Quien le combatiese á él
Y á dos tios que tenia

La contienda del ducado
Sobre que era la porfía:
Y que si Lembrot venciese,
Suyo el ducado seria.

Si venciese la duquesa,
Que firme le quedaria.
Al emperador aplace
Lo que Lembrot proponia.

Firmaron ambos á dos
Todo asi se trataria,
Con tal que fuese obligado
Lembrot y su compañía

De aceptar la batalla,
Do ella señalaria.
De alli se va la duquesa
Ya muy triste en demasía;

8 * *

Porque en toda aquella corte
Tres caballeros no habia
Que osasen á combatirse
Con los tres de la porfía.

Asi partió para España,
Y á Toledo se venia;
Muy bien la recibe el rey,
Hácele gran cortesía.

Cuando contó la duquesa
Á que fuera su venida,
Ofreciósele Sacarus,
Flor de la caballería;

Ofreciósele Almeric,
Lo mesmo Agreses hacia,
Todos buenos caballeros,
Que otros mejores no habia.

Las fiestas se comenzaron,
La duquesa bien las via;
¡Cuan bien que mostraba en ellas
Sacarus su gran valía!

Bien se cree la duquesa
Que por él libre seria.
Las fiestas son acabadas;
Luego la duquesa envía

Á citar sus enemigos
Que vengan á cierto dia
Á combatirse en España,
Con quien por ellos salia.

El término no es cumplido,
Cuando ya Lembrot venia
Con los dos tios consigo.
¡O cuan bien que parecia!

Porque era grande de cuerpo,
Gentil hombre en demasía;
Señálanles la batalla,
Señaláronles el dia.

Ya los meten en el campo,
Y mucha gente los mira;
Partido les han el sol,
Porque no haya mejoría.

Como todos fueron dentro,
Una trompeta se oia;
Corren unos para otros
Con esfuerzo y valentía.

Del encuentro de Sacarus
Lembrot en tierra caia;
Agreses y su contrario
Ambos á tierra venian.

Lo mesmo hace Almeric,
Y el contrario que tenia;
Levántanse muy ligeros
Sin punta de cobardía.

Y como Sacarus vido
Que apearse le cumplia,
Desciende de su caballo,
Y contre Lembrot venia.

Tantos se dan de los golpes,
Que gran espanto ponian;
Pues los otros caballeros
Tan sin duelo se herian,

Que á los que los miraban
Á gran compasion movian.
Hora y media se combaten
Sin conocer mejoría.

Mas como el sol era grande,
Gran trabajo les ponia;
Apártanse para holgar,
Que bien menester lo habian.

Como hubieran descansado,
Á la batalla volvian.
Todos seis andan en campo;
Que otra cosa no hacian

Sino dar y recibir
Fuertes golpes á porfía.
Todos están espantados
De como durar podia

Una tan fuerte batalla
Sin sentirse mejoría.
Tornaron á descansar
Ya cerca de mediodía.

Lembrot está mal herido,
Mucha sangre dél salia;
Entre sí estaba diciendo:
„¡Válgame santa María!

„Este hombre es infernal,
Que destruirme queria;
Porque si él humano fuese,
Mis golpes bien sentiria.

„Mas veo que cada hora
Le recrece la osadía.“
Ya embrazada Sacarus
Con vergüenza que tenia,

Y vase contra Lembrot,
El cual bien lo recebia.
La batalla que comienzan
Nueva á todos parecia.

Pues Almeric y Agreses
¡Cuan bien que se combatian!
Tienen fuertes enemigos;
Bien menester les hacia
Mostrar todo su ardimiento,
Por salir con su porfía.

Sacarus muy enojado,
Que la ira le crecia,
Tres golpes le dió á Lembrot,
De manos dar le hacia.

Mas Lembrot era ligero,
Levantóse muy aina;
Pero ya anda mirando
Como se defenderia.

Almeric viendo á Sacarus,
Como á Lembrot mal traia,
Pensó en su corazon
Que retraido seria.

Si en librar su batalla
Él mucho se detenia.
Agreses era mancebo,
Ardimiento le crecia.

Fue contra su enemigo,
Que cansado lo tenia,
Y hízole dar de manos,
Reciamente lo heria.

Gran placer habian las damas
De lo que Agreses hacia.
Sacarus muy enojado
Á Lembrot del yelmo tira,

Las enlazaduras quiebra,
La cara le descubria.
Mas Lembrot, que asi se vido,
Con Sacarus remetia,

Pensando que por ser grande
Que á lucha lo venceria,
Y cogiéndolo debajo,
Que luego lo mataria.

Mas Sacarus con su espada
La cabeza le hendia.
Los tios, que aquesto vieron,
Como Lembrot muerto habia,

Caen ambos en el suelo,
Corazon les fallecia;
Cortáronles las cabezas,
En el campo las ponian.

Luego preguntan al rey
Si mas que hacer habia;

Dijo el rey que bien estaba;
Que nada les fallecia.

68.

*La niña, princesa de Francia, yendo sola y perdida por el ca-
mino, da con un caballero atrevido que la requiebra; pero ella
le burla, y logrando que la acompañe hasta dejarla en salvo en
Paris, luego se le descubre, riendo de su bobería.*

De Francia partió la niña,
De Francia la bien guarnida,
Íbase para Paris,
Do padre y madre tenia.

Errado lleva el camino,
Errada lleva la via;
Arrimábase á un roble,
Por esperar compañía.

Vió venir un caballero
Que á Paris lleva la guia.
La niña, desque lo vido,
Desta suerte le decia:

„Si te place, Caballero,
Llévesme en tu compañía.“
„Pláceme, dijo, Señora,
Pláceme, dijo, mi vida.“

Apeóse del caballo,
Por hacelle cortesía,
Puso la niña en las ancas,
Y subiérase en la silla.

En el medio del camino
De amores la requeria.
La niña, desque lo oyera,
Díjole con osadía:

„¡Tate, tate, Caballero!
No hagais tal villanía.

Hija soy yo de un malato
Y de una malatía;

„El hombre que á mí llegase,
Malato se tornaria.“
El caballero con temor
Palabra no respondia.

Á la entrada de Paris
La niña se sonreia.
„¿De qué os reis, mi Señora?
¿De que os reis, vida mia?“

„Ríome del caballero
Y de su gran cobardía,
Tener la niña en el campo,
Y catarle cortesía.“

Caballero con vergüenza
Estas palabras decia:
„¡Vuelta, vuelta, mi Señora!
Que una cosa se me olvida.“

La niña como discreta
Dijo: „Yo no volveria,
Ni persona, aunque volviese,
En mi cuerpo tocaria.

„Hija soy del rey de Francia
Y de la reina Constantina;
El hombre que á mí llegase,
Muy caro le costaria.“

Hay un romance antiguo frances menos caballeresco y animado, pero mas tosco que el romance español que acaba de verse. El frances dice asi:

„Et qui vous passera le boys,
Dictes, ma doulce amye?
Nous la passerons cette foys
Sans point de villanye.
Quant elle feust au boys sibeau
D'aymer yl'a requise."
„Je suiz la fille d'un mezeau (gafo),
De cela vous advise!"

„De Dieu soyt mauldit le merdier
Qui la fille a nourrye!
Quant il na la meet á messier
Ou qu'il ne la marye,
Ou ne la faiet en lieu bouter
Que homme n'en ayt envye."

Quant elle feust dehors du boys
El se print á soubzrire.
„Belle qui menez tel desgoys,
Dictes moy, qu'est ce á dire?"
Et repondit á basse voix:
„Je suis la fille d'un bourgeois,
Le plus grant de la ville,
L'on doibt conart manldire."
„Femme je ne croiray d'ung moys,
'Tant soit belle ou abille."

L. Dubois, Vaux de Vire, chanson XXX.

D.

69.

Estáse la Infanta á orillas del Guadalquivir, y tiene un coloquio desabrido con el almirante de Castilla, que le trae malas nuevas de su flota.

Estaba la linda Infanta
A sombra de una oliva,
Peine de oro en sus manos,
Los sus cabellos bien cria.

Alzó sus ojos al cielo,
Encontra do el sol salia;
Vió venir un fuste armado
Por Guadalquivir arriba.

Dentro venia Alfonso Ramos,
Almirante de Castilla:
,,¡Bien vengais, Alfonso Ramos,
Buena sea tu venida!
¿Y que nuevas me traedes
De mi flota bien guarnida?"

,,Nuevas te traigo, Señora,
Si me aseguras la vida."

,,Diéseslas, Alfonso Ramos;
Que segura te seria."

,,Allá llevan á Castilla
Los Moros de Berbería."

,,Si no me fuese porque,
La cabeza te cortaria."
,,Si la mia me cortases,
La tuya te costaria."

ROMANCES SOBRE EL CONDE CLAROS.

70.

No pudiendo reposar el conde Claros aquejado de amores, apriesa se viste, y salta de la cama.

Conde Claros con amores
Non pudiera reposare;
Apriesa pide el vestido,
Apriesa pide el calzare.

Presto está su camarero,
Para habérselo de dare;
Que quien adama, non duerme,
Y mas cuando celos haye.

Salto diera de la cama,
Que parece un gavilane;
Que es con amores el lecho
Mármol duro y lid campale.

Las calzas se pone el conde
Apriesa y non de vagare;
Que amores de blanda niña
Llamándole apriesa estáne.

Esta cancioncilla está en la comedia intitulada: „Los fijos de la Barbada." Acaso el poeta que la escribió insertó en ella solamente las primeras cuartetas de una cancion al uso en su tiempo.

D.

71.

*El conde Claros, perdido de amores por la Infanta Claraniña,
á media noche se viste con costosos arreos, y se va hácia el palacio á hablar con su señora. Encuéntrase con ella, y la requiebra humilde y amoroso, prometiéndole hacer en su honra
altas hazañas. Como se entrega á él la Infanta, faltando á la
honestidad. Como los descubre un cazador, y da parte al rey
de la torpe accion que ha presenciado. Manda el rey que muera
el conde degollado por su delito. Plática que hace el arzobispo,
desculpando en parte al conde, de quien va á hacerse pública
justicia. Un pagecico, que va asistiendo al conde hácia el
cadahalso, dejándole, va á informar de lo que pasa á la Infanta.
Acude esta á su padre, y puesta á sus pies, con sentidas y vivas razones pide el perdon del conde. Déjase vencer el rey,
aconsejado por sus Magnates, y perdonando al culpado, le casa
con la Infanta.*

Media noche era por hilo,
Los gallos querian cantar;
Conde Claros por amores
No podia reposar.

Cuando muy grandes sospiros,
Que el amor le hacia dar,
Porque amor de Claraniña
No le deja sosegar.

Cuando vino la mañana
Que queria alborear,
Salto diera de la cama,
Que parece un gavilan.

Voces da por el palacio,
Y empezara de llamar.
,,¡Levantaos, mi camarero,
Dadme vestir y calzar!"

Presto estaba el camarero,
Para habérselo de dar.
Diérale calzas de grana,
Borreguís de cordoban.

Diérale jubon de seda
Aforrado en zarzanan;

Diérale un manto muy rico,
Que no se puede apreciar,

Trescientas piedras preciosas
Al rededor del collar.
Traele un rico caballo
Que en la corte no hay su par;

Que la silla con el freno
Bien valia una ciudad,
Con trescientos cascabeles
Al rededor del petral.

Los ciento eran de oro,
Y los ciento de metal,
Y los ciento son de plata,
Por los sones concordar.

Ibase para el palacio,
Para el palacio real,
Y á la Infanta Claraniña
Alli la fuera de á hablar.

Trescientas damas con ella
La iban á acompañar;
Tan linda va Claraniña,
Que á todos hace penar.

Conde Claros, que la vido,
Luego va á descabalgar;
De rodillas en el suelo
Le comenzó de hablar:

„¡Mantenga Dios á tu Alteza!"
„¡Conde Claros, bien vengais!"
Las palabras que prosigue
Eran por enamorar.

„¡Conde Claros, Conde Claros,
El Señor de Montalvan,
Como habeis hermoso cuerpo
Para con Moros lidiar!"

Respondiera el conde Claros,
Tal respuesta le fue á dar:
„Mejor le tengo, Señora,
Para con damas holgar.

„Si ya os tuviera esta noche,
Mi Señora, á mi mandar,
Querria la otra mañana
Con cien Moros pelear;

„Y si á todos no venciese,
Que me mandasen matar."
„¡Calledes, Conde, calledes,
Y no os querais alabar.

„El que quiere servir damas,
Asi lo suele hablar,
Y al entrar en las batallas
Bien se saben excusar."

„Si no lo creeis, Señora,
Por las obras se verá.
Siete años son pasados
Que os empecé de amar;

„Que de noche yo no duermo,
Ni de dia puedo holgar."
„Siempre os preciastes, Conde,
De las damas os burlar.

„Mas dejáme ir á los baños,
Á los baños á bañar;
Cuando yo sea bañada,
Estoy á vuestro mandar."

Respondiérale el buen conde,
Tal respuesta le fue á dar:
„Bien sabedes vos, Señora,
Que soy cazador real.

„Caza que tengo en la mano,
Nunca la puedo dejar."
Tomárala por la mano,
Y para un vergel se van.

Á la sombra de un acipres
Debajo de un rosal
De la cintura arriba
Tan dulces besos se dan;

De la cintura abajo
Como hombre y muger se han.
Mas fortuna, que es adversa
Á placeres y á pesar,

Trujo alli un cazador
Que no debia pasar
Detras de una podenca,
Que rabia debia matar.

Vido estar al conde Claros
Con la Infanta á lindo holgar.
El conde, cuando le vido,
Empezóle de llamar.

„¡Ven acá tú, el cazador,
Y Dios te garde de mal!
De todo lo que has visto,
Que nos guardes poridad.

„Daréte mil marcos de oro,
Y si mas quisieres, mas;
Casarte he con una doncella
Que era mi prima carnal.

„Darte he en arras y en dote
La villa de Montalvan;
De otra parte la Infanta
Mucho mas te puede dar.“

El cazador sin ventura
No les quiso escuchar;
Vase para los palacios,
Adonde el buen rey está.

„¡Manténgate Dios, el Rey,
Y á tu corona real!
Una nueva yo te traigo
Dolorosa y de pesar.

„No te cumple traer corona,
Ni en caballo cabalgar;
La corona de la cabeza
Bien te la puedes quitar,

„Si tal deshonra como esta
La hubieses de comportar;
Que he hallado la Infanta
Con Claros de Montalvan,

„Besándola y abrazándola
En vuestro huerto real
De la cintura abajo,
Como hombre y muger se han.“

El rey con muy grande enojo
Mandó el cazador matar,
Porque habia sido osado
De tales nuevas llevar.

Mandó llegar alguaciles
Apriesa, no de vagar;
Mandó armar quinientos hombres
Que lo hayan de acompañar,

Para que prendan el conde,
Y le hayan de tomar;
Y mandó cerrar las puertas,
Las puertas de la ciudad.

Á las puertas de palacio
Allá le fueron de hallar;
Preso llevan al buen conde
Con mucha riguridad.

Unos grillos á los pies
Que bien pesan un quintal;
Las esposas á los manos,
Que era dolor de mirar.

Una cadena á su cuello,
Que de hierro era el collar;
Cabálganle en una mula,
Por mas deshonra le dar.

Metiéronle en una torre
De muy gran escuridad;
Las llaves de la prision
El rey las quiso llevar,

Porque sin licencia suya
Nadie le pudiese hablar.
Por él rogaban los Grandes,
Cuantos en la corte están,

Por él rogaba Oliveros,
Por él rogaba Roldan,
Y ruegan los doce pares
De Francia la natural,

Y las monjas de santa Ana
Con las de la Trinidad
Llevaban un crucifijo,
Para el rey poder rogar.

Con ellas va el arzobispo,
Y un perlado y cardenal;
Mas el rey con grande enojo
Á nadie quiso escuchar,

Antes de muy enojado
Sus Grandes mandó llamar.
Cuando ya los tuve juntos,
Empezóles de hablar:

„Amigos é hijos mios,
Á lo que os hice llamar;
Ya sabeis que el conde Claros,
El señor de Montalban,

„De niño yo le he criado,
Hasta ponello en edad,
Y le he guardado su tierra,
Que su padre le fue á dar.

„Hícele gobernador
De mi reino natural;
Él por darme galardon
Mirad en que fue á tocar;

„Que quiso forzar la Infanta,
Hija mia natural.
Hombre que lo tal comete,
¿Que sentencia le han de dar?“

Todos dicen á una voz
Que le hayan de degollar;
Y asi la sentencia dada,
El buen rey la fue á firmar.

El arzobispo, que esto viera,
Al buen rey fue á hablar,
Pidiéndole por merced
Licencia le quiera dar,

Para ir á ver el conde,
Y su muerte denunciar.
„Pláceme, dijo el buen rey,
Pláceme de voluntad,

„Mas con esta condicion
Que solo habeis de andar
Con aquesto pagecico,
Que le va á acompañar.“ [1]

Cuando vido estar al conde
En su prision y pesar,

Las palabras que le dice,
Dolor eran de escuchar:

„Pésame de vos, el Conde,
Cuanto me puede pesar;
Que los yerros por amores
Dignos son de perdonar.

„La desastrada caida
De vuestra suerte y ventura,
Y la nueva á mi venida
Sabed que hace mi vida
Mas triste que la tristura,

„De forma que no sé donde
Pueda yo plazer cobrar.
Pues que por vos no se esconde,
De vos me pesa, el buen Conde,
Porque asi os quieren matar.

„Los como vos esforzados
Para las adversidades
Han de estar aparejados
Tanto á sufrir los cuidados
Como las prosperidades.

„Pues el primero no fuistes
Vencido por bien amar,
No temais angustias tristes;
Que los yerros que hecistes
Dignos son de perdonar.

„Por vos he rogado al rey,
Nunca me quiso escuchar;
Antes ha dado sentencia
Que os hayan de degollar.
Yo os lo dije bien, sobrino,

„Que os dejásedes de amar;
Que el que á las mugeres ama,
Atal galardon le dan,
Que haya de morir por ellas
Y en las cárceles penar.“

---

1) De quien puedo bien fiar.

Respondió presto el buen conde
Con esfuerzo singular:
,,¡Calledes por Dios, mi tio,
No me querais enojar!

,,Quien no ama las mugeres,
No se puede hombre llamar;
Mas la vida que yo tengo,
Por ellas quiero gastar.‘‘

Respondióle el pagecico,
Tal respuesta le fue á dar:
,,Conde, bien aventurado
Siempre os deben de llamar,

,,Porque muerte tan honrada
Por vos habia de pasar;
Mas envidia he de vos, Conde,
Que mancilla ni pesar.

,,Mas quisiera ser vos, Conde,
Que el rey que os manda matar,
Porque muerte tan honrada
Por mí hubiese de pasar.

,,Llama yerro la fortuna
Quien no la sabe gozar;
Que la priesa del cadahalso
Vos, Conde, la debeis dar.

,,Si no es dada la sentencia,
Vos la debeis de firmar.‘‘
El conde, cuando esto oyera,
Tal respuesta le fue á dar:

,,¡Por Dios te ruego, page,
En amor de caridad,
Que vais á la princesa
De mi parte á la rogar

,,Que suplico á la su Alteza
Que ella me salga á mirar;
Que en la hora de mi muerte
Yo la pueda contemplar;

,,Que si mis ojos la ven,
Mi alma no ha de penar.‘‘
Ya se parte el pagecico,
Ya se parte, ya se va,

Llorando de los sus ojos
Que queria reventar.
Topara con la princesa,
Bien oireis lo que dirá:

,,Agora es tiempo, Señora,
Que hayais de remediar;
Que á vuestro querido, el conde,
Lo llevan á degollar.‘‘

La Infanta, que esto oyera,
En tierra muerta se cae;
Damas, dueñas y doncellas
No la pueden retornar,

Hasta que llegó su aya,
La que la fue á criar.
,,¿Qué es aquesto, la Infanta?
¿Aquesto qué puede estar?

,,¡Ay de mí triste, mezquina!
Que no sé que puede estar;
Que si al conde me matan,
Yo habré de desesperar.

,,¡Saliésedes vos, mi hija,
Saliésedeslo á quitar!‘‘
Ya se parte la Infanta,
Ya se parte, ya se va.

Fuese para el mercado,
Donde lo han de sacar;
Vido estar el cadahalso
En que lo han de degollar,

Damas, dueñas y doncellas
Que lo salen á mirar.
Vió venir la gente de armas
Que lo traen á matar,

Los pregoneros delante,
Por su yerro publicar.
Con el poder de la gente
Ella no podia pasar.

„¡Apartaos, gente de armas,
Todos me haced lugar!
Si no, por vida del rey,
Á todos mande matar.“

La gente que la conoce,
Luego le hacen lugar,
Hasta que llegó al conde,
Y le empezara de hallar:

„¡Esforzá, esforzá, el buen Conde,
Y no querais desmayar;
Que aunque yo pierda la vida,
La vuestra se ha de salvar.“

El alguacil, que esto oyera,
Comenzó de caminar;
Vase por los palacios,
Adonde el buen rey está.

„Cabalgue la vuestra Alteza
Apriesa, no de vagar;
Que salida es la Infanta,
Para el conde nos quitar.

„Los unos manda que maten,
Y los otros ahorcar;
Si vuestra Alteza no acorre,
Yo no puedo remediar.“

El buen rey, desque esto oyera,
Comenzó de caminar,
Y fuese para el mercado,
Adonde el conde fue á hallar.

„¿Qué es aquesto, la Infanta?
¿Aquesto qué puede estar?
¿La sentencia que yo he dado,
Vos la quereis revocar?

„Yo juro por mi corona,
Por mi corona real,
Que si heredero tuviese,
Que me hubiese de heredar,

„Que á vos y al conde Claros
Vivos os haria quemar.“
„¡Que vos me mateis, mi padre!
Muy bien me podeis matar;

„Mas suplico á vuestra Alteza
Que se quiera él acordar
De los servicios pasados
De Reinaldos de Montalvan,

„Que murió en las batallas
Por su corona ensalzar.
Por los servicios del padre
Lo debes galardonar.

„Por malquerer de traidores
Vos no le debeis matar;
Que su muerte será causa
Que me hayais de disfamar.

„Mas suplico á vuestra Alteza
Que se quiera consejar;
Que los reyes con furor
No deben sentenciar.

„Porque el conde es de linage
Del reino mas principal,
Porque él era de los doce
Que á tu mesa comen pan.

„Sus amigos y parientes
Todos te querrian mal;
Revolveros han en guerra,
Los reinos se perderán.“

El buen rey, cuando esto oyera,
Comenzara á demandar:
„Consejo os pido, los mios,
Que me querais consejar.“

Luego todos se apartaron,
Por su consejo tomar.
El consejo que le dieron
Que lo haya de perdonar,

Por quitar males y bregas,
Y la princesa afamar.
Todos firman el perdon,
El buen rey lo fue á firmar.

Tambien le aconsejaron,
Fuéronle consejo á dar,

Pues la Infanta queria al conde,
Con él haya de casar.

Ya desfierran al buen conde,
Ya le mandan desferrar;
Descabalga de la mula
El arzobispo á desposar.

Él tomólos de las manos,
Asi los hubo de juntar.
Los enojos y pesares
Placeres se han de tornar.

Cuento es este narrado con una sencillez y llaneza que hechizan, y que hubo de correr con gran valimiento por España en la edad media. Varios poetas tratan por separado diversas partes del argumento contenido en este romance, como por ejemplo la plática del arzobispo, que comienza: „Pésame de vos, el Conde,“ la cual está expresada en otros términos en el Cancionero. Asimismo Lope de Susa, poeta de los primeros años del siglo XV., puso allá á su modo el discurso del page.

Duran repara en un anacronismo de este romance, cual es el representar á los doce pares de Francia y á los religiosos de la órden de Trinitarios, intercediendo de contino á un tiempo por el culpado. Ahora pues la órden monástica de los Trinitarios no fue fundada hasta haber entrado el siglo XIII. Por un exceso de modestia Duran pone juntos en lugar de algunas expresiones de este romance; pero el Cancionero le pone cabal, é yo luego otro tanto. He dejado las divisiones del discurso del arzobispo en estrofas de á cinco versos, segun el Cancionero las trae. Un villancico, que en el Cancionero general viene inmediatamente en seguida de este romance, y que empieza con los versos:

Alza la voz, pregonero,
Porque á quien quiere su muerte
Con la causa se consuele, etc.,

se refiere á la sentencia de muerte pronunciada contra el conde. **D.**

72.

Refiere la historia del conde Claros de un modo diverso del en que está contada en el romance anterior. En este pide el conde al rey que le dé por esposa á la Infanta Claraniña, con la cual confiesa haber tenido ilícito trato amoroso, de resultas del cual está ella en cinta. Ira del rey, el cual manda matar á su hija. El conde se va, y se disfraza de fraile, en cuyo hábito viene á confesar á la presa, y la enamora, de lo cual ella se indigna. Al fin el fraile entra en batalla en favor de la Infanta con un caballero, que mantiene la acusacion, y venciéndole y matándole, deja sus hábitos, y se lleva consigo en su caballo á su dama.

Á caza va el emperador
Á san Juan de la Montiña;
Con él iba el conde Claros,
Por le tener compañía.

Contándole iba contando
El menester que tenia.
,,¡No me lo digais, el Conde,
Hasta despues la venida!"

,,Mis armas tengo empeñadas
Por mil marcos de oro y mas;
Y otros tantos debo en Francia,
Sobre mi buena verdad."

,,Llámenme mi camarero
De mi cámara real.
Dad mil marcos de oro al conde,
Para sus armas quitar.

,,Dad mil marcos de oro al conde
Para mantener verdad;
Dadle otros tantos al conde
Para vestir y calzar.

,,Dadle otros tantos al conde
Para las tablas jugar;
Dadle otros tantos al conde
Para torneos armar.

,,Dadle otros tantos al conde
Para con damas holgar."

,,Muchas mercedes, Señor,
Por esto y por mucho mas.
A la Infanta Claraniña
Vos por muger me la dad."

,,Tarde acordastes, el Conde;
Mandada la tengo ya."
,,Vos me la dareis, Señor,
Acaso que no querais;

,,Porque preñada la tengo
De los seis meses ó mas."
El emperador que esto oyera,
Tomó de ello gran pesar.

Vuelve riendas al caballo,
Y tornóse á la ciudad;
Mando llamar las parteras,
Para la Infanta mirar.

Alli habló la partera,
Bien oireis lo que dirá:
,,Preñada está la Infanta
De los seis meses ó mas."

Mandóla prender su padre,
Y meter en escuridad;
El agua hasta la cinta,
Porque pudriese la carne,

Y perezca la criatura,
Que no viva de tal padre.

Los caballeros de su casa
Se la iban á mirar.

,,Pésanos de vos, Señora,
Cuanto nos puede pesar;
Que de hoy en quince dias
El emperador os manda quemar.

, No me pesa de mi muerte,
Porque es cosa natural;
Pésame de la criatura,
Porque es hijo de buen padre.

,,Mas si hay aqui alguno
Que haya comido mi pan,
Que me llevase una carta
Á Don Claros Montalvan.‘‘

Alli habló un page suyo,
Tal respuesta le fue á dar:
,,Escribidla vos, Señora;
Que yo se la iré á llevar.‘‘

Ya las cartas son escritas,
El page las va á llevar;
Jornada de quince dias,
En ocho la fuera á andar.

Llegado habia á los palacios,
Adonde el buen conde está.
,,¡Bien vengais, el pagecico,
De Francia la natural!

,¿Pues qué nuevas me traeis
De la Infanta? ¿cómo está?‘‘
,,Leed las cartas, Señor;
Que en ellas os lo dirá.‘‘

Desque las hubo leido,
Tal respuesta le fue á dar:
,,Uno me da que la quemen,
Otro me da que la maten.‘‘

Ya se partia el buen conde,
Ya se parte, ya se va;
Jornada de quince dias,
En ocho la fuera á andar.

Fuérase á un monasterio
Donde los frailes están;
Quitóse paños de seda,
Vistió hábitos de fraile.

Fuérase á los palacios
De Cárlos el emperante.
,,¡Mercedes, Señor, mercedes!
Queráismelas otorgar;

,,Que á mi señora la Infanta
Vos me dejeis confesar.‘‘
Ya lo llevaban al fraile
Á la Infanta á confesar.

Él, cuando se vió con ella,
De amores le fue á hablar.
,,¡Tate, tate, dijo, fraile!
Que á mí tú no has de llegar;

,,Que nunca llegó á mi hombre
Que fuese vivo en carne,
Sino solo aquel Don Claros,
Don Claros de Montalvan;

,,Que por mis grandes pecados
Por él me quieren quemar.
No doy nada por mi muerte,
Pues que es cosa natural;

,,Pésame de la criatura,
Porque es hijo de buen padre.‘‘
Ya se iba el confesor
Al emperador á hablar:

,,¡Mercedes, Señor, mercedes!
Queráismelas otorgar;
Que mi señora la Infanta
Sin ningun pecado está.‘‘

Alli habló el caballero
Que con ella queria casar:
,,¡Mentides, fraile, mentides!
Que no decis la verdad.‘‘

Dasafíanse los dos,
Al campo van á lidiar.
Al apretar á las cinchas

Conociólo el emperante;
Dijo que el fraile es Don Claros,
Don Claros de Montalvan.

Mató el fraile al caballero,
La Infanta librado ha;
En anchas de su caballo
Consigo la fue á llevar.

En este romance va contenida una exposicion todavía mas animada que la anterior de los amores del conde Claros y de la Infanta Claraniña. En el anterior es el conde el amenazado de muerte; en este es condenada á pena capital la Infanta misma. De ambos es el desenlace la reunion de los dos enamorados. Este romance viene á ser la tradicion francesa del trato amoroso de Eginhardo con la hija de Cárlo Magno, argumento arreglado por los Españoles á su modo, y vestido al uso de su tierra.

Duran indica solo con puntos los dos primeros versos de la cuarteta:

Y perezca . . . . **D.**

ROMANCES SOBRE BOVALÍAS.

73.

Descríbese al renegado Bovalías y sus galas, buen porte y
séguito lucido.

Por las sierras de Moncayo
Ví venir un renegado;
Bovalías ha por nombre,
Bovalías el pagano.

Siete veces fuera Moro,
Y otras tantas mal Cristiano,
Y al cabo de las ocho
Engañólo su pecado;

Que dejó la fé de Cristo,
La de Mahomá ha tomado;
Este fuera el mejor Moro
Que allende habia pasado.

Cartas le fueron venidas,
Que Sevilla está en un llano,
Arma naos y galeras,
Gente de á pie y de caballo.

Por Guadalquivir arriba
Su pendon llevan alzado;
En el campo de tablada
Su real habia asentado

Con trescientas de las tiendas
De seda, oro y brocado.
En medio de todas ellas
Está la del reñegado.

Encima en el chapitel
Estaba un rubí preciado;
Tanto relumbra de noche,
Como el sol en dia claro.

Dudoso es que el Bovalías de este romance sea el mismo que
aquel de quien cuentan una aventura en el romance siguiente, donde
es llamado Infante, al paso que en el primero no lleva mas calificacion que la de renegado.   **D.**

74.

Pide el Infante Bovalías al rey Almanzor su tio ciertas cosas que fueron del rey su padre. Sobre esto, cobrada su hacienda, recobra tambien Bovalías á la condesa, cuyos amores nunca podia olvidar.

Durmiendo está el rey Almanzor
Á un sabor atan grande;
Los siete reyes de Moros
No le osaban acordare.

Recordólo Bovalías,
Bovalías el Infante:
„Si dormides, el mi tio,
Si dormides, recordad.

„Mandadme dar las escalas
Que fueron del rey mi padre,
Y dadme los siete mulos
Que las habian de llevar;

„Que amores de la condesa
Yo no los puedo olvidar.“
„Malas mañas has, sobrino,
No las puedes ya dejar;

„Al mejor sueño que duermo,
Luego me has de recordar.“
Ya le daban las escalas
Que fueron del rey su padre;

Ya le daban siete mulos
Que las habian de llevar;
Ya le dan los siete Moros
Que las habian de armar.

Á paredes de la condesa
Allá las fueron á echar,
Allá al pie de una torre,
Y arriba subido han.

En brazos del conde Almenique
La condesa van hallar;
El Infante la tomó,
Y con ella ido se han.

75.

Preguntando una dama nuevas de su marido á un caballero que pasa, es informada por este de que ha muerto de muerte violenta. Tras de esto el caballero la enamora, y recibiéndole ella mal, se le da á conocer por su marido ausente y supuesto muerto.

La dama.

Caballero de lejas tierras,
Llegaos acá y pareis;
Hinquedes la lanza en tierra,
Vuestro caballo arrendeis.

Preguntaros he por nuevas
Si mi marido conoceis.

El caballero.

Vuestro marido, Señora,
Decid de que señas es.

La dama.

Mi marido es mozo y blanco,
Gentilhombre y bien cortes,
Muy gran jugador de tablas,
Y tambien del ajedrez.

9 *

En el pomo de su espada
Armas trae de un marques,
Y un ropon de brocado,
Y de carmesí el enves.

Cabe el fierro de la lanza
Trae un pendon portugues,
Que ganó en unas justas
Á un valiente Frances.

El caballero.

Por esas señas, Señora,
Tu marido muerto es;
En Valencia le mataron
En casa de un Ginoves.

Sobre el juego de las tablas
Lo matara un Milanes;
Muchas damas lo lloraban,
Caballeros con arnes.

Sobre todos lo lloraba
La hija del Ginoves;
Todos dicen á una voz
Que su enamorada es.
Si habeis de tomar amores,
Por otro á mí no dejeis.

La dama.

¡No me lo mandeis, Señor!
¡Señor, no me lo mandeis!
Que antes que eso hiciese,
Señor, monja me vereis.

El caballero.

¡No os metais monja, Señora!
Pues que hacello no podeis;
Que vuestro marido amado
Delante de vos lo teneis.

76.

*Luce la princesa Beatriz su presencia y habilidad en unas bodas
en Paris, y pasa entre ella y el conde Don Martin un amoroso
coloquio, donde la dama se muestra dispuesta á huir de su marido viejo.*

Bodas hacen en Francia,
Allá dentro de Paris;
¡Cuan bien que guia la danza
Esta Doña Beatriz!
¡Cuan bien que se la miraba
El buen conde Don Martin!

Doña Beatriz.

„¿Qué mirais aqui, buen Conde?
Conde, ¿qué mirais aqui?
Decid si mirais la danza,
Ó si me mirais á mí.“

El conde.

„Que no miro yo á la danza,
Porque muchas danzas ví;
Miro yo vuestra lindeza,
Que me hace penar á mí.“

Doña Beatriz.

„Si bien os parezco, Conde,
Conde, saqueisme de aqui;
Que el marido tengo viejo,
Y no puede ir tras mí.“

77.

Hallándose la Infanta en cinta, habla con el autor de su deshonra, y se lamenta al saber que es de bajo origen, y que no puede ser su esposo.

„Tiempo es, el Caballero,
Tiempo es de andar de aqui;
Que ni puedo andar en pie,
Ni al emperador servir;

„Pues me crece la barriga,
Y se me acorta el vestir.
Vergüenza he de mis doncellas,
Las que me dan el vestir.

„Miranse unas á otras,
No hacen sino reir.
Vergüenza he de mis caballeros,
Los que sirven ante mí.“

„Lloraldo, dijo, Señora;
Que asi hizo mi madre á mí.

Hijo soy de un labrador,
Mi madre y yo pan vendi.“

La Infanta, desque esto oyera,
Comenzóse á maldecir;
„¡Maldita sea la doncella
Que de tal hombre fue á parir!“ [1]

„No os maldigais vos, Señora,
Vos no os querais maldecir!
Que hijo soy del rey de Francia,
Mi madre es Doña Beatriz.

„Cien castillos tengo en Francia,
Señora, para os guarir;
Cien doncellas me los guardan,
Señora, para os servir.“

Segun otra version de este romance detras de sus tres primeras cuartetas vienen las dos que siguen:

Si teneis algun castillo,
Donde nos podamos ir,
Si sabeis de alguna dueña
Que me lo ayude á parir.

Paridlo vos, mi Señora;
Que asi hizo mi madre á mí.
Hijo soy de un labrador;
Que el cavar es su vivir.

D.

---

[1] Que se deja seducir.

78.

*Andando á caza el caballero, tropieza con la Infantina, la cual
le declara su alto linage de reyes; pero le pide que la tome por
muger ó sino por amiga. Quedando el caballero dudoso, y mientras busca consejo y tiempo para resolverse, se llevan á su dama,
de lo cual él se lamenta, maldiciéndose por irresoluto y cobarde.*

Á cazar va el caballero,
Á cazar, como solia;
Los perros lleva cansados,
El falcon perdido habia.

Arrimárase á un roble,
Alto es á maravilla;
En una rama mas alta
Viera estar una Infantina.

Cabellos de su cabeza
Todo aquel roble cobrian:
„¡No te espantes, Caballero,
Ni tengas tamaña grima!

„Hija soy yo del buen rey
Y de la reina de Castilla.
Siete fadas me fadaron
En brazos de una ama mia

„Que andase los siete años
Sola en esta montiña.
Hoy se cumplian los años,
Ó mañana en aquel dia. [1]

„¡Por Dios te ruego, Caballero,
Llévesme en tu compañía,
Si quisieres, por muger,
Si no, sea por amiga!"

„Espereisme vos, Señora,
Hasta mañana aquel dia;
Iré yo á tomar consejo
De una madre que tenia."

La niña le respondiera,
Y estas palabras decia:
„¡O mal haya el caballero
Que sola deja la niña!"

Él se va á tomar consejo,
Y ella queda en la montiña.
Aconsejóle su madre
Que la tomase por amiga.

Cuando volvió el caballero,
No hallara la montiña; [2]
Vídola que la llevaban
Con muy gran caballería.

El caballero que lo ha visto,
En el suelo se caia;
Desque en sí hubo tornado,
Estas palabras decia:

„Caballero que tal pierde,
Muy gran pena merecia.
Yo mesmo seré el alcalde,
Yo me seré la justicia:
Que me corten pies y manos,
Y me arrastren por la villa."

1) Desde aquel amargo dia.
2) No la hallara en la montiña.

79.

Ve el conde Arnoldo, estando cazando, una vistosa galera, y queda hechizado con el canto del marinero que la montaba. Ruégale que le diga su cantar, y el marinero rehusa, si ya no se va embarcado con él.

¡Quien hubiese tal ventura
Sobre las aguas de la mar,
Como hubo el conde Arnaldos
La mañana de san Juan!

Con un falcon en la mano
Á caza iba, á cazar;
Vió venir una galera
Que á tierra quiere llegar.

Las velas traia de seda,
La jarcia de un cendal;
Marinero que la manda
Diciendo viene un cantar

Que la mar hacia en calma,
Los vientos hace amainar;
Los peces que andan al hondo,
Arriba los hace andar.

Las aves que andan volando,
Las hace en el mastel posar:

„¡Galera, la mi galera,
Dios te me guarda de mal,

„De los peligros del mundo
Sobre aguas de la mar,
De los llanos de Almeria,
Del estrecho de Gibraltar,

„Y del golfo de Venecia,
Y de los bancos de Flandes,
Y del golfo de Leon,
Donde suelen peligrar!“

Alli habló el conde Arnaldos;
Bien oireis lo que dirá:
„¡Por Dios, te ruego, marinero,
Dígasme ora ese cantar!“

Respondióle el marinero,
Tal respuesta le fue á dar:
„Yo no digo esta cancion
Sino á quien comigo va.“

80.

Llora la Infanta tener que dejar sus padres y dulce patria, para irse embarcada con Don Duardos, su enamorado. Consuélala este, ponderándole las grandezas y hermosura de Inglaterra, donde la lleva. Vanse al fin los amantes entre tiernas caricias.

En el mes era de Abril,
De Mayo antes un dia,
Cuando los lirios y rosas
Muestran mas su alegría,

En la noche mas serena
Que el cielo hacer podria,
Cuando la hermosa Infanta
Flerida ya se partia.

En la huerta de su padre
Á los árboles decia:
„Jamas en cuanto viviere,
Os veré tan solo un dia,

„Ni cantar los ruiseñores
En los ramos melodía.
¡Quédate á Dios, agua clara,
Quédate á Dios, agua fria!

„¡Y quedad con Dios, mis flores,
Mi gloria que ser solia!
Voyme á tierras extrañas
Pues ventura allá me guia.

„Si mi padre me buscare,
Que grande bien me queria,
Digan que el amor me lleva,
Que no fue la culpa mia.

„Tal tema tomo comigo,
Que me forzó su porfía.
¡Triste, no sé donde voy,
Ni nadie me lo decia!“

Alli habló Don Duardos:
„No lloreis, mi alegría;
Que en los reinos de Inglaterra
Mas claras aguas habia,

„Y mas hermosos jardines,
Y vuestros, Señora mia;
Terneis trescientas doncellas
De alta genealogía.

„De plata son los palacios
Para vuestra Señoría,
De esmeraldas y jacintos
Toda la tapecería,

„Las cámaras ladrilladas
De oro fino de Turquía
Con letreros esmaltados,
Que cuentan la vida mia,

„Contando vivos dolores
Que me distes aquel dia,
Cuando con Primaleon
Fuertamente combatia.

„Señora, vos me matastes;
Que yo á el no lo temia.“
Sus lágrimas consolaba
Flerida que esto oia.

Fuéronse á las galeras
Que Don Duardos habia;
Cincuenta eran por todos,
Todos van en compañía.

Al son de sus dulces remos
La Infanta se adormecia
En brazos de Don Duardos,
Que bien le pertenecia.

Sepan cuantos son nacidos
Aquesta sentencia mia:
Que contra muerte y amor
Nadie no tiene valía.

81.

Cree la reina ser cierta la Infanta su hija; pero sabe por una doncella que habia tenido tres hijos de Don Galvan. Llama á la culpada, la cual niega su culpa, no obstante estar en cinta. Como le llega el parto, y lo que encarga á su amador en aquel duro trance.

Bien se pensaba la reina
Que buena hija tenia;
Que del conde Don Galvan
Tres veces parido habia;

Que no lo sabia ninguno
De los que en la corte habia,
Si no fuese una doncella,
Que en su cámara dormia.

Por un enojo que hubiera,
Á la reina lo decia;
La reina se la llamaba,
Y en cámara la metia.

Y estando en este cuidado,
De palabras la castiga:
„Hija, si vírgen estais,
Reina sereis de Castilla.

„Hija, si vírgen no estais,
De mal fuego seais ardida.“

„Tan vírgen estoy, mi madre,
Como el dia que fui nacida.

„¡Por Dios os ruego, mi madre,
Que no me dedes marido!
Doliente soy del mi cuerpo;
Que no soy para servillo.“

Subiérase la Infanta
Á lo alto de una torre;
Si bien labraba la seda,
Mejor labraba el oro.

Vido venir á Galvan,
Telas de su carazon;
Ellos en aquesto estando,
El parto que la tomó.

„¡Ay por Dios, ay, mi Señor,
Allegaisos á esa torre!
Recogedme este mochacho
En cabo de vuestro manto;
Dédesmelo á criar
Á la madre que os parió.“

Probable es que sea este romance un fragmento de alguna tradicion muy apreciada sobre los amores secretos del conde Galvan y de una hija del rey. La composicion es antigua y buena. Está en el Cancionero de romances. **D.**

82.

Cuando lleva Vergilios siete años de cárcel por haber forzado á
Doña Isabel, va el rey con la reina á verle, y admirando su
paciencia, le da libertad y convida á su mesa, desposándole des-
pues con la dama á quien habia hecho violencia, de lo cual re-
cibe ella sumo placer.

Mandó el rey prender Vergilios
Y á buen recaudo poner
Por una traicion que hizo
En los palacios del rey;

Porque forzó una doncella,
Llamada Doña Isabel.
Sicte años lo tuvo preso,
Sin que se acordase dél.

Y un domingo estando en mesa,
Vínole memoria dél:
„Mis caballeros, Vergilios,
¿Qué se habia hecho dél?“

Alli habló un caballero,
Que á Vergilios quiere bien:
„Preso lo tiene tu Alteza,
Y en tus cárceles lo tien.

„¡Via comer, mis Caballeros,
Caballeros, via comer!
Despues que hayamos comido,
Á Vergilios vamos ver.“

Alli hablara la reina:
„Yo no comeré sin él.“
Á las carceles se van,
Adonde Vergilios es.

„¿Qué haceis aqui, Vergilios?
¿Vergilios, aqui qué haceis?“
„Señor, peino mis cabellos,
Y las mis barbas tambien.

„Aqui me fueran nacidas,
Aqui me han de encanecer;
Que hoy se cumplen siete años,
Que me mandaste prender.“

„Calles, calles tú, Vergilios;
Que tres faltan para diez.“
„Señor, si manda tu Alteza,
Toda mi vida estaré.“

„Vergilios, por tu paciencia
Comigo irás á comer.“
„Rotos tengo mis vestidos,
No estoy para parecer.“

„Yo te los daré, Vergilios,
Yo dártelos mandaré.“
Plugo á los caballeros,
Y á las doncellas tambien.

Mucho mas plugo á una dueña
Llamada Doña Isabel,
Y llaman un arzobispo,
Ya la desposan con él.
Tomárala por la mano,
Y llévasela á un vergel.

En los romances y leyendas de la edad media Virgilio no es un
poeta de la era de Augusto, sino un filósofo, astrólogo y nigromante
que vivió reinando un emperador de tiempos muy posteriores. En la
novela ó historia francesa titulada Dolopathos es Virgilio el

maestro del príncipe mozo Luciniano, á quien con su sabiduría salvó de la muerte. En otro poema tambien frances intitulado Image du monde (imágen del mundo) está representado como un brujillo ó hechicieruelo, chico, jorobado, con la cabeza caida hácia adelante. En el tesoro de la iglesia de san Dionicio (S. Denis) de Francia enseñaban hace tiempo un espejo negro, dándole por haber sido de Virgilio. Hay hasta libros compuestos sobre los actos de hechicería que hizo. (Véanse los Faicts merveilleux de Virgille [Hechos maravillosos de Virgilio], Paris, chez nyverd; y „Early prose Romances" [Antiguas historias fabulosas en prosa], edited by W. J. Thoms. London 1827, part. II., Virgilius.) Naudé tuvo por conveniente defenderle de las acusaciones de hechicería que le hacian. (Véase el Diccionario de Bayle, artículo Virgilio.) Entre sus hechos de nigromancía y malicia cuentan los romances é historias fabulosas de la edad media el de la lampiera inextinguible que hizo, el de su puente sin estribos, el de su cabeza de oráculo parlante, el de su jardin inaccesible, el de su ciudad labrada sobre un huevo, y otros al mismo tenor. En el poema frances titulado: Renard contrefait (Zorro contrahecho) está contada sin rodeos la malicia de Virgilio, el cual, por vengarse de una princesa altiva y hazañera, apagó los fuegos todos de la ciudad donde vivia, y puso uno que dejó en una de las partes mas recatadas del cuerpo de la princesa, de modo que para tener fuego fuerza era irle á encontrar alli:

> Au cul de celle qui l'avoit trompé.

Aludiendo á esta aventura Juan de la Hita (el arcipreste de Hita), representa á Virgilio como la misma lujuria en forma humana:

> Despues desta deshonra et de tanta vergüeña,
> Por facer su lujuria Vergilio en la dueña,
> Descantó el fuego que ardiese en la leña,
> Hizo otra maravilla qu'el omen nunca ensueña.

En el romance que antecede no está supuesto ser tan malo, sino un hombre borrachon, que ha pasado siete años en la cárcel sin decir palabra, conseguido despues su perdon, y acabado por casarse con su querida. **D.**

83.

Habla muy mal de las mugeres todas el conde Cabreruelo sentado á la mesa del rey. Reprehéndele la reina sañuda, pero con cuerdas razones.

Ese conde Cabreruelo
Con el rey come á la mesa;
¡O cuan mal que se abaldona
Á toda muger agena!

Apuesta que no hay ninguna,
¡Ved cuan mal pensada apuesta!
Si le escucha dos razones,
Que de amores no la venza.

Como el amor atrevidas,
Como la fortuna ciegas,
Como el honor peligrosas,
Como la mentira inciertas,

Asi jura que son todas,
Falsa jura, injusta tema.
La reina, que tal escucha,
Dió sañuda tal respuesta:

„¿Todas malas? No es posible,
Ni es posible todas buenas;
Yerbas hay que dan la vida,
Y quitan la vida yerbas.

„Traidores hombres del mundo
Han hecho traidoras hembras;
Dellos aprendieron culpas,
Si culpas cometen ellas.

„Ellos hablan, ellas oyen;
¿Y de mentiras discretas,
Dichas hoy, dichas mañana,
Quien habrá que se defienda?

„Favorecidos, se alaban,
Disfaman, si los desprecian.
La que los escucha, es fácil,
La que no les habla, es necia.

„¡Cuantas nacen, cuantas viven
Por agüero de su estrella!
Al que menos las merece,
Se inclinan con mayor fuerza.

„Muchas quejas, muchos dones;
¿Qué mucho que á muchas prendan
Ejemplo en la piedra dura,
Que agua continua la mella?

„Enmendaos, amigo Conde,
Y de hoy mas las damas sean
Vuestro honor, no vuestro ultraje,
Vuestra paz, no vuestra guerra.

„Levantad la parte humilde,
Que es hazaña de alta empresa;
Todos de muger nacimos,
Volvamos todos por ellas."

Parece que este romance es parte de una série relativa al conde Cabreruelo. •   **D.**

84.

Viene bien armado el Infante en busca de Don Cuadros el trai-
dor, y tirándole el venablo, traviesa el ropage del rey, que junto
á él estaba. Enójase el rey, y el Infante acusa á Don Cuadros
de traidor homicida de sus hermanos. Decláranse contra el In-
fante todos cuantos presentes estaban, menos la hija del rey.
Pelea el Infante con Don Cuadros, y le vence y mata, despues
de lo cual se casa con la hija del rey.

¡Helo, helo, por do viene
El Infante vengador
Caballero á la gineta
En un caballo corredor!

Su manto revuelto al brazo,
Demudada la color,
Y en la su mano derecha
Un venablo cortador.

Con la punta del venablo
Sacaria un arador;
Siete veces fue templado
En la sangre de un dragon.

Y otras tantas fue afilado,
Porque cortase mejor.
El hierro fue hecho en Francia,
Y el hasta en Aragon.

Perfilando se lo iba
En las alas de su halcon;
Iba buscar á Don Cuadros,
Á Don Cuadros el traidor.

Allá le fuera á hallar
Junto del emperador;
La vara tiene en la mano,
Que era Justicia mayor.

Siete veces lo pensaba,
Si la tiraria ó no,
Y al cabo de las ocho
El venablo le arrojó.

Por dar al dicho Don Cuadros,
Dado ha al emperador;
Pasado le ha manto y sayo,
Que era de un tornasol.

Por el suelo ladrillado
Mas de un palmo le metió.
Alli le habló el rey;
Bien oireis lo que habló:

„¿Porqué me tiraste, Infante?
¿Porqué me tiras, traidor?“
„Perdóneme tu Alteza,
Que no tiraba á ti, no;

„Tiraba al traidor de Cuadros,
Ese falso engañador;
Que siete hermanos tenia,
No ha dejado si á mí no.

„Por eso delante tí,
Buen Rey, lo desafío yo.“
Todos fian á Don Cuadros,
Y al Infante no fian, no;

Si no fuera una doncella,
Hija es del emperador,
Que los tomó por la mano,
Y en el campo los metió.

Á los primeros encuentros
Cuadros en tierra cayó.
Apeárase el Infante,
La cabeza le cortó,

Y tomárala en su lanza,
Y al buen rey la presentó.

Desque aquesto vido el rey,
Con su hija lo casó.

85.

*Blanca está en pláticas amorosas con el caballero su enamo-
rado, cuando vuelve de súbito de cazar el conde su marido.
Como por ciertas señales descubre el serle infiel su esposa. Quiere
esta encubrir su culpa, pero no puede, y dice á su marido que
la mate.*

„Blanca sois, Señora mia,
Mas que no el rayo del sol;
Sí, la dormiré esta noche
Desarmado y sin pavor;

„Que siete años habia, siete,
Que no me desarmo, no;
Mas negras tengo mis carnes
Que un tiznado carbon.“

„Dormidla, Señor, dormidla
Desarmado sin temor;
Que el conde es ido á la caza
Á los montes de Leon.

„¡Rabia le mate los perros,
Y águilas el su halcon,
Y del monte hasta casa
Á él arrastre el moron!“

Ellos en aquesto estando,
Su marido que llegó:
„¿Qué haceis, la Blanca niña,
Hija de padre traidor?“

„Señor, peino mis cabellos,
Péinolos con gran dolor
Que me dejeis á mi sola,
Y á los montes os vais vos.

„Esa palabra, la niña,
No era sin traicion.
¿Cuyo es aquel caballo,
Que allá bajo relinchó?

„Señor, era de mi padre,
Y envíaoslo para vos.“
„¿Cuyas son aquellas armas,
Que están en el corredor?“

„Señor, eran de mi hermano,
Y hoy os las envió.“
„¿Cuya es aquella lanza?
Desde aqui la veo yo.“

„¡Tomadla, Conde, tomadla,
Matadme con ella vos!
Que aquesta muerte, buen Conde,
Bien os la merezco yo.“

ROMANCES SOBRE EL CONDE GRIFOS.

86.

Refiérese otra vez la historia contenida en el romance, y como
Alva (en el otro llamada Blanca) se requiebra con el conde Don
Grifos, su enamorado, y del modo que la sorprende su marido
Albertos, al cual queriendo ella encubrir su pecado, no puede,
por haber de él claras señales, y al verse descubierta se cae
muerta de vergüenza y miedo.

„¡Ay, cuan linda eres, Alva,
Mas linda que no la flor!
¡Quien contigo la durmiese,
Una noche sin temor,

„Que no lo supiese Albertos,
Ese tu primero amor!"
„Á caza es ido, á caza,
Á los montes de Leon."

„Si á caza es ido, Señora,
Cáigale mi maldicion.
¡Rabia le maten los perros,
Aguilillas el falcon,
Lanzada de Moro izquierdo
Le trespase el corazon!"

„Apead, Conde Don Grifos,
Porque hace gran calor.
Lindas manos teneis, Conde;
¡Ay, cuan flaco estais, Señor!"

„No os maravilleis, mi vida,
Que muero por vuestro amor;
Y por bien que pene y muera,
No alcanzo ningun favor."

En aquesto estando, Alberto
Toca á la puerta mayor.
„¿Donde os pondré yo, Don
                    Grifos,
Por hacer salvo mi honor?"

Tomáralo por la mano,
Y subióse á un mirador;
Abajara abrir Albertos
Muy de presto y sin sabor.

„¿Qué es lo que teneis, Señora?
Mudada estais de color;
Ó habeis bebido del vino,
Ó teneis celado amor."

„En verdad, mi amigo Albertos,
No tengo de eso pavor,
Sino que perdí las llaves,
Las llavas del mirador."

„¿Cuyas son aquellas armas,
Que tienen tal resplandor?"
„Vuestras, que hoy, Señor Al-
bertos,
Les limpié de ese tenor."

„No tomeis enojo, Alva,
De eso no tomeis rancor;
Que si de plata eran ellas,
De oro las haré mejor.

„¿De quien es aquel caballo,
Que siento relinchador?"
Cuando Alva aquesto oyera,
Cayó muerta de temor.

Este romance parece que está sin concluir. Lo que sigue falta.
El que va en seguida no tiene enlace con este. **D.**

Los romances No. 85 y 86 tratan una misma historia. En el
primero la condesa culpada tiene por nombre Blanca, y en el segundo es llamada Alva ó Alba, que, como es sabido, en latin equivale á
Blanca en castellano. En el segundo van puestos los nombres del
amante y del marido, que son Grifos y Albertos, á los cuales en el
primero no se da nombre. Por último en el primero queda convicta
la delincuente; pero nada se dice de cual suerte tuvo, y en el segundo se cuenta que cayó muerta. Asi, si la historia queda incom-
pleta, mas lo queda en el romance 85. que en el siguiente. **A. G.**

87.

*Estando preso el conde Grifos Lombardo, por haber forzado á
una muy ilustre doncella, es tenido cargado de dorados hierros
ante el rey Cárlos, quien le casa con la Infanta.*

En aquellas peñas pardas,
En las sierras de Moncayo
Fue do hizo el rey prender
Al conde Grifos Lombardo,

Porque forzó una doncella
Camino de Santiago,
La cual era hija de un duque,
Sobrina del Padre santo.

Ella quejaba del fuerzo,
El conde queja del grado;
Allá van á tener pleito
Delante de Cárlo Magno.

Y mientras que el pleito dura,
Al conde han encarcelado
Con grillones á los pies,
Sus esposas en las manos,

Una gran cadena al cuello
Con eslavones doblados.
La cadena era muy larga,
Rodea todo el palacio;
Allá se cabra y se cierra,
En la sala del rey Cárlos.

Siete condes le guardaban,
Todos han juramentado

Que, si el conde se re-
vuelve,
Todos serán á matallo.

Ellos estando en aquesto,
Cartas habian llegado,
Para que casen la Infanta
Con el conde encarcelado.

Acaso estos dos romances son fragmentos de una historia sobre las aventuras de cierto mal hombre, llamado el conde Grifos, ó Grifon de Lombardía. Ambos están en el Cancionero de enamorados, y á ninguno de los dos ha alcanzado la diligencia de los modernos recopiladores de romances. **D.**

88.

El soldan de Babilonia va sobre Narbona con gran poder, y cautivando al conde Benalmeniquí, le trata con gran rigor y afrenta. Va en ayuda de este la condesa, sabidora de su desventura, y ofrece en su rescate su hacienda y hasta sus hijas. Pero el conde dice estar herido de muerte, y no haber menester rescate, con lo cual se conforma su esposa.

Del soldan de Babilonia,
De ese os quiero decir;
¡Que le dé Dios mala vida,
Y á la postre peor fin!

Armó naves y galeras,
Pasan de sesenta mil,
Para ir á dar combate
Á Narbona la gentil.

Allá van á echar áncoras,
Allá al puerto de san Gil,
Donde han cautivado al conde,
Al conde Benalmeniquí.

Desciéndenlo de una torre,
Cabálganlo en un rocin;

La cola le dan por riendas,
Por mas deshonrado ir.

Ciento azotes dan al conde,
Y otros tantos al rocin,
Al rocin, porque anduviese,
Y al conde, por lo rendir.

La condesa que lo supo,
Sáleselo á recebir:
„Pésame de vos, Señor
Conde, de veros asi.

„Daré yo por vos, el Conde,
Las doblas sesenta mil;
Y si no bastaren, Conde,
Á Narbona la gentil.

„Si esto no bastare, el Conde,
Tres hijas que yo parí;
Yo las pariera, buen Conde,
Vos las hubísteis en mi;
Y si no bastare, Conde,
Señor, védesme aqui á mí."

„Muchas mercedes, Condesa,
Por vuestro tan buen decir;
No dedes por mí, Señora,
Tan solo un maravedí;

„Que heridas tengo de muerte,
Dellas no puedo guarir.
Á Dios, á Dios, la Condesa,
Que me mandan ir de aqui."

„Vayades con Dios, el Conde,
Y con gracia de san Gil;
Dios os eche en vuestra suerte
Á ese soldan paladin."

Este es un cantar vulgar excelente, sacado del Cancionero de
romances.   D.

89.

Riñe con grande enojo el duque de Berganza con la duquesa su
muger, acusándola sin razon de serle traidora. Quiere volver
por su señora un page, al cual corta la cabeza el marido ciego
de ira. Mata al cabo este á su inocente esposa al lado de sus
hijos, y cometida la maldad, descubre estar inocente la difunta,
y arrepentido llora su delito.

Lunes se decia lunes,
Tres horas antes del dia,
Cuando el duque de Berganza
Con la duquesa reñia.

El duque con gran enojo
Estas palabras decia:
„¡Traidora me sois, Duquesa,
Traidora falsa, maligna,

„Porque pienso que traicion
Me haceis y alevosía!"
„¡No te soy traidora, el Duque,
Ni en mi linage lo habia!"

Echó mano de su espada,
Viendo que asi respondia;
La duquesa con esfuerzo
Con las manos la tenia.

„¡Dejes la espada, Duquesa!
!Las manos te cortaria!"
„¡Por mas cortadas, el Duque,
Á mí nada se daria!

„¡Si no, veldo por la sangre
Que mi camisa teñia!
¡Socorred, mis Caballeros,
Socorred por cortesía!"

No hay ninguno alli de aquellos
Á quien el favor pedia;
Que eran todos Portugueses,
Y nadie lo entendia,

Si no era un pagecico,
Que á la mesa la servia:
„¡Dejes la duquesa, el Duque,
Que nada te merecia!"

El duque muy enojado
Detras el page corria,
Y cortóle la cabeza,
Aunque no lo merecia.

Vuelve el duque á la duquesa,
Otra vez la persuadia:
„¡Morir teneis, la Duquesa,
Antes que viniese el dia!“

„En tus manos estoy, Duque,
Haz de mí á tu fantasía;
Que padre y hermanos tengo
Que te lo demandarian;

„Y aunque están en España,
Allá muy bien se sabria.“
„No me amenaceis, Duquesa;
Con ellos yo me avernia.“

„Confesar me dejes, Duque,
Y mi alma ordenaria.“
„Confesaos con Dios, Duquesa,
Con Dios y santa María.“

„Mirad, Duque, estos hijicos,
Que entre vos y mí habia.“

„No los lloreis mas, Duquesa;
Que yo me los criaria.“

Revolvió el duque su espada,
Á la duquesa heria;
Dióle sobre su cabeza,
Y á sus pies muerta caia.

Cuando ya la vido muerta,
Y la cabeza volvia,
Vido estar sus dos hijicos
En la cama do dormia,

Que reian y jugaban
Con sus juegos á porfía.
Cuando asi jugar los vido,
Muy tristes llantos hacia.

Con lágrimas de sus ojos
Les hablaba y les decia:
„¡Hijos, cual quedais sin madre,
Á la cual yo muerto habia!

„Matéla sin merecello
Con enojo que tenia.
¿Donde iras, el triste Duque?
¿De tu vida qué seria?
¿Como tan grande pecado
Dios te lo perdonaria?“

La relacion de un hecho atroz contenida en el anterior romance
está hecha por mano maestra. Esta composicion está sacada del Cancionero de enamorados.
D.

90.

Píntase cuan galan va Don Bernaldinos en busca de su dama, y como llegado á sus puertas, las halla cerradas, y sabe que su querida ha sido llevada por su padre á lejas tierras. Manda matar Don Bernaldinos á un maldito viejo que le dió tan crueles nuevas, y en seguida se da muerte á sí mismo. Píntase el rico monumento donde es enterrado, y el letrero que ponen sobre él, declarándole amador perfecto.

Ya piensa Don Bernaldino
Ir su amiga visitar;
Da voces á los sus pages
Que vestir le quieran dar.

Dábanle calzas de grana,
Borceguís de cordoban,
Un jubon rico broslado,
Que en la corte no hay su par.

Dábanle una rica gorra,
Que no se podria apreciar,
Con una letra que dice:
Mi gloria por bien amar.

La riqueza de su manto
No os la sabria yo contar,
Sayo de oro de martillo,
Que nunca se vió su igual.

Una blanca hacanea
Manda luego ataviar,
Con quince mozos de espuelas,
Que le van acompañar.

Ocho pages van con él,
Los otros mandó tornar;
De morado y amarillo
Es su vestir y calzar.

Allegado han á las puertas,
Do su amiga solia estar;

Hallan las puertas cerradas,
Empiezan de preguntar:

„¿Donde está Doña Leonor,
La que aqui solia morar?"
Respondió un maldito viejo
Que él luego mandó matar:

„Su padre se la llevó
Lejas tierras á habitar."
Él rasga sus vestiduras
Con enojo y gran pesar,

Y volvióse á los palacios,
Donde solia reposar,
Puso una espada á sus pechos,
Por sus dias acabar.

Un su amigo que lo supo,
Veníalo á consolar,
Y en entrando en la puerta,
Vídolo tendido estar.

Empieza á dar tales voces,
Que al cielo quieren llegar;
Vienen todos sus vasallos,
Procuran de le enterrar

En un rico monumento,
Todo hecho de cristal,
En torno del cual se puso
Un letrero singular:
*Aqui está Don Bernaldino,
Que murió por bien ama*

91.

Lamentos de la madre ó nodriza de Julianesa, por haberla per-
dido, habiéndosela llevado los Moros siete años antes. Oye Ju-
lianesa llorosa desde los brazos del Moro á la que la llora y
anda buscando.

„¡Arriba, canes, arriba!
¡Que rabia mala os mate!
En jueves matais el puerco,
Y en viernes comeis la carue;

„Ya que hoy hace los siete años
Que ando por esta valle,
Pues traigo los pies descalzos,
Las uñas corriendo sangre.

„Pues como las carnes crudas,
Y bebo la roja sangre,

Buscando triste á Julianesa,
La hija del emperante;

„Pues me la han tomado Moros
Mañanica de san Juan,
Cogiendo rosas y flores
En un vergel de su padre.‟

Oido lo ha Julianesa,
Que en brazos del Moro está;
Las lágrimas de sus ojos
Al Moro dan en la faz.

92.

Reconvenciones del sobrino á su tio, porque mas cuida de su
regalo que de señalarse en armas. El sobrino mal herido cae en
el rio Jordan, y de él se levanta sano.

„Malas mañas habeis, tio,
No las podeis olvidare;
Mas preciais matar un puerco
Que ganar una ciudade.

„Vuestros hijos y muger
En poder de Moros vane,
Los hijos en una zabra,
Y la madre en un cordale.

„La muger dice: ¡Ay marido!‟
Los hijos dicen: „¡Ay padre!‟
De lástima que les hube,
Yo me los fuera á quitare.

„Heridas traigo de muerte,
Dellas no pudo escapare.
Apretádmelas, mi tio,
Con tocas de caminare.‟

Ya le aprieta las heridas,
Comienzan de caminare;
Á vuelta de su cabeza
Caido lo vido estare.

Allá se le fue á caer
Dentro del rio Jordane.
Como fue dentro caido,
Sano le vió levantare.

ROMANCES MORISCOS.

ROMANCES SOBRE GUALA Y ARBOLAN.

I.

Como pasa el Moro Arbolan delante del balcon de Guala su dama, y empresa que lleva. Favor que le hace la Mora, y conducta y razones del Moro.

Sobre la verde y las flores
Unas Moras enlazadas,
Amarga fruta que dieron
Sus floridas esperanzas,

Sacó el gallardo Arbolan
En una muestra gallarda,
Muestra que al mundo muestra
Lo que se muestra en su cara.

No lleva mote en la empresa,
Que mudo emprendió sus ansias,
Y el ser mudo no le muda
La mudanza de su dama.

Callando á su calle llega,
Y al pasar por ella pasa
Tan duros pasos de muerte,
Que el menor pasa de raya.

Tan mirado y tan temido
Mira el balcon de Guala
Que aunque á la mira estuvieran
Mil ojos, no le miraran.

La cual de cabellos bellos
Unos lazos desenlaza,
Lazos que en lazos de amor
Rendidas almas enlazan.

Y entre matas de un jazmin
Tiende sus matas doradas,
Matas que matan á todos,
Y por ninguno se matan.

Cayóle una cinta verde,
Que el Moro alcanzó, y alcanza
Tan rico alcance su gloria,
Que no viviera alcanzada.

Ella, por cobrar su prenda,
Una su criada llama,
Criada, y criada al gusto
De quien es norte en crianza,

Y díjole que subiese
Una lista enamorada;
Que entre las moras de un moro
De verde se hace morada.

II.   10

Que si tantas Moras moran,
Como en su Aljuba en su alma,
Alma mora, Aljuba y Moras
No moririan solitarias.

Él, apuntando la cinta
Con la punta de la lanza,
Punta que su punta esfuerza
Sin faltar punto á su fama,

Dijo: „Las Moras nacieron
De una que sembré en el alma,
Una tan una en belleza,
Cuanto es una en las mudanzas.

„Cogílas sin merecerlo
De mil flores plateadas,
Flores que bien eran flores,
Pues tan de flores se pasan.

„Y no teñirán tu cinta,
Porque de sangre se pagan,
Sangre de la mejor sangre
Que virtió sangre cristiana.

„Si es yerro no obedecerte,
Yerró el hierro de mis armas;
Que cautivo que tú hierras,
Yerra mucho, si te enfada.

„De aqui la pruebe á quitar
Tu prenda quien en tu casa
Prendas sin prendas merece,
Porque aprenda á celebrarlas.“

Con esto atajó la rienda
Al caballo y á las ansias;
Parte á acaballo á caballo,
Y en mil partes parte el alma.

2.

*Sale Arbolan del juego de cañas triste y celoso, creyendo falsa
á su dama, por ver preseas que él le ha dado llevadas por su
rival Amete. Pena y lamentos y maldiciones del malaventurado
galan.*

Sale de un juego de cañas
Vestido de azul y verde
El valeroso Arbolan
Casi al punto que anochece

En un alazan caballo
Adornado de jaeces,
Lleno el freno de penachos,
Y el pretal de cascabeles.

De san Lúcar sale el Moro,
Y camino va de Gelves
Tan melancólico y triste,
Cuanto vino ayer alegre;

Porque una morada toca
Que á su Mora dió en retrueque
De un hermoso camafeo
En un verdoso bonete

Vió que la llevaba puesta
(Si los ojos no le mienten)
En lo blanco de la adarga
Su competidor Amete.

Á sus lástimas tan justas
Á responder no se atreve
El eco, por no enojalle;
Que aun hasta el eco le teme.

„¡Maldito sea, dice el Moro,
Quien se fia de mugeres,
Pues sabe son mas mudables
Que los años, dias y meses!

„¡Malditos sean sus halagos,
Si halagos decirse pueden,
Pues halagan con la paz,
Y armada la guerra tienen!

„¡Malditas sean sus palabras,
Maldito cuanto prometen,
Pues prometen y no cumplen,
Y sin dádivas no quieren!

„¡Maldita su falsa risa,
Pues cuando rien aborrecen,
Y cuando muestran amor,
Es cuando mas se endurecen!

„¡Malditos sean sus favores,
Y el amor falso que tienen,
Pues quieren al que no ama,
Y al que las ama aborrecen!

„¡Malditos sean los gemidos
Que dan, si ausentes los tienen,
Pues no lloran por la ausencia,
Sino temiendo que vienen!

„¡Mal haya tambien mi dicha,
Pues cuando florecer debe,
Con la niebla de unos celos
Se aniebla, marchita y pierde!

„¡Mal hayan mis esperanzas,
Pues estaban ayer verdes,

Y hoy se han tornado amarillas
Con un cierzo de desdenes!

„¿Qué me importa á mí, di, Guala,
Que me mires siempre alegre?
Pues que segun hoy he visto,
Sin duda entonces me vendes.

„¿Qué me importa que tú digas
Que por mí vives y mueres?
Pues, segun hoy has mostrado,
Fingidamente hablar debes

„Entre los fingidos tratos
Que á entrambas partes prometes
Sin inclinarte á ninguna,
Á él piadosa, á mí clemente:

„Mas vale que te declares
Y esos ademanes dejes,
Pues que con ellos me engañas,
Y suspenso á Amete tienes.

„Con esto vivirás leda,
Y alegre vivirá Amete,
Y yo moriré contento,
Por ser tú quien me da muerte

„Podreis gozaros los dos,
Y yo gozaré mi suerte,
Que será una corta vida,
Colgada de esos placeres.“

No pudo hablar mas el Moro,
Que lágrimas le detienen,
Y un sudor que ha procedido
De celosos accidentes.

3.

Partiéndose Arbolan con vistosos arreos á jugar cañas á Jaen,
llora su partida Guala su dama, con Zara su amiga.

El mas gallardo ginete
Que jamas tuvo Granada,
Cortes, galan y discreto,
Brioso en jugar las cañas;

Diestro en una y otra silla,
Y mucho mas en las armas,
Fuerte cual acero en ellas,
Y cual cera entre las damas;

Diamante entre los alfanges,
Gracioso en bailar las zambras,
Sal en las conversaciones,
Y medido en las palabras;

Vestido de una marlota
Medio azul, medio encarnada,
Efetos que causa el Moro
En la bella Mora Guala;

El capellar amarillo
Que es color desesperada,
Azul el turbante y toca
Por unos celos que trata;

Pártese con razon poca,
Y auséntase de su dama;
Él va vestido de fiesta,
Y ella de luto en el alma.

Camina para Jaen
Solo por jugar las cañas,
Cuando Guala pierde el rostro
De los contentos del alma.

Es Mora, cuya hermosura
Mil corazones enlaza,
Y viendo libre á Arbolan,
De esta manera le habla:

,,Arbolan, valiente Moro,
Tan flacamente me amas,
Que con pequeña ocasion
De mi presencia te apartas.

,,¡O si pudiera seguirte,
Y como que te espantaras,
Viendo en mí la fortaleza
De amor que en tí se acobarda!"

El ver partir á Arbolan
Tanta pena le dió á Guala,
Que cayó la Mora enferma
Al tiempo que él caminaba.

Y á Moras que le preguntan
De su enfermedad la causa,
Responde con fingimiento
Y con palabras dobladas.

Menos dobleces la toca
Tiene que el Moro llevaba,
Que son los que Guala muestra
En el mal y en las palabras.

Solo á Zara, que es su amiga
Y de su Arbolan hermana,
Quejas y ocasion le cuenta
Con plática clara y llana.

,,¡Ay Zara, querida amiga,
Cuan mal tu hermano me trata!
Que con ausencia rabiosa
Ya por momentos me acaba."

Y estas palabras diciendo,
Se le quedó desmayada;
Flaqueza del mal que tiene,
Y fuerza de amor lo causan.

4.

Está preso Arbolan en la torre del oro por mandamiento del rey.
Dicense sus lamentos por su Guala ausente.

Preso en la torre del oro
El fuerte Arbolan estaba
Por mandado de su rey
Con cuatro alcaides de guarda;

No porque traidor ha sido
Contra su corona en nada,
Sino por celos que tiene
De su idolatrada Guala.
„¡Ay querida Guala,
Triste del que sin verte muerte
aguarda!"

Manda que suelto no sea
Sino para mas venganza
Con dos pesadas cadenas,
Que pies y manos le traban.

Viéndose de aquella suerte
Sin remedio de esperanza,
Suspirando dice á voces,
Asomado á una ventana:
„¡Ay querida Guala,
Triste etc."

Y luego volvió los ojos,
Y á Guadalquivir miraba,
Diciendo: „Rey inhumano,
Ya obedezco lo que mandas.

„Mandásteme poner hierros,
Y cargásteme de guardas;
Ambas á dos cosas son
No sin gran misterio causa.
¡Ay querida Guala,
Triste del que sin verte muerte
aguarda!"

5.

Descríbense las fiestas de toros y cañas celebradas en Gelves, y
una pelea verdadera ocurrida de resultas de un lance en los jue-
gos, con el miedo y desórden que el suceso ocasiona.

Cubierta de seda y oro,
Y guarnecida de damas
Está la plaza de Gelves,
Sus terrados y ventanas

Con la flor de Moros nobles
De Sevilla y de Granada;
Que como el trato es de amores,
Les cubre de orin las armas.

Que las tienen los dos reinos
De los reyes alistadas,

Para hacer contra Cristianos
Una presa de importancia.

Ya pues lidiados los toros,
Y hechas suertes gallardas,
De garrochas y bajillas,
De rejones y de lanzas,

Placenteros se aperciben
Á hacer un juego de cañas
Al son de sus tamborinos
Y clarines y dulzainas.

Despues que mudado hubieron
Los caballos de la entrada
Y publicadas sus quejas
Ya motes, cifras y galas,

En cuatro puestos partidos
Por cuatro puestos cruzaban;
Que de dos en dos cuadrillas
Han de jugar cara á cara.

Los primeros que pusieron
Los caballos en la plaza,
Fueron el bravo Almadan
Y Azarque, señor de Ocaña,

El uno amante de Armida
Y el otro de Celindaja,
Contra los cuales salieron
De la cuadrilla contraria

El animoso Ganzul,
El desdeñado de Zaida,
El esposo de Jarifa,
La hija del Moro Audalla.

De la cuadrilla tercera
La delantera llevaba
Lasimali Escandalife
Y el gobernador de Alhama,

Y Mahomad Bencerrage,
Valiente Moro de fama,
Alcaide de los Donzeles
Y virrey del Alpujarra;

Que de dos damas Zegríes
Son esclavas sus dos almas,
Contra los cuales furiosa
Salió la cuadrilla cuarta.

Llevaba la delantera
Con gentil donaire y gracia
Benzulema, el de Jaen,
Y el corregidor de Baza,

Que sirven en competencia
Á la hermosa Felisalva,
La hija de Boazen
Y prima de Guadalara.

Mas como tiene la gente
Que aguardándolos estaba,
En tormenta los deseos
Y los ánimos en calma,

Enclavados en las sillas
Y embrazadas las adargas,
Los unos contra los otros
Á un tiempo pican y arrancan.

Y trabando el bravo juego,
Que mas parecia batalla,
Donde con destreza mucha
Alli algunos se señalan.

Los unos pasan y cruzan,
Los otros cruzan y pasan,
Desembrazan y revuelven,
Revuelven y desembrazan.

Cuidadosos se acometen,
Se cubren y se reparan,
Por no ser en sus descuidos
Paraninfos de sus faltas.

Que es desdichada la suerte
Para aquel que mal se adarga;
Que las cañas son bohordos,
Y los brazos son bombardas.

Mas como siempre sucede
En las fiestas de importancia
Tras un general contento
Un azar y una desgracia,

Sucedió al bravo Almadan,
Que contra Zaide jugaba,
Que al arrancar de sus puestos,
Cevado en mirar su dama,

Por tirar tarde un bohordo,
Tomó la carrera larga,
Y fuera á parar la yegua
Donde la vista paraba,

Tan lejos de su cuadrilla,
Que cuando quiso cobralla,
No pudo encubrir la sobra,
Ni pudo suplir la falta;

Que sus vencidos amigos
En cuyo favor jugaba,
Le dejaron envidiosos
Del bien por quien los dejaba,

Que fingiendo que no entienden
Las voces que el Moro daba,
Dicen á sus compañeros:
„¡ Caballero, adarga, adarga!"

Sin él parten y revuelven
Con su cuadrilla cerrada.
Corrido el Moro valiente
De una burla tan pesada,

Los ojos como dos fuegos,
Y el rostro como una gualda,

Calóse el turbante airado,
Y empuña una cimitarra,

Haciendo para su yegua
De dos espuelas dos alas,
Furioso los acomete,
Los atropella y baraja.

La gente se alborota,
Y las damas se desmayan;
Ya vierten sangre las burlas,
Y en la plaza se derrama.

No queda Mora en barrera,
Ni ha quedado alfange en vaina;
Almas y suspiros lloran,
Y los brazos no se cansan.

La noche se puso en medio
Con la sombra de su cara;
Puso treguas al trabajo,
Y limite á la venganza.

Y en tanto que por derecho
Se justifica su causa,
Tomó el camino de Ronda
Con seis amigos de guarda.

ROMANCES SOBRE ABINDARRAEZ.

6.

De lo que pasó á Abindarraez, bailando una zambra en Granada, y de los celos que causó á su dama Jarifa el que tocase en el pie á Fatima. Dolor de Abindarraez.

Abindarraez y Muza,
Y el rey Chico de Granada
Gallardos entran vestidos,.
Para bailar una zambra.

Un lunes á media noche
Fue de los tres concertada,
Porque los tres son cautivos
De Jarifa, Zaida y Zara.

El descomponerse el rey,
Cosa entre reyes no usada,
Y darle Muza su ayuda,
Poco galan sin las armas;

Que es hombre que noche y dia
Tiene ceñida la espada,
Y para dormir se arrima
En un pedazo de lanza.

Halo cansado un desden
Que tiene en los ojos Zaida,
Y amores de un Bencerrage;
Que adora los suyos Zara.

Abindarraez es mozo,
Y siempre de amores trata;
Fatima muere por él,
Y á Jarifa rinde el alma.

Al fin ordena la fiesta
La desórden que amor causa;
Que el mas cuerdo hará mas loco
Celo y gusto de su dama.

Para cumplir con la gente,
Echaron fama en Granada
Que ha venido cierta nueva
Que Antequera era ganada.

Es la fiesta por Agosto,
Y entra el rey, toda bordada
Una marlota amarilla
De copos de nieve y plata,

Con una letra que dice:
Sobre mí fuego no basta.
Gallardo le sigue Muza,
De azul viste cuerpo y alma,

Labradas en campo de oro
Unas pequeñas mordazas,
Cuya empresa de ellas dice:
Acabaré de acaballas.

Abindarraez se viste
El color de su esperanza,
Unas yedras sobrepuestas
Con unas tocas doradas,

Un cielo sobre los hombros
Con unas nubes bordadas,
Y en las yedras esta letra:
Mas verde cuanto mas alta.

Sacaron á las tres Moras,
Que eran la flor de la sala,
Eran el adorno de ella,
Y lo mejor de sus armas.

Abindarraez brioso
Con una vuelta gallarda
Pisó á Fatima en el pie
Y á su Jarifa en el alma.

La mano le suelta al Moro,
Y asi le dice turbada:
„¿Para qué entraste, encubierta,
Traidor, la engañosa cara?

„Arroja el fingido rostro,
Que el propio tuyo te basta,
Pues que te conocen todos
Por mi daño y su venganza."

Con mil caricias el Moro
La blanca mano demanda,
Y ella replica: „No quieras
Mano en la tuya agraviada.

„Baste que Fatima diga
En conversacion de damas
Que estimas en mas su pie
Que mi mano desdichada."

Abindarraez turbado
Sale, huyendo del Alhambra.
Si verde salió el Moro,
De negro vuelve á la sala.

Entre tanto el rey y Muza
Estaban con Zaida y Zara,
Cansados de tantas vueltas,
Que son de amor las mudanzas.

Como estaban disfrazados,
Recostáronse en sus faldas;
Cuando hablan, enmudecen,
Y cuando están mudos, hablan.

Tambien se cansaran ellas,
Que el cuerpo muerto no cansa
Como el vivo aborrecido
Que quiere forzar el alma.

Levántase un alboroto
Que la reina se desmaya;
La fiesta se acabó en celos,
Que amor con ellos acaba.

7.

Conversacion entre las tres mejores beldades de Granada, Zara,
Fatima, y Jarifa dama de Abindarraez, sobre el lance de este
en la zambra, y otros sucesos relativos á sus respectivos ena-
morados.

Despues que con alboroto
Pasó el bailar de la zambra,
Do el gallardo Abindarraez
Dejó agraviada su dama,

Pisando á Fatima el pie
En la presencia de Zara,
Y se entraron con la reina
Á divertirla sus damas.

Júntanse en conversacion
Jarifa, Fatima y Zara;
Que Zaida está con la reina,
Que la entretiene y regala.

Son estas las mas hermosas,
Y de mas nombre en Granada:
Tiene Fatima en los ojos
Paraisos de las almas,

Y en sus rubios cabellos
El rico metal de Arabia,
En cuyos lazos añuda
Las almas mas libertadas.

Tiene Jarifa la frente
De un liso márfil sacada,
Con sus mejillas hermosas,
Y sus labios de escarlata.

Son las manos de cristal,
Nieve el pecho y la garganta,
Adonde el fuego de amor
Invisiblemente abrasa.

Y aunque en su comparacion
Es algo morena Zara,

En discrecion y donaire
Á las demas aventaja;

Que la flor de la hermosura
En breve tiempo se pasa,
Y es don que jamas se pierde
La discrecion y la gracia.

Es su plática de amores,
Y de los agenos tratan;
Que las mudanzas del Moro
Cada cual la siente y calla.

Lástimas son de Muley,
Y libertades de Zaida
Que agora Jarifa llora,
Y las considera Zara.

Pues ama á quien la aborrece,
Y Jarifa á quien la engaña,
Y Fatima está contenta,
Pues las deja por su causa.

Y como los corazones
Siempre por los ojos hablan,
Respondió á su pensamiento
Jarifa diciendo: „Basta,

„Que no quiero otro castigo,
Ni pretendo otra venganza
Que la que te puede dar
La mentira de mis ansias;

„Que pronto verás el rostro
De la fortuna contraria
Con mas luto y mas tristeza
Que yo la tengo en el alma.

„Que si levanta tu pie,
Y si mis manos abaja,
Es una misma la rueda
Que me humilla y te levanta.

„Que ya me subió el favor
No sé si diga mas alta.
Mal anduve en no tenello,
Cuando juntamos las palmas.

Zara que ha vivido siempre
De favor necesitada,
Dijo: „¡Dichosa la Mora
Que jamas ha sido amada!

„Si con celosos disgustos
Los gustos de amor se pagan,
El no habellos conocido
Es mas segura ganancia.“

Fatima, que estuvo atenta
Á una y á otra desgracia,
Coligiendo de sus daños
Una consecuencia llana,

Dijo: „Quien tan sin razon
Y tan sin porque os agravia,
Merece que le castigue
La que mas quiere del alma.“

Dijera mas, si á deshora
No hubiera llegado Zaida
Á decirlas que la reina
Á mucha prisa las llama.

Y al levantarse juntaron
Estrechamente las palmas,
Diciendo: „¡Muera su fé,
Y viva nuestra esperanza!“

8.

*Celoso de su dama el Abencerrage Abindarraez sabe por un
page que no á ella sino á otra Mora es á quien sirve un Zegri
que le daba celos. Con esto se pinta el contento del amante, y
se encarece el mérito de su dama.*

En la ciudad Granadina,
En lo mejor de la plaza,
Que es la casa venturosa
Por Medoro celebrada,

Y la que pinta su pluma
De varias flores y plantas,
Vive alli una dama mora,
Flor de la flor de las damas,

La cual se llama Jarifa
De la torre y de la Albambra;
Á esta sirve un Bencerrage
Que le dió asiento en el alma.

Al cual le dan guerra celos,
Que los disimula y calla
En el turbante y divisa,
Que jamas muestra mudanza.

Á un page de quien se fia,
No suyo, mas de su dama,
Acordó de preguntalle
Si con su Jarifa habla

Un Zegrí que se pasea
Por delante sus ventanas,
Y el page que es secretario
De presto le desengaña,

Diciéndole que el Zegrí
Sirve á otra Mora gallarda,
Á quien se humilla el amor
Como á su madre sagrada.

Y con esto el Bencerrage
Aplacó su ardiente llama;
Pero no mitigó el fuego
Que su corazon le abrasa.

Que quedando satisfecho,
Mas el vivo amor le inflama,
Y del page se despide,
Y va contento á su casa.

Y tiene razon el Moro,
Porque la Mora que ama
Puede hacer competencia
Con Vénus, Juno y Diana.

Que es tanta su discrecion
Y su hermosura tan rara,

Que las Musas del Parnaso
Tienen envidia á su fama.

Y si hace escura noche,
Revoltosa y temeraria,
Con solo ella abrir sus ojos
La hace apacible y clara.

Y del sol los claros rayos
Los revoca y los contrasta,
Porque no es el sol mas de uno,
Y son dos los de su cara,
Cuya clarífica luz
Alumbra á toda Granada.

Y á dicho de todo el mundo
Es la hechura mas alta
Que ha hecho el pincel sutil
De naturaleza sabia.

Y es un retrato divino
Por quien Alá vos declara
Las divinas hermosuras
De su corte soberana.

9.

*Sigue celoso Abindarraez, y va á desahogar sus afectos debajo
de las ventanas de su Jarifa.*

Celoso y enamorado
Rompe los aires con quejas
El gallardo Abindarraez,
Moro gallardo y de prendas.

Enamorado y celoso,
Quejándose de su estrella,
Dice, y mira á la ventana
De Jarifa, Mora bella:

,,Ventana, divino cielo,
En cuyas hermosas verjas

Ví cautiva mi esperanza
Que mi libertad espera,

,,Si del cielo haces ventanas
Y haces cielo de la tierra,
Dame los hermosos rayos
Que el cielo á los tristes niega.

,,Mis dichosas esperanzas
Fueron sombra, humo y niebla,
Esposas mis pensamientos,
Y mi libertad cadena.

„Sufrí esperanzas dichosas,
Penas en el mar de penas;
Dejad que mi pensamiento
Lleve al cielo mis querelas. *l/*

„Y tú, hermosa Jarifa,
Causa de mi mal primera,
Y en esta prision esquiva
De mi alma carcelera,

„No quites, Jarifa hermosa,
Las prisiones en que pena;
Mas pues de su muerte gustas,
Su muerte te venga fiera.

„Pero con tormentos mas
No verás mas clara prueba;

Que la verdad en el potro
Te la confiesa sin vueltas.

„Y si para mas tormentos
Mi larga prision ordenas,
Haz tu querer y tu gusto,
Pues que la tienes sujeta."

Miraba el Moro celoso,
Y vió de dentro una seña,
En que le avisa que aguarde,
Que está la gente despierta.

Y quítase el Moro luego
De su puerta, porque suena
Gente en la calle de ronda,
Y témese no le vean.

10.

Estando Abindarraez en su apuntado gobierno en Castilla, lamenta verse ausente de su Jarifa, á cuya imágen requiebra enternecido.

Fatima y Abindarraez,
Los dos extremos del reino,
Ella por extremo hermosa,
Y él valiente en todo extremo;

Abencerrage de fama,
Del rey de Granada deudo,
Capitan de Alora, cuando
Doraba su rostro el vello;

Aquel que con los peligros
Daba descanso á su pecho,
Mostrando en él y en los ojos
De un amante y amor tierno;

El que por su fé y su rey
Ha mostrado en poco tiempo

Que lo que en la edad faltaba,
Sobraba en valor y esfuerzo;

Y en las cortes de Almería,
Las últimas que se hicieron,
Hizo gran servicio al rey,
Guardando al reino sus fueros,

Tanto que los Alfaquíes
Decretaron en consejo
Que se le hiciese una estatua
Por reparador del reino.

Y de esto y de su valor
Estando el rey satisfecho,
Por gratificarle en algo,
Parte de lo que habia hecho,

Le ha nombrado por alcaide
De aquel belicoso suelo,
Donde bebe el mar de España
Las aguas de Tajo y Duero.

Aqui estaba Abindarraez
Ocupado en su gobierno,
Presente de sus cuidados,
Y ausente de sus contentos,

Cuando á la ausente Jarifa,
Que no lo está de sus duelos,
Sino presente á su pena,
Y de su gloria el destierro,

Hablando con un retrato,
Que le sacó de su pecho,
Donde está mas natural
Que puede en tabla ó lienzo,

Despues de decir callando
Mil amorosos conceptos,
Que mas que una lengua ó libro
Habla á veces el silencio,

Dijo: „Amiga de mis ojos,
Vida de mi pensamiento,
No verte, como solia,
Me es otro nuevo tormento.‘‘

11.

Espera con ansias vivas Jarifa á su Abindarraez, que viene en
su busca, y está temerosa de que le cautiven ó maten los Cristia-
nos. Vuelve gallardo Abindarraez, que ha caido en poder de
Cristianos y sido puesto en libertad, dando palabra de volver á
su cautiverio ó rescate. Cásanse los amantes y vanse á Alora,
donde el alcaide los rescata, admirando sus buenas prendas.

Ya llegaba Abindarraez
Á vista de la muralla,
Donde la bella Jarifa
Retirada le esperaba

Sin un punto de sosiego,
Diciendo: „¿Como se tarda
Mi contento que no viene?
¿Si le goza allá otra dama?

„Mas ay triste, que no temo
Que olvido sea la causa,
Temo cuitada el peligro
Que viniendo de Cartama,

„Se le ofrezca algo en Alora
Con los Cristianos de guarda,
Que corren de noche el campo
Todos juntos en escuadra,

„Donde ni le basten fuerzas,
Ni jugar lanza y adarga.
Mas si esto le sucediese,
¿Para qué quiero yo el alma?

„Imposible es que yo viva,
Ni podrá vivir quien ama,
Viendo á su querido muerto
Por su causa en la batalla.‘‘

Con estas y otras congojas
De llorar no descansaba,
Y otras veces de tristeza
En su estrado se arrojaba.

Otras veces se ponia
De pechos á la ventana,
Y de almena en almena
El campo en torno miraba.

No le da miedo estar sola,
Ni las sombras la espantaban,
Ni los nocturnos bramidos
Que suenan en las montañas;

Que de lo mas priva lo menos,
Y de lo mas recelaba.
Por su amado geme y llora,
De sí no se le da nada;

Y dando en esto un suspiro,
Quitóse de la ventana.
Entra luego su leal dueña,
Que alegre y regocijada

Le dice que Abindarraez
Con el cuento de la lanza
Dió tres golpes á la puerta,
Que es la seña concertada,

Que en ella arrendó el caballo,
Y ya sube por la escala,
Cuando ya el valiente Moro
Estaba dentro en la sala,
Aljuba rica vestido
Con alamares de plata.

Altas plumas en la toca,
Prendidas con la medalla;
El pomo del rico alfange
Es una águila dorada,

Cuyo puño está entallado
En riquísima esmeralda.
De aquesta suerte entra el Moro
Sin poder hablar palabra;

Que el contento que da amor
No es contento, si se habla,
Hasta que ya poco á poco
Va cobrando fuerza el habla.

Con la cual satisfaccion
Los dos amantes se abrazan,
Y aquella noche celebran
La boda tan deseada.

Tambien se partieron juntos
Para Alora en la mañana
Con un tan rico presente,
Cual de los dos se esperaba.

El alcaide los recibe,
Y sin precio los rescata,
Usando de su largueza
Y virtud acostumbrada,

Teniendo por justo precio
El cumplirle la palabra
Tan cumplidamente el Moro,
Pues iba con él su dama.

Los amores de Abindarraez y de Jarifa eran célebres entre los Moros, cuyas crónicas y cantares celebran el valor del primero y la ternura de la segunda. Tambien en los romances y cuentos españoles hace lucido papel Abindarraez „como modelo de enamorado," ya salga á plaza solo, ya junto con otras parejas de amantes. Y con todo su historia no parece que inspiró bien á los poetas, no pasando de medianas todas cuantas composiciones sobre ella hay escritas. Acaso no ha llegado hasta nosotros cabal su historia, habiéndose quizá perdido varios romances de la série que de Abindarraez y Jarifa trata. Jorge de Montemayor en su pastoral La Diana enamorada, Lib. I., cuenta muy bien toda la historia de los amores de Abindar-

raez, segun la referian mas antiguos escritores.   Menos acierto tuvo
Lope de Vega, imitando en una comedia aquel lindo idilio en prosa.
La comedia á que ahora aqui se hace referencia es una en tres
actos intitulada El Remedio en la desdicha, donde punto por
punto está copiada la Diana de Montemayor, teniendo solamente por
aditamento algunos episodios que nada influyen en la fábula principal. En el primer acto del Remedio en la desdicha se supone
que se cantan unos versos relativos á los principios de la amorosa
pasion de aquellos dos amantes, los cuales versos es probable que
estén sacados ó imitados de algun romance antiguo.   Son los tales
versos como sigue:

> Crióse el Abindarraez
> En Cartama con Jarifa,
> Mozo ilustre, Abencerrage.
> En méritos y desdichas
>
> Pensaba que eran hermanos;
> En este engaño vivian,
> Y aun dentro de las almas
> El fuego encubierto ardia.
>
> Pero llegó el desengaño
> Con el curso de los dias,
> Y ansi al amor halló luego
> Las armas apercibidas.
>
> Quisiéronse tiernamente,
> Hasta que llegado el dia
> En que pudieron gozarse,
> Dieron sus penas envidia.

El ser nombrado el padre de Jarifa alcaide de Coin obligó á los dos
amantes á apartarse.   Se quedó Abindarraez en Cartama, y pronto
le dió su amada una cita para la noche, segun á continuacion se expresa:

> Esposo, mi padre es ido
> Á Granada desde ayer;
> Venme aquesta noche á ver.

Acude Abindarraez, é yendo de camino, le cautiva el alcaide
cristiano de Coin, el cual, prendado del valor del mancebo moro, y
enternecido al ver su desesperacion, le permite que vaya á la cita.
Llegado el amante donde está su dama, le cuenta su aventura del
modo siguiente:

De unos robles verdes
Entre pálidas retamas
Oigo reliuchos y voces,
Y alzo la lanza y la adarga;
Pero al punto estoy en medio
De cinco lanzas cristianas.
Mas sin soberbia te digo
Que eran pocas otras tantas,
Y quizá porque eran pocas,
Trajo luego mi desgracia
Otras tantas de refresco,
Y una, la mejor de España.
Este fue el alcaide fuerte
(Si sabes su nombre y fama),
Que es de Alora y Antequera,
Y estaba puesto en celada.
Apartó sus caballeros,
Desafióme á batalla
Como caballero fuerte
Cuerpo á cuerpo en la campaña.
Como era fuerza, acceptéle,
Y ansi con la luna clara
Comenzamos nuestra guerra,
Jugando las fuertes lanzas,
Y pues al fin me venció.
No me alabo, decir basta
Que tenia tres heridas
En brazo, muslo y espaldas.

Oida esta relacion, toma Jarifa una resolucion heróica, diciendo:

Yo que voy vuestra cautiva,
Tengo de ir con su cautivo,
Porque si en vos, mi bien, vivo,
No es justo que sin vos viva.

Pasan los dos amantes á verse con el alcaide de Alora, el cual, prendado de su fidelidad, los da libres sin rescate. Conmovido tambien el alcaide moro de Coin, da su consentimiento al enlace de los dos amantes.

Asi Montemayor como Lope de Vega traen eu sus respectivas obras los siguientes versos que, segun las trazas, deben de ser traduccion de alguna inscripcion hecha por los Moros en honra de su héroe:

En Cártama me he criado,
Pero en Granada primero,

Y de Alora soy frontero,
Y cu Coin enamorado.

Aunque en Granada nací,
Y en Cartama me crié,
En Coin tengo mi fé
Con la libertad que dí

Ahi vivo donde muero,
Y estoy do está mi cuidado,
Y de Alora soy frontero,
Y en Coin enamorado.   **D.**

El alcaide famoso de quien habla este romance fue Rodrigo de Narvaez. De él habla Cervantes, cuando apaleado Don Quijote por los mercaderes de Toledo es recogido por un labrador, al cual toma ya por Narvaez que recoge á Abindarraez, ya por el marques de Mantua.

Quizá no sea inútil decir que el general Don Ramon Narvaez, que ha hecho y está haciendo tan lucido papel en los sucesos políticos de su patria, y cuyo impetuoso valor y pensamientos caballerescos son dotes altas que en él confiesan sus paisanos, es descendiente por línea recta del famoso alcaide de Antequera.   **A. G.**

ROMANCES SOBRE GANZUL.

12.

Cuéntase del Moro Ganzul ó Gazul como se está ataviando y armando, cuando le llegan nuevas de haberse casado su bella Mora con Albenzaide, y como sale furioso á vengar su agravio.

„Límpiame la jacerina,
Vé presto, no tardes, page;
Que para el fuego que tengo,
Por muy presto será tarde.

„Y quítame del bonete
Las verdes plumas que Azarque
Me dió, cuando fui á su boda,
Pues se han vuelto plumas aire.

„Pondrásme unas plumas negras
Y una cifra que declare:
Plomo son dentro en el alma,
Pues del alma el peso sale.

„Y á mi marlota amarilla
La quitarás los diamantes,
Y harás que se los pongan
De un fino y negro azabache,

„Porque llevando lo negro
Con lo amarillo, señale

Mi suerte desesperada,
Suerte que sin suerte sale.

„Y unos llanos borceguíes,
No guarnecidos ni graves;
Que á quien le falta la tierra,
Es muy justo que se allane.

„Dame la lanza de guerra,
La de los dos hierros grandes;
Que de la sangre cristiana
Están templados con sangre.

„Que quiero que en esta nuestra
Nuevamente se acicale,
Porque he de pasar, si puedo,
Un cuerpo de parte á parte.

„Y ponme en el tahalí
De diez el mejor alfange,
Y la vaina tambien negra,
Porque á lo demas iguale.

„Y el caballo que me dió
De presente por su padre
El Cristiano de Jaen,
Que no quise otro rescate.

„Y si no estuviere herrado,
Harás luego aderezarle;
Que pues no acierto con gentes,
Acierte con animales.

„Y mudarás las correas
Que tengo en los acicates;
Y si no, dales con tinta,
Non se vean los esmaltes."

Aquesto dijo Ganzul
Un mártes triste en la tarde,
Tarde triste para él,
Y al fin despojos de Marte.

Pues en él le vino nueva
Que el miércoles adelante
Se casa su bella Mora
Con su enemigo Albenzaide,

Moro rico de nacion,
Aunque de torpe linage;
Pero venció la riqueza
Á tres años de amistades.

Todo aquesto puesto á punto
Lo tiene, y comienza á amarse:
Que pues amor le desarma,
No es mucho contra amor se arme.

La primer señal de Vénus,
Mostrando su estrella, sale,
Cuando sale de Sidonia,
Y para Jerez se parte.

<hr />

13.

*Sale de Sidonia Gazul á vengar el agravio que ha recibido por
haberse casada su Zaida con Albenzaide. Lamentos y maldiciones del ofendido amante como llega á las fiestas de su boda,
y atravesando al novio de una lanzada, se vuelve vengado á
Medina.*

Sale la estrella de Vénus
Al tiempo que el sol se pone,
Y la enemiga del dia
Su negro manto descoge.

Y con ella un fuerte Moro,
Semejante á Rodamonte,
Sale de Sidonia airado, [1])
De Jerez la vega corre,

Por donde entra Guadalete
Al mar de España, y por donde

De santa María el puerto
Recibe famoso nombre.

Desesperado camina;
Que siendo en linage noble,
Le deja su dama ingrata,
Porque se suena que es pobre,

Y aquella noche se casa
Con un Moro feo y torpe,
Porque es alcaide en Sevilla
Del alcázar y la torre,

<hr />

1) Armado.

Quejándose tiernamente
De un agravio tan enorme,
Y á sus palabras la vega
Con dulces ecos responde.

,,Zaida, dice, mas airada
Que el mar que las naves
    sorbe,
Mas dura é inejorable
Que las entrañas de un monte,

,,¿Como permites, cruel,
Despnes de tantos favores,
Que de prendas de mi alma
Agena mano se adorne?

,,¿Es posible que te abraces
Á las cortezas de un roble,
Y dejes el árbol tnyo
Desnudo de fruto y flores?

,,Dejas tu amado Ganzul,
Dejas tres años de amores,
Y das la mano á Albenzaide
Que aun apenas le conoces.

,,Dejas un pobre muy rico
Y un rico muy pobre es-
    coges,
Pues las riquezas del cuerpo
Á las del alma antepones.

,,¡Alá permita, enemiga,
Que te aborrezca y le adores,
Y que por celos suspires,
Y por ausencia le llores!

,,¡Y que de noche no duermas,
Y de dia no reposes,
Y en la cama le fastidies,
Y que en la mesa le enojes!

,,¡Y en las fiestas, en las zam-
    bras
No se vista tus colores;
Ni aun para verlas permita
Que á la ventana te asomes!

,,¡Y menosprecie en las cañas
(Para que mas te alborotes)
El almaizar que le labres,
Y la manga que le bordes!

,,¡Y se ponga el de su amiga
Con la cifra de su nombre,
Á quien le dé los cautivos,
Cuando de la guerra torne!

,,¡Y en batalla de Cristianos
De velle muerto te asombres,
Y plegue Alá que suceda
Cuando la mano le tomes!

,,Que si le has de aborrecer,
Que largos años le goces,
Que es la mayor maldicion
Que pueden darte los hom-
    bres.''

Con esto llegó á Jerez
Á la mitad de la noche;
Halló el palacio cubierto
De luminarias y voces,

Y los Moros fronterizos,
Que por todas partes corren
Con mil bachas encendidas
Y con libreas conformes.

Delante del desposado
En los estribos alzóse,
Y arrojándole la lanza,
De parte á parte pasóle.

Alborotóse la plaza,
Desnudó el **Moro** su estoque,

Y por mitad de la gente
Hácia Sidonia volvióse. [1])

14.

*Cuéntase asimismo la venganza que toma Gazul de Albenzaide,
por haberse casado con su Zaida, refiriéndose con las mismas
circunstancias, pero en diversos términos que en el romance
anterior.*

No de tal braveza lleno
Rodamonte el Africano,
Cual llamaron rey de Argel
Y de Carza intitulado,

Salió por su Doralice
Contra el fuerte Mandricardo,
Como salió el buen Gazul
De Sidonia aderezado,

Para emprender un gran hecho,
Tal cual nunca se ha intentado,
Y para esto se adorna
De jacerina y un jaco,

Y al lado puesto un estoque
Que de Fez le fue enviado,
Muy fino y de duros temples,
Que lo forjara un Cristiano

Que allá estaba en Fez captivo,
Y del rey de Fez esclavo;
Mas lo estimaba Gazul
Que á Granada y su reinado.

Sobre las armas se pone
Un alquicel leonado;
Lanza no quiere llevar,
Por ir mas disimulado.

Pártese para Jerez,
Do lleva puesto el cuidado,
Tropella toda su vega,
Corriendo con su caballo.

Vadeando pasa el rio
Que Guadelete es llamado,
El que da famoso nombre
Al puerto antiguo y nombrado

Que llaman santa María
Deste nuestro mar hispano.
Asi como pasa el rio,
Mas aprieta su caballo,

Por allegar á Jerez
No muy tarde ni temprano.
Porque se casa su Zaida
Con un Moro Sevillano,

Por ser rico y poderoso,
Y en Sevilla emparentado,
Y biznieto de un alcaide
Que fue en Sevilla nombrado

Del alcázar y su torre,
Moro valiente, esforzado.
Pues con este la su Zaida
El casamiento ha tratado.

---

1)   Y por en medio de todos
            Para Medina volvióse.

(*Quintana, Tesoro, II.*)

Mas aqueste casamiento
Caro al Moro ha costado,
Porque el valiente Gazul,
Como á Jerez ha llegado

A dos horas de la noche,
Que ansi lo tiene acordado,
Junto á la casa de Zaida
Se puso disimulado.

Pensando está que haria
En un caso tan pesado;
Determina de entrar dentro
Y matar al desposado.

Ya que en esto está resuelto,
Vido salir muy despacio
Mucha caterva de gente,
Con mil hachas alumbrando.

La Zaida venia en medio
Con su esposo de la mano;
Que los llevan los padrinos
Á desposar á otro cabo.

El buen Gazul que los vido,
Con ánimo alborotado,
Como si fuera un leon,
Se habia encolerizado.

Mas refrenando la ira,
Se acerca con su caballo,

Por acertar en su intento,
Y en nada salir errado;

Y aguarda llegue la gente
Adonde el está parado;
Y como allegaron junto,
Á su estoque puso mano.

Y en alta voz que le oyeron,
Desta manera ha hablado:
„¡No pienses gozar de Zaida,
Moro bajo y vil villano!

„¡No me tengas por traidor,
Pues que te aviso y te hablo!
¡Pon mano á tu cimitarra,
Si presumes de esforzado!"

Estas palabras diciendo,
Un golpe le habia tirado
De una estocada cruel
Que lo pasó al altro cabo.

Muerto cayó el triste Moro
De aquel golpe desastrado.
Todos dicen: „¡Muera, muera
Hombre que ha hecho tal daño!"

El buen Gazul se defiende,
Nadie se llega á enojarlo.
Desta manera Gazul
Se escapa con su caballo.

En el Jardin de amadores está incluido este mismo romance, pero mas diferente de como aqui va. El autor de la Historia de las guerras civiles de Granada le da por malo é inexacto, atendiendo á que el poeta su compositor supone ser Albenzaide alcaide de Sevilla, siendo asi que en tiempo de Gazul estaba y por largos años habia estado Sevilla en poder de los Cristianos. Solamente los antepasados de Albenzaide podian haber sido alcaides de Sevilla. El autor de la Historia da el romance siguiente como mas exacto. **D.**

Sabido es que la Historia de las guerras civiles de Granada es

una novela y nada mas, siendo comun en el siglo XVI. como en
los anteriores dar el nombre de historia tanto á las fabulosas cuanto
á las verdaderas. Asi que aun cuando haya habido un Moro llamado Gazul, lo cual es muy cierto, pues consta la existencia de
una familia ó tribú con el tal nombre, parece locura tratar como
verdadero suceso la aventura del celoso amante burlado con Albenzaide, marido de su ingrata dama. Sea como fuere, el romance 13.
que empieza:

<blockquote>Sale la estrella de Vénus,</blockquote>

es un lindo trozo de poesía, y no asi el que se cita, cuyo principio es:

<blockquote>No de tal braveza lleno.</blockquote>

Tampoco es este último antiguo, pues su autor habia leido á
Ariosto, como demuestran sus alusiones á Rodomonte y Doralice, y
por consiguiente hubo de escribir aun de un siglo despues de acabado
el imperio moro de España.

Fuera de esto, ¿es posible que se extrañe un anacronismo ó
una inconsecuencia en los romances moriscos, obras casi todos, si ya
no todos, de Cristianos que con nombres moros celebraban fingidas ó
verdaderas pasiones y aventuras? En los romances siguientes se ven
mezclados los Moros obedecientes al rey de Granada con los de Toledo,
siendo asi que Toledo fue de los Cristianos desde el siglo XII. **A. G.**

15.

*Furia y dolor de Gazul, amante á un tiempo de Celinda y de
Zaida, por haberle sido infiel la segunda.*

Á media legua de Gelves
Hincó en el suelo la lanza,
Echándose sobre el cuento,
Ganzul á pensar se para.

Pensando en las maldiciones
De su Celinda y de Zaida,
Está diciendo: „¡Fortuna,
Siempre me fuiste contraria!"

Y entre suspiro y suspiro
Un ay con rabiosa saña
Arranca del fuerte pecho
Sin otras razones varias:

„El ausencia de Celinda
No me atormenta ni cansa,
Porque fuera sin razon,
Maldiciéndome, adamalla."

Con esto indignado y fiero
Enristó su fuerte lanza,
Y contra un ñudoso roble
Hizo tres troncos el asta.

Quitó al caballo el jaez,
Y la empresa de su dama,
Como si fuera leon,
Con los dientes despedaza.

Á una cinta de oro y seda
Que le puso en la celada
Su enamorada Celinda,
Tambien le da justa paga.

Sacó un retrato del pecho,
Y cuanto su fuerza basta,
Despide rompiendo el aire,
Porque vuele su mudanza;

„¿Para qué quiero yo adornos,
Si llevo adornada el alma
De maldiciones injustas
Por premio de mi ganancia?

„Mas me vale ir despojado,
Pues lo voy de la esperanza,

Aunque no de los cuidados
Que me atormentan y cansan.

„Yo tomaré en estos robles
De mi mal cruda venganza.
¿Mas qué digo? ¿estoy en mí?
No tienen sentido plantas."

Quitó el freno á su caballo,
Y echóle por la ventana,
Diciendo: „Va á tu albedrío,
Que asi me dijo á mí Zaida."

El caballo estando suelto,
Al punto á correr arranca,
Y él prosigue su camino
Á pie, sin yelmo ni lanza.

16.

Zaida, viuda de Albenzaide, le llora, y maldice á Gazul, matador de su marido.

La bella Zaida Zegrí,
Á quien hizo suerte avara
Esposa y viuda en un punto
Por una arrojada lanza,

Sobre el cuerpo de Albenzaide
Estila líquida plata,
Y convertida en cabellos,
Esparce el oro de Arabia.

Las manos en las heridas
Por do el Moro se desangra,
Pone, y en Gazul los ojos,
Que está lidiando en la plaza:

„¡O cruel mas que celoso,
Le dice con voz turbada,
Ruego Alá que desta empresa
Presto recibas la paga!

„¡Y que en medio del camino,
Cuando tú á Sidonia vayas,
Encuentres (aunque sea solo)
Á Garcí Perez de Vargas!

„¡Y que en viéndole te turbes,
Y con fuerza desmayada
No puedas regir la rienda,
Ni cubrirte con la adarga!

„¡Cautivo quedes, ó muerto,
Valiente solo en la fama,
Guerreador entre libreas,
No entre arneses ni corazas!

„¡Y si á Sidonia volvieres
Á los ojos de tu amada,
Celos se vengan á hacer
Sospechas averiguadas!

II.   11

,,¡Torna, deja los amores
De fé burladora y falsa,
Por cuya mudanza espero
Hacer honrosa mudanza!

,,¡Envaina, perro, el alfange,
Vuelve, traidor, las espaldas,
Pues estás hecho á volver
La fé y á nunca guardarla!

,,Nunca tu tuviste amor,
Ni vienes de buena casta;
Que el amador bien nacido
Jamas procuró venganza.

,,¡Torno á decir que permita
Alá que tan mal te vaya

En guerra, en paz, en amor,
Que pierdas con la ganancia!

,,¡Tu dama, la de san Lúcar,
Cuando vuelvas, sea casada,
Y en parte donde no pueda
Verte, cuando á vella vayas!

,,¡Y si casada no fuere,
Verdad no te diga en nada;
Enfádenla tus servicios
Y cánsenla tus palabras!"

El Moro estando en aquesto,
En la plaza hace plaza,
Y deja que el viento lleve
Sus quejas y sus palabras.

17.

Zaida, sobre afligida de la muerte de Albenzaide, temerosa de que Gazul le quite la vida, como le afirman que lo ha resuelto, huye de Jerez á Sevilla, adonde llega tras de mil sustos. Recóbrase allí, y pasado algun tiempo, se vuelve á Jerez ya contenta.

Del perezoso Morfeo
Los roncos pífaros suenan;
Que se tocan, porque el dia
Hace con la noche treguas.

Ya del bullicioso vulgo
Las trampas y tratos cesan,
Y del pequeño al mayor
Con el dulce sueño huelgan.

Solo el triste canto se oye
De nocturnas avezuelas,
Y el retumbido del vulgo
Hace un *ru ru* en las orejas.

En medio de este silencio
De Zaida las quejas suenan,
Que con temor de la muerte,

Cuando todos duermen, vela;
Que no hay quien quiera
Morir, aunque la muerte sea
                    ligera.

Que como hay tantos malsines,
Por congraciarse en ella,
Le han dicho, como Ganzul
De dalle la muerte ordena.

Toma el vestido de un Moro,
Y el suyo de Mora deja;
Y asi sale á media noche
De Jerez de la Frontera;
Que no hay quien etc.

En un ligero caballo,
Con una lanza ligera,

Tan animosa, que es hartó
Que Ganzul algo la exceda.

Y á cada paso que da,
Vuelve hácia atras la cabeza,
Que con el miedo imagina
Su enemigo va tras ella;
Que no hay quien etc.

El camino real dejó,
Porque la dejen sospechas,
Y hácia Sevilla camina
Por una oculta sendera.

Y aunque el caballo brioso
Va corriendo á rienda suelta,
Con el temor le parece
Que no anda mas que una piedra;
Que no hay quien etc.

Aunque quiere ir con secreto,
Los suspiros no la dejan;
Que le salen por la boca
Cual furiosas escopetas.

Cada momento se para,
Y escucha si gente suena;

Y como no suena nadie,
Apresura su carrera;
Que no hay quien etc.

Antojósela que el aire
La habla y dice: „Esposa, espera,
Haré de tí un sacrificio
Que á Albenzaide grato sea.“

Con aquesta fantasia
Va mas que no viva muerta;
Y aunque el temor la desmaya,
Saca fuerzas de flaqueza;
Que no hay quien etc.

Llegó á vista de Sevilla,
Y aguarda que noche sea,
Y á las diez se va á apear
Á casa de una parienta,

Donde estuvo algunos dias,
Y en siendo del todo cierta
Ser mentira lo pasado,
Se tornó á Jerez contenta;
Que no hay quien quiera
Morir, aunque la muerte sea
ligera.

18.

Yendo á partirse Gazul para Gelves á hacer cañas, va á san Lúcar á despedirse de su Celinda. Esta le recibe rabiosa de celos, suponiéndole otra vez prendado de Zaida, y le maldice. Discúlpase el Moro, y hace acciones de despecho, y trueca sus armas de verdes en leonadas, por mostrar que sus esperanzas no van como antes.

Por la plaza de san Lúcar
Galan paseando viene
El animoso Ganzul
De blanco, morado y verde.

Quiérese partir el Moro
Á jugar cañas á Gelves;
Que hace fiesta el alcaide
Por las treguas de los reyes.

11 *

Adora una bella Mora [1])
Reliquia de los valientes
Que mataron en Granada
Los Zegríes y Gomeles.

Por despedirse y hablarla,
Vuelve y revuelve mil veces,
Penetrando con los ojos
Las venturosas paredes;

Y al cabo de un hora de años
De esperanzas impacientes
Vióla salir á un balcon,
Haciendo los años breves;

Y arremetiendo al caballo,
Por ver el sol que amanece,
Haciendo que se arrodille,
Y el suelo en su nombre bese,

Con voz turbada le dice:
„No es posible sucederme
Cosa triste en esta empresa,
Habiéndote visto alegre.

„Allá me llevan sin alma
Obligacion y parientes;
Mas volverá muy cuidado
Por ver si de mí le tienes.

„Dame una empresa en memoria,
Y no para que me acuerde,
Sino para que me adorne,
Guarde, acompañe y esfuerce.“

Celosa estaba Celinda;
Que envidiosos, como suelen, [2])
Á Zaida la de Jerez
Dicen que de nuevo quiere. [3])

Airada responde al Moro.
„Si en las cañas te sucede,
Como mi pecho desea,
Y el tuyo falso merece,

„No volverás á san Lúcar
Tan ufano como sueles
Á los ojos que te adoran,
Y á los que mas te aborrecen;

„¡Mas plegue á Alá que en las
cañas
Los enemigos que tienes
Te tiren secretas lanzas,
Porque mueras como mientes!

„¡Y que traigan fuertes jacos
Debajo los alquiceres,
Porque, si quieres vengarte,
Acabes, y no te vengues!

„¡Tus amigos no te ayuden,
Tus contrarios te atropellen,
Porque muerto en hombros
salgas, [4])
Cuando á matar damas entres!

„¡Y que en lugar de llorarte
Las que engañas y entretienes,
Con maldiciones te ayuden
Y de tu muerte se huelguen!“

El Moro piensa que burla
(Que es propio del inocente),
Y alzándose en los estribos,
Tomarle la mano quiere.

„Miente, le dice, Señora,
El Moro que me revuelve,
Á quien esa maldicion
Le caiga, porque me vengue.

---

1) Una Abencerrage. Quintana.
2) Que de celos grandes muere. Quintana.
3) Porque su Gazul la quiere. Quintana.
4) Y que en hombros de ellos salgas. Quintana.

„Mi alma aborrece á Zaida,
Y de su amor se arrepiente;
Que su desden y tu amor
Han hecho mi fuego nieve. [1])

„¡Malditos sean los años
Que la serví por mi suerte!
Pues me dejó por un Moro
Mas rico de pobres bienes."

Oyendo aquesto Celinda [2]),
Aqui la paciencia pierde,
Cerró la ventana airada,
Y al Moro el cielo que tiene. [3])

Pasaba entonces un page
Con sus caballos ginetes,
Que los llevaba gallardos
De plumas y de jaeces.

La lanza con que ha de entrar,
Toma, y furioso arremete,
Haciéndola mil pedazos
Contra las fuertes paredes;

Y manda que sus caballos
Jaeces y plumas truequen,
Las verdes truequen leonadas,
Y parte furioso [4]) á Gelves.

19.

Gazul, ahora alcaide del Algava, hace pruebas insignes de valor
y destreza en una fiesta de toros en Granada, llevándose tras sí
la admiracion y voluntades de damas y caballeros.

Estando toda la corte
De Almanzor, rey de Granada,
Celebrando del Bautista
La fiesta entre Moros santa;

Con ocho Moros vestidos
De negro y tela de plata,
Que llevan ocho rejones
Y en ellos mil esperanzas;

Seguros de su ventura
De muchas pruebas pasadas,
Y mas en el fuerte brazo
Que ha dado al mundo fianzas:

Que algunas veces la suerte
Suele á los hombres de fama

Llevarlos por los cabellos
Á la fortuna contraria;

Entra el valiente Ganzul,
Señoreando la plaza;
Que con ir solo por ella
Toda la ocupa y levanta.

Hijo de sí por sus obras,
Para gloria de su fama
Y para nobleza suya
Es alcaide del Algava.

Los ojos del pueblo lleva
El caballo entre las plantas,
Y en los apacibles suyos
Los hermosos de las damas.

---

1) Falta en Quintana.
2) Esto que oye Lindaraja. Quintana.
3) Falta en Quintana.
4) Para entrar leonado. Quintana.

Pasa delante del rey,
Del príncipe y de la Infanta,
Y haciendo su cortesía,
El caballo y lanza para.

Despues del galan paseo,
En que fu vista su gala,
Los toros salen al coso
Y al riesgo de su pujanza.

El Moro toma un rejon,
Y el diestro brazo levanta;
Furioso acomete y pica,
Uno encuentra, y otro pasa.

Del toro el aliento frio
El rostro al caballo espanta,
Y la espuma del caballo
Al toro ofende la cara.

Admirada está la corte
Del airoso talle y gracia,
Porque ningun lance pierde,
Y mil voluntades gana.

En este tiempo la suerte
Á la postrera le llama,
Porque sale un bravo toro,
Famoso entre la manada:

No de la orilla del Betis,
Ni Jenil, ni Guadiana;
Fue nacido en la ribera
Del celebrado Jarama;

Vayo en color encendido,
Y los ojos como brasa,
Arrujada frente y cuello,
La frente vellosa y ancha;

Poco distantes los cuernos,
Corta pierna y flaca hanca,

Espacioso el fuerte cuello,
Á quien se junta la barba;

Todos los extremos negros,
La cola revuelta y larga,
Duro el lomo, el pecho crespo,
La piel sembrada de manchas.

Harpado llaman al toro
Los vaqueros de Jarama,
Conocido entre los otros
Por la fiereza y la casta.

En cuatro brincos se pone
En la mitad de la plaza,
Y casi en la blanda arena
El hendido pie no estampa.

Sale al encuentro Ganzul,
Como si fuera montaña,
Alzando el brazo en el hombro,
Bimbrando [1]) al rejon la basta.

Saca el codo junto al pecho,
Llega el puño, el brazo saca,
Y picando el fuerte cuello,
Cuero, carne y vida rasga.

El fiero toro derriba,
El suelo mide la espalda,
Los pies que en la tierra herian,
Al cielo vuelven las plantas.

Con el furor natural
Vuelve á un lado, prueba y alza
La tierra; que el cuerpo herido
No tiene mas que arrogancia.

De cuya herida en un punto
Revuelta en la sangre escapa
La vida, dejando á muchos
Envidia de tal hazaña.

---

1) Vibrando.

Juntóse el Moro valiente,
Á quien sigue y acompaña,
Oyendo los parabienes
De caballeros y damas;

Porque otra cosa no escucha
Desde andamios y ventanas,
Sino que fue grande suerte
Del famoso del Agava.

En la Historia de las guerras civiles de Granada, cap. 12., está citado este romance de un modo muy diferente. Ya el principio, que es:

Estando toda la corte
De Abdili, rey de Granada,
Haciendo una rica fiesta,
Habiendo hecho la zambra,

presenta la accion con otras circunstancias.

He aqui la buena descripcion de la lid:

Con un rejon en la mano,
Que al gran Marte semejaba,
Y con ánimo invencible
Al fuerte toro aguardaba.

El toro, cuando le vió,
Al cielo tierra arrojaba
Con las manos y los pies,
Con que gran temor daba,

Y despues con gran braveza
Hácia el caballo arrancaba,
Por herirle con sus cuernos,
Que como aleznas llevaba.

Mas el valiente Gazul
Su caballo bien guardaba,
Porque con el rejon duro
Con destreza no pensada
Al bravo toro heria
Entre espalda y espalda.

El toro muy mal herido
Con sangre la tierra baña,
Quedando en ella tendido,
Su braveza aniquilada.

La corte toda se admira
Al ver aquella hazaña,
Y dicen que el caballero
Es de fuerza aventajada.

En general el romance antecedente es una excelente descripcion de una corrida de toros, sobresaliendo en él la pintura del toro feroz en las cuartetas 15., 16. y 17. Á Gazul llaman algunos romances alcaide de la Algava, y otros alcaide de Molina.   **D.**

Esto acredita lo dicho antes. La Algava es un lugarillo á corta distancia de Sevilla y en la ribera derecha del Guadalquavir. Molina está en el confin de Castilla y Aragon. Cuando existia floreciente el reino moro de Granada, ya habian sido por largos años los Cristianos dueños de aquellos lugares.   **A. G.**

20.

Pártese Gazul de san Lúcar triste y juntamente furioso, por haberle maltratado de palabras Celinda. Entra en las fiestas el Moro con divisa trocada, y hace pruebas de valor desesperado, con que se alborotan todos, mientras él maldice su suerte, y jura no ver mas á su dama.

Cual bravo toro vencido
Que escarba en la roja arena,
De su Celinda afrentado,
Ganzul á san Lúcar deja.

Desperado va el Moro
En una alazana yegua,
Con un jaez leonado,
De su congoja la muestra.

En naranjado y negro
Lo blanco y lo verde trueca,
Y lo amoroso morado
En rabia cruel y negra;

Una marlota vestida
De blanco y azul á medias,
Y en la parte que era azul,
Unas nubladas estrellas.

Listados van los volantes
De encarnado y seda negra,
El bonete azul escuro,
Cielo de luto y tristeza.

Solamente el tabalí
Del alfange verde lleva,
Porque él solo ha de vengarse
De quien revuelve su esfera.

Y de la triste color
Que queda en la seca arena,
El Moro lleva la toca
Que el nervioso brazo aprieta.

Negros son los borzeguíes,
Y negras las estriberas,
Negras las ligas y cabos,
Y barcinas las espuelas.

No lleva lanza alheñada,
Que ya la volara en piezas
En la pared de su dama,
Cuando le cerró la puerta.

Lleva datilada adarga,
Y en ella una nueva seña,
Que es un cielo escuro y triste,
Y en medio una luna llena,

Llena, pero ya eclipsada,
Y al rededor esta letra:
Tan escura como clara,
Y tan cruel como bella.

Y pues le quitó Celinda
Las alas con que alto vuela,
No quiere plumas el Moro
En su gallarda cabeza.

Miércoles á mediodía
Ganzul por los Gelves entra;
Va se derecho á la plaza,
Y á jugar cañas comienza.

No le conocen las damas
Por la trocada librea,
Ni le conoce su alcaide,
Hasta que mas cerca llega.

Las adargas pasa el Moro,
Cual de blanda ó tierna cera,
Con los veloces bohordos
Que tira en la fuerte vega.

No hay quien al Moro resista,
La gente se hace afuera;

Que viene desesperado,
Y por las obras lo muestra.

Alborótase la plaza,
Y solo Ganzul se queda,
Diciendo, al cielo mirando,
Con voz colérica y recia:

,,¡Ojalá las maldiciones
De Celinda se cumplieran,
Y en mi pecho atravesadas
Alheñadas lanzas viera!

,,¡Y que en lugar de llorarme,
Las damas me maldijeran,
Y muerto afrentosamente
En hombros de aqui saliera!

,,¡Y que nadie me ayudara,
Porque dar gusto pudiera
Á aquella airada leona
Que ver mi muerte desea!"

Aquesto diciendo el Moro,
La veloz yegua rodea,
Jurando de no volver
Donde Celinda lo vea.

21.

Estando Gazul señalándose en las fiestas de Gelves, le ve Zaida,
y siente que se renuevan en su alma los antiguos amores. Con-
versacion que tiene Zaida con Alminda y Zafira. Acalórase el
juego de cañas, pero cesa con la venida de la noche, por man-
darlo asi los jueces.

De los trofeos de amor
Ya coronadas las sienes, [1])
Muy gallardo entra Gazul
Á jugar cañas á Gelves

En un overo furioso
Que al aire en su curso excede,
Y en su pujanza y vigor
Un leve freno detiene.

---

1) Coronadas ambas sienes.

La librea de los pages
Es roja, morada y verde,
Divisa cierta y colores
De la que en su alma tiene.

Todos con lanzas leonadas
En corredores ginetes,
Adornados de penachos
Y de costosos jaeces.

Él mismo se trae la adarga,
En quien un fénix parece,
Que en vivas llamas se abrasa,
Y en cenizas se resuelve.

La letra, si bien me acuerdo,
Dice: *Es inconveniente*
Poderse disimular
El fuego que amor enciende. ¹)

Llegado adó están las damas,
En los arzones se mete;
En pie se pusieron todas,
Bien ciertas que mas merece.

Entra ellas estaba Zaida,
De quien un tiempo doliente
Fue favorecido el Moro,
Aunque agora la aborrece.

Fue causa una sinrazon,
Que en amantes mucho puede,
Y viene á ser quien la hizo
El arrepentido siempre.

Con ella estaba Zafira
Y Alminda, que dueño tiene
En grado muy allegado
Con los Granadinos reyes;

Y como vido á Gazul,
Renovóse el accidente,

Y tanto cuanto le mira,
Mas le adora y mas le quiere.

Y asi cual puesta en balanza,
Dando el alma mil vaivenes,
Celosa y arrepentida
Diversas cosas revnelve.

Alminda que vido á Zaida,
Que de nuevo se entristece,
Para divertirla, dijo
Le descubra lo que siente.

Turbada la respondió:
„Una imaginacion fuerte
Ha sido la causadora
Deste mal que á puntos crece."

„Mejor será, dijo Alminda,
Refrenarla, porque suele
Despues de haber discurrido,
Dar al traves las mas veces."

„Bien muestras, le respondió
La de Jerez, que no sientes
Los celos y fantasías,
Ni sabes que son desdenes;

„Que á saberlo, soy bien certa
Otra compasion tuvieses
De mí, que padezco y muero
Deste mal que tú no entiendes."

Tomó Zafira la mano,
Y la plática suspende
El alboroto y estruendo
De los que á las cañas vienen.

Estaban ya las cuadrillas
Dentro del cerco y palenque
Con berberiscas naciones
Y marlotas diferentes.

---

¹) Las cuatro últimas cuartetas faltan en Quintana.

Al son de bárbaras trompas
Los caballos impacientes,
Con relinchos y bufidos
Por medio la turba hienden.

Revuélvense unos con otros,
Y con ánimos valientes
Con leves cañas procuran
Ofenderse cuanto pueden.

Duró gran rato la fiesta,
Pero fue como sucede;
Que todo á la fin se acaba,
Todo se acaba y perece.

Daba priesa el cano tiempo
Á Apolo, porque detiene
Su velocísimo carro
De su tardanza impaciente.

Y cuando llegó al ocaso,
Su contrario que lo siente,
Con no menos movimiento
Bate las alas y viene.

Á cuya venida todos
Por medio el campo arremeten,
Y de su esfuerzo pagados,
Mandaron cesar los jueces.

Las dos últimas cuartetas de este romance le faltan en la coleccion de Quintana.   **D.**

22.

*Celinda arrepentida de haber tratado con rigor á Gazul, va en
su busca, y prueba á desenojarle, y disculpándose él de querer
aun á Zaida, quedan los dos amantes en paz y contento.*

En el tiempo que Celinda
Cerró airada la ventana
Á la disculpa, á los celos
Que el Moro Ganzul le daba;

Confusa y arrepentida
De haberse fingido airada,
Por verle y desagraviarle,
El corazon se le abrasa;

Que en el villano de Amor
Es muy cierta esta mudanza,
Y la danzan muchas veces
Los que de veras se aman.

Y como supo que el Moro
Rompió furioso la lanza

Que llevaba para entrar
En Gelves á jugar cañas;

Y que la librea verde
Habia trocado en leonada,
Sacó luego una marlota
De tafetan rojo y plata,

Un bizarro capellar
De tela de oro morada,
Lleno de costosas perlas
Los rapacejos y franjas;

Con un bonete cubierto
De zafiros y esmeraldas,
Que publican celos muertos
Y vivas las esperanzas;

Con una nevada toca
Con plumas verdes y blancas,
Y con acerados hierros
Una lanza naranjada;

Que el color de la veleta
Tambien publica bonanza;
Un liston de verde claro,
Con que trajese la adarga,

Con una letra que dice:
¡Guárdele bien quien bien ama!
Informándose primero
Adonde Ganzul estaba,

Y que las fiestas de Gelves
Á otro dia se dilatan,
Á una casa de placer
Aquella tarde le llama.

Y en diciéndole á Ganzul
Que Celinda le aguardaba,
Al page le preguntó
Tres veces si se burlaba;

Que son malas de creer
Las nuevas muy deseadas,
Á lo menos las que aguardan
Personas enamoradas;

Y afirmándole que sí,
Sin hablarle mas palabra,
Se sale á ver en la gloria
De los ojos de su dama.

Encontróla en un jardin
Que un almoradux cortaba,
Y dejaba las videtas
Azules por las moradas.

Entre mosqueta y jazmin
Un ramito concertaba,
Poniendo lo blanco al pecho,
Y lo morado en el alma.

Viéndose el Moro con ella,
Apenas los ojos alza;
Que quien sale de oscuro,
Turbacion el sol le causa.

Celinda le asió la mano,
Un poco roja y turbada,
Y al fin de infinitas quejas
Que en tales pasos se pasan,

Dijo Ganzul: „¿Es posible,
Señora, que des tal paga
Á quien por Alá le juró
Que cuando sin ti se halla,
Moriria á no traerte
En la idea retratada?

„Y si de Jeres me acuerdo,
Mátenme de una lanzada
Del modo que yo maté
Al desposado de Zaida.

„Ó véate yo en los brazos
De quien mas celos me causa,
Y que por desperarme
Tiernos favores le hagas,

„Si el Moro que te ha informado
Te dijo verdad en nada.‟
La Mora quedó con esto
Satisfecha y muy pagada,

Y entre ellos el aficion
Con mas firmeza que estaba;
Que de revolver amantes
Otra cosa no se saca.

Vistióse al fin las preseas
Con las manos de su dama,
Y sobre un caballo overo
Con los jaeces de plata,
Un bozal de oro morado,
Moradas plumas y banda

Despues de haberse abrazado
Con palabras regaladas,

Se parte Ganzul á Gelves,
Contento á jugar las cañas.

Tambien faltan en la coleccion de Quintana las cuatro últimas
cuartetas de este romance. **D.**

23.

*Adornado Gazul de prendas de su dama, llamada en este ro-
mance Lindaraja, va á jugar cañas á Gelves. Señalase alli,
cautivando otra vez á Zaida, que le habia sido infiel y llevado
por ello dura pena.*

Adornado de preseas
De la bella Lindaraja,
Se parte el fuerte Gazul
Á Gelves á jugar cañas.

Cuatro caballos ginetes
Lleva cubiertos de galas
Con mil cifras de oro fino
Que dicen *Abencerraga.*

La librea de Gazul
Es azul, blanca y morada,
Los penachos de lo mismo
Con una pluma encarnada,

De costosa argentería,
De fino oro y fina plata.
Pone el oro en lo morado,
La plata en lo rojo esmalta.

Un salvage por divisa
Llevaba en medio el adarga;
Que desquijala un leon,
Divisa honrosa y usada

De los nobles Bencerrages
Que fueron flor de Granada,
De todos bien conocida,
Y de muchos estimada.

Llevaba el fuerte Gazul
Por respeto de su dama
Que era de los Bencerrages,
Á quien en extremo amaba.

Una letra lleva el Moro
Que dice: *Nadie le iguala.*
Desta suerte el buen Gazul
De Gelves entró en la plaza

Con treinta de su cuadrilla,
Que ansi concertado estaba,
De una librea vestidos
Que admira á quien la miraba.

Y una divisa sacaron
Que ningun discrepaba,
Sino fue solo Gazul
En las cifras que llevaba.

Al son de los añafiles
El juego se comenzaba
Tan tratado y tan revuelto,
Que parece una batalla.

Mas el bando de Gazul
En todo lleva ventaja;
El Moro caña no tira
Que no aportille una adarga.

Míranlos mil damas moras
De balcones y ventanas;
Tambien lo estaba mirando
La hermosa Mora Zaida,

La cual dicen de Jerez,
Que en la fiesta se hallara,
Vestida de leonado
Por el luto que llevaba

Por su esposo tan querido,
Que el bravo Gazul matara.
Zaida bien lo reconoce
En el tirar de la caña.

Acuérdase en su memoria
De aquellas cosas pasadas,
Cuando Gazul la servia,
Y ella le fue mal mirada,

Muy ingrata á sus servicios,
Y á lo mucho que él la amaba.
Sintió tanto el dolor desto,
Que alli cayó desmayada.

Y al cabo que tornó en sí,
Le hablara una criada:

,,¿Qué es esto, Señora mia?
¿Por que causa te desmayas?''

Zaida le responde ansi
Con voz muy baja y turbada:
,,Advierte bien á aquel Moro
Que agora arroja la caña.

,,Aquel se llama Gazul,
Cuya fama es muy nombrada;
Seis años fui del servida
Sin de mí alcanzar nada.

,,Aquel mató á mi marido,
Y dello yo fui la causa.
Con todo esto lo quiero,
Y lo tengo acá en mi alma.

,,Holgara que él me quisiera;
Pero no me estima en nada;
Adora una Abencerraga,
Por quien vivo desamada.''

En esto se acabó el juego,
Y la fiesta aqui se acaba;
Gazul se parte á san Lúcar
Con mucha honra ganada.

No se aviene bien este romance con otros, en los cuales se dice que se quedó Celinda en su casa ó lugar, mientras fue Gazul á jugar cañas á Gelves.　　　　　　　　　　D.

24.

Vuelto Gazul de Gelves á san Lúcar galan y triunfante y alegre, le recibe amorosa su Celinda, que, haciendo labor, le esperaba.

Despues que el fuerte Ganzul
Volvió de Gelves con vida
De correr celosas cañas
Para su dulce Celinda,

En la plaza de san Lúcar
La misma tarde á la brida
Se presenta, dando vueltas
Al puerto de su alegría.

De morado y recamado
Un rojo alquicer traia,
Y un bonete verde oscuro
Con la toca Tunecina.

Los adornos del caballo
Van con la misma divisa;
Solo muestra el borceguí
De oro la labor pajiza;

Que ya la desconfianza
Trae bajo del pie metida,
Porque Celinda está cierta
Que á la ingrata Zaida olvida.

Con tanta gracia pasea
De ver la luz de su vida,
Que el caballo aun de las piedras
Saca polvo, cuando pisa.

Labrando un caparazon
Para su Ganzul, Celinda
Estaba en esta ocasion
Sola, triste y retraida.

Quiso dibujar un lirio
En un recamo que hacia,

Y sobre el dibujo puso
Una rosa Alejandrina.

Echó en el color de ver
Que no es la flor que queria,
Y queriéndola quitar,
La mano el intento quita;

Que en los sucesos de amor,
Cuando el paso desvaria,
Truecan suerte los efectos
Por do el corazon los guia.

Y viendo que á sus antojos
Cuanto mas menos atina,
Deja la labor y sale,
Enojada de sí misma.

Y viendo al fuerte Ganzul,
Que á otra cosa no atendia,
Deja el balcon presurosa,
Y luego á llamarlo envía.

Y dando razon de Gelves
Y de su buena venida,
Dejando frias sospechas,
Entregaron ambas vidas.

En otro romance citado en la Historia de las guerras civiles de Granada la querida de Gazul, la cual vive en san Lúcar, y á quien visita su enamorado vuelto de Gelves, tiene por nombre Lindaraja. Dice asi el tal romance:

De honra y trofeos lleno
Mas que el gran Marte lo ha sido,
El valeroso Gazul
De Gelves habia venido.

Vínose para san Lúcar,
Donde fue bien recibido
De su dama Lindaraja,
De la cual es muy querido.

En este romance va expresado con llaneza y sencillez el coloquio entre los dos enamorados.

Dice asi Lindaraja:

> Si hermosa te parezco,
> Gazul, cásate conmigo,
> Pues que me diste la fé
> Que serias mi marido.

Y responde Gazul:

> Pláceme, dice Gazul,
> Pues yo gano en tal partido.　　　**D.**

25.

Gazul viene á Alcalá de los Gazules con lucido séquito de Moros de Andalucia. Recíbele desabrida Celinda su esposa, que le echa en cara haberse descuidado de atender á ella durante su ausencia; pero disculpándose el Moro, se abrazan tiernos los esposos amantes.

Al tiempo que el sol esconde
Debajo del mar su lumbre,
Y de rojos arreboles
Colora el aire y las nubes,

Llegaba el fuerte Ganzul
Á Alcalá de los Ganzules
Con cuatrocientos hidalgos
De los Moros Andaluces:

Y apenas llegaba, cuando
Suenan tiros, arcabuces,
Atabales y trompetas,
Chirimías, sacabuches;

Que venian á echar de España
Á Zulema, rey de Tunez,
Que estaba ya apoderado
De Marbella y sus alumbres.

Y aunque entra de noche el Moro,
No quiere ni pide lumbres;
Que el claro sol de Celinda

Quiere que salga y le alumbre;
Y á la entrada de la villa
Suenan tiros y arcabuces, etc.

Todas las damas por vello
Á los miradores suben;
Sola su esposa Celinda
Del suyo se esconde y huye.

Como no sale Celinda,
El corazon se le cubre
De temerosas sospechas,
De celosas pesadumbres,
Y apeándose en palacio,
Suenan tiros etc.

Ganzul del caballo baja,
Y á ver á su esposa sube;
Hállala sola y tan triste,
Que en sospiros se consume.
El Moro llega á abrazalla,
Y ella se aparta y rehuye,

Y él dice: „¿Como es posible
Que tal conmigo se use?“
Y antes que ella responda,
Suenan tiros etc.

Al fin le dice con ira:
„Traidor, ¿adonde se sufre
Que en cuatro meses de ausencia

De escribirme te descuides?“
Humilde responde el Moro:
„Mi bien, no es bien que me
culpes,
Pues la pluma sin la lanza
Tomar un punto no pude.“
Abrazáronse, y al punto
Suenan tiros etc.

Con este romance acaba la historia de Gazul ó Ganzul, cuyas aventuras refiere la Historia de las guerras civiles de Granada como hechos históricos. Añade el autor que, dominando ya en Granada los reyes de España, vivia en aquella ciudad la tribú de los Ganzules, que el rey Don Fernando, despues de casado Gazul con Lindaraja, devolvió á los dos casados ya convertidos á la fé cristiana la hacienda que habia sido del padre de Lindaraja, secuestrada, segun parece, poco antes por los Cristianos, y que Gazul, recibido el bautismo, tomó el nombre de Don Pedro Anzul, y su muger el de Doña Juana. Probable es que por consideracion á haber sido bautizado es por lo que le dan los poetas españoles el dictado de el buen Gazul, aun en el romance donde le pintan asesino del recien casado Albenzaide. **D.**

26.

Lisaro, alcaide de Alcalá de Henares, sale con tristes arreos á buscar á la hermosa Zaida, que se va de él por temerle celoso. Da al fin con ella, y ahuyentado á quien la lleva, se la trae consigo á Alcalá.

Lisaro, que fue en Granada
Cabeza de los Zegríes,
Mas gallardo en guerra y paz
Que el mejor Almoralife,

Salió de Alcalá de Henares,
Donde sirviendo reside
El alcaidía famosa
Que le dió su rey Tarife, [1]

No va cual suele á Toledo
Á jugar cañas, ni viste
Morado alquicel de seda,
Ni dorado alfange ciñe.

No siembra bonete azul
De granades y amatistes,
Ni lleva listadas de oro
Blancas tocas Tunecíes.

---

[1] Jarife.

Sale buscando furioso
La bella Zaida [1]), á quien
                    sirve,
Y á su padre, que la lleva,
Siguiendo á quien le persigue.

Encerrarla quiere el Moro
Por sospechas que le oprimen,
Siendo tal que puede al templo
Llevar el agua del Tibre.

Con estas ansias Lisaro
Hace que su gente aplique
Al color del corazon
El vestido negro y triste.

Cuatro Moros le acompañan,
Todos de negro se visten;
De negro son los jaeces,
De luto los tabalíes.

En alfanges y acicates
Relumbran negros matices,
Y negras las estriberas,
De Córdoba borceguíes.

Las lanzas de color negro,
Los hierros la vista impiden,
Hasta las blancas adargas
Con bandas negras dividen.

Yeguas negras andaluces
Que al viento los pasos miden;
Solos los frenos son blancos
Por la espuma que los ciñe.

Lisaro solo entre todos
Un ramo de laurel ciñe

Á la toca del bonete
Entre los penachos tristes.

En el camino se para,
Aunque importa que camine,
Y mirando el ramo verde
Á sus esperanzas, dice:

„Solo en mi deseo pudo
Ser poderoso y posible
Nacer de esperanzas verdes
La muerte que le marchite.

„En las manos de mi Zaida [2]),
Alegre ramo, naciste
Con tan dichosos principios,
Que esperaba alegres fines.

„Mas en la flor de tu gloria
Cuatro enemigos tuviste,
Agua, fuego, nieve y viento,
Que aun cortado te persiguen.

„Pero aunque voy á la muerte,
No he querido que te prive
De que este mi luto veas
Tú que mi esperanza fuiste.

„Para que en mi sepultura
El que te viere imagine
Que el dueño de tanto bien
Vivo muere, y muerto vive."

Tales quejas dice el Moro,
Cual suele en su muerte el
                    cisne,
Cuando amor le enseña á Zaida, [3])
Que tiene vista de lince.

----

1) Á su Zoraida.
2) Zoraida.
3) Muestra á Zoraida.

Lisaro avisa á su gente,
Hace que las yeguas piquen,
Y los caballos contrarios
Que alborotados relinchen.

Pónensele á la defensa,
Pero de poco les sirve,
Porque al fin vuelve á Alcalá
Con su esposa alegre y libre.

ROMANCES SOBRE ALIATAR.

27.

Vuelve el Moro Aliatar á Castilla de sus empresas por mar y tierra, y encuéntrase con que le ha olvidado su dama Adalifa, antes de él locamente enamorada. Lleva con flema Aliatar el mal porte de su señora.

De la naval con quien fueron
Tan inclementes los hados,
Que es prueba de la fortuna,
Y fé de sucesos varios;

En una playa desierta,
Sus rotas velas dejando,
Á reparar, si es posible
Repararse rotos cascos,

Vuelve Aliatar á Castilla,
Para que el rey Toledano
Por tierra ó por mar le ocupe
En mas peligrosos cargos;

Que de su linage noble
Las proezas imitando,
Del gran Alfaquí su padre
Desea seguir los pasos.

Pasando pues su camino
Por la ciudad á quien damos

El blason y la memoria
Del escudo castellano.

Adalifa, Mora bella,
Amiga de amor de paso,
Puso en el Moro los ojos
Para mudarse y quitallos.

Ya suspira, porque ha de irse,
Ya llora, porque ha llegado,
Ya del tiempo forma quejas,
Ya le llama dios humano.

Ya su muerte le da celos,
Ya sus celos son engaños,
Ya detiene á sus deseos,
Ya da rienda á sus cuidados.

Ya se le antoja que es Dido,
Ya que Aliatar es Troyano,
Huésped, robador de fé;
Mas no hay fé donde hay agravios.

Mil promesas hace el Moro
Contra el poder de los años,
Cuyo curso allana montes,
Y encumbra los valles llanos.

En esto llegó el ausencia,
Cirujano de cuidados,
Vida de presentes gustos,
Muerte de gustos pasados.

Asi se trocó Adalifa,
Y en su pensamiento vario
Voló á otros nuevos desvíos,
Regida de olvido ingrato.

Y Aliatar, porque no entienda
Que de su olvido hace caso,
Sobre la arena escribió
De su ligereza el cargo.

Quizá es este Aliatar otro que el de quien hablan los romances que á este siguen. **D.**

28.

Un caballero baldona al Moro Aliatar, porque ha hablado muy mal de varias damas, y le reta, amenazando darle castigo.

„Alcaide, Moro Aliatar,
Con la reina os congraciásteis;
Mas son aquestas razones
De muger que no de alcaide.

„Dijiste no babia bonete
De Moro do no se halle
Toca de dama ó cabellos,
Medalla, cifra ó plumage;

„Y que las damas avisan,
Desque las esclavas salen,
De las damas mensageras
Á visitar los galanes.

„Que de papeles hay muestra
En el terrero las tardes,
Como si el mostrar papeles
No fuera bajeza grande.

„Que rondando algunas noches,
Encontrais al Moro Azarque
Debajo las celosías,
Adonde suelen hablarse.

„Si le topais ó le veis,
Prendedle ó acuchilladle,
Y si no, callad de dia
Como de noche, cobarde.

„De la discreta Jarifa
Siendo mentira, contastes
Que señas hizo en Genil
Al Moro de Ocaña Azarque.

„Y á las dos Galvanas bellas
(Siendo quien son los Galvanes)
Sin respeto y con malicia
De altaneras las tratastes.

„Del cuarto de nuestras damas
Hiciste injusta cárcel,
Y apagando la ocasion,
Encendiste voluntades.

„Alguna aficion dormia,
Yo sé que la despertaste;
Mucha privacion es fuerza
Que en mucho apetito pare.“

„¡Mentis, Alcaide traidor,
Mentis, Aliatar infame!
Y perdonad, que las damas
Asi me mandan que os trate,

„Pues de esas falsas razones
Y de ese traidor semblante
No hay honra que esté segura,
Ni nobleza sin ultrage.

„Los galanes caballeros
Sirvan damas principales;
Que en amores de esta suerte
Ningun desacato cabe.

„Teneis entrañas dañosas.
Presumis grandes maldades,
Gobernais agenos bienes
Para el fin de vuestros males.

„Las sospechas que soñais,
Publicáislos por verdades.

¡Ay de vos, y como os veo,
Que en pie os morireis, alcaide!

„Damas servísteis un tiempo;
Allegad y preguntadles
Quien sois vos, y quien son ellas,
Sabreis bajezas notables.

„Jamas tuvísteis amigos
Que seis dias os durasen;
Señal de malos respetos
No conservar amistades.

„¡Á las armas, Moro amigo,
Dejad malicias aparte,
Y en vez de damasco y sedas
Vestid jacerina y ante!

„Que las manchas en que la honra
Á tantos buenos echastes,
Han de salir con lavarlas
En vuestra alevosa sangre.“

29.

Responde Aliatar á su retador Azarque, pagando denuestos con
denuestos, diciendo ser injustos los cargos que se le han hecho,
y provocando brioso al que le ha provocado.

„Azarque, Moro valiente,
En ausencia me infamaste,
Diciendo palabras que eran
Mas de muger que de Azarque.

„Dices que te puse mal
Con la reina y con los Grandes,
Y que soy cobarde. ¡Mientes,
Tú mientes, y eres cobarde!

„Mira, Azarque, lo que dices
Otra vez, antes que hables;
Que si tu lanza es temida,
Ya de mi lanza temblaste.

„Dijiste: Pobre Aliatar,
En pie morirás, Alcaide;
Yo te mataré en presencia,
Porque ausente no me mates.

„Haces hechos con palabras,
Y obrando hechos no haces;
Que has alcanzado la fama,
Sin que la fama te alcance.

„Si mandan darme la muerte
Las damas, ven á matarme,
Y podrás volver sin vida
Á quien mi muerte esperare.

„Que soy mas bravo y furioso
Que tú en mi ausencia mostraste;
Haréte agravio en los ojos,
Antes que en el pie me agravies.

„Mira que valen muy poco
Palabras que poco valen,
Pues las palabras y plumas
Dicen que las lleva el aire.

„Considera que no puedes
Ausente hablar disparates;
Que es el ánimo que encierras,
Y quien las sabe las tañe.

„Conozco bien tus espaldas;
Que tengo señas bastantes,

Por do tus fingidos hechos
No los sigas ni te jactes.

„Deja el nombre de valiente,
Que no es razon que lo infames;
Pues se da nombre de hechos
Á quien hechos hacer sabe.

„Búscame, Azarque famoso;
Que cuando á dicha me halles,
Podrás matizar mi lanza
En el matiz de tu sangre.

„Mas el viento se las lleva,
Que como el viento se gaste;
Aire, palabras y plumas,
Todo es aire, y tú eres aire.“

30.

*Va Aliatar de Antequera á Granada, maldiciendo y prometiendo
graves daños á Abenamar, de quien se juzga ofendido.*

Con el título de Grande
Que le dió el rey por sus armas,
El fiero Moro Aliatar
Va de Antequera á Granada.

Colgada del almaizar
Llevaba su cimitarra,
La izquierda mano en la rienda,
Y la derecha en la lanza.

Dos tocas sobre el bonete,
Y polvo sobre la cara,
Lágrimas sobre los ojos,
Y cuidados sobre el alma.

Del caballo por el aire
Vuela la cola alheñada;
Las manos huellan las cinchas,
Y la espuma el freno mancha.

De plata los acicates;
Que con la sangre que saca
Parecen sus blancas puntas
Coral en cabo de plata.

Iba tan ligero el Moro,
Que si algun suspiro daba,
Desde donde le comienza,
Á media legua le acaba.

No lleva preciosas piedras,
Porque aljófar y esmeraldas
Las dejó, cuando se vino,
En dientes y ojos de Arlaja.

Por el semblante su pena,
Y por los ojos sus ansias,
Y de todo la ocasion
Por la divisa declara

Un águila, cuyo pico
Se cebaba en las entrañas
De un sacre, con esta letra:
Por envidia se las saca.

„Déjale, envidia, en mi daño,“
Dice el Moro, porque habla
Á solas, y le parece
Cualquiera sombra Abenamar.

„¿Si con mi daño no medras,
Porqué mi ventura agravias,
Y haces que se marchiten
Tu fama y mis esperanzas?

„¡Ay amiga de mis ojos,
Ya no temo tu mudanza!
Que mis prendas, por ser tuyas,
No es posible sean falsas.

„Muestra varonil esfuerzo,
Mira que será gran falta

Que mis armas te se rindan,
Y te rindan sus palabras.“

Dijo, y olvidóse luego
De los respetos que guarda,
Y para vengar su injuria,
Á su pariente amenaza.

.No espera verse delante,
Ni su respeto se guarda,
Porque va mas que el caballo
Presurosa la venganza.

Lo que topa desmenuza,
Y á los hombres despedaza;
Y escápase de sus manos
La luna, por estar alta.

Dijo: „Si el temor de verme,
Abenamar, no te mata,
Espera para la vuelta.“
Y en esto se entró en Granada.

31.

Ármase Aliatar para los juegos, y viendo que Zoraida, á quien ama, hace un favor á Celin, enviste á este y le mata, y quitándole la prenda que ha recibido, echa contra Zoraida imprecaciones.

„Denme el caballo de entrada,
Que me dió el rey de Marruecos,
Aquel morcillo brioso
Que pisa galan y recio;

„Aquel que rompe la tierra,
Y vuelve al amor del freno
Las vueltas que á ver mi dama
Da mi triste pensamiento.

„Quitadle el verde jaez,
Y enjaezádmele luego

De negro, porque declare
La pena y mal de que muero.

„La marlota quiero negra,
Y negro el tocado quiero,
Y las plumas del penacho
Como el vestido que llevo.

„Las cañas negras tambien,
Porque se haga negro el juego;
Que quien tiene el pecho triste,
Color no le alegra el pecho.

„Solo el velo de la adarga
Quiero que no vaya negro,
Sino azul, porque declare
Los negros celos que tengo.‟

Todo de negro vestido
Por el arenal del puerto
Entró Aliatar en el coso,
Acosando su tormento.

Vido á su Zoraida bella,
Y parte luego corriendo,
Deseando de hablarla.
Mas no cumplió su deseo;

Que su contrario Celin
Pasó cerca de su puesto,
Y al pasar le echó Zoraida
Prendas que mas le prendieron.

Echóle una toca verde
Y una flor morada en medio,
Dándole fé y esperanza,
Y á Aliatar muere de celos.

Parte Celin tan ufano
Cuanto Aliatar descontento,
Y sin acabar su pena
Principio ponen al juego.

Hicieron dos ó tres suertes,
Y el alcaide se está quedo,
Defendiéndose de cañas
Que pretenden ofenderlo.

Tiróle Celin la suya;
Mas con un enojo intenso
Su caña tiró Aliatar,
Que fue tiro sin remedio;

Porque dándole en la adarga,
Le pasó la adarga y pecho,
Abriendo al alma camino,
Por donde salió al momento.

Apeóse del caballo,
Y fue donde estaba el muerto;
Quitóle la toca verde;
Esperanza de sus duelos;

Y volviendo á cabalgar,
Fuese á Zoraida diciendo:
„Mal guarda Celin tus prendas,
Tan grande amor pretendiendo.

„Quédate, tirana, ingrata,
Que en tu memoria esta llevo;
Que quiero hacer prendas propias,
Prendas que para otro fueron.‟

32.

Descríbese la pompa fúnebre con que es llevado el cadáver del
malogrado Aliatar, muerto en una refriega con los Cristianos.
Pena general, y mas que la de otro la de Zaida.

No con azules tahalíes,
Corvos alfanges dorados,
Ni coronados de plumas
Los bonetes africanos,
Sino de luto vestidos,
Entraron de cuatro á cuatro

Del malogrado Aliatar
Los afligidos soldados,
Tristes marchando,
Las trompas roncas,
Los tambores destemplados.

La gran empresa del fénix,
Qne en la bandera volando
Apenas la trató el viento,
Temiendo el fuego tan alto,
Ya por señas de dolor
Barre el cielo y deja el campo,
Arrastrado entre la seda
Que el alferez va arrastrando,
Tristes marchando,
Las trompas roncas,
Los tambores destemplados.

Salió el gallardo Aliatar
Con cien Moriscos gallardos
En defensa de Motril
Y' socorro de su hermano.
Á caballo salió el Moro,
Y otro dia desdichado
En negras andas le vuelven
Por donde salió á caballo,
Tristes marchando etc.

Caballeros del maestre
Que en el camino encontraron,
Encubiertos de unas cañas,
Furiosos le saltearon,
Hiriéronle malamente.

Murió Aliatar malogrado,
Y los suyos, aunque rotos,
No vencidos se tornaron,
Tristes marchando etc.

¡O como lo siente Zaida,
Y como vierten llorando
(Mas que las heridas sangre)
Sus ojos aljófar blanco!
Dilo tú, Amor, si lo viste.
¡Mas ay, que de lastimado
Diste otro ñudo á la benda,
Por no ver lo que ha pasado!
Tristes marchando etc.

No solo le lloró Zaida,
Pero acompáñanla cuantos
Del Albaicin al Alambra
Beben de Jenil y Darro,
Las damas como á galan,
Los valientes como á bravo,
Los alcaides como á igual,
Los plebeyos como á amparo,
Tristes marchando,
Las trompas roncas,
Los tambores destemplados.

Nótese en el estribillo ó estrambote, con cuanta habilidad están imitados con el sonido el son de las trompetas y el toque de los tambores.   **D.**

Esta y otras mas altas prendas constituyen el romance anterior uno de los mejores que hay en castellano.   **A. G.**

33.

Abenamar, preguntado por el rey Don Juan, le informa de varios lugares de Granada que ven de lejos. Como muestra el rey deseos de tener á Granada por suya.

,,Abenamar, Abenamar,
Moro de la morería,
El dia que tu naciste,
Grandes señales habia.

,,Estaba el mar en calma,
La luna estaba crecida;
Moro que en tal signo nace,
No debe decir mentira.‘‘

Alli respondiera el Moro;
Bien oireis lo que decia:
,,No te la diré, Señor,
Aunque me cueste la vida,

,,Porque soy hijo de un Moro
Y una Cristiana cautiva;
Siendo yo niño y muchacho,
Mi madre me lo decia

,,Que mentira no dijese;
Que era grande villanía.
Por tanto pregunta, Rey,
Que la verdad te diria.‘‘

,,Yo te agradezco, Abenamar,
Aquesta tu cortesía.
¿Que castillos son aquellos?
Altos son y relucian.‘‘

,,El Alhambra era, Señor,
Y la otra la Mezquita,
Los otros los Alijares
Labrados á maravilla.

,,El Moro que los labraba,
Cien doblas ganaba al dia;
El dia que no labraba,
Otras tantas se perdia.

,,El otro es Generalife,
Huerta que par no tenia,
El otro Torres Bermejas,
Castillo de gran valía.‘‘

Alli habló el rey Don Juan;
Bien oireis lo que decia:
,,Si tu quisieses, Granada,
Contigo me casaria.
Daréte en arras y dote
Á Cordoba y Sevilla.‘‘

,,Casada soy, Rey Don Juan,
Viuda no lo seria;
El Moro que aqui me tiene,
Muy grande bien me queria.‘‘

34.

Un caballero cristiano requiebra á una Mora, la cual muestra
deseos de corresponder á su amor, y aun le ruega que la liberte
de su marido barbicano, dándose por dispuesta á venirse á la
fé cristiana mas por pasion amorosa que por virtud, y haciendo
traicion á su secta y patria, cuya ruina al parecer desea.

Si ganada es Antequera,
¡ Ojalá Granada fuera!

Si me levantara un dia,
Por mirar bien Antequera,
Ví Mora con osadía
Pasear por la ribera.
Sola va sin compañera
En garnachas de un contray;
Ya le dije: „Alá zubay!"/
„Zalema!" me respondiera.

Por hablarle mas seguro,
Púseme tras de una almena.
Un perro tiró del muro;
¡Dios que le dé mala estrena!
Dijo la Mora con pena:
„¡O malhayas, Alcarran!
Pues beriste á mi Anizaran,
Mueras á muerte muy fiera."

Roguéle que me dijese
Las señas de su posada,
Por si la villa se diese,
Su casa fuese guardada.
En el alcazaba asentada
Halláras, Cristiano, á mí
En brazos del Moro Alí,
Con quien vivir no quisiera.

„Si á la mañana vinieres,
Hallarme has en Alcandora
Mas Cristiana que no Mora
Para lo que tu quisieres.
Daréte yo de mis haberes,
Que muy bien te puedo dar,
Lindas armas y alfangar,
Con que tu querer me quiera."

Díjele que me dijese
Las señas de su marido,
Porque yo se lo trujese
Preso, muerto ó mal berido.
Dijo Mora con gemido:
„Yo te las daré, Amuley,
Aunque no eres de mi ley;
¡Mentirte nunca Dios quiera!

„Es un Moro barbicano,
De cuerpo no muy pequeño,
Y aunque vive algo mal sano,
El gusto tiene balagüeño.
Mi palabra y fé te empeño
Que aljuba lleva vestida
De seda y or tejida
De aquesta misma manera.

„Porque no comprendas yerros,
Lleva mas escucha, y cata
Una lanza con dos bierros
Que al que hiere luego mata,
Caparazon de escarlata
Con el caballo alazan,
Borceguís de cordoban,
Y de platera la grupera.

„De mañana ban de salir
Todos á la escaramuza
Juntos con Moros de Muza,
Segun le be oido decir.
Tú no dejes de acudir
Á vuelta de los Cristianos,
Porque quiero que en tus manos
El mi no querido muera."

Ellos en aquesto estando,
Alarma toca la villa;

Dijo la Mora gritando:
„No aguardemos mas rencilla
Hecha por aquesta orilla.

Amor mio, ¿qué esperais?
De los Moros no temais,
Echad por esa ladera.“

Este romance está sacado del Cancionero de enamorados. Digna es de atencion esta obrilla no solo por los vocablos arábigos en ella intercalados, sino por todo su contexto, el cual bien puede darnos idea de los tratos secretos que acaso habia entre Cristianos temerarios y damas moras, con las cuales se habian con suma dureza sus maridos.   **D.**

ROMANCES SOBRE JARIFE Y CELINDAJA.

35.

Hermosura y prendas de Celindaja, á la cual sirve un bizarro Moro de Cartama, llamado Jarife, quien viniendo á verla, es acometido por dos Moros; pero trabada entre ellos la batalla, al nombre solo de la bella Mora desisten los agresores, dando al acometido la enhorabuena por su ventura.

Una parte de la vega
Que el Genil y Darro bañan,
Cuyas aguas enriquecen
El Jaraguí de Granada,

Como mejor posesion,
Amena y de mas ganancia,
Dejó en dote Amete Persa
Á su hija Celindaja,

Mora que entre Moras bella
La llama quien vella alcanza,
Y alcanza tanto poder
Que nadie alcanza á miralla,

Sin que al momento no rinda
Alma, corazon y entrañas,
Que son despojos y gages
Que ofrecen los que bien aman.

Estaba prendado de ella
Un bizarro de Cartama,

Y préciase de bizarro,
Porque es bizarra su dama.

Á las nueve de la noche,
Cuando comienza Diana
Con su clarífica lumbre
Á tender rayos de plata,

Parte el Moro venturoso
Á ver á su Celindaja,
Á ver su pena y su gloria,
Si en un supuesto se hallan.

No le cabe la alegría
Que lleva dentro en el alma,
Y quiere que las riberas
Gocen hoy de sus ganancias.

Suelta la voz, dando al viento
Mil donaires, mil palabras,
Que el amor tenia esculpidas
Como piedra en sus entrañas.

Sintió gran rumor y estruendo
Entre las espesas matas;
Que los ecos de sus glorias
Esperan nuevas mudanzas.

Dos dispuestos Moros siguen
Con callada y veloz planta
Por el rastro de las voces
Y de la alegre algazara

Al Moro, y como los siente,
Vibrando fuerte la lanza,
Con horrísono sonido
Vuelve rienda, embraza adarga,

Aprieta la toca al brazo,
Pone hebilleta y enlaza,
Encaja el verde bonete,
Da de espuelas, presto salta.

„¡Traidor, dice el uno de ellos,
Villano, de vil canalla,
Aguarda, aguarda, que vengo,
Que vengo, que vengo, aguarda!

„Apercíbete, Morillo,
Escúdate con la adarga;
Que si no te escudas presto,
Pasarte he con esta lanza.‟

Gallardo se muestra el Moro,
Oyendo el *aguarda, aguarda*,
Y pelea embravecido
De la noche á la mañana;
Que no teme aquesta guerra
Quien salió de otra mas brava.

Ya las puertas de occidente
Pasa la clara Diana,
Y con claros rayos Febo
Dora las cumbres mas altas;

Y como si en aquel punto
Comenzaran la batalla,
Andaba la escaramuza
Los dos contra el de Cartama.

Jarife viéndose solo,
El dulce nombre declara
Que rumiaba entre los dientes
De su hermosa Celindaja,

Y habiéndole pronunciado,
Sin derribar mas la maza,
Deja su mayor contrario
La comenzada batalla.

Muy venturoso le dice,
De muy valiente le alaba;
„Mas ¿como no lo serás,
Si te ayuda Celindaja?

„Goza, Moro, lo que es mio;
Que yo te doy le palabra
De jamas te lo estorbar
En fiestas, zambra ó batalla.‟

Fuese siguiéndole el Moro
Que habia venido en su guarda,
Y Jarife dió la vuelta
Para tornarse á Cartama.

36.

Celindaja encendida en amor á Jarife, le requiebra ausente,
cuando él oculto oye su ventura, hasta que presentándose, se
enamoran los dos con gran placer.

Sobre destroncadas flores
Junto á la fuente del Cisne
Sentada está Celindaja
Mas hermosa que no libre.

Mirando está al verde prado
Sus colores y matices,
Que con el sol resplandecen
Y con el agua reviven.

No le alivian sus cuidados
Verdes plantas y jazmines,
Ni las horas regaladas
De las sombras apacibles.

El mal que en el alma siente,
Cualquier contento le impide;
Que las flores, fuentes, fiestas
Mas el afligido afligen.

Por un pequeño recelo
Que dentro del pecho vive,
Consiente Amor en sus leyes
Que muera el amante triste.

Asi Celindaja muere,
Y aunque muere, no lo dice;
Á mas padecer mas calla,
Sin á nadie descubrirse.

Quiere quejarse, y no puede,
Y una vez y otra repite;
Mas cansando el sufrimiento,
Al viento la voz despide:

„¡Pensamientos amorosos,
Dichoso el que no os admite,
Cuanto pobre y desdichado
Quien por vosotros se aflige!

„Decid, ¿porqué os cautivásteis?
Declarad todo el orígen,
Si no es tan secreto el caso,
Que pierda algo por decirse.

„Mas si de veras amais,
Olvidar es imposible,
Y mas si con el amor
Teneis la fortuna firme.

„¡Ay quien supiera do estás,
Mi regalo y mi Jarife!
¿Si acaso vives con otra?
¡Mas ay, si con otra vives!"

El Moro que oyó el lamento,
Procura presto encubrirse,
Para oir el tierno llanto
De su Mora y lo que dice.

Pero no pudo aguardar,
Ni el sufrimiento sufrirse;
Que el firme amor en su pecho
Le hace que de priesa aguije.

Con mil suspiros comienza
Á hablarla y la mano á asirle,
Diciendo: „Mi Celindaja,
¿Quién hay que del bien te prive?

„¿Tiene por ventura el mundo
Aliatares ni Adalifes,
Gomeles, Muzas ni Azarques,
Sarracinos ó Zegríes,

„Que cualquiera en tu servicio
No se postre y arrodille,
Y para mas agradarte
Á besar tus pies se incline?

,,¿Mas qué es lo que dije ahora?
Cobarde, ¿qué es lo que dije?
Que si no soy yo, ninguno
Puede pretender servirte.‘‘

Descubre el rostro la Mora
Como el sol tras el eclipse
Tan apacible, alegre,
Cuanto alegre y apacible,

Y el enamorado Moro
Que en sus razones prosigue,
Á vueltas de mil ternezas
Á su Celindaja dice:

,,Sosiégate, gloria mia,
Haz tus ojos me miren;
Que en ley de Moro te juro
Que jamas mi ley te olvide.

,,Aquese dolor se aplaque,
Porque el mio se mitigue,
Y recibe en holocausto
Esta vida que en tí vive.‘‘

Con el fin de estas razones
Ambos á dos se despiden,
Diciendo: ,,¡Alá te acompañe,
Alá te acompañe y guie!‘‘

37.

*Pide el alcaide de Antequera á su rey, el de Granada, socorro
contra los Cristianos. Describese como salen los Moros, yendo
la vuelta de Jaen, y como entre todos reluce Jarife, quien no
quiere partirse, sino quedarse sirviendo al rey de Granada.*

Al alcaide de Antequera
El rey de Granada escribe
Que contra el rey castellano
Diez y seis lanzas le envíe;

Las ocho que partan luego,
Y á Jaen las encamine;
Y que aperciba las otras
Para el tiempo que le avise.

Besa Zulema la carta,
Y ejecuta lo que pide,
Escogiendo de sus Moros
Los mas fuertes adalides.

En este tiempo á la corte
Le fue forzoso partirse
Á poner en paz dos Moros
Que tratan guerras civiles,

Y á su hijo noble encarga
Que al rey las lanzas envíe,
Pues el honor de los dos
En esta empresa consiste.

Un domingo salen todos
Al son de sus añafiles,
Los caballos Cordobeses
Y los soldados Zegríes.

De amarillo, azul y blanco
Los ocho Moros se visten,
Colores de Celindaja,
Por quien suspira Jarife.

Bonetes de mezcla llevan,
Y con bandas verdes ciñen
Las plumas blancas terciadas
Que verlas todas impiden.

12**

Alfanges de Tunez penden
De doblados tahalíes,
Las mazas en el arzon,
Y las lanzas en el ristre.

Bayos llevan los jaeces,
Las sillas blancas y firmes,
Los estribos plateados,
Y negros los borceguíes.

La trompeta que los llama,
Un fuerte soldado sigue,
Que va por cabo de todos
Y la fuerte escuadra rige.

En un pendon de damasco
(Aunque se precia de humilde)
Por orla bordado lleva
Del alcaide el nombre insigne,

Y las bandas de sus armas
Con las otras que dividen
Los cinco leones fuertes
De no domadas cervices.

Los Moros salen á verlos,
Y las Moras los bendicen,
Porque van aventajados
Á los Muzas y Alfaquíes.

Gallardo sale este dia
En una yegua Jarife,
Que las alas hurtó al viento
Y la color á los cisnes.

Con una estrella en la frente,
Aleñadas cola y crines,
Y un jaez azul, bordado
De aljófar y de rubies.

En la adarga lleva un sol
Y una muerte negra y triste
Con unas letras doradas
Que dicen: *Cuando se eclipse.*

Blancas y amarillas plumas
Entre tocas Tunecíes,
Con un alquicel bordado
De estrellas y flor de lises.

Un alfange de Toledo
Con un puño de amatistes,
Y en lugar del pomo de oro
Una cabeza de tigre.

La gruesa lanza de fresno
Parece en sus manos mimbre;
Que como el viento las plumas,
Asi la juega y esgrime.

Oido se ha la trompeta
Dentro de Generalife,
Cuando por verle las damas
Desamparan los jardines.

El Moro mira las rejas,
Obligando á que le miren,
Y viendo á su bella ingrata,
Asi la requiebra y dice:

,,Si vivir sin esos ojos
Fuera á mi alma posible,
Ó pudiera de la tuya
Sin la muerte dividirme,

,,Yo fuera á servir al rey,
No porque privanza envidie,
Mas por traerte despojos
De algunos Cristianos libres.

,,Lo que es posible en tu nombre
Y la ocasion me permite,
En los soldados se muestra,
Y en los colores que visten.

,,Quien tiene cautiva el alma,
Mal puede llamarse libre,
Y el que parte sin morir
No diga que no le olviden.

,, Ellos se van, y te ofrecen
Los Cristianos que cautiven,
Mientras lo queda su dueño
De los ojos por quien vive.''

Alegre la hermosa Mora
De que no quiere partirse,
Y que solo con las lanzas
Al rey de Granada sirve,

Cúbrele desde el balcon
De azucenas y alelíes.
Y el Moro favorecido
De la reja se despide.

Sacó la lanza gallardo,
Y por hacerse invisible,
Al viento deja suspenso
De que la yegua le imite.

38.

Jarife da razon de sí durante tres años que ha estado perdido
á Sarracina Mora, un tiempo secretaria de sus amores.

Al lado de Sarracina
Jarife está en una zambra,
Hablando en su amor primero
De que fue la secretaria.

,, ¿Sois vos, le dice la Mora,
Jarife, aquel de Daraja,
Aquel de fé templo, aquel
Monstruo de perseverancia?

,, Tres años ha, Caballero,
Que os llora por muerto España;
Si muerto, ¿como en el mundo?
Si vivo, ¿como sin alma?''

El enamorado Moro,
Por satisfacer la dama,
Ni en voz humilde ni altiva
Asi su lengua desata:

,, El hilo de nuestras vidas
En mano está de las Parcas;
Ellas le rompen y túercen,
Que fuerza de amor no basta.

,, Si hubiera querido el cielo,
Que para mas mal me guarda,

Puerta han dado mis empresas
Á mas de un morir de fama.

,, Mas de una vez el maestre
Midió conmigo su lanza,
Mas de un golpe de los suyos
Guarda por blason mi adarga.

,, En la traicion de Muley
Y en la libertad de Zaida
Si no derramé la vida,
Fue culpa de mi desgracia.

,, Aunque fue (si bien se mide)
Cosa por razon guiada;
Que no es justo pueda el hierro
Lo que no puede la rabia.

,, Ví triunfar á mi enemigo
De quien me venció sin armas,
Yo el cuello puesto en cadena,
Él su frente coronada.

,, Ví adornados sus trofeos
De mil laureles y palmas,
Y el ave de Ticio fiera
Cebarse de mis entrañas.

„Entonces, entonces, Muerte,
Á buena sazon llegaras;
Tuviera el sepulcro el cuerpo
Do tuvo su cielo el alma.

„Muriera donde á lo menos
Supiera el mundo la causa,
Donde mis placeres, donde
Murieron mis esperanzas."

39.

*Descríbense unas fiestas en Granada, y los galanes caballeros y
hermosas damas que en ellas relucen.*

El encumbrado Albaicin
Junto con el Alcazaba
Dos horas antes del dia
Tocaron al alborada.

Vivaconluz le responde
Con clarines y dulzainas,
Y el noble Vivataubin
Con pífanos y con cajas.

Luego las torres bermejas,
Generalife y la Alhambra,
Solemnizando la fiesta,
Alzaron sus luminarias.

Gomeles y Sarracinos,
Tarfes, Chapices y Mazas,
Portavises y Vanegas,
Aliatares y Ferraras,

Adalifes y Bordaiques,
Abencerrages y Audallas,
Azarques con los Alferves
Madrugaron á la zambra;

Que la ordenó Reduan
Con Muza su camarada,
Para allanar el destierro
De Abenzulema, el de Baza.

Iba Reduan delante
En una yegua alazana,
Vestido de verde oscuro
Con un almaizar por banda,

Con plumas de tres colores,
Una esfera en la medalla,
Y en medio della esta cifra:
Mucho mas mi empresa es alta.

Luego tras este seguia
Muza en una yegua baya
De amarillo y naranjado,
Con una toca encarnada,

Por divisa un corazon
Que le atraviesa una espada,
Y en el pomo aqueste mote:
Mas crueldad usó Daraja.

Bravonel iba vestido
De azul y franjas moradas,
Con una luna menguante
Encima una toca blanca.

Y con la délfica luz
Del sol encubre su cara,
Y al rededor estra letra:
Sin luz mengua mi esperanza.

Azarque, que de la guerra
Vino, quiso entrar con armas,
Las cuales trajo del mar
Con el agua deslustradas.

Lleva en medio del escudo
Colores diferenciadas,
Y en la orla aqueste mote:
Diferentes son mis ansias.

Salió Celino y Muley,
Galbano y el fuerte Audalla,
Vestidos de una color
En cuatro hacaneas blancas.

Estos, porque sus amigas
Quedaban en la Alpujarra,
Entraron de una librea
Y con mochilas colgadas,

Albornoces colorados
Con guardasoles de plata,
Y todos aquesta letra:
Á la vuelta nos aguardan.

Luego tras estos venian
Por el Zacatin las damas
Que con el son de las trompas
Sintieron ser avisadas.

Reduan que via el tropel,
Manda parar, mientras pasan;
Que no es razon que mugeres
Vayan en la retaguarda.

La primera del paseo
Era la hermosa Daraja;
Que pues es por su respeto,
Es bien que sea capitana,

Vestida de raso blanco
Y la mano levantada,
Con que el rubicundo rostro
Tapaba con una manga.

Una toca de telilla,
Y el cabello en las espaldas,
Y un collar ante sus pechos
Que á un carbunco la luz tapa.

Adornó la bella frente
Con una bella esmeralda,
Y en medio de ella esta cifra:
Yo la culpa y tú la causa.

Luego tras ella briosa
Llegó la bella Zoraida,
Los ojos en Reduan
Y en Abenumeya el alma,

Vestida de verde oscuro,
Con rapacejos y franjas,
Y en una franja este mote:
Mas juicio y menos gracias.

Llegó Fatima y Celinda,
Sarracina y Celindaja,
Jarifa y Zaida, Zulema,
Adalifa y Albenzaida,

Todas con moradas tocas
Y almalafas plateadas,
Y en los verdes almaizares
Dice un mote: *El color basta.*

Asi llegaron por órden
Á la fuerza del Alhambra,
Donde fueron recibidas
De la reina Guadalara.

ROMANCES SOBRE ZAIDE.

40.

Fiestas y zambras que da Zaide en Granada á las damas moras.
Descríbese una encamisada. Zaida mas que todas mira gozosa
la fiesta por amor á Zaide.

Zaide ha prometido fiestas
Á las damas de Granada,
Porque dicen que su ausencia
De fiestas las tiene faltas.

Y para poder cumplir
Lo que promete á las damas,
Concierta con sus amigos
De hacerles fiestas y zambras.

Y entre muchas que imagina,
Concierta una encamisada
Para las damas secreta
Y para el vulgo callada.

Y ántes que la clara Aurora
Su pecho se rasgue y abra,
Entra el venturoso Moro
Con su ilustre camarada.

Hecha escuadra de cincuenta,
Va toda bien concertada,
Zegríes con los Gomeles,
Azarques con los Audallas;

Vanegas y Portoleses,
Abencerrages y Mazas,
Alfarríes y Achapices,
Fordaques con los Ferraras.

Madrugan para coger
Á las damas descuidadas,
Deseosos de ver libre
Lo que encubren tocas blancas.

Cabezas y cuerpos ciñen
De unas floridas guirnaldas,
Muchas cañas llevan verdes
Y en las manos blancas hachas.

Ya los clarines comienzan,
Ya las trompas y dulzainas,
Ya los gritos y alaridos,
Ya las voces y algazara.

Ya los añafiles tocan,
Ya les responden las cajas,
Y el envidioso Albaicin
Con mil ecos acompaña.

Los azorados caballos
Con los cascabeles andan,
Moviendo tanto ruido
Que á la ciudad amenazan.

Unos corren, otros gritan,
Otros dicen: ,,¡Para, para,
Sigan órden, vayan todos
La calle del Alcazaba!"

Otros dicen: ,,¡La Gerea
No se deje, ni su plaza!
Otros: ¡De Vivataubin
Vuelvan luego al Alpujarra!

,,¡La calle de los Gomeles,
La plaza de Vivarrambla,
Corran toda la ciudad!
¡Viva Albolun y el Alcázar!"

Las damas que el dulce sueño
Las tiene muy descuidadas,
Al ruido despiertan todas,
Y acuden á sus ventanas.

Cual muestra suelto el cabello,
Preso de una mano blanca,
Cual por descuido no cubre
Su blanco pecho y garganta.

Descuidadas salen todas
Al cuidado alborotadas,
Aunque del cuidado nacen
Á cada Mora mil ansias.

De pechos y en pechos puesta,
Á la ventana asomada
Está tan bella una Mora,
Que mil pechos abrasaba.

Miran las Moras la fiesta,
Como corren, como paran,
Y tan sola Zaida mira
Al aposento de su alma.

Zaide corre una carrera
Y Muza, su camarada;
Luego todos á la folla
Corren la cascabelada.

Tanto se enciende la fiesta,
Y con tantas veras anda,
Que no se viera la fin,
Si el sol no les madrugara.

Determinan recogerse,
Dejan la fiesta acabada,
Piden lugar á la gente,
Diciéndola: ,,¡Aparta, aparta!"

41.

Discurso amoroso de Zaide á su Zaida. Respuesta de ella y
ternezas de ambos.

Fijó pues Zaide los ojos
Tan alegres cual conviene,
Por ser el tiempo cumplido
De su tan propicia suerte,

Y dice: ,,¡Dichoso muro,
Y dichosas tus paredes,
Adonde vive mi Zaida
Y mi alma que ella tiene!

,,¡Dichoso el suelo que pisa
Con razon llamarse puede,
Pues en él sienta sus plantas
Hechas de fuego y de nieve!

,,¡Y mas dichoso tú, Zaide,
Si dar fin Alá quisiese
Á esta tan terrible ausencia,
En que pensé que muriese!

,,El descanso de esta vida,
Si durase para siempre,
¡Cuantos mas le procuraran
De los que buscarle suelen!

,,Y si la mortalidad
Que nos convida á la muerte,
Aunque con tarda esperanza,
Esperarla nos conviene,

,,Ya desde luego la espero,
Y en Alá primeramente
Que el fin dichoso en tus brazos
Me dará próspero alegre.

,,Y si en la mas alta cima
Me hallase, y se permitiese,
Y mi amor hiciese efecto,
Dichosa seria mi suerte.

,,¡Bella Zaida de mis ojos,
Dichoso, si ya te viese
En estos rendidos brazos
Dichosos entre mil gentes!

,,Llega pues, verás tu Zaide,
Que nombras galan y fuerte,
El cual en saber amarte
Á todos pasa y excede.

,,Debiera ser tu belleza
Tan libre como la muerte;
Aunque si tan libre fuera,
Dieras á mil mundos muerte.

,,Bella Zaida, llega á tiempo
Que alcence mi avara suerte
La palma de tu valor,
Pues es deuda que me debes.''

Y como la vido el Moro,
Dijo: ,,¡Si Alá permitiese
Que para alumbrar mis hechos
Tal sol no se oscureciese!

,,Y porque mi lengua muda
Temo que no manifieste
Lo mucho que noto en tí,
Dígalo quien mas sintiere.''

La Mora responde: ,,Zaide,
Si de tí cierta estuviese
Que traias la lengua muda,
Juro que te obedeciese;

,,Mas temo que tus palabras
Á la fin se me volviesen
Por remate de amistad
Cada una una serpiente.''

Zaide respondió: ,,¡Señora,
Si en mí tal jamas hubiere,
Quiero me falte la tierra,
Y el cielo su luz me niegue!''

Con esto los dos asientan
Una amistad firme y fuerte,
Para no faltar jamas,
Si no falta con la muerte.

42.

Paséase Zaide por la calle de su dama, á la cual da quejas de
que quiere dejarle, y ella le responde, confesando ser justo el
cargo, á lo cual él responde humilde y justamente resentido.

Por la calle de su dama
Paséandose anda Zaide,
Aguardando que sea hora
Que se asome para hablarle.

Desesperado anda el Moro
En ver que tanto se tarde;
Que piensa con solo verla
Aplacar el fuego en que arde.

Vióla salir á un balcon
Mas bella que cuando sale
La luna en la oscura noche
Y el sol en las tempestades.

Llegóse Zaide, diciendo:
„Bella Mora, ¡Alá te guarde,
Si es mentira lo que dicen
Tus criadas y mis pages!

„Dicen que dejarme quieres,
Porque pretendes casarte
Con un Moro que es venido
De las tierras de tu padre.

„Si esto es verdad, Zaida bella,
Declárate, no me engañes;
No quieras tener secreto
Lo que tan claro se sabe.“

Humilde responde al Moro;
„Mi bien, ya·es tiempo se acabe
Vuestra amistad y la mia,
Pues que ya todos lo saben;

„Que perderé el ser quien soy,
Si el negocio va adelante.
Alá sabe si me pesa,
Y cuanto siento en dejarte.

„Bien sabes que te he querido
Á pesar de mi linage,
Y sabes las pesadumbres
Que he tenido con mi madre

„Sobre aguardarte de noche,
Como siempre venias tarde;
Y por quitar ocasiones,
Dicen que quieren casarme.

„No te faltará otra dama
Hermosa y de galan talle,
Que te quiera y tú la quieras,
Porque lo mereces, Zaide.“

Humilde responde el Moro
Cargado de mil pesares:
„No entendí yo, Zaida bella,
Que conmigo tal usases.

„No creí que tal hicieras,
Que asi mis prendas trocases
Con uno Moro feo y torpe,
Indigno de un bien tan grande.

„Tu eres la que dijiste
En el balcon la otra tarde:
¡Tuya soy, tuya seré,
Tuya es mi vida, Zaide!“

43.

*Reconvenciones ásperas de Zaida á Zaide, tachándole de habla-
dor y presuntuoso.*

„Mira, Zaide, que te aviso
Que no pases por mi calle,
Ni hables con mis mugeres,
Ni con mis cautivos trates,

„Ni preguntes en que entiendo,
Ni quien viene á visitarme,
Ni que fiestas me dan gusto,
Ni que colores me placen.

„Basta que son por tu causa
Las que en el rostro me salen,
Corrida de haber mirado
Moro que tan poco sabe.

„Confieso que eres valiente,
Que rajas, hiendes y partes,
Y que has muerto mas Cri-
    stianos
Que tienes gotas de sangre;

„Que eres gallardo ginete,
Y que danzas, cantas, tañes,
Gentilhombre, bien criado
Cuanto puede imaginarse;

„Blanco, rubio por extremo,
Esclarecido en linage,
El gallo de las bravatas,
La gala de los donaires;

„Que pierdo mucho en perderte,
Que gano mucho en ganarte,
Y que si nacieras mudo,
Fuera posible adorarte.

„Mas por este inconveniente
Determino de dejarte;
Que eres pródigo de lengua,
Y amargan tus libertades.

„Y habrá menester ponerte
Quien quisiere sustentarte
Un alcázar en el pecho,
Y en los labios un alcaide.

„Muchos pueden con las damas
Los galanes de tus partes,
Porque los quieren briosos,
Que hiendan y que desgarren.

„Y con esto, Zaide amigo,
Si algun banquete les haces,
El plato de tus favores
Quieres que coman y callen.

„Costoso fue el que hiciste;
Venturoso fueras, Zaide,
Si conservarme supieras,
Como supiste obligarme.

„Pero no saliste apenas
De los jardines de Tarfé,
Cuando hiciste de tus dichas
Y de mi desdicha alarde;

„Y aun, Morillo mal nacido,
Me dijeron que enseñaste
La trenza de mis cabellos
Que te puse en el turbante.

„No pido que me la des,
Ni que tampoco la guardes;
Mas quiero que entiendas,
        Moro,
Que á mi desgracia la traes.

„Tambien me certificaron
Como le desafiaste
Por las verdades que dijo,
Que nunca fueran verdades.

„De mala gana me rio,
¡Que donoso disparate!
Tú no guardas tu secreto,
Y quieres que otro lo guarde.

,No quiero admitir disculpa,
Otra vez vuelvo á avisarte;

Esta será la postrera
Que me veas y te hable.“

Dijo la discreta Mora
Al altivo Abencerrage,
Y al despedirle. replica:
„¡Quien tal hace, que tal pague!“

Este romance está sacado de la Historia de las guerras civiles
de Granada, y es quizá traducido de la lengua arábiga. D. Salustio
de Poyo trae este romance en su comedia intitulada „La próspera
fortuna,“ pero muy variado de como aqui va. Supónese en la
comedia que Celinda misma le canta. **D.**

44.

*Respuesta de Zaide á Zaida sobre las reconvenciones en el an-
terior romance contenidas.*

„Di, Zaida, ¿de qué me avisas?
¿Quieres que muera y que calle?
No des crédito á mugeres
No fundadas en verdades.

„Que si pregunto en que en-
tiendes,
Ó quien viene á visitarte,
Son fiestas de mi contento
Las colores que te salen.

„Si dices son por mi causa,
Consuélate con mis males;
Que mil veces con mis ojos
Tengo regadas tus calles.

„Si dices que estás corrida
De que Zaide poco sabe,
No supe poco, pues supe
Conocerte y adorarte.

„Conoces que soy valiente
Y tengo otras muchas partes;

No las tengo, pues no puedo
De una mentira vengarme.

„Mas ha querido mi suerte
Que ya en quererme te canses;
No pongas inconvenientes
Mas de que quieres dejarme.

„No entendí que eras muger
Á quien novedad aplace;
Mas son tales mis desdichas,
Que ya aun lo imposible hacen.

„Hanme puesto en tal estrecho,
Que el bien tengo por ultraje,
Y alábasme, por hacerme
La nata de los pesares.

„Yo soy quien pierdo en per-
derte,
Y gano mucho en ganarte,
Y aunque hablas en mi ofensa,
No dejaré de adorarte.

„Dices que si fuera mudo,
Fuera posible adorarme.
Si en mi daño yo lo he sido,
Enmudezco en disculparme.

„¿Hate ofendido mi vida?
¿Quieres, Señora, matarme?
Basta decir que ya hablé,
Para que el pesar me acabe.

„Es mi pecho calabozo
De tormentos inmortales,
Mi boca la del silencio,
Que no ha menester alcaide.

„El hacer plato y banquete
Es de hombres principales;
Mas de favores hacerlo
Solo pertenece á infames.

„Zaida cruel, hasme dicho
Que no supe conservarte.
Mejor supe yo quererte
Que tú supiste pagarme.

„Mienten los Moros y Moras,
Y miente el villano Atarfe;
Que si yo le amenazara,
Bastara para matarle.

„Este perro mal nacido,
Á quien yo mostré el turbante,
No le fio yo secretos;
Que en bajo pecho no caben.

„Yo he de quitarle la vida,
Y he de escribir con su sangre
Lo que tú, Zaida, replicas:
„¡Quien tal hace, que tal pague!"

Admirables son estos romances por lo rápido del estilo y lo flúido del verso, aventajándose en estas prendas el primero de los dos.

A. G.

45.

Quéjase Zaide á su amigo, el alcaide de Baza, de la conducta de Zaida, mostrando una carta que ha escrito á la ingrata altiva.

„Dime, Bencerrage amigo,
¿Qué te parece de Zaida?
¡Por mi vida, que es muy fácil!
Para mi muerte es muy falsa.

„Este billete la escribo,
Escucha, y silencio guarda;
Que su beldad estimé,
Y quiero estimar su fama.

„¡O Mora, imágen del tiempo
En condicion y mudanza,

Hipócrita en los amores,
Logrera en las esperanzas!

„Ya tu voluntad y gustos
Van por leyes de las galas;
Que á cada tocado nuevo
Nuevos pensamientos sacas.

„Confieso que eres mas bella
Que las flores con el alba;
Mas al fin hay varias flores,
Y tú tambien eres varia.

,,Espejo eres de hermosura,
Pero tienes una falta;
Que á todos haces buen rostro,
Notable vicio en las damas.

,,Nuevas parecen mis quejas,
Pues no te llamo inhumana;
¡Mas ojalá cruel fueras,
Y no tan afable y mansa!

,,Que aunque dieras tarde el fruto,
Fuera firme como palma;
Que á costa de mis tormentos
De ella te hiciera guirnaldas.

,,Mas ayer se vino un huésped,
Y ya le ofreces el alma;
No se, Zaida, como es esto,
Pues otra me tienes dada.

,,Si tantas almas tenias,
Dijéraslo, y no te amara;
Que yo no tengo mas de una,
Y no sé cumplir con tantas.

,,¡Ay Zaida, como te temo!
Deja que el huésped se vaya,
Y verás tras su partida
Sn fé partida y quebrada.

,,Pero dirás que no sientes
Ausencia, porque no amas,
Y que yo quedo en la corte
Esclavo antiguo de casa.

,,Muy mal conoces mi gusto,
Mucho te estimas y engañas;
Qué! ¿tengo yo faltas, Mora,
Para entretenerte á faltas?

,,Quien media vez me ofendió,
Entera no ha de contarla;
Que en muger un solo yerro
Á quien sufre mucho agravia.

,,Mas esto al fin te aconsejo,
Y es dar al viento palabras,
Que al primero que admitieres,
Le des las prendas del alma.

,,Ten ya en tus amores fé,
No condenes tu honra y fama
Con amor falso y fingido;
Que sin fé nadie se salva.

,,Y no firmo este papel,
Pues no soy á quien llamabas
Antes con razones dulces,
Y sin razones extrañas.

,,Pero bien entenderás
Los efectos y la causa;
Que aunque tú mas disimules,
Bien sabes á quien agravias.``

Esto mostró al Bencerrage
El bravo alcaide de Baza,
Y cerrándolo, lo envia
Á la misma Mora Zaida.

46.

Zaide confia á Reduan que un Moro llamado Atarfe le ofende,
enamorándole á su dama, y promete castigar á su rival
atrevido.

„Reduan, anoche supe
Que un vil Atarfe me ofende,
Y en un infierno insufrible
Trocado mi gloria tiene;

„Que un pecho que fue diamante,
En blanda cera le vuelve,
Mis contentos en pesares,
Y en favores sus desdenes.

„Tanto pudo su porfía,
Y mi ausencia tanto puede,
Que es ya lo que nunca ha sido,
Y yo no lo que fui siempre.

„¡Que de abrazos que la debo!
¡Que de suspiros me debe,
Que ardiendo van de mi pecho,
Y se hielan en su nieve!

„Gloria le daban mis prendas,
Y consuelo mis papeles;
Lo que mi lengua decia,
Eran inviolables leyes.

„Pasó este tiempo dichoso,
Por ser dichoso, tan breve,
Y en mil pesares y enojos
Se trocaron mis placeres.

„¡Quien tal creyera! olvidóme,
Y olvidado me aborrece
Por un Moro advenedizo,
Que no sé de quien desciende.

„Huélgate, Mora enemiga,
Aunque á mi pesar te huelgues;

Entra ufana en Vivarrambla,
Donde mis penas te alegren.

„Aquese infame Morillo
Que aborrezco y favoreces,
Átale al brazo tu toca,
Para que las cañas juegue;

„¡Que por Alá, que has de verla
Teñida en su sangre aleve,
Y en la tuya la tiñera!
Mas soy hombre, y muger eres.

„¡Por Mahomá, que estoy loco,
Mi sangre en las venas hierve,
La paciencia se me acaba,
Y mi juicio se pierde!

„Pero no me tenga el mundo
Por el alcaide de Velez,
Ni me favorezca el cielo,
Ni la tierra me conserve.

„El mas cobarde me mate,
Sin que tenga quien me vengue,
Si á esta ciudad, si á este infierno
Adonde mi honra muere,

„No la escandalizo, y vengo
Mis agravios con la muerte
De ese Morillo cobarde
Que es infame y se me atreve,
Á quien quitaré la vida,
Y mil vidas, si mil tiene.

„Resuelto estoy, Reduan,
De vengarme, ó de perderme;
Que un noble si está ofendido,
Fácilmente se resuelve.“

Los celos de Zaida y Zaide han dado asimismo á los poetas españoles materia á otros romances. En ellos está expresado muy dilatadamente el contenido de algunas cartas, como por ejemplo:

Mira, Zaida, que te digo
Que andas cerca de olvidarme . . . . .

Á lo cual responde en otra carta Zaida:

No faltó, Zaide, quien trajo
Á mis manos tus dos cartas.

Y en otra ocasion escribe Zaide:

Cese, Zaida, aquesa furia,
Que á fé que te entiendo, Zaida;
Que descas verme muerto,
Pero muerto por tu causa.

Estas cartas en verso no merecen ser incluidas en la presente coleccion.

D.

47.

Requiebros y quejas de Zaide á Zaida.

„Bella Zaida de mis ojos,
Y del alma bella Zaida,
De las Moras la mas bella,
Y mas que todas ingrata,

„De cuyos bellos cabellos
Enreda amor mil lazadas,
En quien ciegas de tu vista
Se rinden mil libres almas,

„¿Que gusto, fiera, recibes
De ser tan mudable y varia,
Y con saber que te adoro
Tratarme como me tratas?

„¿Y no contenta de aquesto,
De quitarme la esperanza,
Porque del todo la pierda,
De ver mi suerte trocada?

„¡Ay cuan mal, dulce enemiga,
Las veras de amor me pagas,

Pues en cambio dél me ofreces
Ingratidud y mudanza!

„¡Cuan presto hicieron vuelo
Tus promesas y palabras!
Pero bastaban ser tuyas,
Para que tuviesen alas.

„Acuérdate, Zaida hermosa,
Si aun aquesto no te enfada,
Del gusto que recebias,
Cuando rodaba tu casa;

„Si de dia luego al punto
Salias á las ventanas,
Si de noche en el balcon
Ó en las rejas te hallaba.

„Si tardaba ó no venia,
Mostrabas celosa rabia;
Mas agora que te ofendo,
Que acorte el pasar me mandas.

„Mándasme que no te vea,
Ni escriba billete ó carta;
Que á un tiempo tu gusto fueron,
Mas ya tu disgusto causan.

„¡Ay Zayda, que tus favores,
Tu amor, tus palabras blandas
Por falso se han descubierto,
Y descubren que eres falsa!

„Eres muger finalmente,
A ser mudable inclinada;

Que adoras á quien te olvida,
Y á quien te adora desamas.

„Mas, Zaida, aunque me aborreces,
Por no parecerte en nada,
Cuanto de hielo tú fueres,
Mas sustentaré mi llama.

„Pagaré tu desamor
Con mil amorosas ansias;
Que el amor fundado en veras
Tarde se rinde á mudanza.“

48.

Reto atrevido del Moro Tarfe á Zaide.

„Si tienes el corazon,
Zaide, como la arrogancia,
Y á medida de las manos
Dejas volar las palabras;

„Si en la vega escaramuzas,
Como entre las damas hablas,
Y en el caballo revuelves
El cuerpo como en las zambras;

„Si el aire de los bohordos
Tienes en jugar la lanza,
Y como danzas la toca,
Con la cimitarra danzas;

„Si eres tan diestro en la
            guerra
Como en pasear la plaza,
Y como á fiestas te aplicas,
Te aplicas á la batalla;

„Si como el galan ornato
Usas la lucida malla,
Y oyes el son de la trompa
Como el son de la dulzaina;

„Si como en el regocijo
Tiras gallardo las cañas,
En el campo al enemigo
Le atropellas y maltratas;

„Si respondes en presencia,
Como en ausencia te alabas:
Sal á ver si te defiendes,
Como en el Alhambra agravias.

„Y si no osas salir solo,
Como lo está el que te aguarda,
Alguno de tus amigos
Para que te ayuden saca;

„Que los buenos caballeros
No en palacio ni entre damas
Se aprovechan de la lengua,
Que es donde las manos callan.

„Pero aqui que hablan las manos
Ven, y verás como habla
El que delante del rey
Por su respeto callaba.“

Esto el Moro Tarife escribe
Con tanta cólera y rabia,
Que donde pone la pluma,
El delgado papel rasga.

Y llamando á un page suyo,
Le dijo: ,,Vete al Alhambra,

Y en secreto al Moro Zaide
Da de mi parte esta carta.

,,Y dirásle que le espero
Donde las corrientes aguas
Del cristalino Genil
Al Generalife bañan.''

Notable es asimismo este romance por su estilo rápido y vigoroso, al que la fluidez de la versificacion da realce. Don Juan B.
Maury en su Espagne poétique le da merecidas alabanzas,
notando cuan pocos adjetivos tiene, y esos al fin y no inútiles ni
de ripio. **A. G.**

49.

*Enamora Zaide á Zaida, no obstante estar ya casada con otro,
y responde ella amorosa, doliéndose de ser de otro dueño.*

Gallardo pasea Zaide
Puerta y calle de su dama,
Que desea en gran manera
Ver su imágen y adorarla;

Porque se vido sin ella
En una ausencia muy larga;
Que desdichas le sacaron
Desterrado de Granada,

No por muerte de hombre al-
guno,
Ni por traidor á su dama,
Mas por dar gusto á enemigos,
Si es que en el Moro se hallan.

Porque es hidalgo en sus cosas,
Y tanto que al mundo espantan
Sus larguezas, pues por ellas
El Moro dejó su patria.

Pero á Granada volvió
Á pesar de ruin canalla,

Porque siendo un Moro noble,
Enemigos nunca faltan.

Alzó la cabeza, y vido
Á su Zaida á la ventana
Tan bizarra y tan hermosa,
Que al sol quita su luz clara.

Zaida se huelga de ver
Á quien ha entregado el alma,
Tan turbada y tan alegre,
Y cuanto alegre turbada.

Porque su gran desdicha
Le dió nombre de casada,
Aunque no por esto piensa
Olvidar á quien bien ama.

El Moro se regocija,
Y con dolor de su alma,
Por no tener mas lugar,
Que el puesto no se le daba.

II.

13

Por ser el Moro celoso
De quien es esposa Zaida,
En gozo, contento y pena
Le envió aquestas palabras:

„¡O mas hermosa y mas bella
Que la aurora aljofarada,
Mora de los ojos mios,
Que otra en beldad no te
          iguala!

„Dime, ¿fáltate salud,
Despnes que el verte me
          falta?
Mas segun la muestra has
          dado,
Amor es el que te falta.

„Pues mira, diosa cruel,
Lo que me cuestas del alma,
Y cuantas noches dormí
Debajo de tus ventanas.

„Y mira que dos mil veces,
Recreándome en tus faldas,
Decias: El firme amor
Solo entre los dos se halla.

„Pues que por mí no ha que-
          dado,
Que cumplo, por mi desgracia,
Lo que prometo una vez,
Cúmplelo tambien, ingrata.

„No pido mas que te acuer-
          des,
Mira mi humilde demanda,
Pues en pensar solo en tí
Me ocupo tarde y mañana."

Su prolijo razonar
Creo el Moro no acabara,
Si no faltara la lengua,
Que estaba medio turbada.

La Mora tiene la suya
De tal suerte que no acaba
De acabar de abrir la gloria
Al Moro con la palabra.

Virtiendo de entrambos ojos
Perlas con que le aplacaba
Al Moro sus quejas tristes,
Dijo la discreta Zaida:

„Zaide mio, á Alá prometo
De cumplirte la palabra,
Que es jamas no te olvidar,
Pues no olvida quien bien
          ama.

„Pero yo no me aseguro,
Ni estoy de mí confiada;
Que suele el cuerpo presente
Ser la vigilia doblada.

„Y mas que tú lisongeas,
Que ya lo tienes por gala,
De ser como aqui lo has dicho,
No habiendo en mí bueno
          nada.

„Sé muy bien lo que te debo,
¡Y pluguiese á Alá quedara
Hecho mi cuerpo pedazos,
Antes que yo me casara!

„Que no hay rato de con-
          tento
En mi, ni un punto se
          aparta
Este mi Moro enemigo
De mi lado y de mi cama,

„Y no me deja salir,
Ni asomarme á la ventana,
Ni hablar con mis amigas,
Ni hallarme en fiestas ó zam-
          bras."

No pudo escuchalla mas
El Moro, y asi se aparta,
Hechos los ojos dos fuentes
De lágrimas que derrama.

Zaida no menos que él
Se quita de la ventana,
Y aunque apartaron los cuerpos,
Juntas quedaron las almas.

50.

*Llora Zaide con sentidas razones haber perdido en Zaida su
bien todo.*

,,Memoria del bien pasado,
No me aflijas ni atormentes;
Que el hacer discursos tristes
No es para tiempos alegres.

,,Yo ya perdí mi contento,
Si acaso pude tenelle,
Mezclado entre los temores
Del mal que tengo presente.

,,Ingrata, con tus mudanzas
Tanto mis veras ofendes,
Que vuelves mi ardiente pecho
Mas helado que las nieves.

,,Los males que le causabas,
Estimaba mas que bienes,
Y agora los bienes tuyos
Mas que males me parecen.

,,Tu memoria era bastante
En mi pena á entretenerme,
Y agora con tu memoria
Mi pena se aumenta y crece.

,,Tu hermosura me alegraba
Cuanto agora me entristece;
Que la memoria ofendida
Mi fé y agravio me ofrece.

,,Jamas conocí otro cielo
Sino aquel donde estuvieses;
Ya conozco que fue engaño,
Y que me engañé en quererte.

,,En estos afectos mios
Claro puede conocerse
Que al fin una sinrazon
Mas que mil razones puede.

,,La mudable condicion
En el sugeto que tienes,
No puede ser cosa tuya
Sino solo de mi suerte.

,,Ya no te acuerdas de mi
Sino para aborrecerme;
Que ya en esto te parezco,
Aunque siento el parecerte.

,,¡Pluguiera al cielo, enemiga,
Que las partes que tu tienes,
No fueran tan de estimar,
Por no sentir el perderte!"

Esto dijo el Moro Zaide,
Y por un monte se mete,
Cuyos árboles copados
Del sol la entrada defienden.

51.

Una Mora (sin duda Zaida) reconviene y amenaza á Zaide, su-
poniéndole infiel en amores y jactancioso murmurador.

„Algun fronterizo Alarbe
De los pecheros comunes,
Zaide, mal quisto y traidor
Fue tu padre, no lo dudes.

„Entre la fineza noble
De tu abuelo el gran Adulce,
El sayal de tu bajeza
Por mil partes se descubre.

„Y como lo falso opones
Á la verdad de que huyes,
Oropel de la nobleza
Te llaman, y rey de embustes.

„Engañóme tu semblante,
Amistad contigo tuve,
Mis secretos te fiaba;
Mira en que parte los puse.

„Mira, pues lo miran todos,
Que Moro á mi lado truje;
Que á sus enemigos teme,
Y á sus amigos destruye.

„Á la bella Lindaraja,
Sobrina del rey de Tunez,
Escribiste que en Granada
Alabarme de ella supe;

„Que sus favores contaba,
Gustando que se divulgue
Mi ventura y su firmeza,
Porque se ofenda y me culpe.

„Si tú fueras el dichoso
Desde el cielo hasta las nubes,
Á su nobleza infamaras,
Que es obra de tus costumbres.

„De mí ya saben las damas
Que hago que se sepulte
Su favor en mi silencio,
Porque mas mis glorias duren.

„Ausentéme de la corte,
Y porque sus trazas use
Tu condicion engañosa,
Y el amor el mando usurpe,

„Á Zafira que me amaba,
Osaste decir que busque
Ocasion para valerte,
Y que en tu ocasion la ocupe.

„Mal te fue con las dos Moras,
Porque el amor nunca sufre
Cautelas en sus verdades,
Ni tinieblas en sus luces.

„Quien tal amistad mantiene,
Consigo mismo se junte,
Pensamientos suyos trate,
De los agenos no cure.

„Oro puro ha de ser todo
Lo que en amistad reluce;
Hidalguía con traicion
Respetos bajos arguye.

„El pecho de un caballero
Si hay vileza que lo enturbie,
Por mal nacido y villano
Es digno de que le juzguen.

„Zaide, prevenid el pecho,
No haya lanza que ejecute
La venganza que debeis;
Mirad que el plazo se cumple.

„Mirad mucho por la cara,
Que habrá filos que la crucen,
Volviendo por las ofensas
De las que ciñen estuches;

„Que aunque mas vuestro linage
Os defienda y asegure,
Ha de caer con la muerte
Quien traidores pasos sube."

ROMANCES SOBRE TARFE.

52.

*Tarfe se pasea por Granada con el rey de Belchite, hablando
ambos de sus damas Celia y Doralice. Píntanse las empresas
que llevan los dos caballeros enamorados, y refiérese lo que dijeron á sus damas.*

En dos yeguas muy ligeras,
De blanco color de cisne,
Se pasean en Granada
Tarfe y el rey de Belchite:

• Iguales en las colores,
Porque iguales damas sirven;
Que el Tarfe sirve á su Celia,
Y el rey sirve á Doralice.

Con bandas verdes y azules
Los gallardos cuerpos ciñen,
Cubiertas de naranjado,
Que el verde no se divise;

Marlotas y capellares
Moradas y carmesíes.
Bordadas de plata y oro,
Y esmeraldas y rubíes;

Los almaizares leonados,
Color congojosa y triste,
Plumas negras y amarillas,
Porque sus penas publiquen.

En las letras y divisas
Algun tanto se distinguen;
Que lleva el rey en la adarga
Hecha de varios matices

Una dama muy hermosa
Y un gallardo rey humilde.
Con la corona en sus pies,
Sufriendo que se la pisen,

Y un corazon abrasado,
Con una cifra que dice:
*De hielo nace mi llama,
Y el hielo en mi fuego vive.*

La dama lleva en la mano,
Y encima su frente insigne
Dorado cetro y corona,
Porque se entienda que rige;

Y en la mano izquierda un mundo,
Porque le manda y oprime,
Y la fortuna humillada,
Que el paso á su rueda impide.

No lleva el Tarfe divisas,
Porque no se escandalice
Adalifa, que de Celia
Celos al Moro le pide;

Solo lleva por empresa
Un verde ramo apacible,
Y un retrato, cuyos ojos
Vivas centellas despiden,

Y en todo el ramo esta letra,
Que en arábigo prosigue:
Aunque tus rayos me abrasen,
Fia que no me marchiten.

Y arrancando muy veloces,
Porque sus damas los miren.
Acabando la carrera,
El rey dijo á Doralice:

,,Aunque las diosas sagradas
Tu hermosura te envidien,
¿Porqué con tu gloria y cielo
Pena y infierno permites?

,,Y dime, ¿qué mas deseas,
Qué mas al cielo le pides
Que tener á un rey sugeto,
Si de reyes sucediste?

,,Ya no te pido favores,
Ni que me adores ni estimes.
Sino que uno solo escojas
De los muchos que te sirven;

,,Porque veo que á cualquiera
En tu servicio le admites,
Asi al de bajo linage,
Como al de alto y sublime.

,,Y en los saraos y zambras
De ordinario te persiguen
Los Audallas y Aliatares,
Azarques y Almoradíes,

,,Zegríes y Bencerrages.
Sarracinos y Adalifes,
Y con cara alegre y grata
Á ninguno no despides:

,,Que á todos matas de amor
Con un falso amor que finges;
Quitas la vida y el alma,
Y tú con mil almas vives.

,,Y si no quieres emendarte,
Me desengañes y avises;
Que damas hay en la corte
Que desean de servirme;

,,Y la hermosa Bindarraja
Desde Antequera me escribe
Con cien mil celosas quejas.
Diciendo: ¿Como es posible

,,Que mis letras y mis cartas
Dentro en tu alma no imprimes,
Pues que tú impreso en la mia,
Aunque estás ausente, vives?"

Y con esto cesó el rey,
Y el Tarfe á Celia le dice:
,,Celia, y cielo te llamaba,
Mas ya encantadora y Circe;

,,Porque tu sereno cielo
De escuras nubes cubriste,
Y en los soles de tu cara
Tu crueldad hace eclipse.

„Y al que antes del sol vestias,
De escuras tinieblas vistes;
Y antes que la santa fiesta
Del Bautista solenice,'

„Por Alá que he de sacarte
De la patria donde vives,
Y esto no será en tu mano
De que yo me determine;

„Pues sabes que el mundo es poco
Para poder resistirme,
Pues he disipado á Francia
De valientes paladines;

„Y tengo en toda Vandalia
Teñidos los arracifes
De los de la cruz de grana
Y los de flores de lises;

„Y de tener en Granada
Alhambras y Zacatines,
Aunque no suele mi alfange
En tal vil sangre teñirse.“

Y en esto oyeron tocar
Á rebato los clarines,
Y mas ligeros que el viento
Se parten sin despedirse.

53.

*Las dos damas moras Celia y Jarifa asomadas á un balcon ven
pasar delante á Tarfe y Gazul, sus amantes. Miradas tiernas
que se echan los enamorados.*

Á un balcon de un chapitel,
El mas alto de su torre,
Alto extremo de hermosura
Y alteza de los amores,

Estaban dos damas moras
En suma beldad conformes,
Suma que es suma en quien suma
Mil sumas de corazones.

La una se llama Celia,
Y otra Jarifa es su nombre;
Jarifa que agudas flechas
Y jaras tira á los hombres.

Salian Tarfe y Gazul
Por delante sus balcones,
Delante las que adelante
Se adelantan á sus dioses.

Y las Moras desde arriba
Tiran piedras por favores,

Piedras que empiedran el alma,
Y las piedras blandas ponen.

Y tiran juntos con ellas
Claros rayos de sus soles,
Claros que al mas claro sol
Clara ventaja conocen.

Los Moros alzan los ojos,
Viendo las llamas feroces,
Llamas que en llamas abrasan,
Y llaman á quien no conocen.

Y la clarífica luz
La clara vista quitóles,
Vista que mil veces vista
Hace que á revista tornen.

Juzgan los Moros por gloria
El perder la luz entonces
En la luz que á la luz priva,
Y sin luz da luces dobles.

Y tienen puestos los Moros
Velos de varias colores,
Varios que á varias amantes
Dan varias muertes enormes.

Bájanse del chapitel,
Y en el corredor se ponen,
Corredor que corre almas,
Y alcanza los que mas corren.

Y mirándoles de cerca,
Dan mas vivos resplandores,

Vivos que dan á los vivos
Vivas muertes y pasiones.

Y á los Moros les hicieron
Que la luz perdida cobren,
Perdida, mas bien ganada,
Ganada, pues bien perdióse.

Y alegres y satisfechos
Ligeros la plaza corren,
Plaza que á tantos aplaza,
Y emplaza en pleitos de amores.

No cabe cosa mas insulsa que el contenido del romance antecedente, notable solo por los muchos juegos de vocablos que encierra.

D.

54.

Zoraide, amigo de Tarfe, viéne á pedirle que se arme y venga con él. Pasan por donde está Celinda, dama de Zoraide, y este cae desmayado al verla. Preséntase el Abencerrage Zurman, ahora favorecido de Celinda. Riñe furiosamente con él Tarfe, volviendo por su amigo. Sepáralos la gente que acude, y Tarfe acude al socorro del desmayado amante.

Entró Zoraide á deshora
Á buscar su amigo Tarfe
Con acelerados pasos
Y con turbado semblante.

,, Toma tus armas, le dice,
Que me importa que te armes;
Ha de ser luego, no quieras,
Que la tardanza me agravie.

,, El cuento de mi venida
Te contaré por la calle,
Si con la pasion y enojo
Á decírtela acertare.''

Tarfe acudió á sus armas,
Ciñóse su corvo alfange,

Quitó al bonete las plumas,
Por mejor disimularse.

Salen con tanto silencio
Que ni las nocturnas aves
Sienten sus secretos pasos,
Ni los veladores canes.

Zacatin y Plaza nueva
Atraviesan sin hablarse;
Que Tarfe no le pregunta,
Ni dice nadie Zoraide.

Al entrar por los Gomeles
Volvieron á repararse;
Que vieron en un balcon
Un almaizar puesto al aire.

Solia Celinda bella
Poner estos almaizares
Á Zoraide en otro tiempo,
Cuando era dichoso amante.

Y ahora es señal rabiosa;
Que quiere desengañarle
La señal que señalaba
Sus placeres y solaces.

Limpió sus ojos el Moro,
Creyendo que le engañasen;
Mas el mar que entró por ellos,
Con el desengaño sale.

Á su Celinda aborrece,
Porque se antepone antes
Á la gloria de sus bienes
La presencia de sus males.

Y aunque el Moro es valeroso,
Pueden tanto los pesares,
Y mas si nacen de amores,
Que vencen las libertades.

Dió con él uno en un suelo,
No sabe que hacerse Tarfe;
Que los remedios son pasos,
Y los desmayos son grandes.

En aquesto punto estando,
Llegó Zurman Bencerrage,
Moro que Celinda aguarda,
De gran gentileza y talle.

Tarfe que le vió venir,
Dejando á su amigo, sale

Á contradecirle el paso,
Diciendo: „Vuelve! no pases!"

El Moro que en casos de honra
Es no menos arrogante,
Le responde: „¿Quien sois vos?"
Medio desnudo el alfange.

Tarfe no le quiso hablar,
Sino que las armas hablen,
Y que averigüen de entrambos
Quien ha de estar en la calle.

Sacan los alfanges fieros,
Derriban los capellares,
Y tíranse fuertes golpes
Con pensamientos mortales.

Crece la rabia y desden,
La fuerza, rabia y corage,
Y saltan vivas centellas
De los duros pedernales.

Fue venturoso Zurman,
Llevóle de un golpe Tarfe
Cinco plumas amarillas
Y la mitad del turbante.

Acudió gente al ruido,
Que forzaron de apartarse;
Tarfe se volvió á su amigo,
Á quien halló como de antes,

Y en brazos le vuelve á casa;
Que nada siente Zoraide,
Pues celos y mal de amores
Son un parasismo grande.

55.

El Moro Tarfe provoca á los caballeros cristianos á venir á jugar cañas en Granada. Acuden ellos al llamamiento. Aventaja á todos Tarfe. Lo que sobre esto dice el Moro Almoradí á una Mora. Viene Tarfe, y huye de él su competidor, dejándole su marlota.

„Católicos caballeros,
Los que estais sobre Granada,
Y encima del lado izquierdo
Os poneis la cruz de grana;

„Si en los juveniles pechos
Os toca de amor la brasa
Como del airado Marte
La fiereza de las armas;

„Si por las soberbias torres
Sabeis bolar una caña,
Como soleis en la vega
Furiosos bolar las lanzas;

„Si como en ella las veras,
Os placen burlas de plaza,
Y os cubris de blanda seda
Como de ásperas corazas:

„Seis sarracenas cuadrillas
Con otras tantas cristianas
El dia que os diere gusto,
Podremos jugar las cañas;

„Que no es justo que la guerra
(Aunque nos quemais las casas)
Llegue á quemar los deseos
De nuestras hermosas damas,

„Pues por vosotros están
Con nosotros enojadas,
Por vuestro cerco prolijo
Y vuestra guerra pesada.

„Y si tras tantos enojos
Quereis gozar de su gracia,

Como á la guerra dais treguas,
Daldas á nuestras desgracias;

„Que es grande alivio del cuerpo
Y regalo para el alma
Arrimar la adarga y cota,
Y echarse plumas y banda.

„Y al que mejor lo biciere,
Doy desde aqui mi palabra
En señal de su valor,
Para que viva su fama,

„Atar á su diestro brazo
Una empresa de mi dama
Dada de su blanca mano,
Que es tan bella como blanca.“

Esto firmó en un cartel,
Y lo fijó en una adarga
El valiente Moro Tarfe,
Gran servidor de Daraja,

En las treguas que el maestre
De la antigua Calatrava
Hizo, por mudar de sitio
Y mejorarse de estancia.

Y con seis Moros mancebos
De su propia sangre y casa,
Y algunos Abencerrages
Se le envió á la campaña.

Recíbenlos en las tiendas,
Y sabida su demanda,
Dando el maestre licencia,
Se aceptó para la pascua;

Y respondiendo al cartel
Con razones cortesanas,
Hasta salir del real
Á los Moros acompañan.

Cesan las trazas de guerra,
Y los que del juego tratan,
Cierran la puerta al acero,
Y ábrenle al damasco y galas.

Moros y Moras se ocupan,
Mientras el plazo se pasa,
Ellos en correr caballos,
Y ellas en bordarles mangas,

Y de los dos competidores
De la pendencia pasada
Que hizo paces entre ellos
El capitan de la guarda.

Viendo Almoradí el galan
Que Tarfe se le aventaja,
Y que es señor de la Mora
Que es señora de su alma,

Porque en público ó secreto
Cien mil favores le daba,
Dando á entender, que le quiere
Mas que á su vida y su alma,

Una noche muy escura,
Para el caso aparejada
Se salió el gallardo Moro
Al terrero del Alhambra.

Y en llegando que llegó,
Vió una Mora á la ventana,
Á quien con joyas tenia
De muy atras grangeada.

Hablóla y dijo: „Señora,
¿Es posible que Daraja,
Aunque no me canse yo,
De maltratarme no cansa?

„Aquellos ojos que tienen
Mas que el cielo estrellas almas,
Cuya luz mata mas Moros
Que el maestre con su espada,

„¿Cuando los volverá mansos,
Ó cuando volverá mansa,
Dejando á Tarfe que tiene
Menos manos que palabras?

„Que no soy yo como él
Tan cumplido de arrogancias,
Pues lo que él gasta en decirlas,
Gasto yo en ejecutarlas.

„Bien saben en la ciudad
Que por mi brazo y mi lanza
Ha sido mil veces libre
De la potencia cristiana."

Esto Almoradí decia,
Cuando Tarfe que llegara,
Dió el oido á las razones
Y el brazo á la cimitarra.

Figurósele al valiente
Alguna cristiana escuadra,
Y dejando la marlota,
Volvió al Moro las espaldas.

Salió Daraja al ruido,
Conoció á Tarfe en el habla,
El cual le dió la marlota,
Que era azul con oro y plata.

56.

Celin, señor de Escariche, y Aliatar, rey de Granada, salen á
jugar cañas, seguidos de sus cuadrillas. Hazañas de Celin contra
un toro bravo, y su contento al verse admirado por su dama.

Celin, señor de Escariche,
Y Aliatar, rey de Granada,
Azarques y Abenhumeyas
Salen á juego de cañas.

Bandas blancas lleva el rey,
Color que su ser demanda,
De esperanzas va vestido,
Que á mas le obliga Daraja.

Por divisa tiene un cielo
Con muchos cedros y palmas,
De coronas esta letra:
Seguro estoy de mudanzas.

Los Abenhumeyas todos
Y los Azarques llevaban
De encarnado las divisas
Que un mar ·de desdichas baña.

Y el bizarro Celin,
Por dar contento á su dama,
Entre las blancas marlotas
Estrellas de oro sembraba.

Y por dar seguro al rey
De lo que celoso estaba,
Lleva pajizo el jaez
Con campanillas de plata;

Y en la adarga por divisa
Una azucena entre llamas,
Con una letra que dice:
Por ser fingidas no abrasan.

Advierte su letra el Moro
Que tiene Aliatar cifrada,
Y aunque no demuestra celos,
Celosas ansias le abrazan;

Que quiere salir de extremo,
Ó quedar sin vida en calma,
Valiente, bravo y furioso,
Dando remate á las cañas.

Trabóse la escaramuza
De todas las cuatro esquadras,
Ganando el bizarro Moro
Eterno renombre y fama.

Alborotóles el juego
La voz que los amenazó;
Que quiere salir un toro
De la inmudable Jarama.

Dicen los Abenhumeyas:
„¡Ningun Azarque se parta!"
El rey se va á su balcon,
Sola les dejan la plaza.

Celin que á su desengaño
Sola esta ocasion buscaba,
Con su acerado rejon
Al toro en el coso aguarda.

Tiene clavados los ojos
En la que en el sol enclava;
Conócese en el mirar
Que tienen justas las almas.

Alidaja se encubrió,
Temiendo alguna desgracia,
Porque sus hermosos soles
Los de Celin deslumbraban.

Y quitado el resplandor,
Pudo el Moro ver la plaza,
Y en ella un toro furioso
Que á los cielos amenaza.

La cabeza en proporcion,
La cervíz corta, empinada,
Anchuroso tiene el pecho,
La cola toda enroscada,

Un remolino en la frente,
En sangre los ojos baña,
Cortos brazos, largos pies,
Bufa, salta, corre y brama.

No teme el bello amador
Que aventaja á Marte en fama,
Seguro en el alazan
En las puntas se empinaba,

Cuando el vigoroso toro
Con el amador cerraba;
Hirióle con el rejon,
Por la cerviz se le enclava,

Cuando atormentado el toro
La una rodilla hincada,
Cosido en la dura tierra,
Sin que al Moro ofenda en nada.

Revuelve Celin los ojos,
Y vió que la Mora estaba
En los brazos de Adalifa,
Del gran temor desmayada.

Del contento que tomó,
Al toro menospreciaba,
Quebrando el asta al rejon,
Todo el medio le dejaba,

Y de una veloz carrera
Atravesara la plaza,
Parando en los miradores
De su querida Alidaja.

ROMANCES SOBRE ABENHAMAR.

57.

Paséase galan Abenhamar delante de los palacios de Galiana en Toledo, á la cual ausente habla el Moro de amores, como si presente estuviese.

Por arrimo su albornoz,
Y por alfombra su adarga,
La lanza llana en el suelo,
Que es mucho allanar su lanza,

Colgado el freno al arzon,
Y con las riendas trabadas,
Su yegua entre dos linderos,
Porque no se pierda y pazca,

Mirando un florido almendro
Con la flor mustia y quemada
Por la inclemencia del cierzo
Á todas flores contraria,

En la vega de Toledo
Estaba el fuerte Abenhamar,
Frontero de los palacios
De la bella Galiana.

Las aves que en las almenas
Al aire extienden sus alas,
Desde lejos le parecen
Almaizares de su dama.

Con esta imaginacion
Que fácilmente le engaña,
Se recrea el Moro ausente,
Haciendo de ella esperanzas:

,,Galiana, amada mia,
¿Quien te puso tantas guardas?
¿Quien ha hecho mentirosa
Mi ventura y tu palabra?

,,Ayer me llamaste tuyo,
Hoy me ves, y no me hablas.
Al paso de estas desdichas
¿Qué será de mí mañana?

,,¡Dichoso aquel Moro libre
Que en mullida ó dura cama
Sin desdenes ni favores
Puede dormir hasta el alba!

,,¡Ay almendro, como muestras
Que la dicha anticipada
No nació, cuando debiera,
Y asi debe, y nunca paga!

„Pues eres ejemplo triste
De lo que en mi dicha pasa,
Yo prometo de traerte
Por divisa de mi adarga;

„Que abrasado y florecido
Aqui como mi esperanza,

Bien te cuadrará esta letra:
Del tiempo ha sido la falta."

Dijo, y enfrenando el Moro
Su yegua, mas no sus ansias,
Por la ribera del Tajo
Se fue camino de Ocaña.

58.

El desterrado Abenhamar á orillas del Tajo se queja de su suerte
y del proceder que con él ha usado el alcaide Reduan.

En el mas soberbio monte
Que en los cristales de Tajo
Se mira como en espejo,
Loco de verse tan alto,
El desterrado Abenhamar
Está suspenso, mirando
El camino de Madrid
Descubierto por el campo,
Y con los ojos midiendo
La distancia de los pasos.
Quejarse quiere, y no lo puede,
Y al fin se queja llorando:
„¡O terribles agravios
Sácanme el alma,
Y ciérranme los labios!

„O camino venturoso,
Que á los muros derribados
De mi patria ingrata llegas
Honrada con mis trabajos,
¿Porqué me dejas á mí,
Tú que vas llevando á tantos,
En los montes de Toledo
Prision de mis verdes años?
De que seas tan comun
Siempre te estoy murmurando,
Porque como te adoré,
De que te pisen me espanto.
¡O terribles agravios etc.

„El alcaide Reduan,
Mas envidioso que hidalgo,
Me ha puesto en esta frontera
Por terror de Cristianos.
Atalaya soy aqui
Del maestre de Santiago;
Pero mas lo soy de aquella
Maestra de mis engaños;
Y porque dello me quejo,
Que solo en esto descanso,
Amenaza mi cabeza,
Y asi mis agravios callo.
¡O terribles etc.

„Si callo, me llaman mudo,
Y maldiciente, si hablo,
Y lo que de Griegos digo,
Lo entienden por los Troyanos.
Mordaza me pone el vulgo,
Intérprete de mis daños,
Sin ver que el alma ofendida
Tiene la lengua por manos.
Todos miran lo que digo,
Mas no miran lo que paso.
¡Maldiga Dios el juez
Que no consiente descargo!"
„¡O terribles agravios
Sácanme el alma,
Y ciérranme los labios!"

59.

Pesares y celos de Abenhamar, cuya dama atiende á un Moro feo, porque es rico y favorecido del rey de Granada. Manda Abenhamar que le pinten una divisa donde se alude á su desventura. Tras esto pártese en un caballo, jurando no volver mas á Granada.

De su fortuna agraviado,
Y sujeto á quien le agravia,
De todo el mundo quejoso,
Porque lo está de su dama,

De su patria se querella
El desdichado Abenhamar,
Y dice que le persigue,
Y á los extraños ampara;

Y que un Moro advenedizo
Es poderoso en Granada,
Para gozar libremente
De las prendas de su alma,

Y de los floridos años
De su bella Mora ingrata,
Siendo en el talle disforme,
Y sin provecho en las armas;

Porque el rey le favorece,
Y porque en el mar de España
Es señor de dos galeras,
Ó porque le quiere Zaida.

Con esta imaginacion
Sus ojos tornados agua,
Habiendo pensado un poco
En sus venturas pasadas,

En sus trabajos perdidos,
En sus esperanzas vanas,
En mano agena su bien,
Y en la del tiempo sus ansias,

Sus riquezas poseidas
De quien las tiene usurpadas,

Tan mal pagada su fé,
Porque de fé no se paga,

Á un page manda que luego
Un pintor alli le traiga,
Que estas divisas le pinte
En el campo del adarga,

Porque una sola no puede
Manifestar su desgracia,
Porque tantas desventuras
Requieren divisas tantas:

„Un verde campo abrasado,
Vueltas en carbon las brasas,
Y el carbon hecho ceniza,
Como lo está su esperanza.

„Un rico avariento luego,
Que una joya encierra y guarda;
Que teme que se la roben,
Porque él no puede gozarla.

„Un gallardo Adónis muerto,
Que un puerco le despedaza;
Un invierno que comienza,
Con un verano que acaba;

„Un jardin verde y hermoso
Que se marchita y estraga,
Gozado y pisado á solas
De unas groseras abarcas."

Esto dijo el fuerte Moro,
Y convertidas en saña
Las lágrimas y suspiros,
Á la pintura no aguarda.

Pide un caballo cualquiera,
Porque su yegua alazana,
Por ser hembra, no la quiere,
Pues al mejor tiempo falta.

Quita al bonete las plumas
Azul, amarilla y blanca;

Que no las quiere llevar,
Por ser colores en Zaida.

De muger no se despide,
Y de la ciudad se aparta,
Jurando de no volver
Eternamente á Granada

Un romance que empieza con los versos siguientes:

Sin remedio en el ausencia,
Y sin remedio, aunque parta,
Falto de todo consuelo;
Que todo el mundo el falta,

y que está incluido en el Romancero general, es solamente una amplificacion de este anterior.   **D.**

60.

*Dolor y luto de los Moros de Gelves por el muerto Abenhamar,
á quien mataron sus penas, segun declaran escritos que en pos
de sí ha dejado.*

Albornoces y turbantes
No traen los Moros de Gelves,
Marlotas ni capellares,
Almaizales ni alquiceles;

Ni traban escaramuzas,
Ni alheñan los brazos fuertes,
Ni procuran por sus damas
Si están presentes ó ausentes,

Ni de celosas porfías,
Ni de amorosas mercedes,
Todos de negro vestidos
Con vestidos portugueses

Por la muerte de Abenhamar
Que de muchos es pariente.
Viendo que traga la tierra
Á quien tragaba la gente,

Y que la muerte y amor
Jamas respetó valiente,
En casa del Moro muerto
Mil vivos están presentes.

Unos publican la causa
De sus deseos ardientes,
Otros que murió de celos,
De desamor y desdenes.

Secas esperanzas viejas
En años mozos y verdes
Lloran sus amigos dél,
Y otros dél hay maldicientes;

Que hallaron al Moro escrito,
Revolviendo sus papeles:
,,Es mi voluntad, amigos,
Que si en Gelves yo muriere,

„Que me entierren en mi tierra,   Que en presencia son los males
Porque mas no me destierre;   Como en ausencia los bienes."

***

61.

El Moro Lisardo asalta con valor á Baza, aclamando á Lisarda
su querida durante la pelea.

„¡Arriba!" gritaban todos
Los que dan asalto á Baza
Con el valiente Lisardo,
Que con mil Moros la asalta.
Cuando el pie en la escala pone,
Como amor le mueve el alma,
Por decir: „¡Viva su rey!"
Dijo al subir de la escala:
„¡Viva Lisarda, viva!"
Mas luego vuelve, y dice:
„¡Arriba, arriba!"

Pesa mas su pensamiento
Que el acero de sus armas;
Son mas altas sus memorias
Que las almenas mas altas.
Dió la lengua á su deseo,
Como el deseo le manda,
Y dijo á vuelta de aquellos
Que á sus espaldas gritaban:
„¡Viva Lisarda, viva! etc."

Pero ¿qué mucho que el Moro,
Si vive con la esperanza
De que su Lisarda viva,
Pida que viva Lisarda?
Señales que el corazon
No hay voz que pueda alcanzalla.
Son sus ansias sus memorias,
Y asi publica sus ansias:
„¡Viva Lisarda! etc."

Como era viva la voz,
Pensó que al cielo llegara,
Al cielo de la que adora;
Que por su cielo la llama.
Piensa que á Lisarda aspira,
Y no que asaltaba á Baza,
Y en medio desta victoria
Asi publica en voz alta:
„¡Viva Lisarda, viva!"
Mas luego vuelve, y dice:
„¡Arriba, arriba!"

ROMANCES SOBRE MUZA.

62.

El valiente Moro Muza pretende á la hermosa Daraja, la cual ama á un Abencerrage. Dale Muza un ramillete de flores, y ella le pasa á su favorecido. Desafíanse los dos rivales. Interviene el rey y asimismo Daraja. Pártese Muza infurecido.

En el Alhambra en Granada,
Donde el rey Chico vivia,
Estando un dia en palacio
Con muchos Moros de estima
La reina y todas las damas
Cuantas en Granada habia;

Entre las cuales hay una,
Daraja, Mora garrida,
La mas hermosa y discreta
Que entre las Moras habia.

Á esta sirven muchos Moros,
Y por muger la pedia
El valiente Moro Muza,
Fuerte capitan de estima;

Y aunque la sirve y adora,
Daraja solo queria
Uno de los Bencerages,
Que Baesan por nombre habia.

Estando en estos placeres,
Cuando mas gusto tenian,
Se levanta el Moro Muza,
Y á Daraja le ofrecia
Un ramillete de flores
Que en el jardin hecho habia.

Daraja lo recibiera,
Por no usar descortesía,
Y con un page que tiene,
Al Bencerrage lo envía.

Muza no vió ir al page;
Que con el rey competia
Por la pérdida de Alora,
Como cobrar la podria.

Y volviendo á ver su dama,
Conoció que no tenia
El ramillete en la mano
Daraja, á quien él servia.

Mira á todos los presentes,
Cuantos en la sala habia,
Y vido que el Bencerrage
El ramillete tenia.

De donde esto se levanta,
Y dice, ardiendo con ira:
,,Muy descomedido has sido,
Bencerrage, en demasía
En tomar lo que no es tuyo,
Ni para tí convenia.''

,,¡Mientes!'' dijo el Bencerrage,
La mano á la espada asida.
Muza la suya sacando,
Al Bencerrage le tira.

Métese el rey de por medio,
Y á entrambos los despartia;
No castiga el desacato
Por la guerra que tenia.

Daraja se levantó,
Y á Muza asi le decia:
,,Mal parece, Caballeros,
En palacio valentía;

,,Que el maestre está en la vega,
Y Puerto Carrero en vida,
Que nos tienen encerrados,
Y nos quitan la comida.

,,Padres y madres nos matan,
Hijos y hermanos captivan;
Con esos, Muza valiente,
Ve á provar tu valentía.''

Muza con gesto feroz
De la Alhambra se salia.
Juramento lleva hecho
Á Daraja no servirla,
Hasta quitar al maestre
Y al Bencerrage la vida.

63.

Sale de Granada Muza á retar al maestre y sus Cristianos, llevando una empresa arrogante, donde van figurados sus rivales vencidos y muertos.

Con una copada pluma
De color de cielo airado,
Que del capellar pendia
Con un letrero dorado,

Notando á Daraja ingrata,
Muza, capitan nombrado,
Á pedir campo al maestre
Sale de Granada osado,

De ultraje muy sañudo
Que con él Daraja ha usado,
Sublimando al Bencerrage
Por el ramillete dado.

Con trenzas de azul y oro
Lleva el turbante bordado,
Una morada marlota
Lleva de un verde recamo,

De una rica argentería
Una banda de alto á bajo,
Que adornaba la postura
Del fuerte Moro bizarro.

Con un denodado rostro,
De su valor muestra dando,
Para el maestre encamina
La lanza y suelto el caballo.

En la blanca adarga lleva
Que en el arzon va colgando
Una muerte vencedora
De un sanguinoso retrato,

Que figura la batalla
Do está su fin deseado,

Puestó á sus pies el maestre
Con el cuerpo desarmado,

Y en una arbolada lanza
Sangrienta, el hierro dorado,
Apuntada la cabeza
Del Bencerrage contrario.

64.

Muza celoso del rey su hermano le pide que le deje su dama Zara, y promete en recompensa traerle cautivos cristianos á docenas, y entre ellos al maestre.

De celos del rey su hermano
El alma tiene abrasada
El valiente Moro Muza,
Honra y gloria de Granada,

Diciendo: „Rey, ¿porqué quieres
Tiranizar á mi dama,
Pues que yo tambien soy rey
Adonde reina mi alma?

„Dala en pago á mis servicios,
Pues es justa la demanda,
Y déjame gozar de ella.
¡Asi goces de la Alhambra!

„Que si aquesto concedes,
No se verá contrastada

De poder de los Cristianos,
Mientras quisiere mi lanza.

„Y á mas te prometo, Rey,
Con aquesta otra hazaña,
Que es traerte cada dia
Doce cabezas cristianas.

„Y si me das á mi gloria,
Como la razon demanda,
Te traeré por tu cautivo
Al de la cruz colorada.

„Gocemos vida quieta,
Pues que podemos gozalla,
Tú con aquestas victorias,
Yo con ellas y con Zara.“

65.

Preséntase muy galan Muza con una cuadrilla de hidalgos Abencerrages á jugar cañas en Vivarrambla. Hácenle competencia los Zegríes.

Con mas de treinta en cuadrilla
Hidalgos Abencerrages
Sale el valeroso Muza
Á Vivarambla una tarde

Por mandado de su rey
Á jugar cañas, y sale
De blanco azul y pajizo,
Con encarnados plumages.

Y para que se conozcan,
En cada adarga un plumage,
Acostumbrada divisa
De Moros Abencerrages,

Con un letrero que dice:
Abencerrages levantan
Hoy sus plumas hasta el cielo,
Pues dellas visten las aves.

Y en otra cuadrilla vienen,
Atravesando una calle,
Los valerosos Zegríes
Con libreas muy galanes,

Todos de morado y verde,
Marlotas y capellares,

Con mil jaqueles gualdados,
De plata los acicates,

Sobre yeguas bayas todos,
Hermosas, ricas, pujantes,
Por divisa en las adargas
Unos sangrientes alfanges,

Con una letra que dice:
No quiere Alá se levante,
Sino que caigan en tierra
Con el acero cortante.

Apercibense de cañas,
El juego va muy pujante;
Mas por industria del rey
No se revuelven, ni hacen
Los Zegríes un mal concierto,
Que ya pensado le traen.

66.

Juego de cañas en Vivarrambla de Granada. Refriega verdadera
entre los Zegríes y los Abencerrages capitaneados por Muza.
Aplaca el disturbio el rey Chico, prendiendo á los capitanes;
pero al tercero dia los suelta, y hay una hermosa zambra.

¡Afuera, afuera, aparta, aparta!
Que entra el valeroso Muza,
Cuadrillo de unas cañas.

Treinta lleva en su cuadrilla
Abencerrages de fama,
Conformes en las libreas
De azul y tela de plata,

Yeguas de color de cisne,
Con las colas albeñadas,
Y de listones y cifras
Travesadas las adargas.

Atraviesan cual el viento
La plaza de Vivarrambla,
Dejando en cada balcon
Mil damas amarteladas.

Aqui corren, alli gritan,
Aqui vuelven, alli paran,
Acullá los vereis todos
Prevenirse de las cañas.

La trompeta los convida,
Ya los incita la caja,
Ya los clarines comienzan
Á concertar la batalla.

Ya pasan los Bencerrages,
Ya las adargas reparan,
Ya revuelven, ya acometen
Los Zegríes contra Mazas.

El rey Chico que conoce
La ciudad alborotada,
En una yegua ligera
De cabos negros y baya,

Gritando con un baston
Por ver la fiesta acabada,
Va diciendo: ,,¡Afuera, afuera!‘‘
Con rigor: ,,¡Aparta, aparta!‘‘

Las damas hacen lo mismo,
Desocupando ventanas,

Porque la misma pendencia
Riñen ellas en sus almas.

Muza que conoce al rey,
Por el Zacatin se escapa,
Y la demas de su gente
Le siguen por el Alhambra.

Mándalos prender el rey,
Y en Generalife aguarda
Particularmente á Muza,
Por gozar de su esperanza.

Mas dentro de tercer dia
De las prisiones lo saca,
Resultando del enojo
Una muy hermosa zambra.

El juego de cañas es todavía con el nombre de el djerit diversion favorita de los Turcos y Árabes.   **D.**

===

67.

Admiracion de la gente al ver á Muza jugar cañas con sin par gallardía. Hiere Muza á un su rival, y laméntase de ello Daraja, enamorada del herido.

Admirada está la gente
En la plaza Vivarrambla
De verle tirar á Muza
En una fiesta una caña.

Entró bizarro y gallardo
Mas que Audalla, el de las galas;
Mas fuerte que Reduan,
Sufre el amigo en batallas,

Con librea berberisca,
Turquesada y pespuntada,
Sembrada de piedras verdes
Que señalan su esperanza,

Aunque le matan los celos
Que todo el cuerpo le abrasan,
Cuya causa es Bajamed,
Tesorero de su alma.

Trae el brazo arremangado,
Con una toca leonada,
Triste y trabajosa seña
De su perdida esperanza.

Trae una adarga pequeña
Con una banda encarnada,
Pintado alli el dios Cupido
Con una flecha dorada,

Bonete con muchas plumas
De color amortiguada,
Una cifra le rodea
Que dio á Albenzaide la ingrata.

Una cadena de oro
Muy estrecha al cuello atada,
Con esta letra al pecho:
Preso tiene cuerpo y alma.

Cuando le vieron entrar,
La gente suspensa estaba,
Diciendo: „Ya entra Muza,
Flor y honra de Granada."

Lleva una caña en la mano
Blanca mas que nieve blanca,
Porque la piensa teñir
Antes que del juego salga.

Comenzó la escaramuza,
Unos con otros se traban;

Ya se vuelven y revuelven,
Casi parece batalla.

Muza revuelve con ira
Contra quien su amor le asalta;
Hízole una mala herida
Con una delgada caña.

Rompióle adarga y librea,
Tiñendo el caballo y plaza
Con la sangre que á porfía
Sale, afligiendo á Daraja.

Ella comenzó á dar gritos
Desde su alta ventana,
Diciendo: „¡Moros, libralde
De aquesta tigre hircana!"

Luego se deshace el juego,
Acuden á ver que pasa;
Ven al Bencerrage herido,
Y que Muza ufano anda.

68.

Señálase Muza en la plaza por su adorno y destreza. Hácele frente Audalla, y queda por él vencido.

Hacen señal las trompetas,
El clarin, pífaro y caja;
El fuerte y valiente Muza
Suspende la gente y plaza.

Con el semblante enojoso
No hay quien le mire á la cara,
Sobre la ceja el bonete,
Remolinada la barba.

Amarilla es la librea,
Albornoz, marlota y manga;
Que viste quien desespera
Color de desesperanza.

Lleva adarga beroerisca,
Pesada y nerviosa lanza,
Y una toca atada al brazo,
Y al cuello una cimitarra.

Va en un furioso caballo
Con unas cervunas manchas,
Que al son de los instrumentos
El pie y la mano levanta.

Halo puesto Audalla en campo
Por los amores de Zara;
Que en la presencia del rey
Puso el gage y la palabra.

Era Muza entre los Moros
El Moro de mayor fama,
Y Audalla entre los galanes
El galan de mayor gala.

Procuró el rey concertarlos,
Mas como en amor no hay trazas,
Fue el concierto entre los dos
Confusion desconcertada.

Y asi con gallarda muestra
Se presenta el Moro Audalla
Tan galan como discreto
En una yegua alazana.

Viste marlota de tela
Blanca, de rosas bordada;
Rosado es el arbornoz,
Y alli las rosas son blancas.

Un derrocado bonete
Con cinco plumas rizadas,
Una blanca y dos azules,
Una roja y otra gualda.

Lleva la red de Vulcano
Por divisa en la medalla,
Y acude la letra, y dice:
La de amor mas fuerte enlaza.

Partiéronles los jueces
El sol, la plaza y las armas,
Dejándoselo á fortuna
Que dé al vencedor la palma.

Y én un tiempo Audalla y Muza
La escaramuza trabaran,
Pero desigualan luego
Con la desigual batalla;

Que tirando Muza un golpe,
Audalla pierde la adarga;
Tocóle de paso el hierro
Y en medio en medio del alma.

Revolvió Muza con otro,
Y Audalla rindió las armas,
Para no rendir la vida;
Que la guarda para damas.

====================

69.

Discurso de Muza al Alhambra y á Granada, de donde se parte,
y á los cuales vaticina desgracias, y anda rabioso por los celos
al verse abandonado por Daraja en favor de otro Moro.

La calle de los Gómeles
Deja atras y el alameda,
Y en una yegua albeñada
Furioso cruza la vega.

Y en llegando á un claro arroyo,
Vuelve airado la cabeza,
Y á la inespugnable Alhambra
Dice Muza con soberbia:

,,Levantadas fuertes torres,
Que al cielo con vuestra alteza

La tierra comunicais,
Y espantais acá en la tierra;

,,Vanos muros y mezquitas,
Famosas torres bermejas,
Relumbrador chapitel,
Donde el sol se para y llega,

,,No penseis que en ese estado
En que os veis y esa grandeza
Mucho os dejará durar
El cielo con su inclemencia;

„Que su rigor os pondrá
En tan miserable vuelta,
Que aun apenas las señales
De lo que fuisteis se vean.

„Pero quédaos un consuelo
Que á mí triste no me queda,
Que es el verme á mí caido
De otra mas sublime alteza.

„Y no me derribó el tiempo,
Sino solo la dureza
De un seco y helado pecho,
Parca airada de firmeza.

„Daraja dura é ingrata,
Mas inexorable y fiera
Que los levantados riscos
De las mas nevadas sierras,

„Goza de tu Abencerrage,
Goce él de tí norabuena;

Que poco le durará,
Si otro Muza se atraviesa.

„Mas hágale Alá dichoso,
Y á mí tanto en esta empresa,
Que cuando la hayas dejado,
Á verte mis ojos vuelvan,

„No para quererte mas,
Sino para que tú mesma
Me des venganza de tí,
Si de tí das recompensa.

„Basta lo que te he querido;
Que pues no quieres te quiera,
Á este arroyo doy que lleve
Tus memorias y mis quejas.

„Nada quiero yo de tí,
Palabras te suelto y prendas,
Y aun mi ley voy á dejar,
Porque tú vives en ella.“

70.

*Muza y el maestre, ambos en trage de Moros, con letra en las
adargas que declaran su amistad, se entran en Granada.*

Marlotas de dos colores,
De verde claro y morado,
Bordadas de fino aljófar,
Sembradas de muchas manos

Asidas unas á otras,
Firme amistad señalando;
Bonetes á la turquesca
Encima de fuertes cascos;

Debajo de las marlotas
De mallados fuertes jacos,
Que aunque van á lo galan,
Iban á un honroso caso;

En dos caballos overos,
Con furia el suelo pisando,
Y con dos dorados frenos
Blandamente gobernados;

Las lanzas llevan tendidas,
Los brazos arremangados,
Adargas en los arzones,
Y por divisa dos manos

Asidas una de otra,
La de un Moro y un Cristiano,
Con una letra que dice:
Hasta la muerte guardo,

14 *

Se sale el fuerte maestre
Y Muza el enamorado;
Que el amor de Sarracina
Los lleva asi disfrazados.

Al uno llevan amores.
Otro de amistad los lazos;
Y asi entraron en Granada
Para su fin deseado.

71.

Estándose celebrando fiestas en Granada en la plaza de Vivar-
rambla, entran dos caballeros en trage morisco, descubriéndose
ser uno Muza y otro el maestre. Llegan donde está Sarracina,
y huyen con ella, mientras los Moros, que se arman luego, teme-
rosos se acogen al Alhambra.

Cuando las veloces yeguas
Al son de trompas y cajas
Parece que desempiedran
La plaza de Vivarrambla,

Todo es marlotas, bonetes,
Capellares, tocas, bandas,
Argentados borceguíes,
Plumas volantes y galas.

Estas fiestas se hacian
Á la hermosa Daraja,
Y el rey está mas contento
Que cuando ganó á Granada.

Sola Sarracina, sola
Está temiendo y turbada,
Hasta que el valiente Muza
Cumpla su palabra dada.

No tarda el gallardo Moro;
Que antes que la noche clara
Se manifieste á los hombres,
Y Apolo esconda su cara,

Viene á interrumpir las fiestas,
Y á publicar su venganza,
Y en lugar de galas viste
Anté duro y dura malla.

Bien acompañado va,
Pues sabe el mundo que basta
Para conquistar mil reinos
Sola una cruz colorada.

El trage morisco lleva
El maestre que en España
Dió tanto ser y valor
Á la gente castellana.

Llegan de presto al balcon,
Donde Sarracina aguarda
Tan turbada y temerosa,
Como la ciudad lo estaba.

Y sin aguardar un punto,
Se arrojó por la ventana;
Muza la recoge y pone
De su caballo á las ancas.

Viéronse en terrible aprieto,
Porque los Moros se arman
Y salen á defendelles
Que de la ciudad no salgan.

Pero luego que conocen
Al bravo de Calatrava,
Y que es el valiente Muza
Quien le sigue y acompaña,

Dejan la plaza y las calles,
Y vanse luego á la Albambra,

Y ellos se vuelven contentos
Adonde su gente aguarda.

72.

Muza contempla el cuerpo del malogrado maestre de Calatrava herido de muerte de un flechazo en su mocedad. Vuelve en si el maestre, y al expirar se despide de su amigo, y le ruega se vuelva Cristiano. Muza se va á Córdoba, donde abraza la fé de Cristo.

Mira el cuerpo casi frio,
Que está despidiendo el alma,
Del malogrado mancebo,
Maestre de Calatrava,

El valiente Moro Muza,
Que era hermano de Abenhamar,
Rey de Granada y su reino,
Y señor del Alpujarra.

Y trayendo á la memoria
El amistad celebrada
Entre Muza y el maestre,
Cuando por fuerza de armas

Sacaron los dos amigos
De la fuerza de la Alhambra
Á Arbolea, hermosa Mora,
Á quien Muza mucho amaba,

Y mirando el lacio cuerpo
Que roja sangre derrama,
Le toma en sus brazos Muza,
Y llorando asi le habla:

,,¡Cuan desdichado fue el dia
Que yo salí de Granada
Á socorrer á Galera,
Que nunca en galera entrara!

,,¡Ay de mí! que mejor fuera
No estar con el rey en gracia

Que ver morir en mis brazos
Tal amigo y tal espada.

,,Despierta, amigo, le dice,
Y háblame una palabra,
Si no quies que la pasion
Deje mi cuerpo sin alma."

Procura sacar el Moro
La flecha que fue la causa
De su muerte, y no se atreve,
Por no hacer mayor la llaga.

Despertaron al maestre
Las lágrimas que derrama
En su macilento rostro
Su leal amigo, á quien habla:

,,A Dios mil gracias le doy,
Porque para sí me llama,
Y asi suplicarte quiero
Que tomes la ley cristiana;

,,Pues con ella vivirás
Vida alegre y regalada,
Y cuando acabes la vida,
Será tu ánima salva."

Muza se lo prometió,
Y viendo que ya le falta
Color y vital aliento,
Y que está el cuerpo sin alma,

Mandó le den sepultura,
Y él se partió á Granada,
Para dar cuenta á su rey
De su infelice jornada.

Y á Córdoba despues fue
Con voluntad presta y llana,
Para volverse Cristiano,
Como pedido le estaba.

Este romance hubo de ser interpolado por los poetas españoles
en la historia de Muza. En general los numerosos romances hechos
sobre este héroe moro no se avienen bien entre sí, pues en los primeros está representado el Mahometano como contrario y vencedor
del maestre de Calatrava, y en los últimos como compañero y camarada del mismo. Al parecer los Moros y los Cristianos tratan
esta historia de diversos modos, cada gente conforme á los pensamientos y afectos religiosos y de nacion de unos y otros.   **D.**

Dudoso es que haya muchos romances de los relativos á Muza
que sean de orígen arábigo ó hayan existido en otra lengua que en
la castellana.   **A. G.**

73.

*Destierra el rey Chico de Granada á Muza. Al partirse este se
despide de su dama, hablando mal ambos del injusto monarca,
y vaticinándole desventuras.*

Desterró al Moro Muza
El rey Chico de Granada,
Por tener envidia á él
Y mucho amor á su dama.

En un caballo morcillo,
Armado de todas armas
Parte á cumplir el destierro
Por do su dama moraba.

Al ruido del caballo
Asomóse á la ventana,
Y el Moro por despedida
Con mil suspiros la habla:

„No temo la partida,
Ni la gran sinrazon que el rey
          me ha hecho,

Ni temo corta vida;
Que el mundo es muy estrecho

„Para mí que te tengo á tí en
          mi pecho.
Mas el mal de la ausencia
Hará el efecto en tí que en
          otras suele.
Fáltame la paciencia,

„Y esto es lo que me duele,
Y no poder hallar quien me
          consuele;
Y para consolarme,
Suplícote tu intento me de-
          clares

„De vivir ó matarme,
Pues cuanto le acordares
Tendré de vida y muerte, si ol-
      vidares."

Respondió la Mora airada:
„¡Por Mahomá y por su ley,
Que holgara me oyera el rey
Que por ti lo es de Granada!

„Mas en tu valor confío
Que creerás bien de mí;

Que te quiero mas á tí
Que al rey que por fuerza es mio.

„Pierde, Señor, los estribos
De tanta desconfianza;
Que si tus brazos son vivos,
Me cobrarás por la lanza.

„Si el rey buscare ocasion,
Gozará por su maldad
El alma sin libertad
Y el cuerpo sin corazon."

74.

Sale desterrado de Granada Muza lleno de pesares, é yendo por la orilla del Genil, profetiza que pronto será la caida su patria presa del rey Fernando.

Acompañado, aunque solo,
De pensamientos y agravios,
Sale de Granada Muza
Desmentido y desterrado,

Desdeñado de Daraja,
De sus amigos dejado,
De Bajamed desmentido,
Desterrado de su hermano.

Agravio, deshonra y celos,
Tres fieras suertes de agravios
Para sus tres condiciones,
Galan, valiente y hidalgo.

Por la orilla del Genil
Bate el furioso caballo,
Que el acicate morisco
Baña en sangre y todo el campo.

Como parte tan furioso,
Parece que van temblando
Las ondas del manso rio
Que reconocen su brazo,

Desde que con el maestre
De la cruz de Santiago
Azotó sus blancas ondas,
De sol á sol peleando.

Detuvo el caballo un poco,
Y el freno de espuma blanco,
Y detuvo el de su ira
Mas rebelde que el caballo.

Y vuelto el rostro á Granada,
Dijo, sus torres mirando:
„Granada, donde nací,
De adonde me han desterrado,

„La envidia que á muchos buenos
No deja por muchos malos
Que mueran adonde nacen,
Sino por reinos extraños,

„Esta me fuerza á dejarte
Cercada de los Cristianos,
De adonde espero que presto
Serán tus hijos esclavos.

„Aunque agora por tus puertas
Un Pulgar, soldado bravo,
Hincó su puñal sangriento
Con un pergamino blanco,

„Y que mató un Tarfe tuyo
Un muchacho Garcilaso,
Hoy te posee Almanzor,
Pero mañana Fernando.“

75.

Carta que desde las orillas del Genil escribe el desterrado Muza,
temblando de corage hasta descomponer los malos avíos de escribir
de que se sirve.

Á la orilla del Genil
Escribe una carta Muza
Tan á solas, que no hay nadie
Sino el agua que le escucha.

Hizo de una caña verde
Con el alfange una pluma,
Y con agua y flor de malva
Tinta para hacer la suma.

Ya de un pedazo de toca,
Por no haber papel, se ayuda,
Tirando con pies y manos,
Para quitar las arrugas.

Tanto tiró que rompió
Por medio de una costura,

Y despidiendo un suspiro,
Dijo: „¿Qué quieres, fortuna?“

Vueltos los ojos al cielo,
Pudo contemplar la luna,
Y dijo: „¡Que alta que estás,
Y cuan de presto te mudas!

„Y pues las cosas del cielo
De hacer mudanzas se ocupan,
No es mucho se mude el suelo;
Mas es mudanza corrupta.“

Con todo tomó el tocado,
Y lo que está roto añuda;
Escribe, y de agravio tiembla,
Aunque de corage suda.

ROMANCES SOBRE CELIN AUDALLA.

76.

El Moro Celin, desterrado asimismo de Granada por su rey, mira la hermosa ciudad, y habla con sus edificios, calles y paseos, dirigiéndoles tiernas razones.

Las soberbias torres mira
Y de lejos las almenas
De su patria dulce y cara
Celin, que el rey le destierra;
Y perdida la esperanza
De jamas volver á vella,
Con suspiros tristes dice:
,,¡Del cielo luciente estrella,
Granada bella,
Mi llanto escucha, y duélate mi
          pena!

,,Hermosa playa, que al viento
Das por tributo y ofrenda
Tanta variedad de flores,
Que él mismo se admira en vellas,
Verdes plantas del Genil,
Fresca y regalada vega,
Dulce recreacion de damas,
De los hombres gloria inmensa,
¡Granada bella, etc.

,,Fuentes de Generalife,
Que regais su prado y huerta.
Las lágrimas que derramo,
Si entre vosotros se mezclan,
Recibidlas con amor,
Pues son de amor cara prenda.
Mirad que es licor precioso,
Adonde el alma se alegra,
¡Granada bella, etc.

,,Aires frescos que alentais
Lo que el cielo ciñe y cerca,
Cuando llegueis á Granada,
Alá os guarde y mantenga,
Para que aquestos suspiros
Que os doy, le deis en mi ausencia.
Y como presentes digan
Lo que los ausentes penan.
¡Granada bella,
Mi llanto escucha, y duélate mi
          pena!"

14 * *

77.

Celin, hijo de Celin Audalla, se queja de su fortuna, y desnu-
dándose de sus galas, suelta la rienda á su caballo, caminando
á buscar desgracias y al acaso ciego.

El animoso Celin,
Hijo de Celin Audalla,
El que fue alcaide de Alora
Y de la villa de Alhama,

Mira el fuerte sitio el Moro,
El alcázar, la muralla,
Las aportilladas torres
De la destruida Baza.

Quiere despedirse el Moro,
Y llama la patria amada,
Imaginando que está
En ella el bien de su alma.

Quéjase de la fortuna,
Y entre sí confuso habla:
„¿En qué te ofendí, le dice,
Para tomar tal venganza

„Despues de tantos trofeos
Que me dió la bella Zara,
Haciéndome mil favores
En los juegos y en las zambras?

„Y agora quiso mi suerte,
Digo, quiso mi desgracia,
Que el rey Fernando pusiese
Cerco á la ciudad de Baza.

„Usó conmigo clemencia,
¡Que Alá pluguiera no usara!
Para libertar el cuerpo,
Y quedar cautiva el alma.“

Esto diciendo, se quita
La marlota que llevaba

De verde, morado y blanco,
En amarillo aforrada,

Y dice: „Sirva el aforro,
Por ser color que me cuadra.
Las verdes plumas no quiero,
Pues se perdió mi esperanza.

„De la adarga borraré
El lince que declaraba
Que mis ojos en mirar
Á los de lince ganaban.

„Tambien borraré la letra
Que dice en lengua cristiana:
Mucho mas rinde mi brazo
Que lo que la vista alcanza.

„Y ese tahalí azul
Ya no es cosa que me cuadra,
Pues me falta la ocasion
De celos, no por mudanzas.

„La toca morada dejo;
Porque aunque amor no me falta,
Podrá ser que halle otro
Que pueda mejor gozalla.“

Con esto la lanza toma,
Y muy ligero cabalga;
Suelta al caballo la rienda,
Para que do quiera vaya,

Diciendo: „Camina tú,
Y busca el bien que me falta;
Que yo no te guiaré,
Si no es á buscar desgracias.“

78.

La hermosa Zara Zegrí, cautiva de la condesa de Palma, pre-
guntada por su señora sobre su pasada vida, le cuenta sus an-
tiguas prosperidades y sus desventuras, y le explica la labor en
que va á ocuparse, para pasar los dias de su cautiverio.

La hermosa Zara Zegrí,
En todo bella agraciada,
Discreta, porque sirvió
A la reina en el Alhambra,

Hija del alcaide Hamete,
Que tuvo en tenencia á Baza [1]
En el porfiado cerco
Del rey Fernando de España,

Ya despues de muchos dias
Por falta de vituallas
Se entregó el mísero alcaide,
Siendo su casa asolada.

La bella Zara le cupo
Á la condesa de Palma,
Que acompañando á la reina,
Se vino al cerco de Baza.

.La condesa le pregunta
Á Zara en que se ocupaba,
Y que ejercicio tenia
En el Alhambra en Granada.

Llorando la Mora dice:
„Señora, asentaba plata,
Labraba la seda y oro,
Tañia, tambien cantaba.

„Pero agora solo sé
Llorar mi mucha desgracia,
Porque, aunque merced me haceis,
Á la fin fin soy tu esclava.

„Y para pasar el tiempo
De cautiverio en tu casa,
Labraré, si gustas dello,
Una nao bien aprestada,

„Navegando viento en popa,
Luego la mar alterada,
Con las olas por el cielo,
Y que las velas amaina;

„Y en la alta gabia esta letra,
Que diga en lengua cristiana:
No hay bonanza que no vuelva
En gran tormenta y borrasca.

„Y por orla en la labor
Que diga en letra de Arabia.
Podrá ser que Alá permita
Que tenga fin mi desgracia.“

„Muy bien me parece, Mora,
Esa labor que tú trazas;
Que es conforme á mi deseo
Y al tiempo en que tú te hallas.“

---

1)   Que tuvo en tenencia á Baza,
           Llora triste y afligida
           Su cautiverio y desgracia
           En el etc.

79.

Celin, celoso de su Griega Zara, de todo se olvida, menos de su amor. Como requiebra á su querida, y altas promesas que le hace, viéndola triste.

Celoso vino Celin
De su regalada Griega,
Porque sabe que el poder
No hace á las almas fuerza;

Y que el imperio del mundo
Y voluntad de sus tierras
Se le ha de esquitar en algo,
Y teme que alli no sea.

Sabe que la mas hermosa
Es al doble de soberbia,
Y que al fin la libertad
Aun en el amor no es buena.

Ve suya á su hermosura,
Y quiere mayores prendas;
Que los cuerpos sin las almas
Tambien los goza la tierra.

Su pensamiento, en quien cabe
Sujetar al mundo en guerra,
Ya dudoso dignamente
De la de algun hombre tiembla.

Él que de muy generoso
Se fiaba de cualquiera,
Ya se recela de todos,
Y no hay verdad en que crea.

Él que siempre á sus oidos
Trajo cajas y trompetas,
Ya se humana á imaginar
De un nuevo Celin querellas.

Si mira á su Zara, llora
De verla el alma encubierta;
Que quisiera al chico mundo
Volver lo de dentro afuera.

Su armada pone en olvido,
Solo adora la galera
Que en la isla de Coron
Le hizo tan rica presa.

Aquella en su gran mezquita
Por cosa sagrada cuelga,
Votando cada Diciembre
En su memoria una fiesta.

Zara cautiva y señora
Ya se alegra, ya se queja;
Que menos aviva el gusto
El cetro que una terneza.

Y entre los mismos abrazos
De sus parientes se acuerda,
Con que los brazos afloja
Que la obligacion aprieta.

Y en medio de las razones
Cien mil suspiros degüella,
Haciendo de ellos justicia,
Porque sin cordel confiesan.

Mil veces al Gran Señor
Á darle gusto se esfuerza,
Y si presto no volviese,
Amor se entraria á vueltas.

Pero es enemigo al fin
De encogimiento y vergüenza,
Y verdugo de los gustos
Propios la memoria agena.

Gran cosa es la magestad,
Mas no hay pensar que convenga
Con el amor; que es muchacho
Y sin respetos se huelga.

Las holguras de Coron
Frescas, gustosas y bellas
Con sus lágrimas las tiene
En la memoria mas frescas.

Buena fuera la gran corte;
Mas como no goza della,
Cánsala el desasosiego,
Y el ruido la desvela.

,,¿Qué es esto? ¿Como, gran Zara,
Lo que todas no deseas,
Que es que venga tu linage
Á ser señor de esta tierra?

,,Vida, regalo, Señora,
Ojos, alma, esposa tierna,
Corazon, entrañas, gloria,
Descanso, esperanza eterna;

,,Ojos, frente, cuello, boca,
Cabellos mios, estrellas,
Claro cielo, nieve, grana,
Soles, oro, rubíes, perlas;

,,¿Como mi gran voluntad,
Hermosa Zara, desprecias?
¿Porqué te llamas cautiva,
Si mi voluntad gobiernas?

,,Favorece tu gran patria;
Que aunque estuve mal con ella,
Si quieres, haré por tí
Que vuelva á lo que antes era.

,,Zara, obedece á Celin,
Y mira que te lo ruega
Condolido un tu cautivo
Y natural de tu tierra."

Sobre este asunto hay un romance no tan bueno, el cual empieza con:

En Palma estaba cautiva
La bella y hermosa Zara;
Y aunque en Palma tiene el cuerpo,
En Baza la vida y alma.

En este romance Zara esclava da parte á una su compañera de su amor y pesares:

Habrás de saber, le dice,
Que yo he nacido en Granada,
Adonde seguí á la reina
Diez años dentro en la Alhambra.

Servíla de camarera,
Tuve la riqueza en guarda,
Queríame por extremo,
Y yo por extremo amaba

No á la reina mi señora,
Aunque obligada la estaba,
Sino á un Moro que es mi sol
Y mi bien: Celin Audalla.

Interrumpen esta narracion los gritos de su señora:

Esto decia la Mora,
Cuando la condesa llama,
Diciéndole: „¿Adonde estás?
¿Porqué no respondes, Zaida?

Vese por este romance, como los Españoles de alta esfera se servian de las muchachas moras cautivas como de esclavas de sus mugeres, al paso que por su parte los Moros ó metian á las cautivas cristianas, cuando eran de buen parecer, en sus harems (vulgo serrallos), ó las daban por criadas á las damas que en estos harems tenian.   **D.**

* * *

80.

Exequias funerales de Celin, á quien mató un Moro en una fiesta. Lamento general, y sobre todo el de una Mora vieja que le habia criado.

Por la puerta de la vega
Salen Moros á caballo,
Vestidos de raso negro,
Ya de noche al primer cuarto,
Con hachas negras ardiendo,
Un ataud acompañando.
„¿Adó va el mal logrado
Celin, del alma y vida despojado?"

Matóle el pasado dia
Sin razon un Moro airado
En una fiesta solemne
De que hubo presto el pago.
Lloralo toda Granada,
Porque en extremo es amado.
„¿Adó va el desdichado etc."

Con él van sus deudos todos,
Y un alfaquí señalado,
Y cuatro Moras hermanas
Con mucho en su resguardo,
Y dicen al son funesto
De un atambor destemplado:
„¿Adó va el desdichado etc."

Mesan los rubios cabellos
Que enlazan á un libertado,
Y de entre ellos va saliendo
Un licor claro y salado,
Y sobre rostros de nieve
Vierten el color rosado.
„¿Adó va el desdichado etc."

Y los Moros que mas sienten
Ver tan espantoso caso,
Llevan roncas las gargantas;
Y aunque en su callado y bajo
Dicen los Moros y Moras,
Mil sospiros arrojando:
„¿Adó va el desdichado etc."

Una Mora, la mas vieja,
Que de niño le ha criado,
Sale llorando al encuentro,
Mil lágrimas derramando,
Y con furia y accidente
Pregunta al bando enlutado:
„¿Adó va mi hijo amado,
Celin, del alma y vida despojado?"

„¿Adó vais, bien de mi vida?
¿Como asi me habeis dejado?
¿Qué es del amor increible
Que siempre me habeis mostrado?
¿Quien eclipsó vuestros ojos,
Luz de los mios cansados?
¿Do vais, mi hijo amado
Celin, del alma y vida despojado?"

„¿Donde os llevan, hijo mio,
En estos pechos criado?
¿Quien mudó vuestro color
Y el rostro apacible y claro?
¿Quien ha sido el homicida
Y de ánimo tan osado?
¿Adó va mi hijo amado
Celin, del alma y vida despojado?"

„Diez y seis años hoy hace
(¡Ved, cuan contados los traigo!)
Que vuestra madre os parió,
Y yo os crié en mi regazo.
Yo crié un fuerte muro,
Aunque lo veo derribado,
Pues faltais, mi hijo amado
Celin, del alma y vida despojado."

Con estas lamentaciones,
Sin que la sientan dar cabo,
De lágrimas hace rios
Por adonde van pasando,
Y á darle la sepultura
Dentro en su villa han entrado,
Del triste y desdichado
Celin, del alma y vida despojado.

Tiene este romance naturalidad y está bien sentido. La lamentacion tan sencilla y en forma de estribillo de:

> ¿Adó va el desdichado
> Celin . . . . .

reviense al fin de cada estrofa como el tambor que va en el entierro. Á vista de la lúgubre comitiva toma parte la nodriza en el luto general, no diciendo solamente como los demas: ¿Adó va — Celin? sino: ¿Adó va mi hijo amado? Con todo las últimas estrofas, por ser puramente una vana amplificacion, son desmayadas y verbosas.

D.

ROMANCES SOBRE ZULEMA.

81.

El gallardo Zulema va á ver unas fiestas á Avila, donde es bien recibido. Preséntase en la plaza un toro de gran braveza; y Zulema, saltando del andamio, le lidia, y despues de un reñido combate rinde y mata al feroz bruto. Aplausos del público y del poeta mismo.

Aquel valoroso Moro,
Rayo de la quinta esfera,
Aquel nuevo Apolo en paces,
Y nuevo Marte en la guerra;

Aquel que dejó memoria
De mil hazañas diversas,
Antes de apuntarle el bozo
Por punta de lanza hechas;

Aquel que es tal en el mundo
Por su esfuerzo y por su fuerza,
Que sus mismos enemigos
Le bendicen y le tiemblan;

Aquel por quien á la fama
Le importa que se prevenga,
Para contar sus hazañas,
De mas alas y mas lenguas;

Zulema al fin, el valiente,
Hijo del fuerte Zulema,
Que dejó en la gran Toledo
Fama y memoria perpetua,

No amando sino galan,
Aunque armado mas lo era,
Fue á ver en Avila un dia
Las fiestas como de fiesta.

En viéndole, la gran plaza
Toda se alegra y se altera;
Que en ver en fiestas al Moro
Les parece cosa nueva.

En los andamios reales
Los adalifes le ruegan
Que se asiente, aunque se temen
Que á todas los escurezca.

Bendiciéndole mil veces
Su venida y su presencia,
Le dan las damas asiento
Dentro en sus entrañas mesmas.

Pero al fin Zulema en medio
De los alcaides se sienta
Que lo fueron por entonces
De la mayor fortaleza,

Cuando mas breve que el viento
Y mas veloz que cometa
Del celebrado Jarama
Un toro en la plaza sueltan

De aspeto bravo y feroz,
Vista enojosa y soberbia,
Ancha nariz, corto cuello,
Cuerno ofensible y piel negra.

Desocúpale la plaza
Toda la mas gente de ella;
Solo algunos de á caballo,
Aunque le temen, le esperan.

Piensan hacer muerte en él,
Mas fueles la suya adversa,
Pues siempre que el toro enviste,
Los maltrata y atropella.

No osan mirar á las damas
De pura vergüenza de ellas,
Aunque ellas tienen los ojos
En otra fiera mas fiera.

Á Zulema miran todos,
Y una desfrazada entre ellas,
Que hace á todas la ventaja
Que el sol claro á las estrellas,

Le hizo señas con el alma,
De quien son los ojos lengua,
Que esquite aquellos azares
Con alguna suerte buena.

La suya bendice el Moro,
Pues gusta de que se ofrezca
Algo que á la bella Mora
De sus deseos dé muestra.

Salta del andamio luego,
Mas no salta, sino vuela;
Que amor le prestó sus alas,
Como es suya aquesta empresa.

Cuando ve que á un hombre el toro
Con pies y manos le huella,
Y siendo sujeto al hombre,
Agora al hombre sujeta,

Al pie se parte á librarle,
Y aunque todas le voccan,
No lo deja, porque sabe
Que está su victoria cierta.

Llega el toro cara á cara,
Y con la indomable diestra
Esgrime el agudo alfange,
Haciéndole mil ofensas.

Retírase el toro atras,
Líbrase el que estaba en tierra,
Grita el pueblo, brama el toro,
Vuelve á aguardarle Zulema.

Otra vez vuelve á envestille,
Y mejor que la primera
Le acierta, y riega la plaza
Con la sangre de sus venas.

Brama, bufa, escarva, huele,
Anda al rededor, patea,
Vuelve á mirar quien le ofende,
Y de temelle da muestra.

Tercera vez le acomete,
Echando por boca y lengua
Blanca y colorada espuma
De corage y sangre hecha.

Pero ya cansado el Moro
De verle durar, le acierta
Un golpe por do á la muerte
Le abrió una anchurosa puerta.

Levanta la voz el vulgo,
Cae el toro muerto en tierra,
Envídianle los mas fuertes,
Bendícenle las mal bellas.

Con abrazos le reciben
Los Azarques y Vanegas,
Las damas le envían el alma
Á darle la enhorabuena.

La fama toca su trompa,
Y rompiendo el aire vuela;
Apolo tomó la pluma,
Yo acabo, y su gloria empieza.

82.

Describese la gallardía del Moro Abencerrage Zulema y lo vistoso de sus arreos y su divisa, y como se presenta á Zara, dama á quien sirve, y á la cual cautiva la gentileza sin par de su amante y sus actos y razones.

Aquel esforzado Moro
Abencerrage Zulema,
Espejo de valentía
Y retrato de nobleza,

Aquel paciente amador
Y guerrero sin paciencia,
Que fue muro de su patria
Y reparo de su secta,

En un caballo español
Sale, rompiendo la tierra,
El cual con tropel menudo
Bate la menuda arena;

Y casi toca en la cincha,
Sin tocarle él con la espuela,
Convirtiendo en blanca espuma
Un freno de color negra.

El Moro sale gallardo,
Y gallarda su librea;
Que con mucho amor la hizo,
Y no sin mucha prudencia.

La marlota es naranjada
En señal de su firmeza,
Y no de verde color,
Que ya se precia de ella.

Pues como dichoso amante
Las esperanza tiene muerta,
Porque goza de su dama,
Y con esto ya no espera.

Lleva el capellar pintado
De una dulce primavera,
Porque dentro de su alma
Todo es placer cuanto lleva.

Y lleva el bonete azul,
No porque celoso venga,
Sino porque de su cielo
Es la color mas perfecta.

Y lleva un rico cendal,
Que le ciñe la cabeza,
Prenda de su amada Mora,
Y de su amor dulce prenda.

Lleva ademas por divisa
Una venturosa emblema,
Señal de infinito amor
Y no de poca soberbia.

Era pues el ave fénix
Ya de ceniza cubierta,
Cubierta, mas no quemada,
Y si quemada, no muerta.

Porque recibiendo vida,
Levantaba la cabeza,
Y en la mas ardiente llama
Mostraba mejor su fuerza.

Esto lleva el rico amante,
Y en arábigo esta letra:
Asi recibo yo vida
De la dama que lo ordena.

Porque amaba sumamente
Á Zara, una Mora bella,
Estimada en la ciudad
Por su antigua descendencia,

Y de la reina estimada
Como universal princesa,
Aunque servida en la corte
No sin mucha competencia.

Servida, mas no pagada,
Sino solo de Zulema,
Que como fino amador
En su pecho la celebra.

Págale cumplidamente,
Y aun procura que le deba,
No para mas libertad,
Sino para mas cadena.

Y asi por esta ocasion
Trajo está rica librea,
Declarando en la pintura
Lo que gozaba por ella.

Cruza por el ancho coso,
Donde está su dama, llega;

Mírale toda la gente,
Y admirada le celebra.

El Moro, como es galan,
Usa de su gentileza;
Que atraviesa la estacada,
Y á Zara el pecho atraviesa.

Llegóse al primer balcon,
Que era do estaba la reina;
Humilla el esquivo cuello,
Y al momento se endereza.

Y es mucho para tal Moro
Usar de tanta llaneza,
Haciendo agora en la paz
Lo que no quiso en la guerra.

Bate el caballo feroz
Con la rigurosa espuela,
Y coge su dura lanza
Para tal efecto hecha.

Un hierro con otro junta,
Y no con mucha braveza;
Que si la mano apretara,
En fuego la convirtiera.

Mas viéndose ya subido
En el punto que desea,
Humillar hace al caballo,
Y la dura lanza quiebra,

Diciendo con voz altiva,
Aunque de arrogancia llena:
,,Todo es poco, bella Zara,
En tu divina presencia."

83.

Cuenta Zulema Abencerrage su propia historia á su señor Albenzaide, mezclando con su relacion alabanzas y justificacion de los Abencerrages todos.

„Lo que puede aborrecida
La muger que olvida tarde,
Hoy se prueba en mis desdichas,
Que de amor y olvido nacen.

„Del linage de Tarife,
(Aunque fue de humildes padres)
Nací Bencerrage al mundo,
Para morir Bencerrage.

„Heredé sus desventuras,
Gran mayorazgo de males,
Poca hacienda y mucha envidia,
Madastra de mi linage,

„En la campaña valientes,
En el terrero galanes,
Amigos de valerosos
Y enemigos de cobardes.

„No tuvo dama Granada
Que Bencerrage no amase;
Que solo el nombre tenia
Rendida la mayor parte.

„Ha crecido cierta envidia
Entre el vulgo variable;
Dicen que amaron la reina;
Si la amaron, Dios lo sabe.

„Dejáronme al fin muy niño,
Tan sin amparo de nadie,

Que por solas mis desdichas
He conocido mis padres;

„Que con las suyas pudieran
Las mias ser solo iguales,
Pues el tiempo y la fortuna
Han hecho en mí ejemplos grandes.

„Quise á la Mora mas bella
Que mira el pastor de Dafne
Desde la mar donde muere,
Hasta el cielo donde nace.

„Desaméla, aunque á creerlo
Muy pocos se persuaden;
Mas quien lo entiende me diga
Lo que pueden libertades.

„¿Qué quieres, ingrato Amor?
¿Porqué perseguir te place
La vida que no te ofende
Con muerte que ha de pesarte?

„¿Porqué lloras contra mí
Tú que en mi favor lloraste?
Ausente estoy de tus ojos,
Quizá será aquesto parte.“

Esto cuenta Zulema
Á su señor Albenzaide
Junto á la mar donde quiere,
Y á las piedras que combate.

Cree Duran que este Zulema es otro que el de quien trata el romance que inmediatamente á este antecede. Sin embargo á uno y otro está dado el dictado de Abencerrage. **D.**

ROMANCES SOBRE AZARQUE Y CELINDAJA.

84.

El Moro Azarque se queja de su fortuna y de Celindaja su dama,
que despues de haberle amado, por respectos al rey de Toledo,
que se le declara amante, ahora olvida ó desprecia su amor
antiguo.

Azarque ausente de Ocaña
Llora, blasfema, se aflige,
Y aunque ausente y olvidado,
Poco siente, puesque vive.

Jurando está por su amor
Y por la espada que ciñe,
Que tiene en la guarnicion
Cintas de aquella á quien sirve,

De no volver á Toledo,
Hasta que del Tajo al Tiber
Sus animosas hazañas
En las mezquitas se pinten.

,,Celindaja de mis ojos,
¿Quien te habla, quien te escribe?
¿A quien escribes y hablas
Que mis memorias impide?

,,¿Siendo tú de sangre real,
Como fue posible, dime,

Que tan presto quebrantases
La palabra que me diste?

,,Acuérdate, Mora ingrata,
Que paseando en tus jardines,
Por darme tu blanca mano,
Que tropezabas hiciste;

,,Y que, alzándote del suelo,
Hechas de ámbar y de almizcle
Unas cuentas me entregaste,
Porque me mostraba libre.,,

,,Y al despedirte de mí,
Dando suspiros terribles,
Me dijiste: Ten, Azarque,
Cuenta con que no me olvides.

,,Tu rey entró de por medio,
No supe lo que me dije;
Entró tu injusta mudanza,
Que con la luna compites.

„Que si va á decir verdad,
No hay rey humano que obligue
Á que no se acuerde el alma
De la memoria en que vive.

„Con él te quedaste ufana,
Sin tí muriendo me vine;
Á mí me abrasan tus celos,
Y él tus abrazos recibe.

„Contarásle por baldon
Que pocas fiestas te hice,
Que malos motes saqué,
Porque mas tu gusto estime.

„Cuando diga si me amaste,
Yo apostaré que le dices
Que tan infame bajeza
De tu valor no imagine,

„Y que tu esquiva arrogancia
Y tu condicion terrible
Apenas la vencen reyes,
Cuanto mas hombres humildes.

„El tiempe lo trueca todo,
Yo me acuerdo que te vide
Tan regaladora mia
Como del rey á quien sirves.“

85.

El rey Marruecos mira salir á una fiesta varios galanes y damas de su corte, y picado de celos por ver servida por el galan Azarque la dama á quien amaba, manda cesar la zambra. Suscítase de ello un alboroto que para en salir Azarque desterrado.

El rey Marruecos un dia
El claro Tajo miraba,
Lleno de imaginaciones
Y de celos llena el alma.

Miraba como los rayos
Del sol hacian en el agua
Unas veces oro fino,
Y otras veces fina plata,

Cuando vido que salian
Por entre flores y plantas
El valiente Sarracino
Y la bella Galiana;

Tras ellos en compañía
Azarque y su Celindaja,
Y trabados de las manos
Jarifa con Abenhamar;

Y á la postre en escuadron
Número de muchas damas,
Entre las cuales la reina
Viene á ver bailar la zambra.

Llegados en esta forma,
Todos al rey se humillaban,
Y haciéndose acatamiento
Las dos magestades altas,

Asientos piden al punto,
Que ya la zambra tocaban,
Cuando vieron la divisa
Que Sarracino sacaba:

Una rueda de fortuna
En una marlota parda,
Que sugeta la tenia
Á la causa de su dama,

Con esta letra que dice:
Jamas me será voltaria
Quien se tema de la vuelta
De tan hermosa contraria.

Abenhamar por Jarifa
Otra divisa sacaba
No menos discreta y bella,
Ni del rey menos mirada:

Un mundo negro bordado
En un escudo de grana,
Con esta letra por orla:
Mas merece quien me manda.

Azarque en el campo verde
Y en su marlota morada
Mostraba dos aficiones
Ser iguales y contrarias;

Que eran dos manos asidas
Que en un corazon tocaban,
Y en medio de ellas Cupido,
Flechando en el arco jaras,

Y en esta letra le responde:
No se teme la mudanza
En los que en igual padecen
Y se pagan con dos almas.

El rey replicó [1]) á la letra
Que el bravo Moro llevaba;
Viendo que era por su Mora,
Mandado ha cesar la zambra.

Y por no dar á entender
El fuego que le abrasaba,
Quiso fingir á la reina
Que toca Toledo alarma.

Las damas que lo entendieron,
Rogaron á Celindaja
Que de su parte le pida
Al rey que deje la saña.

No fue mucho menester
Á la Mora importunalla,
Mas fue por daño de Azarque
Hacer el rey tal mudanza;

Que llamándole pechero,
Le desterró de su casa
Con admiracion de todos,
Viendo el hecho y no la causa.

Unos dicen que son celos,
Otros que celos no bastan
Para afrentar un vasallo
Que de noble tiene fama.

Azarque las manos muerde,
Desnuda el Moro su espada,
Alborotáronse todos,
Celindaja se desmaya.

El rey desnudó la suya,
Sarracino y Abenhamar,
Y en lugar de meter paz,
Metieron major cizaña.

Hiciéronse con Azarque;
Ya son muchos de su banda.
El rey que solo se vió,
Procuró dejar las armas.

En esto paró la fiesta
Y el contento de las damas.
Volvióse el rey á Toledo,
Y Azarque fuese á su Ocaña.

1) Se picó.

Este romance asi como el que inmediatamente sigue parece que

debian ir detras y no delante del 84., en donde ya se supone á
Atarfe desterrado.

En todos ellos se ve sumo desprecio de la verdad histórica, nom-
brándose á un rey Marruecos, ente puramente imaginario, y mezclando la historia de los últimos dias del imperio moro de Granada
y de sus tribús verdaderas ó fabulosas con la dominacion mora en
Castilla, terminada algunos siglos antes. **A. G.**

86.

*Azarque ordena un juego de cañas en Toledo en honra de su
dama Celindaja. Descripcion de la fiesta. Celoso el rey de
Azarque, manda que con una lanza le atraviesen, de lo cual resulta volverse en batalla la fiesta.*

Azarque, bizarro Moro,
Ordena un juego de cañas
En la célebre Toledo
En honra de Celindaja,

Mora que al rey arruina
Y Azarque encumbra y ensalza;
Que le honra y obedece,
Y al rey como esclavo trata.

Júntase gente diversa,
La mas ilustre de España,
Los Gazules de Alcalá,
Y de Ronda los Audallas;

Bizarros Almoradíes,
Venegas fuertes y Mazas,
De Córdoba Sarracinos,
Y Gomeles de Granada,

Y otros muchos caballeros,
Fuertes de destreza extraña,
Galanamente vestidos
Por las manos de sus damas.

Toledo estaba suspensa
De tal bizarría y gala,

De verlos todos iguales
En fuerza, valor y traza.

Entraron pues los Gazules
Con marlotas coloradas,
Con franjones de oro fino
Y una cifra por medalla.

Llevan por divisa un mar
Con unas olas muy altas,
Con una letra que dice:
A todo el mundo avasalla.

Los Audallas le siguieron
Con las marlotas moradas,
Bonetes con muchas plumas
Pardas, azules y blancas.

Por divisa va Cupido
En una torre muy alta,
Con esta letra que dice:
Favorezco á quien me ensalza.

Salieron los Sarracinos;
Que mas estos se aventajan
De azul, morado y pajizo,
Y dos higas por medallas.

Llevan por divisa un mundo
Y un Moro que lo contrasta,
Una letra va que dice:
Este y otros mil que haya.

Los de Granada salieron
Todos en gran camarada,
Galanes á maravilla,
Con libreas encarnadas,

Y sacaron por divisa
Una hermosa granada
Y una letra en la corona:
No osará nadie miralla.

Luego vienen los Azarques
Que á los demas avasallan,
Arrogantes mas que todos,
Con las marlotas de gualda.

Azarque se señaló,
Á él reconocen ventaja,
Porque su marlota iba
Labrada por Celindaja.

Lleva por divisa un sol
Que al medio dia llegaba;
La letra que lleva, dice:
Disparate es comparalle.

Cuando ella le vido entrar,
De su asiento se levanta,
Hízole su acatamiento,
Y él á ella se inclinaba.

El rey, cuando vido esto,
Con cólera ciega y brava
Á sus vasallos da grita:
„¡Atravesalde una lanza!"

Celindaja á los demas
Gritó desde su ventana;
Sin tener temor al rey,
Con los caballeros habla:

„¡Caballeros andaluces,
Librad su cuerpo y mi alma!
¡Mirad que matarán dos,
Pensando que uno matan!"

Luego la fiesta se vuelve
En una fiera batalla;
Castellanos y Andaluces
Alli se dan de las hastas.

Galan y dama prendieron,
Aunque hay muchos de su banda,
Puesto que no hay quien resista
Lo que un rey celoso manda.

87.

Háblase tambien de las fiestas de Toledo, y del amor del rey á Celindaja enamorada de Azarque, y de la gallardía y el atrevimiento de este, al cual manda el rey prender, sirviendo este rigor de aumentar el amor en la dama.

Ocho á ocho, diez á diez,
Sarracinos y Aliatares
Juegan cañas en Toledo
Contra Alarifes y Azarques.

Publicó fiestas el rey
Por las ya juradas paces
De Zaide, rey de Belchite,
Y del Granadino [1]) Atarfe.

---

1) Valenciano Tarfe.

Otros dicen que estas fiestas
Sirvieron al rey de achaques,
Y que Celindaja ordena
Sus fiestas y sus pesares.

Entraron los Sarracinos
En caballos alazanes,
De naranjado y de verde
Marlotas y capellares.

En las adargas traian
Por empresas sus alfanges
Hechos arcos de Cupido,
Y por letra: *Fuego y sangre.*

Iguales en las parejas
Les siguen los Aliatares
Con encarnadas libreas
Llenas de blancos follages.

Llevan por divisa á un cielo
Sobre los hombros de Atlante,
Y un mote que asi decia:
Tendrélo, hasta que me canse.

Los Alarifes siguieron
Muy costosos y galanes
De encarnado y amarillo,
Y por mangas almaizales.

Era su divisa un ñudo [1])
Que le deshace un salvage,
Y un mote sobre el baston,
En que dice: *Fuerzas valen.*

Los ocho Azarques siguieron
Mas que todos arrogantes
De azul, morado y pajizo,
Y unas hojas por plumages.

Sacaron adargas verdes,
Y un cielo azul en que se asen [2])
Dos manos, y el mote dice:
En lo verde todo cabe.

No pudo sufrir el rey
Que á los ojos le mostrasen
Burladas sus diligencias
Y su pensamiento en balde.

Y mirando la cuadrilla,
Le dijo á Celin su alcaide:
,, Aquel sol yo le pondré,
Pues contra mis ojos sale.''

Azarque tira bohordos
Que se pierden en el aire,
Sin que conozca la vista
Adó suben, ni adó caen.

Como en ventanas comunes
La damas particulares,
Sacan el cuerpo por verle
Las de los andamios reales.

Si se alarga ó se retira
Del mitad del vulgo sale
Un gritar: ,, ¡Alá te guie!''
Y del rey un: ,, ¡Muera, dadle !''

Celindaja sin respeto
Al pasar por rocialle
Un pomo de agua vertia,
Y el rey gritó: ,, ¡Paren, paren!''

Creyeron todos que el juego
Paraba, por ser ya tarde,
Y repite el rey celoso:
,,¡Prendan al traidor de Azarque!''

Las dos primeras cuadrillas,
Dejando cañas á parte,
Piden lanzas, y ligeros
Á prender al Moro salen;
Que no hay quien baste
Contra la voluntad de un rey
       amante.

---

1) Mundo.   2) Se arden.

Las otras dos resistian,
Si no les dijera Azarque:
,,Aunque amor no guarda leyes,
No es justo que las guarde.

,,Rindan lanzas mis amigos,
Mis contrarios lanzas alcen,
Y con lástima y victoria
Lloren unos, y otros callen [1]);
Que no hay quien baste
Contra la voluntad de un rey
        amante.''

Prendieron al fin al Moro,
Y el vulgo para liballe
En acuerdos diferentes
Se divide y se reparte;

Mas como falta caudillo
Que los incite y los llame,
Se deshacen los corrillos,
Y su motin se deshace;
Que no hay quien baste
Contra la voluntad etc.

Sola Celindaja grita:
,,¡Libradle, Moros, libradle!''
Y de su balcon queria
Arrojarse por librarle.

Su madre se abraza de ella,
Diciendo: ,,Loca, ¿qué haces?
Muere sin darlo á entender,
Pues por tu desdicha sabes
Que no hay quien baste
Contra la voluntad etc.''

Llegó un recado del rey
En que manda que señale
Una casa de sus deudos,
Y que la tenga por cárcel.

Dijo Celindaja: ,,Digan
Al rey que por no trocarme
Escojo para prision
La memoria de mi Azarque,
Y habrá quien baste
Contra la voluntad de un rey
        amante.''

---

1) Canten.

15 *

ROMANCES SOBRE AUDALLA.

88.

El Moro Audalla en Ronda, por donde pasa, yendo desterrado,
da rienda á su enojo en un razonamiento consigo mismo y con
los objetos en que pone las mientes.

Contemplando estaba en Ronda·
Frontero del ancha cueva
El valiente Moro Audalla
Que va la vuelta de Teba;

Que un honroso pensamiento
De su voluntad lo lleva
De su patria desterrado,
Por hacer del hado prueba.

Parado sobre el caballo,
La lanza en el hombro puesta,
Unas veces mira al pueblo,
Y otras hablando se eleva:

,,¡O patria desconocida,
Presto oirás de mí la nueva!
Que si envidia te ha movido,
Mayor envidia te mueva.

,,Ya que me diste ocasion
Que tu propia sangre beba,

No permita el alto cielo
Que haga lo que yo no deba.

,,Y antes que del frio invierno
El sol la humedad embeba,
Verás que mi claro nombre
Con mas valor se renueva.

,,¡Mal haya el balcon ligero
Que en ruin presa se ceba,
Y el que padeciendo sed,
Aguarda á que el cielo llueva!

,,¡Mal haya quien no se ampara
Del frio, si ve que nieva,
Y el que espera que en su casa
Otro menor se le atreva!"

Dijo, y antes que el enojo
La sangre mas le remueva,
Volvió riendas al caballo,
Y va la vuelta de Teba.

89.

Habla Celinda á Jarifa del Moro Audalla que galan pasea su
calle. Jarifa enamorada y celosa responde á Celinda, expresando
sus diversos afectos, de amor y celos.

,,¡Ponte á las rejas azules,
Deja la manga que labras,
Melancólica Jarifa!
Verás al galan Audalla

,,Que nuestra calle pasea
En una yegua alazana,
Con un jaez verde escuro,
Color de muerta esperanza.

,,Si sales presto, Jarifa,
Verás como corre y para;
Que no le iguala en Jerez
Ningun ginete de fama.

,,Hoy ha sacado tres plumas,
Una blanca y dos moradas,
Que cuando corre ligero,
Todas tres parecen blancas.

,,Si los hombres le bendicen,
Peligro corren las damas;
Bien puedes salir á verle,
Que hay muchas á las ventanas.

,,Bien siente la yegua el dia
Que su amo viste galas;
Que va tan briosa y loca,
Que revienta de lozanía;

,,Y con la espuma del freno
Teñidas lleva las bandas

Que entre las peinadas crines
El hermoso cuello enlazan.''

Jarifa que al Moro adora
Y de sus celos se abrasa,
Los ojos en la labor,
Ansi le dice á su aya:

,,Dias ha, Celinda amiga,
Que sé como corre y para.
Quien corre al primer deseo,
Al segundo para el alma.

,,No me mandes que le vea;
¡Pluguiera á fortuna varia
Que como sé lo que corre,
Él supiera lo que alcanza!

,,Muy corrida me han tenido
Sus carreras y mis ansias,
Las secretas por mi pena,
Las públicas por mi fama.

,,Por mas colores de plumas,
No hayas miedo que allá salga;
Porque ellas son el fiador
De sus fingidas palabras.

,,Por otras puede correr
De las muchas que le alaban;
Que basta que en mi salud
El tiempo tome venganza.''

90.

Audalla va á la corte á ver á su dama, y llegando á Val del
Moro, ve destroncado un álamo frondoso, con lo cual discurre
sobre las mudanzas del mundo, entrándose en seguida por entre
el pueblo furioso y con la lanza al hombro.

Despues de los fieros golpes,
Que con gran destreza y saña
Se dieron los fuertes Moros
Azar y el valiente Audalla,

Azar se quedó en su tierra,
No olvidando á Celindaja,
Y Audalla vuelve á la corte
Á ver á su Lindaraja,

Por tener celos el Moro
De Albenzaide que la amaba;
Que por ser rico y él pobre,
Teme quiebre la palabra.

Dice: „¡Lindaraja mia,
Dulce prenda de mi alma,
Haz que muera esta sospecha
Que en mi corazon escarba!

„¡No permitas que Albenzaide
Se ponga alegre guirnalda,
Ni que de esperanzas mias
Lleve triunfando la palma!"

Y volviendo el rostro al cielo,
Vió que en medio de su jornada
Estaba ya el rojo Febo,
Dando al mundo luz dorada.

Y con la pesada fiesta
La gente en silencio estaba,
Temiendo el grave rigor
Que sus claros rayos lanzan.

Entrando por Val del Moro,
Queriendo tomar posada,
Se acordó que en el cortijo
Un álamo grande estaba,

Que con sus ramos hojosos,
Cubriendo del sol la cara,
Hace una agradable sombra,
Que á sueño convida y llama.

Camina derecho á ella
Á descansar; que se halla
Fatigado del calor
Que cuerpo y alma le abrasa.

Entrado que fue en la cerca,
Vió que destroncado estaba.
Sabida la causa, fue,
Porque pidieron las damas

Á los galanes del pueblo
Que le despojen de ramas;
Que les hace el gesto feo
Y verdinegras las caras.

Suspira el Moro, diciendo:
„Amor artero, ¿en qué andas?
Que no contento con hombres,
Gustas que mueran las plantas.

„Mostrádome has con el dedo
La prueba de las mudanzas
Con que renuevas mi pena
Y pagas al que te ama."

Vuelve al caballo la rienda,
Ardiendo en celosa llama,
Y por en medio del pueblo,
La lanza en el hombro, pasa,

Jurando no descansar
Antes de ver á su dama;
Que de medrosas sospechas
No se escapa quien bien ama.

91.

Daraja, noble y hermosa Mora, trata mal á Audalla de ella enamorado, desterrándole con unas breves palabras de rigoroso precepto.

Á los suspiros que Audalla
Arrimado á un fresno arroja,
Las fieras bajan humildes
De las encumbradas rocas.

Ayúdanle á sus lamentos
Con gritos y voces roncas;
Porque hasta los animales
De su pena se congojan.

Es la ocasion de su llanto
Daraja, una ingrata Mora,
Hija de Zulema, alcaide
De Guadix, Velez y Ronda,

Que sin mirar los servicios
De dos años, quiso agora
Por una injusta sospecha
Borrarle de su memoria.

Y fue que en cierto sarao
Sobre una blanca marlota
Sacó escrita aquesta letra:
Aborrezco á quien me adora.

Entendió que se decia
Por ella, y por sí lo toma,
Y sin aguardar mas causa,
Privó al Moro de su gloria.

Desterróle á media noche
Con esta palabra sola:
„Si á quien te adora aborreces,
Que te olvide tanto monta.“

Cerró con esto el balcon,
Y Audalla con mas congoja
Se sale desesperado
Al mismo instante de Ronda.

92.

Cartel que pone en Granada Audalla, denostando é imponiendo afrentosas leyes á aquel que no sirva á dama Zegrí. Las damas Abencerrages y de otras tribus por mano de Fatima, que hace de secretaria, afean á Audalla su conducta mala y necia, reprochándole que no vaya contra los Cristianos á la sazon puestos sobre Granada.

Galanes, los de la Corte
Del rey Chico de Granada,
Quien dama Zegrí no sirve,
No diga que sirve dama;

Ni es justo, pues que se emplea
Su fé tan mal, que le valgan
Del amor los privilegios,
Ni las leyes de la gala;

Ni que delante la reina
En los saraos de la Alhambra
Se le consienta danzar
Entre sus damas la zambra;

Ni que el dulce nombre de ella
Le cifre en letras grabadas,
Ni bordado en la librea
Le saque en fiesta de plaza;

Ni que pueda del color
De su dama sacar banda,
Almaizar listado de oro,
Travesado por la adarga;

Ni atar al robusto brazo
Mano blanca toca blanca,
Para tirar los bohordos
Y para jugar las cañas;

Ni que ponga en camafeo
Ni en targeta de oro ó plata
Debajo de ricas plumas
Su retrato por medalla,

Ni yegua color de cisne,
De crin ni cola alheñada,
Para ruar el terrero,
La puerta ni la ventana.

Esto plantó en un cartel
El enamorado Audalla,
Galan, Zegrí de linage,
Y que bella Zegrí amaba.

Pero las damas Gomeles,
Que eran muchas y muy damas,
Y las pocas Bencerrages
Que han quedado desta casa,

Y algunas Almoradies
Este papel enviaban,
Siendo por voto de todas
Fatima la secretaria:

,,Audalla, si á cortesía
No está sujeto quien ama,
Perdona lo que leyeres.
Si lo estás, escucha y calla;

,,Que damas hay en la corte
Que ya que por su desgracia
Les falte gracia contigo,
Pluma y pico no les falta

,,Para quedar satisfechas;
O podrán muy poco ó nada
Contra ofensas de carteles
Satisfacciones de cartas.

,,Sobre el cuerno de la luna
Las damas Zegrís levantas;
Pero hasta llegar á ellos,
Todo es aire lo que pasas.

,,Á sus galanes prefieres
Privilegios y ventajas
En máscaras y saraos,
En juegos y encamisadas.

,,Prefiérelos norabuena,
Y dales blason y fama
De gala, de ocio y de paz
En guerra, batalla y armas.

,,Mas ¿qué se le dará de esto,
Ni qué tendrá por infamia
Quien no quiso perdonar
Al regalo de su casa,

,,Viendo el Cristiano que tiene
La ciudad asi sitiada,
Y de católicas tiendas
Coronada la campaña,

,,Y viendo que en nuestro tiempo
De Genil las olas claras
Ha dos años que se beben
Con tanta sangre como agua,

,,Y que á los demas galanes
Son libreas las corazas,
Refriegas los caracoles,
Y los bohordos son lanzas,

,,Y quien sabe prometer
Con soberbia y arrogancia
La cabeza del maestre
De la cruz de Calatrava,

„Cuando prendieron al rey
En sangrienta lid trabada
El alcaide y los donceles,
El fuerte conde de Cabra;

„Y partiendo á santa Fé,
Mas á vella que á estorballa,
Despues de ocupado un dia
En aquesta empresa escasa,

„Con mas salud que partió,
Y mas luciente la lanza,
Y la adarga mas entera,
Y la yegua ni aun sudada,

„Viendo que las damas quedan
Del Alhambra en la muralla,

Para mirar los guerreros,
Y para ver lo que pasa,

„Por tener continuo vuelta
Á su señora la cara,
Al primer encuentro vuelve
Al Cristiano las espaldas?

„Sírvase de eso quien gusta
De este amor, de esta crianza,
Y de ver hombres en hechos
Y de leones en palabras;

„Que gozará de mil años
Muy seguro y confiado;
Que si de edad no muriere,
No morirá de lanzada."

En otro romance está una larga respuesta á esta carta no corta.
Dice la respuesta asi:

Galanes damas Gomeles;
Con las de esotros bandos,
Nosotras Moras Zegríes
Saludes os enviamos.

Y concluye asi:

Volved por estos galanes,
Queredlos y acariciadlos,
Favorecedlos, servidlos;
Que es justo ser estimados.

Pues segun sus claros hechos
Muy cierto aseguramos
Que si del lodo no os ponen,
Se les contará á milagro.

Ninguno de estos dos romances ha de haber corrido entre el público con valimiento.   **D.**

93.

Almoradí requiere á Tarfe que no mire ni hable á Daraja.
Respuesta arrogante de Tarfe, culpando á Almoradí de poco
señalado en lides contra Cristianos.

„Mira, Tarfe, que á Daraja
No me la mires ni hables,
Que es alma de mis despojos,
Y criada con mi sangre;

„Y que el bien de mis cuidados
No pueden mayor bien darme
Que el mal que paso por ella,
Si es que mal puede llamarse.

„¿Á quien mejor que á mi fé
Esta Mora puede darse,
Si ha seis años que en mi pecho
Tiene la mas noble parte?‟

Esto dijo Almoradí,
Y escuchóle atento Tarfe,
Entrambos Moros mancebos
Y de los mas principales.

Y arqueando entrambas cejas
Con airosos ademanes,
Sin cólera le responde,
Pidiendo le escuche y calle:

„Dices que Daraja es tuya,
Y que de su amor me aparte;
Sí, lo hiciera, si á mi vida
Tanta vida no costase.

„Nunca tú por su servicio
Como yo escaramuzaste,
Ni en su presencia al maestre
Caballo y lanza ganaste.

„Caballeros de la cruz
Cautivos no la enviaste,
Ni las medias lunas nuevas
Entre sus tiendas plantaste;

„Ni con agua hasta los pechos
Por Genil atravesaste,
Para quitar al maestre
La cabeza de Albenzaide;

„Ni delante de las damas
Entre el rio y el adarve
Tres cabezas de Cristianos
Á tu dama presentaste.

„Ni es bien que suyo se miente
Quien salió ayer al alcance,
Y fue postrero en salir,
Y primero en retirarse;

„Y que cuando entre esos Moros
Cristianos despojos parten,
Se está rizando el cabello,
Tratando de retratarse.

„Retrátate, Almoradí;
Pero es bien que te retrates
De tus mugeriles hechos,
Y en cosa de hombres no trates;

„Pues suena mal que te estés
Entre invenciones y trages,
Cuando tus deudos y amigos
Andan cubiertos de sangre;

„Y cuando con los contrarios,
Sin que ganemos ni ganen,
Nos matamos mano á mano,
Tú con las Moras te mates:

„Y que en vez de echarte al hombro
La malla y turques alfange,
Te eches bordadas marlotas,
Y vayas á ruar calles.

„Mira que es fama en Granada,
Y aun en el campo se sabe,
Que hay un Moro entre nosotros,
Almoradí de linage,

„Que cuando á la escaramuza
Los Moros mancebos salen,
Con un enfermo accidente
Se finge por excusarse.

„Mira pues si son hazañas
Estas que tus brazos hacen,
Para que mi bella Mora
Me deje de amar y te ame.

„Mira si te favorece,
Como á los demas galanes
Los favorecen sus Moras
Con empresas y almaizares.

„La mañana de san Juan,
Cuando á escaramuzas sales,
Nunca de su blanca mano
Blanca toca te tocaste;

„Ni en las zambras y saraos
Se sabe que te mirase
Como á mí; que me miró,
Mandándome que descanse.

„Y los dos danzamos juntos,
Cuando se casó Albenzaide;
¡Y vive Alá, que me pesa
De que tanto se declare!

„Porque su valor y prendas,
Su discrecion y sus partes

De mas de un dichoso Moro
Merecen enamorarse.

„Deja los intentos locos,
Si ya no quieres que pase
Á mas que conversacion
Las arrogancias que hablaste.

„Refrena la lengua un poco,
Y piensa que el hablar hace
Continuamente gran daño
Donde se siente el ultrage;

„Porque ha de entender el juez,
Primero que sentenciare,
Las culpas, que no sentencie
La pena de la otra parte.

„Mira que aunque cuesta poco
El hablar, suele estimarse
Una palabra en mas precio
Que el oro que un reino vale;

„Asi que apartarte es bien
Del principio que tomaste,
Sin querer que nadie goce
De lo que tú no alcanzaste.

„Si no es, Tarfe, que te sueñas
Que puedes señor llamarte
En ser servidor de damas;
Pero no que ellas te amen."

El Almoradí acabó,
Dejando al galan de Tarfe
Entre turbado y furioso,
Prometiendo de vengarse.

94.

El galan Audalla habla con Tarfe y Almoradí, reprendiéndolos por ser jactanciosos en materia de amores.

El espejo de la corte,
Aquel celebrado Audalla,
El querido de su rey
Y el mas noble de su casa,

Respetado por su sangre,
Y temido por su espada,
Amado del reino todo,
Respetado de las damas,

Corrido de que en la corte
Del rey Chico de Granada
No se guarde aquel decoro
Que las leyes de amor mandan,

Á Tarfe y Almoradí,
Que fueron de ello la causa,
El uno con damerías,
Y el otro con arrogancias,

En una fiesta solemne
Que se hizo en el Alhambra
La noche que se casaron
Benzulema y Celindaja,

Hallando Audalla ocasion
Para lo que deseaba,
Los dos de la competencia
Le oyeron estas palabras:

„Mis amigos sois entrambos,
Y entrambos sois de mi casa,
Y como á tal mis razones
Escuchareis, si no os cansan.

„No fuera bien, Caballeros,
Que á costa de agena fama
Den los cuerpos á entender
Las pasiones de las almas;

„Y que todo el vulgo diga
Por las calles y las plazas
Que Tarfe y Almoradí
Se acuchillan por Daraja;

„Que el uno la llama suya,
Y el otro suya la llama;
Que uno se alabe de cosas
Que el otro tambien se alaba;

„Y que estimeis en tan poco
El valor de vuestra dama,
Que os pinteis favorecidos
Los dos, y digais que os ama.

„Yo tengo por muy sin duda,
Y en toda la corte es fama,
Que á entrambos os favorece,
Y á ninguno ha dado banda.

„Pésame de que se entienda
Entre la gente cristiana
Que la que en Granada vive,
Es tan poco cortesana,

„Pues dirá Puertocarrero,
Famoso señor de Palma,
Que en las honras feminiles
Ensayamos las espadas;

„Y que cortan nuestras lenguas
En el honor de las damas
Harto mas que en sus aceros
Cortan nuestras cimitarras;

„Que acá nos echamos plumas,
Cuando ellos nos echan lanzas,
Y deshonramos las Moras,
Cuando ellos honran las armas;

„Que prometemos cabezas,
Cuando hay en las nuestras falta,
Y nuestra braveza toda
Se convierta en amenazas.

„Si Tarfe de esta señora
Quiere grangear la gracia,
Hacerlas y no decirlas
Son las finas arrogancias;

„Y si Almoradí pretende
Por lo lindo grangearla,
Tenga mayor el secreto,
Y menor la confianza.“

En esto salió la reina
Con el rey á ver la zambra,
Y asi cesó por entonces
La plática comenzada.

Para romance antiguo es este demasiado artificioso; pero entre los modernos debe ser contado por uno de los mejores, pues las exhortaciones de Audalla á los dos servidores de la hermosa Daraja están expresadas con ingenio y concision tales, que no podria manifestarlas en tan alto grado un poeta de nuestro tiempo. **D.**

95.

Zafira de Antequera dice á Zara alabanzas de Audalla, á lo cual responde Zara, culpando al Moro de servir á muchas damas á un tiempo.

„Aquel que para es Amete,
Este que corre es Audalla,
El que en tu fé mal segura
Fatigan sus esperanzas.

„¡Que firme que va en la silla!
¡Que bien que embraza la adarga!
¡Que segura lanza lleva,
Que bien matizada manga!

„Tres veces paró la yegua,
Hizo mesura otras tantas
Á tu balcon, cuyas rejas
Son mas que tu pecho blandas.

„Tras tantas nubes de olvido
Por favor divino aguarda
De tu sol los rayos bellos
Que á dalle su gloria salgan.

„Acábense las tinieblas
De su pena y tu venganza;

Bellísima Zara, espera,
Abriré las dos ventanas;

„Que imágen como la tuya
Desde Genil á Jarama
Sustenta y compone el tiempo,
Adora y pinta la fama.

„Eres mucho para vista,
Fueras mucho para amada;
Pero con las veras hielas,
Y con las burlas abrasas.

„Audalla vuelve á correr,
Extremo de gala y armas,
Tú le alabas, y él te adora;
Para que le adores, basta.“

Esto á Zara le decia,
Viendo en Granada unas cañas,
Zafira, la de Antequera,
Y asi le responde Zara:

„¿Que necedad me encareces,
Que extremo de galas y armas
De mis querelas principio,
Y fin de mis alabanzas?

„¡Que mal informada vives!
¡Que poco sabes de Audalla!
¡Que de verdades desmienten
Á sus apariencias falsas!

„Irá muy firme en la silla,
Porque es el correr mudanza;
Su lanza segura rige
Peligrosa mano varia.

„Tantas damas son las suyas,
Que si de todas alcanza
Solo un punto de favor,
Podrá matizar diez mangas.

„Para aqui y alli la yegua,
Su voluntad nunca para;
Humildes mesuras finge
Con alma rebelde, ingrata.

„Facilidades humildes
Le ocupan, sabiendo Audalla
Que á disfavores humildes
Bajos favores no igualan.

„Yo confieso que me burlo;
Confiesa tú que es hazaña
Pasar de amor los peligros
Con mil cautelas de guarda.

„Zafira, tú convaleces,
El aire colado pasa;
Esta sala está muy fria,
Volvámonos á la cuadra.“

Pintura hecha con delgado gusto, si bien en la conversacion de las dos damas hecha al uso de los Orientales abundan en demasía los juegos de vocablos.   **D.**

96.

Zara, estando labrando una banda, habla con Dalife de que ama al rey y está de él celosa. Juiciosa respuesta y consejos que le da Dalife.

En la reja de la torre
Por donde la bella Zara
Dió un tiempo favor á un rey,
Labrando estaba una banda.

Cuatro labores á trechos
En la rica labor gasta,
Alternando plata y oro
Entre seda azul y nácar,

No para empresa de Moro,
Que jamas quiso alabarla,

Sino una que le dió
Ella al rey, y el rey á Zaida;

Que bastaba solo aquello
Á dar puerta á mil mudanzas
Sin la que ella ha visto dél
Tan mal puesta ante su cara.

Y asi no pone los ojos
En las labores que labra,
Porque da cuenta á Dalife,
Secretario de sus ansias:

„Bien sabes, Dalife, (dice)
Como están sacrificadas
Las memorias de mis gustos
Con muy evidentes causas;

„Y como convierto en humo
Las reliquias de mis gracias,
Pues las quemó casi el fuego
De un rey con falsas palabras.

„No lo digo, porque entiendas
Que en mi nobleza hizo mancha;
Que un rey ni todos los reyes
Para mancharla no bastan;

„Que aunque él para mí sea rey,
Seré yo para él Infanta
Que baste á hacer fementido
Á quien quisiere mancharla.

„Ni menos porque colijas
Que me quema en las entrañas
Este fuego de los celos
Que cuantos pechos abrasa;

„Sino solo porque adviertas,
Si has dado palabra á damas,
Que no importa que la guardes,
Pues los reyes no la guardan;

„Aunque en noble cortesía
Á cualquiera es de importancia
Que la palabra se cumpla
Á quien se diere, aunque falsa,

„Principalmente á mugeres,
Pues tan facilmente cambian
Lo que se cumple con ellas,
Cuanto mas lo que les falta.

„No digo que no le quise
Por mil razones fundadas;
Que fuera de ser el rey,
Las muestra muy á la clara.

„Es muy galan y discreto,
Compuesto en su trato y habla;
Es grave donde conviene,
Y muy afable entre damas.

„Y si por esto le quise,
Por esto mesmo me agravia
Su mudanza á que le olvide
Y le aborrezca en el alma.

„Y si la Mora á quien sirve
Es de un general hermana,
Yo lo soy de quien gobierna
Á su Granada y mi patria.

„Bien sabes que mis parientes
Por respeto mio se holgaban
De acreditar su nobleza
Y guardarle las espaldas.

„Y lo que en este suceso
Me maravilla y espanta,
Es que no advierte en razon
Obra que importa á su fama;

„Que aunque es rey, es solo uno,
Y los hijos de Granada
Son mas, y sin ser mis deudos,
Ver que sin ellos no es nada."

La ataja Adalife luego,
Diciendo: „Zara, ya basta:
Que diré que no son quejas,
Sino celos que te dañan;

„Que la culpa no fue tuya,
Ni de mudable te cuadra
El nombre, aunque en todo el
                    mundo
Por fé y alcoran se guarda.

„Mas no te podré negar
Que es justo estés enojada,
Pues la Mora á quien visita
Los pasos de amor le ataja,

„Como tú los atajaste
Por el voto de ser casta,
Que teneis hecho á Mahomá
En su mezquita sagrada.

„Á cuya causa vivis
En vuestras torres cerradas
Cada una de por sí
Con mucha clausura y guarda;

„Que por eso supo el vulgo
Tan claro que el rey te amaba,
Pues en tu torre á menudo
Con veras te visitaba.

„Y por no poder salir
Á ver los toros ó cañas,
Te enviaba por servirte
Músicas, tragedias, zambras.

„Déjale, Zara, si quieres;
Que es procurar poner tasa
Á los hombres en sus gustos,
Y á las corrientes del agua;

„Que si sabe una muger
Que un hombre firme la ama,
Confiada en la firmeza,
Por momentos idolatra.

„Y aun les parece que es poco,
Que á mas llega su arrogancia;
Que lo que es poco aniquilan,
Y lo que es mucho amenazan.

„Dime, Zara, las colores
Que son tuyas y te agradan;
Dejemos estas razones,
Pues lo mejor es dejarlas."

Quiso responder la Mora;
Mas entró entonces una aya
Á decirle que entre luego
Á la cuadra, que la aguardan.

Partióse luego Dalife,
Quedando ella algo turbada.
Tomó el aya la labor,
Y entróse luego á la cuadra.

Describese como se solazan en la mañana de san Juan Zara, reina de Granada, y sus damas principales, y como entre las diversiones cuenta la reina á Fatima y otras como está celosa de Zaida, de la cual el rey se muestra sin rebozo enamorado. Responde á esto Zaida con atrevimiento. El rey que todo lo oia, acude, y disputa con la reina; pero al cabo calla prudente.

La mañana de san Juan
Salen á coger guirnaldas
Zara, muger del rey Chico,
Con sus mas queridas damas,

Que son Fatima y Jarifa,
Celinda, Adalifa y Zaida,

De fino cendal cubiertas,
No con marlotas bordadas.

Sus almaizales bordados
Con muchas perlas sembradas,
Descalzos los albos pies,
Blancos mas que nieve blanca.

Llevan sueltos los cabellos,
No, como suelen, tocadas,
Y mas al desden la reina
Por celosa y desdeñada.

La cual llena de dolor
No dice al rey lo que pasa,
Ni quiere que en la ocasion
Su pena sea declarada.

Estando de varias flores
Las Moras ya coronadas,
Con lágrimas y suspiros
Á todas la reina habla:

„Quise, Fatima, juntaros,
Porque sois amigas caras,
Para quejarme á las tres
De como me trata Zaida;

„¡Cuya hermosura pluguiera
Á Alá que no la criara!
Pues en ella está mi daño
Presente de cara á cara.

„Sabreis como el rey la quiere
Mas que á la vida y el alma,
De do resulta mi daño,
Pues veis que con él soy ca-
sada.

„El cual no creo que sabe
Que sé desto lo que pasa,
Antes entiendo lo sufre
Receloso de enojalla.“

Responde sin detenerse
Zaida perdida y turbada,
Y á veces con el color
Que tiene la fina grana:

„Si acaso no se supiera
Quien soy por toda Granada,

Dañáranme tus locuras,
Muger inconsiderada.

„Jamas, Reina, me has creido,
Antes escudriñas causas
Mas para mi mal durables
De que son para tus ansias.

„Doyte bastantes razones,
Y tan bastantes que bastan
Creer que no son creidas,
Aunque las ponga en la plaza.

„Y en ellas te digo, Reina,
Que no fueras coronada;
Que no me es mas ver al rey
De que á tí celosa, airada.

„Si piensas que tu corona
Codicio, estás engañada.
Déjame ya, si te place,
Ó saldréme de Granada.“

Pero el rey que no dormia,
Antes bien las escuchaba,
Sale, diciendo que callen
Con voces muy alteradas.

La reina que lo conoce,
Encubrió el estar turbada,
Y con un aplauso afable
Le recibe, y asi habla:

„Nunca suelen los galanes
Entrar donde están las damas,
Sin que primero licencia
Por ellas les sea otorgada.“

El rey le replicó luego:
„Á mí nunca me es vedada,
Ni ha de ser, donde estais vos.
Y donde están vuestras damas.“

,,Los reyes todo lo pueden,
Respondió la reina airada,
Y tambien sé yo que tienen
Algunos dobles palabras."

El rey gustó de callar,
Porque la vido enojada;
Y metiendo otras razones,
Se fueron para el Alhambra.

En la cuarta parte de esta coleccion se hablará de los usos de la madrugada de san Juan.   **D.**

ROMANCES SOBRE ADÚLCE.

98.

Ultraja Abindarraez al Moro Adulce, defendiendo á Albenzaide. Responde por el ultrajado Galvana la Cordobesa. Álzase Abindaraja contra Galvana. Síguese salir á reñir desafiados Adulce y Albenzaide.

„Aquel Moro enamorado
Que de las batallas huye,
Mal parece que en palacio
Honroso lugar ocupe.

„El que al maestre no ha dado
Entre las bermejas cruces
Bote de lanza ó flechazo,
Con valientes no se junte.

„El que á su competidor
Favor conocido sufre,
Con el duelo de amadores
Comedidamente cumple.

„El que no dice en las plazas:
Cautivos Cristianos truje
Que están sirviendo á mi dama,
De galanes no murmure.

„El que no saca en las fiestas
Cuadrilla y galas azules,

No embrace adarga de fé,
Ni lanza ginete empuñe.‟

Esto dice Abindaraja,
Ultrajando al Moro Adulce,
Enemigo de Abenzaide,
Que baldonalle presume.

Bajezas contaba de él,
Que tan infames costumbres
Aun no pudieran hallarse
En los Alarbes comunes.

Habia zambra en palacio,
Y casábase aquel lunes
Aja, la prima del rey,
Con un Infante de Tunez.

Galvana la Cordobesa
Era gran cosa de Adulce,
Y viendo que son malicias
Las faltas que le atribuye,

Á Abindaraja responde:
,,¿Tú piensas que de las nubes
Bajó tu Moro Albenzaide?
Pues ruégote que me escuches.

,,Adulce, de sangre real,
Tiene el vencer por costumbre,
Y es el lugar mas honroso
Cualquier lugar que ocupe.

,,Cuando el hierro de su lanza
Allá en la vega reluce,
No está seguro el maestre,
Aunque sus valientes junte.

,,Alguno que compra esclavos,
Ha dicho: Cautivos truje
Á fuego y sangre ganados;
¡Bien haya quien de él murmure!

,,No compite con los hombres,
Tampoco bajezas sufre
De amadores generales
Que con mil galanes cumplen.

,,Brocados saca á las fiestas,
No tafetanes azules,
Como algunos que es vergüenza
Que lanza gineta empuñen.

,,Vale Adulce por mil Moros
Como Albenzaide; no busques
Alguna ocasion forzosa
En que la cara le crucen.

,,Si á Adulce quisiste bien,
Si no te quiso, concluye
Con olvidalle callando,
No me agravies, ni le culpes;

,,Que á no estar adonde estamos,
El cuchillo de mi estuche

Esa lengua te cortara,
Porque en ella no injuries.''

Llevantóse Abindaraja,
Diciéndola: ,,No me burles;
Porque aqui me vengaré
De quien aqui me lo jure.''

Alborotóse el palacio,
Reduanes y Gazules,
Zulemas y Abencerrages,
Que son los bandos ilustres,

Salieron desafiados,
Albenzaide retó á Adulce
Que á guisa de caballeros
Y valientes Andaluces

Al campo se salgan solos,
Y despues que desmenucen
Sus lanzas largas y gruesas,
Y á las espadas se ajunten,

El caballero animoso
Que al otro en tierra trabuque,
Pueda gozar de su dama
Conforme el padrino juzgue.

¡O maldito seas, Amor!
Que no hay bien que tú no mudes,
Ni cordura tan fundada,
Que mil veces no la turbes.

Encubres públicos celos,
Y amor secreto descubres;
Con ciertas enemistades
Terribles marañas urdes.

Tiempo vendrá que las damas
Contra tu poder se aunen;
Pero sepamos ahora
Como esta guerra concluye.

Falta la continuacion de este romance, en la que debe de estar pintado el desafío y la riña entre los dos Moros á que este se refiere.

D.

99.

Recógese Adulce á su casa en una noche, y estándose comiendo, es preso y encerrado en una torre. Quejas que da de su suerte, y visitas que en su prision recibe.

La noche estaba esperando,
Y apenas cierra la noche,
Cuando el fuerte Moro Adulce
Á su casa se recoge.

De esperanzas viene rico,
Pero de ventura pobre;
Porque aunque son verdaderas,
No habrá lugar que las goce.

Armándose estaba el Moro,
Mas no contra sinrazones;
Que estas no tienen defensa
En hidalgos corazones.

Porque como no las hacen,
Ni las temen, ni conocen,
Y aunque es grande honor ven-
gallas,
No ha de ser con todos hombres.

Seguro estaba y contento
Con las sombras de la noche;
Que le fuera claro dia
Y ocasion de nuevo nombre,

Á no prendello el alcaide
Con falsas informaciones
Ó con alguna ocasion,
Que es la moneda que corre,

Por quien el peso y la espada
No es mucho que caiga y corte,

Y que la vara derecha
Una y mil veces se doble.

Dicen que se halló en la muerte
Del infeliz Agramonte,
Y que se trazó en su casa,
Acogiendo los traidores.

Desarman al Moro luego,
Y enciérranlo en una torre.
Armándose de paciencia
Contra agravio tan enorme,

Y paseando por ella,
Él mismo se habla y responde;
Que como no tiene hierros,
No le pusieron prisiones.

Mirando está las paredes
Que lo cercan y le esconden,
Las relucientes estrellas
Que le fueron claros soles,

Cuya luz anticiparon,
Dando nuevos resplandores,
Para ser testigos fieles
Del fin de sus pretensiones.

„Ay Aja, dijo, ¿qué es esto
Que siempre son tus favores
Prueba de mi desventura,
Que la publican á voces?

„¿Qué sirve esperar el bien
Y procurar ocasiones,
Si la libertad me quitan,
Solo porque no los logre?

„Desto, hermosa Aja, infiero
Que estaremos ya conformes,
Porque á no ser esto asi,
No me prendieran entonces;

„Pues solo para que viera
Que viene á menos tu nombre,
Me sobrara libertad,
Porque en desdichas me sobre.“

Desta suerte se quejaba
Adulce, cuando á la torre
Le van á ver sus amigos,
Todos valientes y nobles.

100.

Laméntase Adulce preso de Aja que causa sus desdichas. Tráele un page una carta donde Adalifa le consuela; pero él solo en Aja tiene puesto el pensamiento.

En la prision está Adulce
Alegre, porque se sabe
Que está preso sin razon,
Y le quieren mal de balde.

Esto es causa que en el Moro
Es la pena menos grave,
Pues no quiere libertad,
Si con ella han de culpalle.

Piensan que ha de hacer por
        fuerza
Lo que de grado no hace,
Enmudiendo las leyes,
Para que los mudos hablen.

Arrimado está á una reja
Que hace mas fuerte la cárcel,
Pena un tiempo de traidores,
Castigo ya de leales.

Alzó los ojos al cielo,
Temiendo que se le cae,
Y dijo: „Siempre padezco
Por leal y por amante.

„Ay Aja ingrata, ¿qué es esto
Que en medio de mis pesares
Hallo viva la memoria
De mis bienes y mis males?

„Y todo porque no pueda,
Ingrata, desengañarme,
Pues con quererte en naciendo,
Pienso que te quise tarde.

„Á otra reja me ví asido
Mas baja, porque alcanzase
Las promesas de tu boca,
Puesto que ya no se guarden.

„¿Como quieres, di, que crea
Que el aire se las llevase,
Estando los dos tan cerca,
Que apenas pasaba el aire?

„¿Como no te desengañas
De que asi quise engañarte,
Si en medio de los favores
Siempre me viste cobarde?

„Agora, ingrata, te pesa
De que te sirva y te ame,
Y no quieres ser querida
Quizá por desobligarte.

„¿Quien derribó por el suelo
El edificio admirable
Que alzó Amor á las estrellas,
De que apenas hay señales?

„Déjame de sus ruinas
Una piedra que declare
La mudanza que hizo el tiempo,
Sin poder jamas mudarme.

„Mucho debo á sus amigos;
Todos dicen que me guarde;
Mas ¿de qué sirve, cruel,
Si viene el consejo tarde?

„¿De qué aprovecha el socorro,
Y que todo el pueblo llame,
Si está la casa abrasada,
Cuando la campana tañen?

„¿Quieres, ingrata, que pierda
El premio de ser constante,

Y que si es la causa firme,
Que la pena sea mudable?

„No, para tanta belleza
No hay tormento que sea grave,
Pues la ofensa de quererte
Se defiende con amarte.

„Los ojos vuelve, enemiga,
Y podrá ser que esto baste,
Pues para corta ventura
Cualquier favor será grande.

„Verás lo mucho que quiero,
Y lo poco que me vale,
Y que no es bien que me pierda
Donde es justo que me gane.“

Llamaron en esto al Moro;
Que lo esperaba su page,
Que venia muy contento
Con una carta que trae,

Donde Adalifa le escribe
El pésame de sus males,
Y Adulce dijo: „¿Qué importa,
Si Aja gusta que me acaben?“

101.

*Sálese Zaida al camino de Toledo, y á cuantos pasan envidia,
porque van adonde está su Adulce. Él por su parte habla
amoroso con su Zaida ausente.*

Al camino de Toledo,
Adonde dejó empeñada
La mitad del alma suya,
Si puede partirse el alma,
Se sale Zaida la bella,
Y á su pensamiento encarga
Que se entregue á sus suspiros,
Y á ver á su Adulce vaya;
Que ausencia sin mudanza
Comienza en celos, y en morir
    acaba.

Á cualquiera pasagero
Que se detenga le manda,
Y si á Toledo camina,
Llorando le dice Zaida:
„¡Venturoso tú mil veces,
Y yo sin dicha otras tantas!
Tú, porque vas á Toledo,
Y yo por quedar en Sagra;
Que ausencia sin mudanza
Comienza etc.

Adulce, que en su memoria
Está mirando la estampa
Que pintaron sus deseos,
Como en el alma la aguarda,
Al dolor de Zaida bella
Con triste llanto acompaña,
Á sus suspiros con quejas,
Con voces á sus palabras;
Que ausencia sin mudanza
Comienza en celos, y en morir
          acaba.

„Ay Zaida del alma mia,
¿Quien de mis ojos te aparta?
¿Que respetos mal nacidos
Á los mios acobardan?
¿Como no trueco la vida
Por la gloria que me llama,
Tu verdad y mis deseos,
Tu favor y mi esperanza?
Que ausencia etc.

„Á tu imágen hablo en sueños,
Y sin duda que me hablas
En triste llanto deshecha
De haberme apurado en llamas.

„Imagino que te acercas,
Y como el llanto no basta
Contra tan inmenso fuego,
La huyo por no abrasalla;
Que ausencia etc.

„Luego celoso me finjo,
Sospechando que á mis ansias
Busco segundo remedio,
Cansado de apaciguallas.“
„Agraviado la has, responde,
Tu fantasía te engaña;
Que salud de ageno gusto
Al gusto del alma estraga;
Que ausencia etc.

„Zaida, espera en la fortuna
Y en el tiempo que no para,
Y á entrambos los trueca el mundo
Con la rueda y con las alas,
Y anima tu pecho tierno,
Para que con vida salgas
Deste golfo de tormento,
Sin que digan por tu causa
Que ausencia sin mudanza
Comienza en celos, y en morir
          acaba.“

Duran es de parecer que el Adulce que hace papel en este romance es otro diferente de aquel de quien hablan los romances anteriores.   Pero no está claro si es asi ó no.   **D.**

102.

Fiestas celebradas en Tunez. Caballeros moros que en ellas se señalan, y descripcion de sus trages y divisas. Siguense describiendo los juegos, y contándose los lances de destreza y amor que en ellos pasan.

El sol la guirnalda bella
Del cristalino aljófar
Alumbraba al medio curso
Al mar y tierra redonda,

Cuando en la plaza de Tunez,
Cuyos balcones adornan
Mil soles claros de oriente,
Del amor flechas hermosas,

Delante el gran Alfaqui,
Nieto del de la corona,
Que las colunas de Alcídes
Puso con esfuerzo y honra,

Entra brioso y galan
Á la morisma española,
Rindaro, señor de Colcos,
Con atabales y trompas;

Encubertada la yegua
De tela amarilla y roja,
Desde el copete esparcido
Hasta la enrizada cola.

Viene á mantener sortija,
Celebrando la victoria
Del rey Félix de Granada,
Gran defensor de Mohomá.

Siguen los aventureros
Ufanos la plaza toda,
Llenos de rubies y perlas,
De ámbar labradas pomas.

El mayorazgo de Ayala
Entra con ornato y pompa,
Silla con arzon de plata,
Y á los fines bellas borlas.

De negro y blanco se vistè,
Porque la ingrata que adora,
Dejó en blanco su ventura,
Y asi negra se la torna.

De los Avalos Jarife,
Almoradifes de Ronda,
Sale un gallardo mancebo,
Con quien el sol era sombra.

Morada y verde librea,
El color de sus congojas,
Porque le tienen morado
Golpes de esperanzas locas.

Un bajá sale de azul,
Llena de espejos la ropa,
Y por mote: ,,Sol y espejo
De amor y penas celosas.''

De hojas de yedra un salvage,
Por ser su dama leona,
Hojas de esperanzas leves,
Que el aire marchita y doma.

Un pobre Aliatar ilustre,
Vestido de olanda tosca,
Sale á correr, bien corrido
De las faltas que le sobran.

La letra dice: ,,Quien tiene
Mucha sangre y plata poca,
Salga de lienzo á las justas,
Porque amortajan su gloria.''

Bravonel sale de verde,
Rico alquicer y marlota,
Con unas eses de plata,
Y esta empresa de su historia:

II.   16

Una esperanza rendida,
Como del viento las hojas,
Y una fé que lo sustenta.
Y por letra: „Firme y sola.“

Los dos Zaides van de tela,
De color de la amapola,
Sembradas mil esmeraldas
Por los bonetes y tocas.

Delante un negro Cupido
Con flechas de oro vistosas,
Y el mote: „Tesoro ofrece,
Y en negro carbon se torna.“

Dos capitanes que al viento
Sus banderas enarbolan,
Sacan blancas tunicelas,
Y á trechos de oro unas rocas.

La castidad significan,
Que flores produce y corta;
Y la letra: „Teñiréla
Con sangre que cruz adorna.“

Bizarros pasan la tela,
Colgados precios y argolla,
Ya dan licencia los jueces,
Y al correr dulzainas tocan.

Parten Rindaro y Bajan;
Mas el Moro el precio goza,
Ofreciéndole á su madre,
La bella Celaura Mora.

Con el Jarife asegunda,
Y tambien lleva la joya;
Mas fortuna rebatida
La suerte y hados soborna;

Que de Ayala el mayorazgo
Galan el premio le toma,
Dándole á la bella ingrata
Que con alma y vida honra.

Celina que el Moro sirve,
Dice, del cruel celosa:
„¡Ayala, tú me mataste!“
Ayala en el eco nombra.

Lleva un capitan sortija,
Y el pobre Aliatar llevóla;
Los Zaides corren iguales,
El salvage un lado toca.

Bravonel la yegua pica,
Y su ventura mal logra,
Viniendo de la carrera
Á quien dice, y ansi llora:

„Pues le pesa á mi cruel
De que en su servicio corra,
Yo no me espanto que huya;
Que aun tu ves que es firme onza.

„No son fiestas para tristes,
Mi fé me sale engañosa;
Mas no es mucho, si amo á quien
Los animales asombra.“

Invenciones entran nuevas,
Corre Rindaro con todas.
Ganados al fin por lances
Precios y pechos de Moras.

La noche da fin al juego,
Las lanzas ligeras tronchan;
Que no hay fiesta que no acabe,
Y sin azares dichosa.

103.

*Un Moro Zegri enamorado de una dama Abencerrage se queja
del rigor con que le trata su querida.*

Á sombras de un acebuche,
Entre robles y jarales
Habia una cueva escura,
Labrada por un salvage,

Valiente Moro Zegrí,
Señor de los Alijares,
Y salvage por desdenes
De una dama Abencerrage.

De frutas verdes y secas
Se mantiene, porque sabe
Que mantiene verde y seca
La esperanza de sus males.

Estando pues en su cueva,
Oyó gemir en un valle
Á una leona fiera
Que de su leon no sabe.

Hundia el aire con quejas,
Y luego rompiendo el aire,
Á sus querencias volvia
Bramando, porque bramasen.

Mas como en guerra de celos
El mas fuerte menos vale,
Pensando que no es querida
Viva pena y muerta cae,

Suspirando dice el Moro:
,,Amor, de juicio sales;
Con hombres te haces fiera,
Y con fieras hombre te haces.

,,Deja á esa leona muerta
Por tu gusto y por tu amante;
Que otra mas brava te espera,
Mantenida con mi sangre.

,,Seis años me destierro,
Que se cumplen esta tarde;
Y mañana parto á vella
Con bruto dolor y trage.

,,Solo una merced te pido,
Que si á Granada llegare,
La vean aquestos ojos,
Porque los suyos acaben."

104.

*Preso Albayaldos en la galera, habla de su amor, y ve visiones
relativas á sus pasados sucesos, donde el dios de amor mismo
aparece, y el cautivo envia con él imaginarios mensages á su
querida.*

En la fuerza de galera
Estaba preso Albayaldos,
Grande galan Granadino,
De Jerez ginete bravo;

El que robaba en las fiestas
Los ojos y los cuidados

De todas las damas moras
Por la gala y por las manos;

El que á la zambra venia,
Dejando seguro el campo;
Que del amor á las armas
Vuelo parecen sus pasos.

16 *

En la prision una noche,
Cuando del bullicio bravo
Se desvían juntamente
Las fieras y los humanos,

Tanto imitaba á su dueño,
Que presumiendo Albayaldos
Que responderle podria,
Asi dice suspirando:
,,¡Ay libertad, que en vano
Al parecer me escuchas, y te
          llamo!"

Á Granada parte el Moro,
Sus centinelas burlando;
Que no hay estrechos deseos
Que con ser tan largos plazos.

Sus alas le presta Amor,
La noche su escuro manto;
La ocasion le dió ventura,
El tiempo seguro espacio.

Francelisa le recibe
En su cuerpo y en sus brazos.
Las voluntades le cercan,
Los deseos se apartaron.
¡La envidia muerta de gusto
Como al suyo estorba tanto!

Contóle á Muley Hamete
La soltura de Albayaldos;
Era Muley un Morillo
Á bajezas inclinado,
Muy envidioso y malquisto,
Celoso por despreciado.

Y de su infame costumbre
Los embustes aumentando,
Á Zegríes y Gomeles
Reveló el secreto agravio.

,,¡Ay libertad, que en vano
Al parecer me escuchas, y te
          llamo!"

Al ruido de la trompa
Y conmoviendo los labios,
Huyó el preso que tenia
Francelisa en bellos lazos.

Y dejando el alma en ellos,
El cuerpo se puso en salvo;
Que Amor, ocasion y tiempo
Cegaran á cien mil Argos.

La ronda del rey le busca,
Mas no parece Albayaldos;
Que ya se volvió á galera,
Á su reino y á su banco.

En la prision está el Moro
Y el Amor está á su lado,
La benda encima los ojos,
Debajo del brazo el arco.

Albayaldos le decia:
,,¡Llévame, niño, un recado
Á Francelisa, pues tienes
Tan buena ventura en dallos!

,,Dile, Amor, que mil prisiones,
Guarda, peligros, contrarios,
Vencerá el atrevimiento
Que en mis esperanzas hallo,

,,Á cuya ley y á tus flechas
Mis sentimientos encargo."
Fuese Amor á Francelisa,
Y esto repite Albayaldos:
,,¡Ay libertad, que en vano
Al parecer me escuchas, y te
          llamo!"

Tanto el fondo cuanto las primeras cuartetas de estos romances puede que sean antiguos; pero por su forma y por la introduccion del dios del amor se ve que es obra de tiempo moderno. Sea como fuere, es composicion hecha con buen gusto, y que bien merece ser comparada con las mejores de su clase. **D.**

Aun los primeros versos de este romance son de fines del siglo XVI., como acredita su estilo y versificacion. **A. G.**

105.

Galvan roba á Moriana de su padre y marido. Ella siente lo que ha perdido, si bien finge estar contenta, y él está loco de amores por ella.

Con su riqueza y tesoro
Galvan sirve á Moriana;
Ella se deshace en lloro,
Por ver que siendo Cristiana,
Está cautiva de un Moro.

Y su doloroso afan
Que sus tristezas le dan,
Pasa, sin osar decirlo,
Moriana en el castillo
Con ese Moro Galvan.

Robóla el Moro atrevido
De la huerta de su padre
Sin ser de nadie impedido,
De los ojos de su madre,
Y poder de su marido.

En su castillo y lugar
La quiere tanto adorar,
Que en un jardin recostados
Jugando están á los dados,
Por mayor plazer tomar.

Y tanta pena sentia,
Que por victoriosa palma
Tiene cuanto alli perdia.
Ella, aunque triste en el alma,
Muestra en el rostro alegría,

Y solo en ver su beldad
Está tan sin libertad,
Que echado en la yerba verde,
Cada vez que el Moro pierde,
Pierde una villa ó ciudad.

106.

Estando Moriana en un castillo, juega á las tablas con Galvan perdiendo este villas y ciudades, y ella dejándose besar la mano cuando le es contraria la suerte del juego. Aparécese un caballero cristiano, que es el esposo de Moriana. Mándale degollar Galvan, y hecho asi, muere Moriana de pena, aunque sin confesar, diciéndose Cristiana.

Moriana en un castillo
Juega con el Moro Galvan,
Juegan los dos á las tablas,
Por mayor placer tomar.

Cada vez que el Moro pierde,
Él perdia una ciudad;
Cuando Moriana pierde,
La mano le ha de besar.

Del placer que el Moro toma,
Adormecido se cae;
Por aquellos altos montes
Caballero fue asomar.

Llorando viene y gimiendo,
Las uñas corriendo sangre,
De amores de Moriana,
Hija del rey Moriane.

Cautiváronla los Moros
La mañana de san Juane,
Cogiendo rosas y flores
En la huerta de su padre.

Alzó los ojos Moriana,
Conociérale en mirarle;
Lágrimas de los sus ojos
En la faz del Moro dane.

Con pavor recuerda el Moro,
Y empezara de hablare:
,,¿Qué es esto, la mi Señora?
¿Quien os ha hecho pesare?

,,Si os enojaron mis Moros,
Luego los haré matare;
Ó si las vuestras doncellas,
Harélas bien castigare;

,,Y si pesar los Cristianos,
Yo los iré conquistare;
Mis arreos son las armas,
Mi descanso es peleare,

,,Mi cama las duras peñas,
Mi dormir siempre velare.‘‘
,,No me enojaron los Moros,
Ni los mandeis vos matare;

,,Ni menos las mis doncellas
Por mí reciben pesare;
Ni tampoco los Cristianos
Cumple de los conquistare.

,,Pero deste sentimiento
Quiero decir la verdade;
Que por los montes aquellos
Caballero ví asomare,

,,El cual pienso que es mi
          esposo,
Mi querido, mi amor grande.‘‘
Alzó la mano el Moro,
Un bofeton le fue á dare;

Los dientes teniendo blancos,
De sangre vueltos los hae;
Y mandó que sus porteros
La lleven á degollare

Alli do viera á su esposo,   ,,Yo muero como Cristiana.
En aquel mismo lugare.   Y tambien sin confesare
Al tiempo de la su muerte   Mis amores verdaderos
Estas palabras fue hablare: De mi esposo naturale."

Este romance está sacado del Cancionero de enamorados. **D.**

Este romance sí que es antiguo, como su tosco lenguage lo
prueba.   **A. G.**

ROMANCES SOBRE EL ALCAIDE DE MOLINA.

107.

El alcaide de Molina, Abencerrage, en unas fiestas de Granada
blasona de sus hazañas en la guerra, y culpando á los que solo
en fiestas lucen, los reta y provoca.

„Tambien soy Abencerrage
De los buenos de Granada,
Y tambien me ví en la vega
Con el de la cruz de grana.

„Tan presto acudo á sus reales
Como algunos á las zambras,
Y me precio de mi alfange
Como otros de su dulzaina.

„Si puedo hablar en consejo,
Pregúnteselo á mi lanza,
Que ella da fé de mis obras;
Veisla aqui, Zegríes, hablalda.

„No porque vivo en Castilla
Y fuera desta comarca,
Es menos fuerte mi brazo,
Ni son menos mis palabras.

„¿Acaso cual de vosotros
Dejó como yo su patria,
Por vivir entre Cristianos
Siempre alerta y siempre al arma?

„¡Mal haya quien os consiente,
Cobardes, estar en casa,
Sardanapalos de amor,
Ya danzando, ya entre damas!

„¡Bien con esos ejercicios
Vuestras fronteras se guardan,
Y de los contrarios reinos
Bien los sembrados se talan!

„Á mí toca, no á vosotros,
El salirme del Alhambra;
Que no es bien hallarme yo
Do tantos cobardes se hallan,

„Ni que salgan mis consejos
Do no hay ninguno que salga,
Y aprobarlos como cuerdo
En el campo y con la espada.

„Entre valerosos brazos,
Entre venerables canas
Lo que dije, se estimó,
Y lo que hice, se estimaba.

„Mas como el cielo os dotó
De fuerzas tan moderadas,
De tan flacos corazones,
No quereis que os diga nada.

„Porque como es mi consejo,
Para que dejeis las galas,
Siguiendo de vuestros padres
En la guerra las pisadas,

„Desechaisme por extraño,
Y es justo que yo me salga,
Como extraño mi valor
De vuestra bajeza extraña.

„Si agraviados os sentis,
Aqui os aguardo en la plaza;
Salid diez, ó veinte, ó treinta,
Ó toda Granada salga.

„Á lo menos no direis
Que me vistes las espaldas,
Pues mas que una infame vida
Estimo una muerte honrada.

„No, si puedo, os jactareis
Que me ultrajastes la fama,
Mientras esta fuerte diestra
Lanza enristra, embraza adarga;

„Que ó moriré por Alá,
Ó con vuestra sangre cara,
Si el honor me habeis manchado,
Limpiaré á mi honor las manchas.“

Salió diciendo el alcaide
De Molina y sus estancias,
Poniendo mano al alfange
De una junta no acertada.

108.

Llama al arma el alcaide de Molina con marcial elocuencia.
Acuden los suyos á su voz contra los Cristianos que les están
talando sus panes.

Batiéndole las hijadas
Con los duros acicates,
Y las riendas algo flojas,
Porque corra y no se pare,
En un caballo tordillo
Que atras de sí deja el aire,
Por la plaza de Molina
Viene diciendo el alcaide:
„¡Al arma, Capitanes!
¡Suenen clarines, trompas y ata-
            bales!“

„Dejad los dulces regalos,
Y el blando lecho dejadle,
Socorred á vuestra patria,
Y librad á vuestros padres.

No se os haga cuesta arriba
Dejar el amor suave,
Porque en los honrados pechos
En tales tiempos no cabe.
¡Al arma, Capitanes! etc.

„Anteponed el honor
Al gusto, pues menos vale;
Que aquel que no le tuviere,
Hoy aqui podrá alcanzalle;
Que en honradas ocasiones
Y peligros semejantes
Se suelen premiar las armas
Conforme el brazo pujante.
¡Al arma, Capitanes!“ etc.

„Dejad la seda y brocado,
Vestid la malla y el ante,
Embrazad la adarga al pecho,
Tomad lanza y corvo alfange;
Haced rostro á la fortuna,
Tal ocasion no se escape;
Mostrad el robusto pecho
Al furor del fiero Marte.
¡Al arma, Capitanes!
¡Suenen clarines, trompas y ata-
          bales!"

Á la voz mal entonada
Los ánimos mas cobardes,
Del honor estimulados,
Ardiendo en cólera salen,
Con mil penachos vistosos
Adornados los turbantes,
Y siguiendo las banderas,
Van diciendo sin pararse:
„¡Al arma, Capitanes!" etc.

Cual tímidas ovejuelas,
Que ven el lobo delante,
Las bellas y hermosas Moras
Llenan de quejas el aire.
Y aunque con femenil pecho,
La que mas puede, mas hace,
Pidiendo favor al cielo,
Van diciendo por las calles:
„¡Al arma, Capitanes!" etc.

Acudieron al asalto
Los Moros mas principales,
Formándose un escuadron
Del vulgo y particulares;
Y contra dos mil Cristianos
Que están talando sus panes,
Toman las armas furiosos,
Repitiendo en su lenguage:
„¡Al arma, Capitanes!
¡Suenen clarines, trompas y ata-
          bales!"

Este hermoso romance es al parecer bastante moderno.   **D.**

Este romance es de los últimos años del siglo XVI. ó de los primeros del siguiente. Es en efecto de los mejores que hay en castellano.   **A. G.**

109.

Entra vencedor por Atienza el alcaide de Molina, y la dama
ante quien hace alarde de los despojos y trofeos que ha ganado,
furiosa le echa en cara que por atender á la guerra la tiene
*   desatendida y olvidada.*

El alcaide de Molina,
Manso en paz y bravo en guerra,
Con sus capitanes todos
Llegó á la vista de Atienza,

De do volvió victorioso
Sin daño y con grande pena

De cautivos bautizados
Y de cristianas banderas.

Entró por la puerta el Moro,
Y corriendo á media rienda,
Á la orilla de su dama
Soberbio y contento llega.

Dos vueltas por ella dió,
Y al dar la tercera vuelta,
Desterrando sus temores,
Celinda salió á la reja,

Diciendo furiosa y loca:
,, Si tu tuvieras vergüenza,
No corrieras por mi calle,
Ni pararas á mi puerta.

,,¡Mal haya, Celinda, Mora
Tan determinada ó necia,
Que para vivir en paz
Se aficionó de la guerra!

,, Por ser tu alfange temido
Mas que no por tu nobleza,
Ofrecí á tu nombre solo
Lo que ves en tu presencia,

,, Sin considerar primero
Que es claro que no concuerdan
Con entrañas de diamante
Entrañas que son de cera.

,,¿ Qué importa que mis regalos
En paz y en amor te tengan,
Si al son del pífano ronco
En furia y odio los truecas?

,, No niego yo que no acudes
Con voluntad á mis quejas;
Pero acudes con mayor
Al ruido de una escopeta.

,, Pues esas cosas estimas,
Justo es que esas cosas quieras;
Que pues en tanto las tienes,
Menos soy yo que son ellas.

,, Cíñete tu corvo alfange,
Embrázate tu rodela,
Y llama tu fiel Acátes,
Que te lleve las saetas.

,, Sal á hacer escaramuzas
Por el monte y por la vega
En tu caballo tordillo
Y en tu fronteriza yegua.

,, Tala los campos cristianos,
Roba las cristianas tiendas
Desde el campo de Almazan
Hasta el monte de Sigüenza.

,, Deja á Celinda del todo,
Pues tantas veces la dejas,
Y acude á tus obras vivas,
Pues que me haces obras muertas.

,, No te llamaron mis ojos,
Aunque, viendo su miseria,
Llorarán, sin ver los tuyos
Mi soledad y tu ausencia.“

Esto dijo, y al momento
Cerró del balcon las puertas,
Sin tener lugar el Moro
De poderla dar respuesta.

110.

Saler, Moro Zegrí, denuesta á los Abencerrages con ciega rabia, acusándolos de cobardes contra los Cristianos, y de no osar hacer frente á la tribú mora contraria.

„Mientes, y si acaso el rey
Los ampara en esta causa,
En su cara le diré
Al rey que me lo levanta,'

„Por no pagarme el servicio
Que debe á mi brazo y lanza,
Creyéndose de quien quiere
Acreditarse con gracias.“

Por la puerta de palacio,
Los ojos vueltos en brasa,
Bravo y furioso Saler
Sale empuñando la espada.

„¿No saben los Bencerrages,
Dice volviendo la cara,
Que no sufren los Zegríes
Que les toquen en la fama?

„Mienten otra vez, les digo,
Y repito estas palabras,
Por si hay tan valiente alguno,
Que de lo dicho se agravia.

„¿Que Cristianos habeis muerto,
O, escalado que murallas?
¿O que cabezas famosas
Habeis presentado á damas?

„¿Cuando vencísteis alguno
De los de la cruz de grana?

¿Pensais que empuñar gineta
Es como volar las cañas?

„En el usurpado escudo
Blasonais de las hazañas;
¿Donde están los coroneles
De reyes que os deben parias?

„Finalmente ¿qué habeis hecho
Para decir en las plazas
Y ante el rey que los Zegríes
Mejor que lo hacen hablan?

„Y cuando de noche estais
Durmiendo en las blandas camas,
¿Quien, si no son los Zegríes,
Salen á hacer cabalgadas?

„Cuando los Cristianos vienen
Sobre vuestra hacienda y casa,
¿Á quien acudis, los Moros,
Virtiendo los ojos agua?

„Sepa vuestro bando junto
Que á todo junto en campaña
Le daré á entender que soy
Zegrí, si todo me aguarda.

„Y si por ser yo no osais,
Escogé en toda Granada
El menor de los Zegríes;
Que él os dirá quien se alaba.“

No se acierta con la causa de este arranque furioso del espíritu de bandería; pero por él se ve la furia con que fue perseguida la tribú de los Abencerrages por la de los Zegríes, hasta que hubo de caer casi aniquilada en la contienda.   **D.**

111.

Celinda, querida del alcaide Maniloro, y temerosa de verse olvi-
dada por otra Mora de quien tiene celos, da suelta en palabras
á los pensamientos que la ahogan.

En un alegre jardin,
Que un ancho estanque cercaba,
Donde no se puede entrar
Sin fuerza de remo y barca,

Cuyas cercas de alabastro,
Con varandillas doradas,
Han tejido el arrayan,
Naranjas, cedros y parras,

Á sombra de unos jardines,
Recostada entre unas matas
De claveles y alhelíes,
Y de violetas doradas,

Gozando del dulce sitio
Que está brotando esperanzas,
Está la bella Celinda
Rendida de ausentes ansias.

Como fue su mal con yerba,
Entre las yerbas descansa,
Pensando que yerbas pueden
Sanar heridas del alma.

Una gloria la entretiene,
Y esta gloria es la palabra
Del alcaide Maniloro,
Alcaide y rey de su alma.

Ausencia le hace guerra,
Y el fuego de sus entrañas;
Que está su galan en Ronda,
Do tuvo un tiempo otra dama.

Bien reconoce Celinda
Que es de Maniloro amada;
Pero teme que la ausencia
Es madre de la mudanza.

Y teme que su galan
Está do sirvió á Zoraida,
Y llagas viejas de amor
Sanan muy tarde, si sanan.

El dia del santo espera
Á quien la gente pagana
Celebra la noche y dia
Con escaramuza y zambras.

Para este dia le dijo
Que le aguardáse en su alcázar,
Que estarán de paz los campos
Con las bodas de Daraja.

Con esta esperanza vive
De esperar desesperada;
Que la esperanza mas corta
El mucho amor la hace larga.

Asi para consolarse
Abrió una dorada caja,
Adonde tenia dos prendas
De la prenda que mas ama.

La una era un ramillete
De azules flores y blancas,
Y besándole, le dice
Enternecida y turbada:

,, De celos y castidad
Os vistieron, no sin causa,
Para avisarme con' vos
Que sea celosa y casta.

,, No faltarán de mis celos,
Mientras vuestro dueño falta,
Ni castidad en mi pecho;
Que mi amor mas que esto manda.“

Una toca es la otra prenda,
Con que el Moro jugó cañas,
Y del juego vino al fuego;
Que de juego á fuego pasa.

Y descogiendo la toca,
La toca en el pecho y alma,
Pensando con tal reliquia
Sanar su sedienta rabia.

Como el mordido del perro
Con pelos del perro sana,

Y el que picó el escorpion,
Que con su aceite descansa:

Asi se cura la Mora
Con prendas de amor su llaga,
Y dándole dos mil besos,
Con su toca y señor habla:

,,Sin mas tormento de toca
Recibe á prueba mi causa,
Pues tengo ya confesado
Detenerme tu esclava.''

El principio de este romance lleva al lector á ponerse bajo el hermoso cielo de Andalucía; pero en lo que sigue y en su última parte sobre todo esta composicion se vuelve vana verbosidad. Acaso le retocó y aumentó algun poeta moderno falto de buen gusto.   **D.**

ROMANCES SOBRE ALMORALIFE.

112.

Almoralife va desde Baza en socorro de su rey, y en el camino piensa en la Felisalva de quien se separa, y dice requiebros tiernos á su retrato.

El mayor Almoralife,
De los buenos de Granada,
El de mas seguro alfange,
Y el de mas temida lanza;

El sobrino de Zulema,
Visorrey de la Alpujarra,
Gran consejero en la paz,
Fuerte y bravo en la batalla;

En socorro de su rey
Se va á la mar desde Baza
Mas animoso y galan
Que el hijo del Moro Audalla;

Tanto que al mundo su nombre
Seguras fianzas daba
Que verdaderas saldrian
Sus dichosas esperanzas.

Albornoz de tela verde
Y de pajizo de gualda,
Marlota de raso, al uso
De azules linos sembrada,

Por mostrar que allá en la guerra
Descubre con esperanzas
Los lirios que ya son verdes,
Y fueron flores moradas.

Con cuatro Moros detras,
Solo en una yegua baya;
Que quien quiere adelantarse,
Bien es que delante vaya.

Recogiendo pues la rienda,
Cesando el trote, paraba,
Por no sentir por la posta
La ausencia de Felisalva.

Sacó un retrato del pecho,
Que aun á sacalle no basta,
Porque salen tras la vista
Las imágenes del alma.

,,Amada Mora, le dice,
Que parece que me hablas
Con ceño, porque te dejo,
Y dejándote me agravias;

„¿Como me miras alegre?
Pues yo te ví esta mañana
Tan enojada conmigo,
Que contigo te enojabas.

„Si no lloras como peña
Que está dura y hecha un agua,
Mucho me quieren tus ojos,
Mucho debo á tus entrañas.

„Si el arrancar tus cabellos
No es sentimiento que engaña,
Muchos cabellos, amiga,
Por mi respeto te faltan.

„Habla ya, que á tu pintura
La darán vida mis ansias,
Dejando mi cuerpo triste,
Vacío y con fuerzas flacas.

„Felisalva, no te entiendo,
Las suertes están trocadas;
Hoy callas tú, y hablo yo,
Ayer hablaste, y callaba.

„¡Mal haya aquel amador
Que al retrato de su dama

Le dice sus sentimientos,
Pues que no sienten las tablas!

„¡Mal haya aquel que la mira
En retrato mesurada,
Él llorando, flaco y triste,
Y ella compuesta y ufana!

„¡Ay pundonor, que me llevas
Á meterme en una barca,
Y entre los ondas y el cielo
Cargado de acero y malla!

„¡Ay mis baños y jardines,
Que al mejor tiempo os dejara!
Mas si dejo mi contento,
¿Qué hago en dejar mi casa?

„Amiga, por nuestro amor,
Que si vives en mi alma,
Suspirando me la envíes;
Que no venceré sin alma.“

Con esto los cuatro Moros
Á media rienda le alcanzan;
Esconde el retrato, y pica,
Hablando de guerras y armas.

113.

*Vuelve Almoralife para Baza, y al divisar las almenas de la
ciudad habla con su Felisalva que alli habita. Entrado en la
ciudad, se presenta la dama en su balcon, y hay entre los dos go-
zosos amantes un tierno coloquio.*

De la armada de su rey
Á Baza daba la vuelta
El mejor Almoralife,
Sobrino del gran Zulema.

Y aunque llegó á media noche,
Á pesar de las tinieblas

Desde lejos divisaba
De su ciudad las almenas.

„Aquel chapitel es mio,
Con las águilas de César,
Insignia de los Romanos
Que usurparon esta tierra.

„La torre de Felisalva
Apostaré que es aquella,
Que en fé de su dueño altivo
Compite con las estrellas.

„¡O gloria de mi esperanza,
Y esperanza de mi ausencia!
¡Compañía de mi gusto,
Soledad de mis querellas!

„Si de mi alma quitases
Los recelos que la quedan,
Y algunas facilidades
Que de tus gustos me cuentan;

„Si tu belleza estimaras,
Como estimo tu belleza,
Fueras ídolo de España
Y fama de agenas tierras.“

Dijo, y entrándose en Baza,
Á sus Moros dió la yegua,
Y del barrio de su dama
Las blancas paredes besa.

Hizo la seña que usaba,
Y al ruido de la seña
Durmieron sus ansias vivas,
Y Felisalva despierta.

Salió luego á su balcon,
Y de pechos en las verjas,

Á su Moro envía el alma,
Que le abrazase por ella.

Apenas pueden hablarse;
Que la gloria de su pena
Les hurtaba las palabras,
Que en tal trance no son buenas.

Al fin la fuerza de amor
Rompió al silencio la fuerza,
Porque sus querellas mudas
Por declararse revientan.

Y la bella Felisalva,
Tan turbada cuanto bella,
Estando atento su Moro,
Á preguntalle comienza:

„Almoralife galan,
¿Como venis de la guerra?
¿Matastes tantos Cristianos
Como damas os esperan?

„¿Mi retrato viene vivo,
Ó murió de las sospechas
Que á su triste original
Le dan soledades vuestras?

„Del vuestro sabré deciros
Que parece que le pesa
De que, faltándole el ver,
Vivir y mirarle pueda.“

114.

*Estándose desarmando Almoralife, á un mismo tiempo le llama
el rey por medio de un mensagero, y Felisalva su dama por un
page. Vese combatido el caballero moro por obligaciones diferentes y diversos afectos.*

Descargando el fuerte acero,
Desciñéndose la espada,
Desembrazando el escudo,
Quitando el peto y espalda;

Desatando el bracelete,
Echando acullá la maza.
Besando la toca azul,
Que es celos, y celos rabia;

De corage y de ira lleno,
De la perdida emboscada
Está el fuerte Moro oyendo
El aviso de la Alhambra.

El rey manda que en el punto
Suba á su real sala,
Donde está toda la corte
Decretando cierta causa.

Un page viene corriendo
Del cielo do está su dama,
Y como viene del cielo,
Trae del cielo una embajada.

„Gallardo Moro, te espera,
Dice el page, quien mas te ama.“
Y el mensagero replica:
„El rey y la corte aguardan.“

Vuelve en rostro de ira lleno,
Y no contra quien le agravia,
Mas contra sí; y quien pregunta,
Pregunta, responde y calla.

Está un poco enmudecido,
Que acontece á quien bien ama;
Que quien no sabe de amor,
Pocos tragos de estos pasa.

„El rey, dice el mensagero,
Mala espina tendrá; y calla.
Que es destreza al fuerte toro
Saber medille la vara.“

Cada cual le está incitando;
Que no halla poco quien halla
Los mensageros tan fieles,
Que en esto no tengan falta.

„Almoralife, ¿qué esperas?
Que hay peligro en la tardanza.“
Dice el Moro: „¿Quien me
espera?“
Responde el page: „Tu dama,

„Felisalva, Almoralife.
Almoralife, aquella alba
Que te suele dar luz pura,
Cuando á tu noche le falta.

„Piensa que vienes herido,
Ó que sirves á otra dama,
Que te cura las heridas
Que amor y el rebato causan.

„Vióte venir de la guerra,
No alzaste á verla la cara;
Cara cuesta tu venida,
Tu venida cuesta cara.

„Moro, mira por tus ojos,
Que son espías del alma,
Y en amor son sobrescritos
De las amorosas cartas.

„Mejora con tu presencia
La venida de Granada;
¡Asi el cielo no empeore
Tu jornada y suya á Baza!

„Deja de estar pensativo,
Piensa como está tu dama;
Aunque mal digo, no pienses,
No pienses hasta mañana.

„Ven donde verás el daño
Que hace verdadera causa
De imaginar, si la truecas
Por otra que mas te agrada.

„Eres tú sol, sola fénix
Es ella, y en tí se abrasa,
Y quedarás con cenizas
Solas, si en venir te tardas.“

115.

El Moro Homar va á ver á su dama Ziza á la fuente de Almeida, y estando juntos los amantes, los sorprende y cautiva el capitan de Arcilla, valeroso Lusitano. Reconvenido el Moro por su dama como causa de su cautiverio, pelea furioso contra los Cristianos, y pierde la vida. Llórale su Mora Ziza, y muere comó él. El vencedor esculpe en mármol la tragedia de estos dos amantes.

El gallardo Moro Homar
Que en África residia,
Ilustre en sangre y nobleza,
Y aunque villano en la dicha,

No en villanas pretensiones,
Puesto que amaba y servia
Con vida, hacienda y persona
Á la bella Mora Ziza,

Á quien el incauto Moro
Muy muchas veces decia
Que allá en la fuente de Almeida
Vaya para hablarle un dia.

Á esto responde la Mora:
„¡Ay Homar de mi alma y vida!
¿Como me mandas que vaya
Á ser dos veces cautiva?

„Una de tí, y luego otra
De ese capitan de Arcilla,
Á quien no se escapa Moro

Ni Mora que no cautiva,
Porque es Marte en el valor,
Y Ulíses en maestrías.“

La Mora cumple su ruego
Despues de larga porfía;
Pero aun no hubo bien llegado
Do su muerte está vecina,

Cuando salió el Lusitano
De do emboscado yacia,
Y cautivando la Mora,
Se va á vuelta de Arcilla.

El Sarraceno que vió
Cautivo el bien de su vida,
Al capitan humillado
Con humilde voz decia:

„Suplícote, si algun tiempo
Tuviste en amor desdicha,
Permitas que pueda hablar
Con la que llevas cautiva.“

Concedida la licencia,
El Moro asi habla á Ziza:
„Yo te juro, dulce esposa,
Por Pluton y Prosérpina
De librarte, ó morir antes
De media luna cumplida."

La Mora triste y llorosa
Al gallardo Moro mira,
Diciéndole: „Ya es tarde
Para seguir tu porfía;

„Y pues tan tarde viniste,
Vuelve, Moro, á tu alcaidía,
Y procúrala guardar
Mejor que guardaste á Ziza."

Corrido y avergonzado
El Moro se alzó en la silla,
Y cubierto de su adarga,
Arremete en balde aprisa
Contra la segura gente;
Mas alli perdió la vida.

La desconsolada Mora
Junto el cuerpo tendida
De su malogrado amante
Con triste canto decia:

„Rompa mi blanco pecho
Este puñal agudo,
Pues de mi desdicha pudo
Sacarme á tal lugar y á mi
    despecho.

„Es bien que le acompañe
En triste sepultura
El mio sin ventura,
Y que la tierra con mi sangre
    bañe.

„Sirva de aviso eterno
Este mi triste amor y des-
    varío;
Que sí será, y yo fio,
Mientras hubiere estío y frio in-
    vierno.

„Arranquen mis entrañas
Las aves carniceras,
Tambien las bestias fieras
Naturales y extrañas,

„Quedando solo el nombre
De los dos que murieron,
Porque bien se quisieron,
Dignos de eterna fama y de re-
    nombre."

Pesaroso el capitan
Por ver la presa perdida,
Se recogió con su gente
Para su fuerza de Arcilla.

Y porque en memoria fuese,
Puso en mármol esculpida
Esta lamentable historia
Del Moro Homar y de Ziza.

ROMANCES SOBRE AZARQUE.

116.

Azarque pide que le ensillen el caballo, y pensando en su
Adalifa, corre á la ribera del mar, y se embarca, para ir á em-
presas guerreras.

„Ensíllenme el potro rucio
Del alcaide de los Velez,
Denme la adarga de Fez,
Y la jaccrina fuerte,

„Una lanza con dos hierros,
Entrambos de agudo temple;
Y aquel acerado casco
Con el morado bonete,

„Que tiene plumas pajizas
Entre blancos martinetes,
Y garzotas medio pardas,
Antes que me vista, denme.

„Pondréme la toca azul
Que me dió para ponerme
Adalifa la de Baza,
Hija de Celin Amete,

„Y aquella medalla en cuadro
Que dos ramos la guarnecen,
Con las hojas de esmeraldas,
Por ser los ramos laureles,

„Un Adónis que va á caza
De jabalíes monteses
Dejando su diosa amada,
Y dice la letra: *Muere.*

Esto dijo el Moro Azarque,
Antes que á la guerra fuese,
Aquel discreto animoso,
Aquel galan y valiente

Almoralife el de Baza,
De Zulema descendiente,
Caballeros que en Granada
Paseaban con los reyes.

Trajéronle la medalla,
Y suspirando mil veces,
Del bello Adónis miraba
La gentileza y la suerte.

„Adalifa de mi alma,
No te aflijas, ni lo pienses;
Viviré para gozarte,
Gozosa vendrás á verme.

„Breve será mi jornada,
„Tu firmeza no sea breve;
Procura, aunque eres muger,
Ser de todas diferente.

„No te parezcas á Vénus,
Aunque en verdad te pareces,
En olvidar á su amante,
Y no respetarle ausente.

„Cuando sola te imagines,
Mi retrato te consuele,
Sin admitir compañía
Que me ultraje y te desvele;

„Que entre tristeza y dolor
Suele Amor entretenerse,
Haciendo de alegres tristes,
Como de tristes alegres.

„Mira, amiga, mi retrato,
Que abiertos los ojos tiene,
Y que es pintura encantada
Que habla, que vive y que siente.

„Acuérdate de mis ojos
Que muchas lágrimas vierten,
Y á fé que lágrimas suyas
Pocas Moras las merecen."

En esto llegó Galvano
Á decirle que se appreste,
Que daban prisa en la mar
Que se embarcase la gente.

Á vencer se parte el Moro,
Pues que gustos no le vencen,
Honra y esfuerzo le animan,
Cumplirá lo que promete.

Entre los romances históricos de esta coleccion va puesta una
cancion antigua, que corria con valimiento, y cuyos primeros versos
son los mismos que los de la que acaba aqui recien dada, siendo de
creer que en esta va explayado lo que en la primera está como
apuntado solamente.   **D.**

117.

La bella Zaida de Olías reconviene al Moro Azarque de ser mu-
dable en amores. Óyelo pesaroso el Moro, sintiéndose culpado.

„**R**ecoge la rienda un poco,
Para el caballo que aguija
Medroso del acicate
Con que furioso le picas;

„Que sin uso de razon
Á mi parecer te avisa
De aquel venturoso tiempo
Que tú, desleal, olvidas,

„Cuando ruabas mi calle,
Midiendo de esquina á esquina
Con tus corbetas el suelo,
Mis ventanas con tu vista.

„¡O cruel de mi memoria!
Pues por ella me castigas,
Abrasando mis entrañas
Con esas entrañas frias.

.,¡Que de prendas que fiaba
De tu voluntad fingida!
¡Que de verdades me debes,
Y yo á tí que de mentiras!

„Ayer temiste á mis ojos,
Hoy vences á quien temias;
Que amor y tiempo en mil años
No están iguales un dia.

„Pensaba yo que en tu nombre
Mi esperanza fuese rica
En prendas de quien tú eres,
Y de quien son mis caricias.

„¿Adonde enseñan engaños?
Por merced que me lo digas;
Defenderéme del tiempo,
Y de tí no tendré envidia.

„Mas bien pudiera saberlo,
Si yo saberlo queria,

Cuando escuché tus razones,
Y ví tus quejas escritas.

„Disculpas pensabas darme,
No quiero que me las digas;
Para la dama que engañas,
Será mejor que te sirvan.

„Ya te cansas de escucharme;
Bien es ya que te despidas
De mi alma y de mis ojos,
Como de mis celosías.“

Esto dijo al Moro Azarque
La bella Zaida de Olías,
Y cerrando su balcon,
Dió principio á sus desdichas.

El Moro picó el caballo,
Y hácia el terrero le guia,
Murmurando de su estrella'
Que á mil mudanzas le inclina.

118.

Estando Azarque en su balcon, se le acerca Celinda, y le da
señaladas muestras de favor, con lo cual queda el Moro ufano.

En un balcon de su casa
Estaba Azarque de pechos
Con el humilde Zegrí,
Á quien trata mal el tiempo.

Un memorial de sus glorias
Estaba Azarque leyendo,
Que al pobre Zegrí causaba
Pena triste y llanto eterno,

Cuando hácia la puerta Elvira
La larga vista tendiendo,
Vió como en el mar de España
Sus rayos lanzaba Febo.

Y bajándola algo mas
Á contemplar como el suelo
Su bella color trocaba,
Mudando lo verde en negro,

Vió que entraba por la puerta
Nueva luz y otro sol nuevo,
Cuyos rayos excedian
Á los que esparce del cielo.

Tornó el color á la tierra,
Y quitando el negro velo,
Anunció con su verdura
Un no esperado contento.

Dijo Azarque: „Aunque mi vista
Aquel sol hiere de lleno,
Es Celinda la discreta,
Ó me engaña mi deseo.

„Bien lo dice su belleza,
Pues causa con sus efectos
En las almas donde toca
Gloria inmensa y gozo inmenso."

Reconociéndola el Moro,
Quitó el bonete de presto,
Humillando la cabeza
Hasta debajo del pecho.

Celinda se levantó,
Y bajando todo el cuerpo,
Cumplió al Moro su esperanza,
Que no fue favor pequeño;

Y de muy alegre triste,
Porque se acabó tan presto,

Daba callando mil voces;
Que el gozo hace mil extremos.

Siguiéndola con la vista,
La dice: „Mucho te debo,
Pues sin haberte servido,
Das tal pago á mis respetos.

„Aqueste favor, Señora,
(Aunque yo no lo merezco)
Le pondré con los demas,
Cuyo número es incierto.

„Y bastará su memoria
Á desterrar mis tormentos,
Y entre glorias y pesares
Será bastante tercero."

Celinda en esto pasó,
Y Azarque, dejando el puesto,
Ufano con tal merced,
Se retiró á su aposento.

119.

*Adalifa hace extremos de desesperacion, porque se va á embar-
car su Azarque.*

Arrancando los cabellos,
Maltratándose la cara
Está la bella Adalifa,
Porque su Azarque se embarca.

Echando tierra en los ojos,
Mordiendo las manos blancas,
Maldiciendo está el contrario
Por quien se hace la jornada.

„¡Ay Capitan de mi gloria,
General de mis entrañas,
Patron de mis pensamientos,
Competidor de mis ansias,

„Lustre de mi rostro alegre,
Alegría de mi alma!
¿Donde estás que no te veo,
Espejo en que me miraba?

„¡Ay, Azarque, mi Señor!
Mi Señor, pues que me mandas,
¿Mándasme que esté esperando?
Larga será mi esperanza.

„Allá tendrás una guerra,
Y acá otra guerra te aguarda;
Piénsasme dejar en salvo,
Y estoy metida en campaña.

,,¡Ay, si mi ausencia te aqueja,
Y mi favor te acompaña,
Tú solo serás bastante
Para vencer la batalla!

,,Mi fé te encomiendo, Azarque.
¡Alá vaya en tu compaña,
Porque vuelvas con victoria,
Pues con victoria te embarcas!

,,Bien dirás, Azarque mio,
Que mugeres son livianas;
Mas hay muchas diferentes
Como soldados en armas.

,,Nadie me verá sin tí
En baile, sarao y zambra;
Ni me verán en conciertos
Sino metida en mi estancia.

,,Ya no me verán las Moras
Vestir almaizar ni galas,
Porque poco te aprevecha
Vestirse un cuerpo sin alma.''

Con esto llegó Celinda,
Prima hermana de Babata,
Y dió fin á sus razones,
Pero no le dió á sus ansias.

120.

Celindaja exhorta á Azarque en su partida de Sevilla á que-
darle fiel.

De Sevilla partió Azarque,
Dejando en ella su alma;
Que se la dejó en rehenes
Á la hermosa Celindaja.

Porque la que lleva el Moro,
No es suya, sino prestada;
Que á la despedida triste
Se la quiso dar en guarda.

,,Azar de los ojos mios,
Dice, pues vas de batalla,
Armado de piezas dobles,
Como la razon lo manda,

,,Que te armes de sufrimiento
Te ruego, en esta jornada,
Y de firmeza en ausencia,
Que es causa de la mudanza.

,,Ya sé que por donde vas;
Moras verás mas bizarras,
De mayor donaire y brio,
De mas hermosura y gracia,

,,Donde podrás ocuparte,
Y olvidarme con maraña;
Mas ninguna te querrá
Del modo que esta tu esclava.

,,Pues que vivir yo sin tí,
Sin temor, recelos y ansias,
Es cosa muy imposible
Para quien de veras ama.

,,Si en algun sarao te hallares
Donde acudan mis contrarias,
Deten, Azarque, los ojos,
No tiendas la vista larga;
Que ojos que de rondon miran,
Ocasiones de amor hallan.

II.					17

„¡Y con esto Alá te guie,   Y el cuidado de ti tenga,
Mahomá vaya en tu guarda,   Con que queda Celindaja!"

En el Romancero hacen papel tres ó cuatro Azarques diferentes: el de Ocaña, que da asunto á varios romances en esta coleccion contenidos, y el de Granada, llamado tambien Malique Alavez, al cual se refieren ó parece como que se refieren los cuatro romances que arriba van, si ya no es que las diversas damas Celinda, Adalifa y Celindaja tuvieron por sus enamorados á mas que un Azarque. **D.**

ROMANCES SOBRE CELINDO.

121.

Celindo sale despechado de Jaen, porque tiene celosas sospechas
de su Zaida. Descríbese su traye, y cuéntanse sus quejas.

Á los torreados muros
De su Jaen, dulce y cara,
Dulce, porque nació en ella,
Cara, pues le cuesta el alma,

Revuelve á mirar Celindos,
El biznieto de Abenhamar,
El que fue alcaide de Ronda,
Y á Estepa tuvo en su guarda.

No va desterrado el Moro
Por sucesos y disgracias;
Destiérrale una sospecha,
Por no poder desterrarla,

De que su Zaida querida
Le ha quebrado la palabra
Que dió de guardar la fé
Mal cumplida y bien jurada.

Sale galan, aunque triste,
Para mostrar por sus galas
Que parte rico y contento,
Pues de ello gusta su dama.

Con muchos racimos de oro
Una marlota encarnada,
Acuchillada á reveses,
Y en tela verde aforrada,

De lazos y ñudos ciegos
Á trechos toda bordada,
Con esta letra que dice:
Mientras mas me desengaña.

Capellar de parda seda,
Forrado en tela de plata,
Bordado todo de abrojos,
Por letra: *Cuando me dañan.*

Negro tambien el bonete,
Con las plumas variadas,
Pajizas, blancas y azules,
Moradas, verdes y pardas.

Una medalla las prende,
Con una esmeralda falsa,
Y esta cifra á la redonda:
Tu promesa y mi esperanza.

17 *

Ceñido un dorado alfange,
Una veleta en la lanza
Azul; que siempre los celos
Traen á la muerte cercana.

Pintado un ardiente fuego
En el campo de la adarga,
Y la letra dice: ¡Muera
Quien á dos amores ama!

Desnudo el brazo derecho,
Y atada una toca blanca,
Empresa de su querida,
Y de amor humildes parias.

Caballo rucio tordillo,
Jaez de carmesí y plata,
Dos balanzas por estribos;
Que aqui estriba el que mas ama.

Sirve el Moro de fiel,
Aunque no le sirve nada;
Mas por mostrar á Celinda
Que como murió, asi acaba,

Llegó el caballo á la orilla,
Al agua se arroja y lanza,
Como en señal de que siente
Del dueño la ardiente llama.

Á nado pasa el caballo,
Y él como á acabar ya pasa,

No repara en que se moja,
Pues morir no le repara.

Salió á la arenosa orilla,
Y vuelve á mirar su patria,
Hincando la lanza en tierra,
Y arrimado el rostro al hasta.

Contempla los edificios,
Alta roca y fuerte alcázar,
Á quien su firmeza opone,
Y halla su semejanza.

,,Aqui vieras, Mora, dice,
Si como yo me miraras,
Un monte de sufrimiento,
Y un alcázar de inconstancia.

,,Y si como yo te miro,
Te miraras, en tí hallaras
Un alcázar de soberbia,
De dureza una montaña.

,,Pase por tí aquella aprisa,
Cual tú por mis cosas pasas:
Aun no saliste á verme,
Como á cosa ya pasada,

,,Para ver en mi librea
Mi firmeza y tu mudanza,
Reparando en mis colores
Lo que en gustos no reparas."

Otros dos romances hay, de los cuales uno empieza con los versos:

Con semblante desdeñoso
Se muestra el rostro de Zaida, etc.,

y otro:

Cubierta de trece en trece
Por los girones y mangas etc.,

los cuales se contentan con describir trages y divisas.   D.

122.

Carta que escriben á Celindo dos damas del Alpujarra, dándole
avisos y consejos.

,,Mal os quieren caballeros
De Antequera y de Granada,
Celindo, porque presumen
Que os quieren mucho las damas.

,,Hablan de vos en ausencia,
Y si estais entre ellos, callan;
Murmuran de vuestros hechos,
Y acredítanos la fama,

,,Porque no mostrais papeles
De Jarifas ni de Zaidas,
Como algunos, cuyos pechos
No son pechos, sino plazas;

,,Porque de vuestras divisas
Nunca se supo la causa,
Y respetando favores,
Agradeceis esperanzas.

,,Ya sabeis que concertaron
Los Gomeles unas cañas,
Y que salen los Zegríes
En competencia á jugarlas.

,,Salid, Celindo, á las fiestas,
Y sacad plumas y mangas

Del color de vuestros gustos
Y de la fé de vuestra alma;

,,Que yo aseguro que os miren
Algunas que nunca os hablan,
Y que tengais mas promesas
Que tienen ellos palabras.

,,Pedidle favor al tiempo,
Y á fortuna dadle gracias;
Que entrambos han de valeros
Á pesar de sus mudanzas;

,,Y á la amiga de Adalifa
No os canseis de sobornalla,
Porque el amor solicite,
Y á vuestra ventura valga;

,,Que una amiga de otra amiga
Mil imposibles alcanza,
Y montes de inconvenientes,
Cuando importa, os allana.``

Esto escriben á Celindo
Dos damas del Alpujarra,
Que en secreto le respetan,
Y en público le maltratan.

ROMANCES SOBRE ZAIDA.

123.

Zaida puesta en un balcon á orillas del Tajo piensa en su
Abencerrage amado, le ve llegar á su puerta, y entonces corre
ella á echarse en sus brazos.

En un dorado balcon,
Cuya fuerte y alta casa,
Quebrando manso las olas,
Toca el Tajo con sus aguas,

Hecha cuidadosos ojos
Estaba la hermosa Zaida,
Teniendo su atenta vista
Por el camino de Ocaña.

Con el cuidado que nace
De una amorosa esperanza,
Mira por si acaso viese
Un Bencerrage á quien ama.

Á cada bulto que asoma,
La atenta vista **repara**,
Porque todos le parecen
El Bencerrage que aguarda.

De lejos algunas veces
Le llena de gloria el alma

Lo que llegado mas cerca
La entristece y desengaña.

„¡Ay mi Bencerrage, dice,
Si ante ayer me viste airada,
Ya mis ojos me disculpan,
Que con lágrimas me bañan!

„Arrepentida las vierto
De imaginar que á mi causa
Fuiste el mas triste y gallardo
De cuantos jugaron cañas.

„Aunque estaba, si lo adviertes,
Con justa causa agraviada,
Pues ví de enemiga lengua
Desdorar mi honesta fama.

„Si tú no diste ocasion,
Perdona á tu humilde Zaida,
Y si por tuya la tienes,
No te pese que sea honrada.

„Á ley de bueno el secreto
Debido á mi estado guarda,
Pues no faltará la fé
De esta Mora que te ama.“

Dice, y vió que el Bencerrage
Gallardo á su puerta llama,
Y ligera baja á darle
Brazos, cuello, pecho y alma.

124.

El Abencerrage enamorado de Zaida está hablando con ella tiernamente, cuando transformado el Amor en ligero vientecillo, le quita de sus galas las plumas negras ó de luto, dejándole las verdes en señal de su esperanza.

El Bencerrage que á Zaida
Entregada el alma tiene,
En sus colores publica
Que de su luz vive ausente.

De leonado viste el Moro,
Porque su fé no consiente
Que alma ni cuerpo en au-
            sencia
Vista colores alegres.

Con blanca y leonada toca
Aprieta un rojo bonete,
Y en él con tres plumas negras
Cubre moradas y verdes.

En las moradas publica
Su fé, que no desfallece,
Por mas que la ausencia triste
Su fiero rigor aumente.

Por las verdes vive el Moro,
Cuando mas su pasion crece,
Porque se las dió su Zaida,
Para que en ausencia espere.

Mas quien gozó alegre estado,
Cual él le gozó presente,
Es bien que con luto cubra
Memorias de ausentes bienes.

En un hermoso caballo,
Que lo blanco hurtó á la nieve,
Solo, aunque no de pasiones,
Pasea el Moro valiente.

No le llega el acicate,
Para que brioso huelle,
Porque aun en esto procura
Su mucha pasion se muestre.

Llegado el Moro al balcon.
Donde á su dama ver suele,
Viéndose tan léjos de ella,
Nuevo dolor le enternece:

„¡Ay balcones venturosos,
Que fuísteis mi cielo alegre,
Y por mi corta ventura
Ya sois desiertas paredes,

„No esteis ufanos y altivos,
Aunque dorados y fuertes!
Que una humilde casería
En la ventura os excede.

„En ella mi Zaida hermosa
Á su placer se entretiene,
Obligada de su honor,
De sus padres y parientes.

„Si tú quisieras, o Zaida,
Trocado hubiera por verte
Esta ciudad y mi casa
Por solo un pajizo albergue;

„Que su humildad y pobreza
Tuviera por rica suerte,
Como fuera en el lugar
Que con tu gloria enriqueces.

„Mándasme que ausente viva,
Y es dar licencia á la muerte
Que la mal hilada estambre
De mi corta vida quiebre.“

Esto dijo el Bencerrage,
Y Amor que le favorece,
En zéfiro se trasforma
Que blando sus plumas mueve.

Pero muévelas de forma
Que las hace que se truequen,

Y las negras no parezcan,
Viéndose claras las verdes.

Atento lo mira el Moro,
Y en aquel prodigio advierte
Que será desconocido,
Si al cielo no lo agredece.

Las plumas negras arranca,
Verdes y moradas quiere;
Las negras entrega al viento
Que las esparza y las lleve.

Creció su soplo, y ligero
Con mil regatos revuelve,
Hasta hacer que las plumas
En casa de Zaida se entren.

Viólo, y satisfecho el Moro
Dijo: „Asi es justo se ordene;
Que pues mi ausencia te alcanza,
Parte de mi luto lleves.“

125.

*Caminando Muley á vista de los Velez la vuelta de Alora, saca
el retrato de su Sarracina, y le acaricia, hablando con él amo-
rosamente.*

Á la vista de los Velez
El fuerte Muley camina,
Que era la vuelta de Alora,
Donde el amor le encamina.

En un retrato los ojos
De la bella Sarracina,
Y besándole mil veces,
Á decille asi principia:

„¡O tesoro de mis males,
Y de mis querellas mina,
Es posible que tus manos
Contra mi pecho se inclinan!

„Acuérdate de las flores
Que cogí en Gualdamedina,
Y que en presencia y ausencia
Muley anté tí se inclina.

„Ablanda ya el corazon
De esmeralda diamantina,
Y no pienses que en desdenes
Tu falsa aficion se afina.

„Buscando voy tu calor
Como la fiel golondrina,
Que se va huyendo del golpe
De la furiosa marina;

„Que porque me viste hablar
En la zambra con Cevina,
Quisiste contra tu fama
Ser á tu gusto divina.

„No uses de las dobleces
Que usó la cauta Armelina;
Mira que mi pensamiento
Á pensar en tí no atina.

„Si te hablo, dícesme
Que me voy de la bolina;

Y si te miro callando,
Eres contra mí malina.

„No sé, Mora, que te hago,
Pues con furia repentina
Te defiendes de un rendido
Con escudo y jacerina.“

Con esto llegó á un arroyo
De una fuente cristalina,
Y á la sombra de un nogal
Su lacio cuerpo reclina.

126.

Cuenta la linda Morilla Moraima como vino á enamorarla un Cristiano, y engañándola, se fingió Moro, con lo cual ella le dió entrada en su casa.

„Yo me era Mora Moraima,
Morilla de un bel catar;
Cristiano vino á mi puerta,
Cuitada, por me engañar.

„Hablóme en algarabía,
Como aquel que la bien sabe:
„ „¡Ábrasme las puertas, Mora,
Si Alá te guarde de mal!“ “

„¿Como te abriré, mezquina,
Que no sé quien tú serás?“

„ „Yo soy el Moro Mazote,
Hermano de la tu madre;

„ „Que un Cristiano dejo muerto;
Y tras mí viene el alcalde:
Si no me abres tú, mi vida,
Aqui me verás matar.“ “

„Cuando esto oí, cuitada,
Comencéme á levantar;
Vistiérame un almejía,
No hallando mi brial.
Fuérame para la puerta,
Y abríla de par en par.“

El romance que antecede es una lindísima caucion en forma de diálogo muy vivo. Parece como que la composicion no está concluida, habiendo quizá querido el poeta su autor dejar adrede la escena sin terminacion ó desenlace. **D.**

127.

Adalifa celosa de Abenhamar su galan pregunta por él al Moro
Tarfe, de quien intenta averiguar si su amante trata amores con
Zaida, declarando al mismo tiempo lo mucho que ama y padece.

,,¡Asi no marchite el tiempo
El Abril de tu esperanza,
Que me digas, Tarfe amigo,
Donde podré ver á Zaida!

,,La forastera te digo,
Aquella recien casada,
La de los rubios cabellos,
Y mas que cabellos gracias;

,,Aquella que en menos precio
De las damas cortesanas
Celebran los Moros nobles
Con gloriosas alabanzas.

,,Voy por ella á la mezquita,
Por ella voy á las zambras,
Y aunque tan caro me cuesta,
No puedo velle la cara.

,,Encúbrese de mis ojos,
Cierta señal que me agravia;
Y aunque mas, Tarfe, me
         digas,
No tengo celos sin causa.

,,Despues que á Granada vine,
¡Nunca viniera á Granada!
Sale mi alcaide de noche,
Y aun no viene á la mañana.

,,Enfádanle mis caricias,
Y estar conmigo le enfada;
No es mucho que yo le canse,
Si en otra parte descansa.

,,Si está en el jardin con-
         migo,
Si está conmigo en la cama.

No solo las obras niega,
Mas me niega las palabras.

,,Si le digo: Vida mia!
Me responde: Mis entrañas!
Pero con una tibieza
Y un celo que me las rasga.

,,Y mientras mas le regalo,
Como trae vestida el alma
De pensamientos traidores,
Enséñame las espaldas.

,,Si me enlazo de su cuello,
Baja los ojos, y baja
La cabeza, y de mis brazos
Da vuelta y se desenlaza,

,,Arrojando unos suspiros
Del infierno de sus ansias,
Que mis sospechas enciende,
Y mis contentos abrasa.

,,Si la causa le pregunto,
Dice que yo soy la causa,
Y miente; que alli me tiene
Ociosa y enamorada.

,,Pues decir que le he ofendido,
En infiernos de amor arda,
Si despues que le conozco,
Me he asomado á la ventana;

,,Si he tomado mano agena,
Si he visto toros ni cañas,
Y si en parte sospechosa
Se han estampado mis plantas.

,,¡Y Mahomá me maldiga,
Si por guardarse en mi casa
La ley de su gusto sola,
Las del Alcoran se guardan!

,,¿Mas para qué gasto tiempo
En darte cuentas tan largas,
Si el alcance que le he hecho,
Tú lo sabes y lo callas?

,,No jures, que no te creo.
¡Aquella muger mal haya,
Que de vuestros juramentos
Redes para el gusto labra!

,,¡Que traidores son los hombres!
¡Como sus promesas falsas,

Muerto el fuego, desparecen
Como escritas en el agua!

,,¡Del prometer al cumplir
Que jornadas hay tan largas!
¡Que ventas en el camino
Tan yermas y tan cerradas!

,,¡Ay Dios, que me acuerdo,
cuando . . .
Aqui el aliento me falta,
Una congoja me viene;
Tenme, Tarfe, no me caiga."

Dijo llorando Adalifa,
Celosa de su Abenhamar,
Y en brazos del Moro Tarfe
Se ha quedado desmayada.

ROMANCES SOBRE VARIOS ASUNTOS.

1.

Refiérese como Nuestro Señor Jesú Cristo navegaba en su bar-
quilla, y como aplacó la violencia de una borrasca con maravilla
de sus discípulos.

Durmiendo iba el Señor
En una nave en la mar,
Sus discípulos con él,
Que no le osan recordar.

El agua con la tormenta
Comenzóse á levantar;
Las olas cubren la nave,
Que la quieren anegar.

Los discípulos con miedo
Comenzaron de llamar,
Diciendo: „¡Señor, Señor,
Quiérasnos presto salvar!"

Y despierto el buen Jesú,
Comenzóles de hablar:

„¡O hombres de poca fé,
Que temeis, quered pensar,
Cuan gran ofensa es á Dios
De su gran poder dudar!"
Y levantóse, mandando
Á los vientos y á la mar.

Grande espanto puso entre ellos
Y muy mas maravillar,
Diciendo: „¿Quien es aqueste
Que el tiempo hace mudar?"

ROMANCES SOBRE EL CORSARIO DRAGUT.

2.

Refiérese como dieron caza unas galeras de Malta á un barco corsario moro, y del famoso Dragut y los gritos de la tripulacion aprestándose á pelear, y los afectos de un Cristiano que entre los infieles iba cautivo.

Á la vista de Tarifa,
Poco mas de media legua,
El maestre de Dragut,
Corsario de mar y tierra,
Descubrió de los Cristianos
Y de Malta cinco velas,
Por do forzado le fue
Decir en voz que le oyeran:
„¡Al arma, al arma, al arma!
¡Cierra, cierra, cierra,
Que el enemigo viene á darnos
　　　　guerra!“

El maestre de Dragut
Hizo soltar una pieza,
Señal para que le oyesen
Los que hacen agua y leña.
Los Cristianos le responden
De la playa y'las galeras,
Y del puerto las campanas
Á bulto entre voces suenan:
„¡Al arma, al arma, al arma!“ etc.

El Cristiano que lloraba
En ver su esperanza muerta,
Agora se alegra el triste
Que su libertad sospecha.
Dragut con sus capitanes
En un punto se aconseja
Si será bien aguardar,
Ó tender al viento velas:
„¡Al arma, al arma, al ar-
　　ma!“ etc.

Decianse los demas:
„¡Atras, atras, que se acercan!
Que si en alta mar entramos,
Será la victoria nuestra.“
Dragut á voces decia:
„¡Canalla, bogad á priesa!“
Los artilleros tambien
Cargan, disparan, vocean:
„¡Al arma, al arma, al ar-
　　ma!“ etc.

Lindo romance es el que antecede, escrito en el estilo vivo y rápido de las cancioncillas de los pueblos del mediodía. No cabe describir mejor una escena que lo están el alboroto causado en la costa al divisarse los corsarios y los preparativos de estos para el combate. El estribillo de: „¡Al arma, al arma, cierra!" etc. con los demas clamores es hermoso.

En otra composicion contenida en el Romancero general están fastidiosamente expresados los lamentos de un esclavo de Dragut, llamándole:

> El desgraciado entre todos
> Los que el fiero amor derriba,
> Porque afrentan su deidad,
> Y á quitarle el nombre aspiran, etc. **D.**

3.

Como dan caza las galeras de Malta á un corsario de Dragut, y como la alcanzan y combaten, escapándose en tanto de la pelea y cautiverio un hortelano cristiano que venia entre los Moros.

Apriesa pasa el estrecho,
Porque le van dando caza
Á Dragut cuatro galeras
De los cruzados de Malta.

Con la priesa de los remos
El hinchado mar traspasan;
Las lluvias suben al cielo
Muy mas espesas que bajan.

Las dormidas centinelas
Despiertan á las campanas,
Y soñolientas arrojan
Hachas de fuego en las aguas.

Dragut sus forzados fuerza,
Para aligerar las barcas;
Que mientras mas ve que huyen,
Mas le parece que amainan.

No mira si es cobardía,
Ni aguarda á quien le llama;

Porque á veces del huir
Mayor victoria se saca.

Llegó de una culebrina
En un instante una bala,
Cuya penetrante furia
Dió á fondo á la capitana.

La demas artillería
Se juega con tanta maña,
Que fue bastante á rendillo,
Sin allegar á las armas.

Pudo Dragut con su industria,
Por ser la noche cerrada,
Dejando á España la gloria,
Poner su persona salva.

El hortelano cautivo
Que en las galeras remaba,
Fue conducido á su tierra,
Á quien llorando le habla:

,,¡Patria, que de mi tesoro
Has sido depositaria,
Si son purgadas mis culpas,
Recógeme en tus entrañas!

,,Y si este bien no merezco,
Por ser mi desdicha tanta,
Tierra tienes do esconderme,
Pues no lo han hecho las aguas.``

Contra el agua forcejea
Envuelto en congoja y ansia,
Cuando improviso le toca
Una desmandada tabla.

Della se aferró turbado,
Y guiando hácia la playa,
Casi el aliento perdido,
Escapó libre del agua.

4.

Recobrada su libertad, vuelve un cautivo de Dragut á la casa
y brazos de su esposa.

Volcaban los vientos coros
Los empinados peñascos,
De los erizados montes
Los acebuches mas altos,

Cuando temblando y desnudo,
La barba y cabellos blancos
(Que los trabajos son parte
Para encanecer temprano)

Á la puerta de su esposa
Apriesa estaba llamando
El forzado de Dragut,
Que se escapó de hortelano.

Apenas fue conocido,
Cuando con ligeros pasos

Abajó su esposa á abrirle
Ambas puertas y ambos brazos.

Entonan un llanto alegre,
Si dijeran triste llanto;
Mas las lágrimas son puestas,
Y le da entrambas manos.

Desnudáronle en un punto
De sus mal compuestos paños,
Y antes de entrar en el lecho,
Le regalan en un baño.

Echan luego las cortinas,
Para recobrar de espacio
Diez años que anduvo al remo,
Y otros dos que fue hortelano.

Las piraterías del intrépido Dragut por las costas del mediterráneo
pusieron pavor á toda España y Italia hácia mediados del siglo XVI.
El tal famoso pirata, despues de haber andado corriendo los mares
por su cuenta á pesar del célebre almirante Doria y de sus galeras,
asi como de las de Malta, entró al servicio del emperador turco,
y vino á perder la vida de un balazo de cañon en el asedio de
Malta en 1565. Los Españoles han cantado en numerosos romances
las formidables correrías de Dragut por las costas de España. Gón-

gora, poeta célebre en su tiempo, compuso sobre el mismo asunto varios contados entre los mejores de los suyos, si bien faltan en ellos la naturalidad y sencillez de los romances viejos, viéndose en ellos aparecer el poeta á cada paso, cuando en los antiguos se ve solamente la accion misma. He aqui una parte de las modernas composiciones á que aqui se alude:

> Amarrado al duro banco
> De una galera turquesca,
> Ambas manos en el remo,
> Y ambos ojos en la tierra,
>
> Un forzado de Dragut
> En la playa de Marbella
> Se quejaba al ronco son
> Del remo y de la cadena:
>
> ¡O sagrado mar de España,
> Famosa playa serena,
> Teatro donde se han hecho
> Cien mil navales tragedias,
>
> Pues eres tú el mismo mar
> Que con tus crecientes besas
> Las murallas de mi patria
> Coronadas y soberbias,
>
> Traeme nuevas de mi esposa,
> Y dime si han sido ciertas
> Las lágrimas y suspiros
> Que me dice por sus señas!
>
> Porque si es verdad que llora
> Mi cautiverio en tu arena,
> Bien puedes al mar del sur
> Vencer en lucientes perlas, etc.

Véanse las obras de Góngora, Sevilla, 1648, tom. 27. En la coleccion intitulada: Poesías escogidas (por Don Ramon Fernandez), Madrid, 1796, está este romance algo corregido. **D.**

El romance de que en la nota anterior habla el Señor D., pasa por ser de los mejores no solo entre los de Góngora, sino entre cuantos hay escritos en castellano. El escritor de esta nota concurre en esta opinion general entre sus compatricios. Difícil parece que haya quien eche menos naturalidad y viveza en las dos primeras cuartetas, pues en ellas son solos tres epítetos (duro, turquesca y ronco), todos tres casi necesarios, ó que añaden algo y alguna fuerza al substantivo el cual acompañan. Va hecha una pintura que el pincel puede sacar igual á la palabra con expresion suma, y en los lamentos del cautivo si hay algun conceptillo, abunda en compensacion la mas propia ternura en la cuarteta final, no citada por el Señor D., y que dice asi:

> En esto se descubrieron
> De la religion seis velas,
> Y el comitre mandó usar
> Al forzado de su fuerza.

Hay un juego de vocablo no bueno, pero tampoco de los peores, si ya no usamos del rigor de los pseudoclásicos, que todos juegos de esta clase condenan.

Tiene Góngora un segundo romance sobre este mismo suceso, inferior al primero, pero poco, pues hay tambien en él grandes perfecciones. En este segundo valen mucho las dos cuartetas primeras:

> La desgracia del forzado,
> Y del corsario la industria,
> La distancia del lugar,
> Y el favor de la fortuna

> Hicieron que de los ojos
> Del cautivo á un punto huyan
> Dulce patria, amigas velas,
> Esperanzas y ventura,

y sigue contando los lamentos del forzado, que mas de una vez rematan en el siguiente estribillo:

> ¿De quien me quejo con tan grande extremo,
> Si ayudo yo á mi daño con mi remo?

Reflexion, si algo conceptuosa, muy propia, pues suele el hombre en las grandes penas meditar, adelgazando el pensamiento en todas las circunstancias de su desdicha.

En cuanto á lo moderno del romance de Góngora, no lo es mas, ó si acaso, lo es poco mas que todos cuantos de Dragut tratan. Góngora esentó mucho en el siglo XVI. de sus mocedades con sus mejores obras, pues siendo ya viejo, se agravó en su pecado de obscuro y conceptuoso. Los romances del corsario tienen trazas de ser de sus mas antiguas composiciones. Por cierto el romance aqui señalado con el número 2., tanto y con suma justicia celebrado por el Señor D., y que asimismo trata del cautivo de Dragut, tiene trazas de ser contemporáneo del de Góngora sobre el mismo argumento. ¿Quien sabe si otro buen poeta á competencia con él escribió sobre el mismo lance?   **A. G.**

5.

Aventuras de dos personages alegóricos, la Muerte y el Amor.

Topáronse en una venta
La Muerte y Amor un dia,
Ya despues de puesto el sol
Al tiempo que anochecia.

Á Madrid iba la Muerte,
Y el ciego Amor á Sevilla,
Á pie, llevando en los hombros
Sus caras mercaderías.

Yo pensé que iban huyendo
Á caso de la justicia,
Porque ganan á dar muerte
Entrambos á dos la vida.

Y estando los dos sentados,
Amor á la Muerte mira,
Y como la vió tan fea,
No pudo tener la risa.

Y al fin le dijo riendo:
„Señora, no sé que os diga;
Porque tan hermosa fea
Yo no la he visto en mi vida.“

Corrida la Muerte desto
Puso en el arco una vira,
Y otra en el suyo Cupido,
Y hácia fuera se retira.

Con un lanzon el ventero
De por medio se metia,
Y haciendo las amistades,
Cenaron en compañía.

Fueles forzoso quedarse
Á dormir en la cocina;

Que en la venta no habia cama,
Ni el ventero la tenia.

Los arcos, flechas y aljabas
Dan á gardar á Marina,
Una moza que en la venta
Á los huéspedes servia.

Aun no ha bien amanecido,
Cuando Amor se despedia;
Sus armas al huésped pide,
Pagando lo que debia.

El huésped le da por ellas
Las que la Muerte traia;
Amor se las echó al hombro,
Y sin mas mirar camina.

Despertó despues la Muerte
Triste, flaca y desabrida,
Tomó las armas de Amor,
Y tambien hizo su guia.

Y desde entonces acá
Mata el Amor con su vira
Mozos; que ninguno pasa
De los venticinco arriba.

Á los ancianos, á quien
Matar la Muerte solia,
Ahora los enamora
Con las saetas que tira.

Mira cual está ya el mundo,
Vuelto lo debajo arriba;
Amor por dar vida mata,
Muerte por matar da vida.

Fabulilla es la anterior al gusto de las composiciones de Ana-

creonte, y digua de entrar en parangon con las graciosas y ligeras
poesías del poeta griego.   **D.**

6.

Un amante maltratado por su querida maldice del querer bien,
y satiriza á las hembras todas.

¡Fuego de Dios en el bien querer,
Fuego de Dios en el querer bien!

Yo ví una mozuela
De buen parecer,
Liberal de manos
Y corta de pies.
Preguntóme un dia,
Porque la miré:
,,¿Qué es su pensamiento
De vuesa Merced?“
Díjela: ,,Mi alma,
Yo la quiero bien.“
Respondióme luego:
,,Yo á él tambien.“
¡Fuego de Dios etc.

Yo que soy mas tierno
Que hecho de alcacer,
Dí luego en amalla
Á lo portugues.
Sustentaba el alma
En amor fiel,
Pobre de dinero
Y rico de fé.
No nos concertamos
En todo aquel mes;
Que un amante pobre
Camina sin pies.
Díjome un testigo
De mi parecer:
,,Perdereis el seso,
Amante novel,

Conquistais empresa
De hermosa muger
Á puros suspiros,
Moneda sin ley,
Sin ver que por ellos
No habrá mercader
Que un palmo fiado
De cintas os dé.
Por buenos doblones
Si queremos bien,
Las señoras damas
Nos harán merced.
¡Fuego de Dios etc.

,,Tiempo de Leandro
Que buen tiempo fue;
Dios perdone la Ero,
Matóse por él.
Ya pasó Amádis
Lleno de oropel,
Y Reinaldos diestro
De espada y broquel.
Por selvas y montes,
Sin jamas caer,
Andaban las damas
En un palafren.
Habia doncellas
De cuarenta y seis,
Y agora de trece
Piden de comer.
Hay agora tias,
(¡Dios las haga bien!)
Que luego les muestran
Á hilar y tejer,

Y salen tan diestras
En tiempo de un mes,
Que sacan el alma
Al mas bachiller.
¡Fuego de Dios etc.

„Si teneis acaso
Las armas del rey,
Entrareis rompiendo,
Y querrános bien.

No hay vara de alcalde
Ni de otro juez,
Que tanto respeten
Como á Plus de Argel.
Anden Segovianos;
Que yo ví ante ayer
Matar una garza
Con dos veces diez."
¡Fuego de Dios en el bien querer,
Fuego de Dios en el querer bien!

7.

*Aventura del caballero que va á caza por los montes de Paris
y topa con una serrana bella, y amores entre los dos que acaban de encontrarse.*

Á caza va el caballero
Por los montes de Paris,
La rienda en la mano izquierda,
Y en derecha el neblí.

Pensando va á su señora,
Que no la ha visto al partir;
Porque como era casada,
Estaba su esposo allí.

Como va pensando en ella,
Olvidado se ha de sí;
Los perros siguen las sendas
Entre ayas y peñas mil.

El caballo va á su gusto,
Que no le quiere regir;
Cuando vuelve el caballero,
Hallóse de un monte al fin.

Volvió la cabeza al valle,
Y vió una dama venir,
En el vestido serrana,
Y en el rostro serafin.

La serrana.

„¿Por el montecico sola
Como iré?
¡Ay Dios, si me perderé!
¿Como iré triste, cuitada,
De aquel ingrato dejada?
¿Sola, triste enamorada,
Donde iré?
¡Ay Dios, si me perderé!"

El caballero.

„¿Donde vais, serrana bella,
Por este verde piñar?
Si soy hombre y voy perdido,
Mayor peligro llevais."

La serrana.

„Aqui cerca, Caballero,
Me ha dejado mi galan,
Por ir á matar un oso,
Que ese valle abajo está.

„¡O mal haya el caballero
En el monte Allubrican,

Que á solas deja su dama,
Por matar un animal!"

El caballero.

„Si os place, Señora mia,
Volved conmigo al lugar;
Y porque llueve, podreis
Cubriros con mi gaban."

Perdido se han en el monte
Con la mucha obscuridad.
Al pie de una parda peña
El alba aguardando están.
La ocasion y la ventura
Siempre quieren soledad.

Esta linda cancioncilla está en la comedia de Lope de Vega intitulada: „El villano en su rincon." donde la cantan unos, mientras otros bailan. Quizá la reflexion contenida en los dos versos últimos fue añadida por el poeta dramático á la cancion antigua. **D.**

8.

Diálogo entre dos compañeros, uno de los cuales ha perdido á su dama, que se casó con otro. Rehusa el despechado amante la nueva querida que su amigo le ofrece.

„¡Compañero, compañero,
Casóse mi linda amiga,
Casóse con un villano,
Que es lo que mas me
      dolia!

„Yo me quiero tornar Moro
Allende la morería.
Cristiano que allá pasare,
Yo le quitaré la vida."

El compañero.

„¡No lo hagas, compañero,
No lo hagas por tu vida!
De tres hermanas que tengo,
Darte he yo la mas garrida,
Si la quieres por muger,
Si la quieres por amiga."

„Ni la quiero por muger,
Ni la quiero por amiga,
Pues que no pude gozar
De aquella que mas queria."

9.

Un pastor soldado habla imaginariamente con su niña á la cual ha dejado, y como quiere purificar su proceder, cuando va á embarcarse para una expedicion de guerra.

Un pastor soldado
Las armas tomó,
Dejando sus cabras
Junto á Badajoz,
Y á la su morena,
Que triste quedó,
Asi la hablaba
Su imaginacion:
,,¡No me olvides, niña.
No me olvides, no!

,,Amanece el dia,
Resplandece el sol,
Vivo yo en tinieblas
De escura region;
Que cuando en el alma
Mueve el resplandor
De la luz del gusto,
Su noche llegó.
¡No me olvides, etc.

,,Andara en la villa
Una mala voz
Desta mi mudanza
Por quien la causó.

Maldicientes mios
Juraran que soy
Fácil y mudable
Con poca razon.
¡No me olvides, etc.

,,De un castillo fuerte,
Que bien le sé yo,
Ha de combatirte,
¡Maldígale Dios!
Defiéndete, amiga;
Dile que pasó
Tu dicha, volando
Como la ocasion.
¡No me olvides, etc.''

Con esto tocaron
Á la embarcacion.
Sus armas apresta,
Y á la mar miró;
De velas y flechas
Cubierta la vió,
Y en la atarazana
Repitió el pastor:
,,¡No me olvides, niña,
No me olvides, no!''

10.

Un enamorado pinta las extrañezas del humor caprichoso de su Juana.

Extraño humor tiene Juana;
Que cuando mas triste estoy,
Si suspiro y digo: ,,¡Hoy!''
Ella responde: ,,¡Mañana!''

Si me alegro, se entristece,
Y canta, si ve que lloro;
Y si digo que la adoro,
Responde que me aborrece;

II.   18

Y en vella tan inhumana,
Forzoso á morir estoy.
Si suspiro y digo: „Hoy!“
Ella responde: „Mañana!“

Si alzo mis ojos por vella,
Baja los suyos al suelo,
Y presto los sube al cielo,
Si los bajé como ella.
Si digo que es soberana,

Dice que demonio soy.
Si suspiro, etc.

Por vencido me condena,
Cuando pretendo victoria,
Y si pido al cielo gloria,
Me promete infierno y pena;
Y es tan cruel y tirana,
Que si ve que á morir voy,
Y suspirando digo: „Hoy!“ etc.

11.

Lamentos de la niña morena que lavando perdió los zarcillos que le había dado su querido.

La niña morena
Que yendo á la fuente
Perdió sus zarcillos,
Gran pena merece.
„Diérame mi amado,
Antes que se fuese,
Zarcillos dorados,
Hoy hace tres meses.

„Dos candados eran,
Para que no oyese
Palabras de amores
Que otros me dijesen.
Perdidos lavando,
¿Qué dirá mi ausente,
Sino que son unas
Todas las mugeres?

„Dirá que no quise
Candados que cierren
Sino falsas llaves,
Mudanza y desdenes;
Dirá que me hablan
Cuantos van y vienen,
Y que somos unas
Todas las mugeres.

„Dirá que me huelgo
De que no parece
El domingo en misa,
Ni en mercado el juéves;
Que mi amor sencillo
Tiene mil dobleces,
Y que somos unas
Todas las mugeres.

„Diráme: ¡Traidora,
Que con alfileres
Prendes de tu cofia
Lo que mi alma prende!
Cuando esto me diga,
Diréle que miente,
Y que no son unas
Todas las mugeres.

„Diré que me agrada
Su pellico el verde
Muy mas que el brocado
Que visten marqueses;
Que su amor primero
Primero fue siempre;
Que no somos unas
Todas las mugeres.

„Diréle que el tiempo
Que el mundo revuelve
La verdad que digo,
Verá, si quisiere.

¡Amor de mis ojos,
Burlada me dejes,
Si yo me mudare
Como otras mugeres!"

De este lindo romance ha hecho el Ingles Mr. Lockhart una que
llama él traduccion, desfigurándole y equivocándole todo. Supónele
el equivocado traductor romance morisco, siendo pastoril, y vistiéndole con mal adecuadas galas, finge que una hija de un rey moro
llamada Zara sea la que se lamenta por sus zarcillos perdidos, gritando repetidas veces:

¡My earrings, my earrings!
¡Mis zarcillos, mis zarcillos!

No para aqui el desvarío; pues quiere el Señor Lockhart enmendar
el original por él no entendido, y con grande seriedad y entono dice
que el hablarse en romance de ir á misa la niña y su amante ha
de haber sido una interpolacion hecha por otro poeta cristiano á la
composicion morisca. ¿Cabe mas desatinar? Todo el romance no
declara ser una pobre pastorcilla la actora? ¿Vendria bien en la hija
de un rey llorar por unos zarcillos y otras sencilleces que con tanta
propiedad están puestas en boca de una muchacha lugariña? ¿Y el
hablar de ir al mercado y de los marqueses y del pellico no dió
golpe al Señor Lockhart? Bien es verdad que el tal Señor muestra
conocer muy poco la lengua castellana, de la cual traduce. El haber tomado el romance y la niña que perdió los zarcillos por Moros
proviene sin duda de haber creido que niña morena equivalia á
niña mora ó morisca, por no saber que morena quiere decir en él
piel de color obscuro.   **A. G.**

12.

*Yendo una niña á pasearse á orillas del mar en la noche de san
Juan, pierde unos zarcillos, y por ello se lamenta.*

Íbase la niña
Noche de san Juan
Á coger los aires
Al fresco del mar.

Miraba los barcos
Que remando van,

Cubiertos de flores,
Flores de azahar.

Salió un caballero
Por el arenal;
Dijérale amores
Cortes y galan.

18 *

Respondió la esquiva,
Quísola abrazar;
Con temor que tiene,
Huyendo se va.

Salióle al camino
Otro por burlar;
Las hermosas manos
Le quiere tomar.

Entre estos desvíos
Perdido se han
Sus ricos zarcillos;
Vanlos á buscar.

,,¡Dejadme llorar,
Orillas del mar!"
,,Por aqui, por alli los ví,
Por aqui deben de estar."

Lloraba la niña,
No los puede hallar;
Danse para ellos,
Quiérenla engañar.

,,¡Dejadme llorar,
Orillas del mar!"
,,Por aqui, por alli los ví,
Por aqui deben de estar."

,,Tomad, niña, el oro,
Y no lloreis mas;
Que todas las niñas
Nacen en tomar;

,,Que las que no toman,
Despues llorarán
El no haber tomado
En su verde edad."

Quizá este romance fue inspirado por el anterior, que es lindí-simo. Tambien este, aunque sea imitacion, tiene mucho mérito. Le trae Lope de Vega en su comedia intitulada: ,,El valor de las mugeres," poniéndole de cancion que acompaña á un baile, y añadiéndole los versos que siguen:

> Tomó la niña el dinero,
> Y rogáronla que baile;
> Y como era nueva en él,
> Asi dijo que cantasen.
>
> Yo no sé como bailan aqui,
> Que en mi tierra no bailan asi;
> En mi tierra bailan de otra manera,
> Porque los dineros hacen dar vueltas.
>
> ¿Porqué no me suenan ni sus armas?
> Yo no sé como bailan etc.

Bien puede ser que las dos estrofas últimas, cuyo metro no es el de los romances, sean añadidas por el poeta dramático; pero á lo menos acaban con un pensamiento medio satírico, el cual contrasta con el tono sencillo y natural del romance.   **D.**

13.

*La moza gallega sirviente en una posada se lamenta de haber
sido engañada por un viajante que la enamoró de paso.*

La moza gallega
Que está en la posada,
Subiendo maletas
Y dando cebada,
Llorosa se sienta
Encima de un arca,
Por ver á su huésped
Que tiénele el alma,
Mocito espigado
Con trenza de plata,
Que canta bonito
Y tañe guitarra.
Con tristes suspiros
Y quejas amargas
Del rabioso pecho
Descubre las ansias:
„¡Mal haya quien fia
De gente que pasa!“

„Pensé que estuviera
Dos meses de estancia,
Y que á cabo dellos
Con él me llevara.
Pensé que el amor
Y fé que cantaba,
Supiera rezado
Tenella y guardalla;
Pensé que eran firmes
Sus falsas palabras.
¡Mal haya etc.

„Diérale mi cuerpo,
Mi cuerpo de grana,
Para que sobre él
La mano probara,
Y jugara á medias,
Perdiera ó ganara.
Hámelo rasgado
Y henchido de manchas,
Y de los corchetes

El macho le falta.
¡Mal haya etc.

„Hámele parado,
Que es vergüenza amarga;
Ay Dios! si lo sabe,
¿Qué dirá mi hermana?
Diráme que soy
Una perdularia,
Pues dí de mis prendas
La mas estimada,
Y él va tan alegre
Y mas que la pascua.
¡Mal haya etc.

„¿Qué pude hacer mas
Que darle polainas,
Poniendo en sus puntas
Encaje de Olanda,
Cocelle su carne,
Hacelle su salsa,
Encender su vela
De noche sin llama,
Y dándole gusto,
Soplar y matalla.
¡Mal haya etc.

„¡Llévame contigo!
Servirte he de gracia,
Solo par no verme
Fuera de tu alma.“
En esto ya el huésped
Las cuentas remata,
El pie en el estribo
Furioso cabalga;
Y ella que le vido
Volver las espaldas,
Con mayores llantos
Que la vez pasada,

Dice, sin poder   „¡Mal haya quien fia
Refrenar las ansias: En gente que pasa!"

14.

Un amante reconviene á su querida, porque ya no la ama, y ella le echa en cara que está casado con otra, lo cual él niega.

„¡Rosafresca, Rosafresca,   Que érades casado, amigo,
Tan garrida y con amor,   Allá en tierras de Leon,
Cuando vos tuve en mis brazos,   Que teneis muger hermosa
No vos supe servir, no,   Y hijos como una flor."
Y agora que os serviria,
No vos puedo haber, no!"

                                 „Quien os lo dijo, Señora,
„¡Vuestra fue la culpa, amigo,   No vos dijo verdad, no;
Vuestra fue, que mia no!   Que yo nunca entré en Ca-
Enviástesme una carta   stilla,
Con un vuestro servidor;   Ni allá en tierras de Leon,
Y en lugar de recaudar,   Sino cuando era pequeño,
Él dijera otra razon: Que no sabia de amor."

No se sabe si esta conversacion entre dos amantes está sacada de algun cuento ó historia ó poema de la edad media. Ha dado asunto al poeta Pinar para una glosa larga é insípida, que está en el Can-cionero en seguida de este mismo romance.   **D.**

15.

Lamentos de la tortolica, á quien el ruiseñor ha enamorado.

¡Fontefrida, Fontefrida,   Llenas son de traicion:
Fontefrida y con amor,   „Si tú quisieses, Señora,
Do todas las avezicas   Yo seria tu servidor."
Van tomar consolacion,
Sino es la tortolica,   „¡Vete de ahi, enemigo,
Que está viuda y con dolor!   Malo, falso, engañador!
                                 Que ni poso en ramo verde,
Por ahi fuera á pasar   Ni en prado que tenga flor;
El traidor del ruiseñor;   Que si hallo el agua clara,
Las palabras que él decia,   Turbia la bebia yo.

„Que no quiero haber marido, ¡Déjame, triste, enemigo,
Porque hijos no haya, no;   Malo, falso, mal traidor!
No quiero placer con ellos,   Que no quiero ser tu amiga,
Ni menos consolacion.   Ni casar contigo yo.“

Luis Velez de Guévara en su comedia de „Los hijos de la Barbuda“ (Doña Blanca de Guévara) cita el anterior romance muy en otros términos y como sigue:

Fontefrida, Fontefrida,
Fontefrida con amores,
Todas las avecillas
Cantan, cuando sale el sol.

Alli canta la calandria,
Alli canta el ruiseñor;
Alli canta el gilguerillo
Y el chamariz parlador.

Si no fue la tortolilla,
Que nunca cantara, non,
Nin reposa en rama verde,
Nin pisa yerba ni flor,
Porque á la su compañera
La muerte se la llevó.

Matósela un ballestero,
¡Dios le dé mal galardon!
¡No acierte á cosa que tire
Con la jara á su sabor!

¡Y todo lo que yantare,
Que le faga mala pro,
Porque apartó dos quereres
Que hobo juntado el amor!

Quizá es esta última la verdadera cancion de Fontefrida, y el original de la que mas arriba en esta coleccion va inclusa, la cual como obra poética es inferior á ella. Sin embargo en el Cancionero de romances y en el Cancionero general solo viene la primera, sobre la cual tambien un poeta harto mal inspirado por su númen compuso una glosa.   **D.**

16.

Una linda zagala despues de bailar con gracia canta al pandero,
declarando sus afectos, que deben de ser de amores.

Una zagaleja,
Á quien quiso el cielo
Dar gracia y donaire
En rostro y cabello;

Á quien los jazmines
Y claveles dieron
Mas color prestado
Que les quedó á ellos;

Á quien el Amor
Le dió palma y cetro,
Por ser mas hermosa
Que la diosa Vénus,

Vistióse de pascua
Dia de año nuevo,
Porque cumple años,
Y empieza tormentos.

De azul claro viste,
Con ribetes negros,
Por dar claro indicio
De sus tristes celos.

Con cintas pajizas
Prende sus cabellos,
Patena y corales
Adornan su cuello.

Era la pastora
Gallarda de cuerpo,
Si en extremo hermosa,
Discreta en extremo.

Fue al baile bizarra,
Y al son del salterio
Bailó con Bártolo
El gallo del pueblo.

Desque hubo bailado,
Que fue gloria el verlo,
Diéronle entre todas
El mejor asiento.

Todas la bendicen,
Y la de Anton Crespo
Ruégala que cante,
Y cantó al pandero:

„Á la villa voy,
De la villa vengo;
Que si no son amores,
No sé que me tengo.

„Si voy á poblado,
Vuelvo mas perdida,
El alma afligida,
Y el cuerpo cansado.
Con este cuidado
El alma entretengo;
Que si no son etc.

„Todo mi contento
Fabrico en el aire,
Por hacer donaire
De un ligero viento;
Vuela el pensamiento
Donde voy y vengo;
Que si no son etc."

17.

Consejos á una zagala que tenta de enamorarse.

Zagala mas que las flores
Blanca, rubia, y ojos verdes,
Si piensas seguir amores,
Piérdete bien, pues te pierdes.

Busca, Señora, tu igual,
Si piensas ser piadosa,
Y un hombre tan principal,
Cuanto tu eres hermosa;
Y si haces otra cosa,

Á fé que de mí te acuerdes.
Si piensas seguir etc.

Zagala mas que divina,
No te ciegues brevemente;
Quien presto se determina,
Muy mas presto se arrepiente.
Mira con amor la gente,
Abre esos ojuelos verdes.
Si piensas seguir etc.

18.

Requiebros á una hermosa con ojuelos verdes.

¡Ay ojuelos verdes!
¡Ay los mis ojuelos!
¡Ay hagan los cielos
Que de mí te acuerdes!

El último dia
Quedastes muy tristes,
Y os humidecistes
En ver que partia
Con el agonía
De tantos pesares.
Cuando te acostares,
Y cuando recuerdes,
¡Ay hagan los cielos etc.

Tengo confianza
De mis verdes ojos
Que de mis enojos
Parte les alcanza.
Ojos de esperanza
Y de buen agüero,
Por quien amo y quiero

Los colores verdes,
¡Ay hagan los cielos etc.

¡Ay Dios, quien supiese
Á que parte miras,
Y cuando suspiras,
La causa entendiese,
Y se te sintiese
Un cierto dolor
De que un servidor
Verdadero pierdes!
¡Ay hagan los cielos etc.

Un solo momento
Jamas vivir supe,
Sin que en tí se ocupe
Todo el pensamiento.
Mis ojos, si miento,
Dios me dé el castigo;
Y si verdad digo,
Mis ojuelos verdes,
¡Ay hagan los cielos
Que de mí te acuerdes!

Este romance está sacado del Cancionero general. Los ojos verdes, hoy tenidos en poco eran muy apreciados en la edad media y celebrados por muchos poetas españoles.   **D.**

19.

Sátira de varios vicios y rarezas de los hombres.

¡Qué del buen siglo dorado,
Qué de la memoria sola!
Pero como el mundo es bola,
¡Qué mucho que haya rodado!
Que vista seda y brocado
Quien vestia lana y cerda,
Y que el mundo no se pierda
Con tan extraña locura,
¡Válgame Dios, que ventura!

Que el novicio pretendiente,
Letrado del *A*, *B*, *C*,
Le provean, porque fue
Pasaquí del presidente;
Que en exámen de inocente
Haya salido aprobado,
Y valga mas este grado
Que alguna colegiatura,
¡Válgame Dios, que ventura!

Que la niña hermosa y bella
Se nos venda por honrada,
Cuando la madre taimada
Solo trata de vendella;
Que se nos haga doncella
La que tan libre ha vivido,
Y despues halle marido
Que trague la soldadura,
¡Válgame Dios, que ventura!

Que al médico celebrado,
En su facultad experto
Mas por los hombres que ha muerto

Que no por los que ha sanado,
En un dolor de costado
Con violas y sangrías
Vuele el enfermo en tres dias,
Y que le paguen la cura,
¡Válgame Dios, que ventura!

Que la cascante casada,
Escuela de sustentantes,
Traiga diversos penantes
Sedientos de su penada;
Que tengan unos entrada,
Cuando otros tienen salida;
Y que sabiendo esta vida,
Tenga el marido cordura,
¡Válgame Dios, que ventura!

Que el marido á su muger
Halle copete altanero,
Sin gastar de su dinero
Cuanto monta un alfiler;
Que en sentándose á comer
Le lleguen varios presentes,
Y que habiendo estos pacientes,
Haya en campo verdura, etc.

Que la dama cortesana,
En su doble trato experta,
Dando á todos franca puerta,

Niegue á todos la ventana;
Que peine mas de una cana,
Y que fingiéndose niña

El uno dé la basquiña,
Y el otro la bordadura,
¡Válgame Dios, que ventura!

20.

Cuales cosas son muy posibles y cuales imposibles.

Que se case un Don Pelote
Con una dama sin dote,
Bien puede ser;
Mas que no dé algunos dias
Por un pan sus damerías,
No puede ser.

Que pida á un galan Menguilla
Cinco puntos de servilla,
Bien puede ser;
Mas que calzando diez Menga,
Quiera que justo le venga,
No puede ser.

Que la viuda en el sermon
Dé mil suspiros sin son,
Bien puede ser;
Mas que no los dé á mi cuenta,
Porque sepan do se asienta,
No puede ser.

Que anda la bella casada
Bien vestida y mal celada,
Bien puede ser;
Mas que el bueno del marido
No sepa quien da el vestido,
No puede ser.

Que se precie un Don Pelon
Que ha comido un perdigon,
Bien puede ser;
Mas que la viznaga honrada
Non diga que fue ensalada,
No puede ser.

Que anochezca cano el viejo,
Y que amanezca bermejo,
Bien puede ser;
Mas que á creer nos estreche
Que es milagro y no escabeche,
No puede ser.

Que la del color quebrado
Coma barro colorado,
Bien puede ser;
Mas que no creamos todos,
Que tales barros son lodos,
No puede ser.

Que sea el médico mas grave,
Si mas aforismos sabe,
Bien puede ser;
Mas que no sea mas experto
El que á mas hubiere muerto,
No puede ser.

Que sea el otro letrado
Por Salamanca graduado,
Bien puede ser;
Mas que traiga buenos guantes,
Si no tiene pleiteantes,
No puede ser.

Que una puerta abrirse pueda
Mucho despues de la queda,
Bien puede ser;
Mas que no sea necedad
Avisar la vecindad,
No puede ser.

Que con piedad y atencion
Pida Gila una cancion,
Bien puede·ser;
Mas que no sea mas piadosa
Á dos escudos en prosa,
No puede ser.

Que pida una dama esquiva
Bolsa abierta ,y lengua viva,
Bien puede ser;
Mas que quiera sin dar puerta
Lengua viva y bolsa abierta,
No puede ser.

21.

Mustafá Turco se parte á la conquista de Malta, y pasando al irse á embarcar por debajo del balcon de Zaida su amada, esta le entrega una prenda, que él ufano recoge, y con la cual gozoso se ausenta.

Sembradas de medias lunas
Capellar, marlota y manga,
Y de perlas el bonete
Con plumas verdes y blancas,

El gallardo Mustafá
Se parte, rompiendo el alba,
Adonde la armada fuerte
De su rey le espera y llama.

Y de la mar las trompetas,
Chirimías, pitos, flautas,
Añafiles, sacabuches
Le hacen la seña y la salva.

Cabalga el bizarro Turco
Á la brida y la bastarda
En un caballo mas blanco
Que la blanca nieve helada,

Ligero, brioso y fuerte,
Con unas cfes por marcas;
Que hasta en el caballo quiere
Mostrar su fé limpia y casta.

Pártese el bizarro Turco
Á la conquista de Malta,
Y á otra mayor conquista
Que tiene en su pecho y alma.

Y de la mar las trompetas,
Chirimías, pitos, flautas
En voz formada le dicen:
„¡General, embarca, embarca!“

Responde el Amor por él:
„¿Adó, Fortuna, me llamas?
¿Quieres te busque en el mar,
Pues en la tierra me faltas?

„¿Piensas que de la mar pueden
La multitud de las aguas
Aplacar la mayor parte
De este fuego que me abrasa?“

Y con este sentimiento
Por delante el balcon pasa,
Adó le amanece el dia
Á la noche de sus ansias.

Y reparándose todas,
Viendo presente la causa
Dispuesta á darle favores,
Que ya de desden se cansa.

„Hermosa Zaida, le dice,
Si mi presencia te enfada,
Dame una prenda á tu gusto
Con la licencia que parta.“

„De tu partida me pesa,
Le responde; pero basta,
Con que lleves esta prenda,
De aquestas manos labrada.“

En los estribos el Moro,
Del capellar en la manga
Las dulces prendas recoge
De la que le prenda y mata.

Descubre un lienzo labrado
De oro fino y seda parda,
Con la rueda de fortuna
Á lo vivo dibujada.

Y de la mar las trompetas,
Chirimías, pitos, flautas
En voz formada le dicen:
„¡General, embarca, embarca!“

„¡No tan apriesa, enemigos!
Dejadme gozar la palma

Que mis deseos encumbra
Y mis razones ensalza.

„Y porque á la cumbre suba,
Tan solo mi Zaida falta,
Que quieras tú dar la mano
Á quien das mano y palabra.“

„Conténtate por agora,
Dice la bella sultana;
Que el tiempo lo cura todo,
Y como venga, no tarda.“

De alegre y contento el Moro
Mudo con los ojos habla,
Y pártese, porque es fuerza,
Y el cuerpo parte sin alma.

Y de la mar las trompetas,
Chirimías, pitos, flautas,
Añafiles, sacabuches
Le hacen la seña y salva.

22.

Conorte y consejos á las damas que se van á coger el trebol y
divertirse en la mañana de san Juan.

Á coger el trebol, Damas,
La mañana de san Juan,
Á coger el trebol, Damas;
Que despues no habrá lugar.

Salid con la aurora,
Cuando el campo dora,
Y vereis bordado
De aljófar el prado.
Cogereis las flores
De varias colores,
De que en vuestras faldas
Tejereis guirnaldas,

Con que al niño ciego
Podreis coronar.

Á coger etc.

Vereis como el alba
Hace al mundo salva,
Y cantan las aves
Con voces suaves.
Vereis en la fuente
Cristal trasparente,
Que por mil soslayos
Le hieren los rayos,

Adonde el fresco
Podreis bien gozar.

Á coger el trebol, Damas;
Que despues no habrá lugar.

Cogereis la rosa
Con la viola hermosa,
El jazmin preciado

Y el lirio morado,
Los rojos claveles
Con los mirabeles,
Y á vuelta de grama
Pajiza retama,
Con otras mil flores
Dignas de loar.

Á coger etc.

El siguiente es otro romance sobre el mismo asunto:

Vamos á coger verbena,
Poleo con yerba buena.

Vamos juntos, como estamos,
Á coger mirtos y ramos,
Y de las damas hagamos
Una amorosa cadena.
Vamos á coger verbena,
Poleo con yerba buena.

Vamos á coger las flores,
Que es insignia de amadores,
Porque si saben de amores,
Las reciban por estrena.
Vamos á coger verbena,
Poleo con yerba buena.

Las fiestas de la noche y mañana de san Juan son generales, y mas que en otras tierras en las del mediodía de Europa. Lope de Vega llama á la tal noche „la mas pública noche de Europa,“ y de ella toma argumento para una comedia titulada: „La noche de san Juan.“ Alli cantan como sigue:

Salen de san Lúcar,
Rompiendo el agua,
Á la torre del oro
Barcos de plata.

Verdes tienes los ojos,
Niña, los juéves,
Que si fueran azules,
No fueran verdes.

Salen de Valencia
Noche de san Juan
Dos pescados salados
Al fresco del mar.

En otra de sus comedias, cuyo título es: „Lo cierto por lo
dudoso,“ se empieza con la celebracion de la fiesta de que aqui
ahora se habla, diciendo:

> Es la noche de san Juan
> Y la fiesta de Sevilla, etc.

Asimismo en otra comedia del mismo poeta intitulada: „El postrer
Godo de España“ cantan los versos siguientes sobre la misma
fiesta:

> Vamos á la playa
> Noche de san Juan;
> Que se alegra la tierra,
> Y retumba el mar.
>
> En la playa hagamos
> Fiesta de mil modos,
> Coronados todos
> De verbena y ramos.
>
> Á su arena vamos
> Noche de san Juan;
> Que se alegra la tierra,
> Y retumba el mar.

Fuerza es creer que habia romances viejos llenos de alusiones
sobre las cosas que creia el vulgo relativamente á la fiesta de que
se trata. En la citada comedia de „La noche de san Juan“
por Lope de Vega se dice de una:

> Como yo lleva tendidos
> Los cabellos virginales;
> Que crecen mucho esta noche
> Segun los viejos romances.

Durante las tales fiestas cantaban las gentes muchas coplas ma-
lísimas. Por eso en la comedia de „El Amete de Toledo“ por
el mismo Lope dice un criado:

> Nunca en noche de san Juan
> Buenas músicas se dan.

Tampoco los poetas modernos han desatendido una fiesta tan popular. Melendez Valdes canta las diversiones de la misma noche
y mañana en una de sus composiciones titulada: „La mañana de
san Juan.“ Iglesias de la Casa tambien tiene en sus obras
un romance con el título de: „El ramo de la mañana de san
Juan,“ refiriéndose á un ramo presentado en esta ocasion á su querida. Véanse las Poesías de Don Joséf Iglesias de la Casa.
Paris, 1821, Tom. I., p. 55.

Véanse asimismo los primeros versos de tres romances mas antiguos, contenidos en el pequeño Cancionero de Don de Vera, los
cuales dicen asi:

    1. Este dia de san Juan
       ¡Ay de mí!
       Que no solia ser ansi.

    2. Ya no me porné guirnalda
       La mañana de san Juan,
       Pues mis amores se van.

    3. Suelen los pastores
       Que son namorados
       Dejar sus ganados,
       Por coger hoy flores.   **D.**

23.

Descífranse unas enigmas, por el cual medio se satirizan vicios
y rarezas de los hombres.

De unas enigmas que traigo
Bien claras y bien dudosas .
Pide la definicion
Un hombre que las ignora.
Ser una dama de corte
Destas que corren agora,
Morena cuando amenece,
Y blanca de alli á dos horas,
¿Qué es cosicosa?

Tener una buena vieja
Pobre bacienda y hija her-
       mosa,
Ser Maribernandez ayer,
Y de alli á un mes Doña Al-
       donza,
Tener galas y galanes,
Labrar casas, comprar joyas,
Haber parido una vez,
Venderse por vírgen otra,
¿Qué es cosicosa?

Tener hermosa muger,
Sin tener hacienda propia
Mas de aquella que en el
       rostro
Le puso la gran pintora.
Comer los dos sin traello,
Vestir sin que cueste cosa,
Y tener lo mas del año
Bien bastecida la bolsa,
¿Qué es cosicosa?

Partirse á una comision
Un buen hombre, y cuando
       torna,
En su casa hallar enferma
De mal de bazo á su esposa;
Estarse un año sin verla,
Y en una semana sola
Que la trata su marido,
Parir y publicar honra,
¿Qué es cosicosa?

Que pretendan dos casarse,
Que es averiguada cosa;
Que el uno nació en Vizcaya,
Y el otro en Constantinopla;
Que por ser pobre, no halle
El Vizcaino una novia,
Y halle ciento, por ser rico,
El sucesor de Mahomá,
¿Qué es cosicosa?

Que se esté en su encerra-
   miento
La doncella virtuosa,
Que en sus manos y su aguja
Se encierra su hacienda toda;

Y que siendo la virtud
La mas estimada joya,
Nadie por muger la pida,
Porque le faltan esotras,
¿Qué es cosicosa?

Que traiga una buena viuda
Negro luto y blancas tocas,
Que en vida de su marido
Fue tan libre como agora;
Que no lo temiese vivo,
Y muerto, esté tan medrosa,
Que todas las noche dé
Orden en no dormir sola,
¿Qué es cosicosa?

24.

Consejos á una niña sobre que goce amando los años de su mocedad.

En tanto que el Abril dura,
Goza, niña, tu hermosura;
Antes que el Agosto venga,
Goza, niña, la primavera.

Rinde parias al Amor,
Dándole alegre tributo;
Que es bien que se coja el
   fruto
Que se sigue tras la flor.

No te trates con rigor,
Ni vendas caros favores;
Y si tienes amadores,
Da riendas á su locura.

En tanto que el Abril dura,
Goza, etc.

Sírvete de la ocasion,
Ten por cierto desengaño

Que hay solo un Mayo en el
   año,
Lo demas es invencion.
Sabrá lograr tu aficion,
Viéndola algo barata;
Que si te muestras ingrata,
Será dilatar la cura.

En tanto que el Abril dura,
Goza, etc.

Goza del tiempo lozano,
Pues que te ofrece el en-
   vite;
Procura no se marchite
Con el calor del verano.
Da á pasadumbres de mano,
Y vivirás con sosiego;
Que si se apaga ese fuego,
Vendrás á quedar escura.

En tanto que el Abril dura,
Goza, niña, tu hermosura;

Antes que el Agosto venga,
Goza, niña, la primavera.

25.

*Arnoldo, capitan de una frontera por el rey cristiano Fernando,
se está gozando de su Celia, cuando se la roba Muley Terraez,
corsario argelino, que viene á dar tributo á España. Húyese
Arnoldo cautivo por seguir y libertar á la esposa, y congracián-
dose esta con el rey, logra verse libre con su marido, quedando
degollado el robador por real mandamiento.*

Ageno de tener guerra
Está el valeroso Arnaldo,
Capitan de una frontera
Por el ínclito Fernando.
Gozando está de su Celia
Con quietud y sin cuidado,
Cuando Muley Terraez,
De Argel astuto corsario,
Viene á pagar el tributo,
Como quedó concertado;
Y porque viene de paz,
Dan voces los de su bando:
„¡Lanza ferro,
Á tierra, á tierra!"
Y los de la fortaleza
Para seguro disparan
Apriesa apriesa una pieza.

Poco le duró el contento
Á aquel capitan gallardo,
Pues que en trueque del rescate
Se le llevó el renegado
Á su bella esposa un dia,
Cuando vió que asegurado
De su gran traicion vivia,
Y ella salió por el campo,
De que la metió en su fusta
Con silencio y con recato.
Á los marineros dice:
„¡Alza el ferro, ó corta el cabo!"
Y el cómitre silba y dice:

„¡Leva, leva!"
Y los de la fortaleza:
„¡Guerra, guerra,
Dispara apriesa una pieza!"

„Hagan grandes luminarias,
Dice Arnaldo alborotado,
Aunque en vano es trabajar,
Porque van el mar sulcando."
De su fuerza se despide
Confuso y desesperado,
Y siendo libre, se hizo
De un Moro sugeto esclavo,
El cual le llevó cautivo
Á Argel, do fue rematado
Tres veces en almoneda,
Hasta ser del rey comprado.
Y el cómitre silba y dice:
„¡Leva, leva!"
Y los de la fortaleza:
„¡Guerra, guerra,
Dispara apriesa una pieza!"

El capitan reconoce
Á su cara esposa bella,
Y aunque con las lenguas callan,
Los ojos sirven de lenguas.
Servia Celia al rey de page,
El cual namorado della,
Dice: „Si, como eres sol,
Fueras, Celia, luna bella,

De contino me alumbrara
El claro de tal estrella."
Celia respondió: „Señor,
No fue mi dicha tan buena."
Y el cómitre silba y dice:
„¡Leva, leva!"
Y los de la fortaleza:
„¡Guerra, guerra,
Dispara apriesa una pieza!"

Y como vidó ocasion,
Al rey le dice una siesta
Como es Arnaldo su hermano,
Que se hizo esclavo por ella.
El rey le replica y dice:
„Celia, gran mentira es esa,
Porque nunca amor de hermano
Hizo tal prueba y fineza;
Pero si dices verdad,
Haré con tí una franqueza
De dar á ambos libertad,
Para que os vais á tu tierra."

Y el cómitre silba y dice:
„¡Leva, leva!"
Y los de la fortaleza:
„¡Guerra, guerra,
Dispara apriesa una pieza!"

Celia le dijo: „Señor,
La verdad del caso es esta
Que es Arnaldo mi marido,
Y yo fio en tu clemencia
Que nos darás libertad."
Dijo el rey: „Concédoos esa,
Porque entendais que entre Moros
Hay sangre, virtud, nobleza."
Con esto les despidió,
Dándoles mucha riqueza,
Y á Muley Terraez quitó
Por su traicion la cabeza,
Por lo que todos los suyos
Muestran dolor y tristeza;
Y los de la fortaleza
Regocijados dan voces:
„¡Dispara apriesa una pieza!"

26.

Cuenta una muchacha á su madre haberse enamorado de un caballero que la pretendió y olvidó pronto, y al cual echa repetidas maldiciones.

Madre, un caballero
Que á las fiestas sale,
Que mata los toros
Sin que ellos le maten,
Mas de cuatro veces
Paseó mi calle,
Mirando mis ojos,
Porque le mirase.
　¡Rabia le dé, madre,
Rabia que le mate!

Músicas me daba
Para enamorarme,

Papeles y cosas,
Que las lleva el aire.
Siguióme en el baile
De dia y de noche
Sin querer dejarme.
　¡Rabia le dé, etc.

Y de mis colores
Dió en vestir sus pages
Al uso moderno,
Que es corto de talle.
Como son mis bienes,
Lo fueran mis males,

Nunca aquestas cosas,
Madre, fueran tales,
Ni jamas lo fueran
Para enamorarme.
  ¡Rabia le dé, madre,
Rabia que le mate!

Viéndome tan dura,
Procuró ablandarme
Por otro camino
Mas dulce y suave.
Dióme unos anillos
Con unos corales,
Zarcillos de plata,
Botillas y guantes.
Dióme unos corpiños
Con unos cristales;
Negros fueron ellos,
Pues negros me salen.
  ¡Rabia le dé, etc.

Perdí el desamor
Con las libertades;
Quísele bien luego,
Bien le quise, madre.
Empecé á quererle,
Empezó á olvidarme;
Muérome por él,
No quiere mirarme.
  ¡Rabia le dé, etc.

Pensé enternecerle
Mejor; mala landre!
Halléle mas duro
Que unos pedernales.
Anda enamorado
De otra de buen talle,

Que al primer billete
Le quiso de balde.
  ¡Rabia le dé, etc.

¡Nunca yo le fuera,
Madre, miserable!
Pues no hay interes
Que al fin no se pague.
Mal haya el presente
Que tan caro sale,
Y mal haya él
Que tanto mal sabe.
  ¡Rabia le dé, etc.

Y al correr los toros
Mañana en la tarde
No haga las suertes
Que mi alma sabe.
Fáltele la lanza,
Y el rejon le falte,
Con que antaño hizo
Tan vistosos lances;
Y cuando en las cañas
Mas gallardo ande,
Cañazo le den
Que le descalabren.
  ¡Rabia le dé, etc.

Y al correr la plaza
Con otros galanes
Caida dé él solo
Que no se levante.
Salga de las fiestas
Tal, que otros le saquen,
Y cuando estas cosas,
Madre, no le alcancen,
  ¡Rabia le dé, etc."

27.

Cuidando Cimocho unos ánsares ó gansos, los ve volar, y saca de ello motivo para hablar de sus penas amorosas, causadas por la cruel Bartolilla.

,,¡Válame Dios, que los ánsares
           vuelan!
¡Válame Dios, que saben volar!"

Guardaba Cimocho
Junto á su lugar
Ánsares y penas,
Que cuidados dan.
De que se le fuesen
Descuidado está,
Por ser el que ignora
Fácil de engañar.
En las alagunas
Los dejó bañar,
Que vierten sus ojos
Mas de la mitad.
Como vuelve y mira
Que volando van,
Espantado dice
De tal novedad:

,,¡Válame Dios, que los ánsares
           vuelan!
¡Válame Dios, etc."

,,Ay congojas mias,
¿Como no volais
De mi triste pecho
Para no tornar?
¿Como haceis milagros
De mi propio mal,

Que imposibles cosas
Posibles tornais?
¡Cruel Bartolilla,
Contenta estarás
Que no eres tú sola
Quien pena me da!"
Y luego repite,
Volviendo á mirar,
Como de la tierra
No parecen ya:

,,¡Válame Dios, que los ánsares
           vuelan!
¡Válame Dios, etc."

,,Mi desdicha fiera
Sus alas os da,
Porque ya mis dichas
Quemadas están.
Quítome á Bartola,
Que tambien se va
Huyendo de mí
Por otro zagal.
Siempre lo temí
Lo que he visto ya;
Mas de que voláseis,
Nunca pensé tal."

,,¡Válame Dios, que los ánsares
           vuelan!
¡Válame Dios, etc."

28.

Dase una dama casada á si misma el parabien de su fortuna,
por tener un marido á su gusto y de muchas prendas, y ademas
de él tres galanes.

Lo que me quise, me quise,
     me tengo;
Lo que me quise, me ten-
     go yo.

Ya que por mi suerte
El cielo ordenó,
Siendo flor de niñas,
Casarme en mi flor,
Porque mis madejas
Gozase mejor,
Y urdiese con ellas
Mil telas de amor,
Me ha dado un marido
Muy á mi sabor,
Pintado á mi gusto,
Cual le pinto yo.
Lo que me quise, me quise,
     me tengo;
Lo que me quise, me tengo yo.

Hombre bien sufrido,
Nada gruñidor,
Bien contentadizo,
Mejor condicion.

No es escrupuloso,
Ni le da pasion
Saber que mi casa
Visita el prior.
Como sin traello
Piensa que á los dos
Nos lo trae un cuervo,
Como á san Anton.
Lo que me quise, me quise,
     me tengo;
Lo que me quise, me tengo yo.

Tengo tres galanes,
Y con ellos doy
Sustento á mi casa
Y á mi recreacion.
Para mis pendencias
Tengo un Cipion,
Bravo pendenciero
Y acuchillador,
Un naval Carmelo
Para provision,
Y para mi gusto
Tengo un Absalon.
Lo que me quise, me quise,
     me tengo;
Lo que me quise, me tengo yo.

29.

Al son de la guitarra describe un quidam *la isla de Chacona*
ó Cucaña, y celebra los extraños regalos que en sí contiene
aquella tierra.

Ahora que la guitarra
Me sirve de voz sonora
Y de lengua con que pueda
Cantaros esta historia,

Antes que os dé cuenta larga,
Sumada en palabras pocas,
De la tierra que pisais,
De la gente y de sus cosas,

Sabed que los de esta isla
No podemos decir cosa
Sin la guitarra, cantando
Á este son y de esta forma:

Esta tierra, amigos mios,
Es la isla de Chacona,
Por otro nombre Cucaña;
Que de ambos modos se nombra.

Los aires de este pais
Son ventecillos que soplan,
Por regalar el olfato,
La fragrancia de las rosas.

Cristales frescos las aguas,
Con muchas fuentes de aloja,
Y á cada paso entre nieve
De vino mil cantimploras.

De la otra parte del rio
Hay árboles que sus hojas
Dan panecillos de leche,
Y por fruta llevan roscas.

Los huesos de aquesta fruta
Son mantequillas y lonjas,
Que dentro en los panes nacen,
Con que se pringuen y coman.

Hay un árbol que es tan grande,
Que debajo de su sombra

Caben cuarenta mil mesas,
Y en cada veinte personas.

La fruta de este son pavos,
Perdices, liebres, palomas,
Carneros y francolines,
Gallinas, capones, pollas.

Todos se nacen asados,
Ó guisados de tal forma,
Que parece que da el árbol
Tambien cazuelas y ollas.

Y en sentándose en la mesa,
Solo con que un hombre ponga
La vista en lo que desea,
Se cae á pedir de boca.

Cada Chacon de nosotros
Tiene á su mando seis mozas,
Una aguileña de rostro,
Y otra de rostro redonda;

Otra blanca, cabos negros,
Y de ojos azules otra,
Otra morena con gracia,
Y con donaire una gorda.

Y cada semana quitan
Estas seis, y nos dan otras,
Y esta sí que era vita bona.
¡Vámonos todos á Chacona!

Los pueblos todos tienen figurada allá en su imaginacion una tierra donde hay todos los deleites de que ellos carecen. Para los Franceses es la tierra ó digamos el pais de Cocagne, para los Españoles es la isla de Chacona. Mas adelante se pondrá una cancion sobre el descubrimiento de la tal isla afortunada. **D.**

30.

Disputan un marido y su muger, pidiendo ella que le compre
él una saboyana, y excusándose él con que está pobre y anda
mal vestido, sin lograr que desista de su ruego la pedigüeña.

La muger.

Compradme una saboyana,
Marido, ¡asi os guarde Dios!
Compradme una saboyana,
Pues las otras tienen dos.

El marido.

¿Saboyana? Caro el trigo,
Mis hijos lloran por pan,
Yo del cárcel salido
Por vuestro negro fustan.

La muger.

Otros harto lo dan.
Marido, ¡asi os guarde Dios!
Compradme una saboyana,
Pues las otras tienen dos.

Cuando me paro á la puerta,
Ó me pongo en la ventana,
Mas me querria ver muerta
Que hallarme sin saboyana.

Y pues es cosa tan sana,
Marido, ¡asi os guarde Dios!
Compradme una saboyana,
Pues las otras tienen dos.

El marido.

La que trae saboyana,
Ha de tener muchas cosas,
Mucha renta, mucha fama,
Muchas visitas honrosas.

La muger.

Tráenla veinte mocosas.
Marido, ¡asi os guarde Dios!
Compradme una saboyana,
Pues las otras tienen dos.

El marido.

Muger, ¿no mirais mi afan,
Y vuestros hijos chiquitos,
Que todos claman por pan,
Y hunden la casa á gritos?

La muger.

Envialdos para malditos.
Marido, ¡asi os guarde. Dios!
Compradme una saboyana,
Pues las otras tienen dos.

El marido.

Muger, en tiempo tan santo
No entendais en cosa vana;
Quien lleva rebozo y manto,
No le pega saboyana.

La muger.

Antes iré mas galana.
Marido, ¡asi os guarde Dios!
Compradme una saboyana,
Pues las otras tienen dos.

El marido.

Ten en la memoria y seso,
Por sostener yo tu estado,
Que estuve tres meses preso,
Por sacarte el verdugado.

La muger.

Ya Dios quiso que es pagado.
Marido, ¡asi os guarde Dios!
Compradme una saboyana,
Pues las otras tienen dos.

El marido.

Señora, si bien mirais,
Como ando yo vestido,
No sé como no llorais
Mi capa y sayo raido.

La muger.

Sacados otro vestido,
Marido, ¡asi os guarde Dios!
Compradme una saboyana,
Pues las otras tienen dos.

No alterqueis tantas razones
Por no me dar saboyana;

Que me echaré á los leones,
Ó por aquella ventana.

Y pues la trae fulana,
Marido, ¡asi os guarde Dios!
Compradme una saboyana,
Pues las otras tienen dos.

Con sumo ingenio y chiste está contada la disputa conyugal que
antecede. El romance donde está ha de ser obra escrita á fines del
siglo XVI. ó á principios del XVII., pues es parte de la pequeña
coleccion de Blas de Aitona, intitulada: „Coplas agora nuevamente hechas,“ publicadas en Cuenca en 1608. La saboyana era
entonces (segun parece) un trage muy al uso. **D.**

31.

Pinta un enamorado la gracia con que coge jazmines su querida.

Miro á mi morena,
Como en mi jardin
Va cogiendo la rama
Del blanco jazmin.

Atento la miro,
Su ser contemplando,
Que de cuando en cuando
Arrojo un suspiro;
Y aunque me retiro
De darle pena,
Tiénela por buena,
Por llegar al fin, [1]

Porque coge la rama
Del blanco jazmin.

Algo desmayada
Trepa entre las flores,
Mudando colores,
Se queda turbada,
Y es tan agraciada,
Que con suspirar
Me hace recordar
Si quiero dormir,
Porque coge la rama
Del blanco jazmin.

En otra composicion exhorta el poeta á la niña á que no toque
á un jazmin, diciéndole:

Deja las flores del huerto, niña,
Deja las flores; que te prenderán.

---

[1] Por lograr su fin.

Deja el jazmin oloroso
Cerca del clavel preciado.

. . . . . .

Ya sabes que tiene pena
Quien coge de lo vedado.
Mira que el primer bocado
Fue del hombre la cadena, etc.   **D.**

32.

Habla la toquera del modo como vende sus tocas.

Soy toquera y vendo tocas,
Y tengo mi cofre donde las
    otras.

Es chico y bien encorado,
Y le abre cualquiera llave,
Con tal que primero pague
El que le abriere el tocado;
Que yo no vendo fiado
Como otras toqueras locas,
Y tengo etc.

Es mi cofre de una pieza,
Pero caben muchas dentro,
Y no le vereis el centro,
Aunque metais la cabeza.
Y negocio con presteza,

Y despecho bien mis tocas,
Y tengo etc.

Lo que mas todos le alaban,
Es que no consiente clavo;
Que los hincan hasta el cabo,
Y al momento se declavan,
De cualquiera gozne traban.
No le manchan cosas pocas,
Y tengo etc.

Vendo tocas encerradas
Y descansos muy delgados,
Y diferentes tocados,
Si hay pagas adelantadas,
Y aunque las compro estiradas,
Por vender mas, las doy flojas,
Y tengo etc.

33.

*Cuenta una casada, como á ruego de su marido le ha cantado
una cancion, en la cual le llama torillo fosquillo.*

Estando un dia en la villa,
Porque la regocijase,
Me mandó que le cantase
Mi marido una coplilla,

Por quitarme de rencilla.
¡Ucho ho! le respondi:
„¡Vente á mí, torillo fosquillo!
¡Toro fosco, vente á mí!"

Amañábasele mal
Á mi marido el oficio,
Y por darse mas el vicio,
Metió en casa un oficial,
Que le va saliendo tal,
Que de alegre dice asi:
„¡Vente á mí, torillo fosquillo!
¡Toro fosco, vente á mí!"

Hanle nacido en la frente
Unos dos pámpanos locos,
Que de velle hace cocos
Á mi marido la gente,

Y pregúntame el paciente:
„¿De qué se rien de mí?
¡Vente á mí, torillo fosquillo!
¡Toro fosco, vente á mí!"

¡Ay madre, aquel Acteon,
Cuando allá en la fuente clara
Os echó el agua en la cara
Diana sin dilacion,
Cantáseisme una cancion!
¡Ucho ho! le respondí:
„¡Vente á mí, torillo fosquillo!
¡Toro fosco, vente á mí!"

34.

*Habla un enamorado con el Ebro y la ribera, y con los árboles
y aves que hay alli cerca, pidiéndole que le den nuevas de sus
amores y de su amada.*

Ebro caudaloso,
Fértil ribera,
Deleitosos prados,
Fresca arboleda,
Decilde á mi niña,
Que en vosotros huelga,
Si entre sus contentos
De mí se acuerda.

Aljófar precioso,
Que la verde yerba
Bordas y matizas
Con el alba bella,
Fresca y verde juncia,
Peces, plantas, piedras,
Decilde á mi niña,
Que en vosotros huelga,
Si entre etc.

Álamos frondosos,
Blancas arenas,
Por donde mi niña
Alegre pasea,
Decilde, si acaso
Topáreis con ella,
Si entre sus contentos
De mí se acuerda.

Parlerillas aves,
Que á la aurora bella
Haceis dulce salva
Con harpadas lenguas,
Decilde á mi niña,
Flor desta ribera,
Si entre sus contentos
De mí se acuerda.

---

19 *

35.

*Un amante pide de Tormes que obsequie y festeje á su niña que
viene por la ribera, cogiendo flores.*

Fertiliza tu vega,
Dichoso Tormes,
Porque viene mi niña
Cogiendo flores.

De la fértil vega
Y el estéril bosque
Los vecinos campos
Maticen y borden
Lirios y claveles
De varias colores,
Porque viene etc.

Vierta el alba perlas
Desde sus balcones,

Que prados amenos
Maticen y borden,
Y el sol envidioso
Pare el rubio coche,
Porque viene etc.

El céfiro blando
Sus yerbas retoce,
Y en las frescas ramas
Claros ruiseñores
Saluden el dia
Con sus dulces voces,
Porque viene etc.

———————

36.

*Cuenta á su madre un marinerito el encuentro que ha tenido con
una doncella que en la mañana de san Juan á orillas del mar
preguntaba por su amante.*

Yo me levantara, madre,
Mañanica de san Juan,
Vide estar una doncella
Ribericas de la mar.

Sola lava y sola tuerce,
Sola tiende en un rosal;
Mientra los paños se en-
    jugan,
Dice la niña un cantar:

„¿Do los mis amores, do los}
Donde los andaré á buscar?"
Mar abajo, mar arriba
Diciendo iba un cantar.

Peine de oro en las sus manos,
Por sus cabellos peinar:
„Dígasme tú, el marinero,
¡Que Dios te guarde de mal!
Si los viste á mis amores,
Si los viste allá pasar."

———————

37.

Varias cosas buenas y malas del mundo.

Que un galan enamorado,
Por ver á quien le desvela,
Esté puesto en centinela
Una noche entera armado,
Y que esté tan rematado
En su cuidoso penar,
Que se venga á encatarrar
De tanto estar al sereno,
¡O qué bueno!

Pero que su dama quiera
Tratarlo con tal rigor,
Que conociendo su amor,
Quiera permitir que muera,
Y que se muestre tan fiera,
Que por hacerle pesar
Guste de velle penar,
Y aun lo tenga por regalo,
¡O qué malo!

Que un marido á su muger
Le afloje tanto la rienda,
Que le deje el dia de hacienda
Ir de veinte y un alfiler,
Y que el tal no eche de ver
Lo que crece aquel toldillo,
Que aunque mas roce soplillo,
Será de sudor ageno,
¡O qué bueno!

Mas que llegue á tal estado
Su soberbia y vanidad,
Que quiera hacer igualdad
Con la de coche y estrado,
Y que el marido informado
Le quiera abajar el punto,
Y ella por buen contrapunto
Le responda con un palo,
¡O qué malo!

Que dé un galan á una dama,
Si ella le guarda el decoro,
Algunos escudos de oro,
Que mas aviven su llama,
Si está contino á su cama,
Y se lava y almidona,
Y es en efeto persona
Que no pasa del treinteno,
¡O qué bueno!

Pero que á muchos amantes
Les sepa una dama astuta,
Encareciendo su fruta,
Pedir chapines y guantes,
Haciéndolos Sacerbantes,
No habiendo en Tajo nacido,
Siendo en efeto fingido
Todo su amor y regalo,
¡O qué malo!

Que un hidalgo, aunque sea pobre,
Se precie de ser hidalgo,
Queriendo estimarse en algo,
Aunque en hacienda no sobre,
Y que por momentos cobre
Nuevo crédito entre gentes,
Y que de sus descendientes
Esté de blasones lleno,
¡O qué bueno!

Pero que el que ayer llevaba
De san Andres la encomienda,
Hoy en pretender entienda
Otra cruz de Calatrava,
Y quiera poner aljaba
En el arco de Cupido,
Queriendo ser preferido,
Siendo otro Sardanapalo,
¡O qué malo!

En este romance ó letrilla valen mas las primeras estrofas que
las últimas. Como en las composicioncillas de esta clase está contenida una série de maliciosas censuras, suele añadírseles ó quitárseles
algo segun el antojo de quienes las cantan ó copian, segun hacen
ahora con las canciones ó coplas de nuestros dias. Cuadro fácil de
llenar y ya sobrado usado es este donde se pasa una como revista á
todas las clases de la sociedad, notándoles sus faltas. En este gé-
nero tienen los Franceses (en quienes es como nacida la habilidad
para hacer canciones) una porcion crecida de coplillas ingeniosísimas
que pueden servir de modelos.   **D.**

38.

En tono de burlas se refiere como Gandalin, hijo de Urganda,
en la orilla del Genil pide á su varica de virtudes que le dé de
comer regaladamente, y como queda complacido, pidiendo en se-
guida el mozo Celin á otra segunda varica que le traiga una
dueña para amante, peticion igualmente conseguida.

En aquel siglo dorado,
Cuando floreció Amadis,
Y el mes de Mayo vivia
Pared en medio de Abril,

En unas vistas secretas
Detras de un zaquizamí,
Do la sabidora Urganda
Tuvo un hijo Gandalin

Mas valiente que Macías,
Mas derretido que el Cid,
Mas sabidor que Roldan,
Mas membrudo que Merlin.

Este andaba á caza y pesca
Por la orilla de Genil,
En la mano un esparavel,
Y en los hombros un neblí.

Al filo de mediodía
No mas que por su nariz
Señalaba las doce horas
En el tronco de un brasil.

Á la sombra que hacian
Cuatro flores de albelí,
Aquejado de la hambre,
Que era comedor gentil,

Sacó poquito á poquito
De las bolsas de un cojin
Dos varicas de virtudes,
De traza y valor sutil;

Y vuelta la cara al cielo
(Porque habia de estar asi),
Tomando la mayor dellas,
Le comenzó de decir:

„Varica, la mia varica,
Por la virtud que hay en tí,
Pues que gerigonza entiendes,
Que me traigas que muguir.“

Apenas cerró los labios,
Cuando al son de un añafil
Vió ponerle unos manteles
De un delgado caniquí:

Un baril de vino blanco,
Y de tinto otro baril,
Del metal de las entrañas
Del cerro de Potosí;

Dos cuchillos de Malinas,
Y un salero de marfil,
Y un platillo de ensalada
De yerbas trecientas mil;

Entre dos roscas de Utrera,
Que por estos ojos ví,
· Unas lonjas de tocino,
Como corchos de chapin.

Desde aqui á las aceitunas
No les dió merienda ansi
El bruto Sardanapalo
Al gran Turco y al Sofí.

Estando la mesa puesta,
Poblada de lo que ois,

Quísose por comer solo, [1]
Mas no lo pudo sufrir.

Y volviendo á ver el cielo
(Porque siempre estaba ansi),
Á la segunda varica
Le dice el mozo Celin: [2]

„¡Asi te otorguen los cielos
De venturas un caiz,
Que me traigas una dueña,
Con quien folgar y dormir!" [3]

Fue á revolver la cabeza,
Y vido cerca de sí
La doncella Dinamarca,
Atándose un cenogil.

Y aunque nunca se habian visto
En las salas de Paris,
Mirábanse el uno al otro,
Y hartábanse de reir.

39.

Refiérese en tono de burlas la aventura de Dánae con Júpiter,
de lo cual pasa el poeta á moralizar satirizando.

En tiempo que el rey Tesco
Residia en Badajoz,
Y cuando Maricastaña
Allá en Castilla reinó;

Cuando hablaban las bestias,
Aunque hartas hablan hoy,
Y cantaban sobre apuestas
El asno y el ruiseñor;

En aquella edad florida,
De que no gozamos hoy,
Porque gastó el tiempo el oro,
Y el cobre se descubrió,

Érase que se era un rey,
Que fue de Acaya señor,
Llamado por nombre Acrisio,
Del linage de Antenor.

---

1) Debiera comerlo solo.
2) Senil.
3) Con quien mis dichas partir.

Aqueste tuvo una hija,
En quien el cielo cifró
Lo mejor de su hermosura
Y de sus gracias la flor.

Lo rubio de sus cabellos
Vencia el oro en color,
El resplandor de su cara
Quitaba la luz al sol.

Sus mejillas, labios, dientes,
Grana, coral, perlas son,
Su frente plata bruñida,
Sus cejas arcos de Amor.

El padre que vió en su hija
Tanta hermosura, temió,
Quiso quitar el peligro,
Para asegurar su honor.

En una torre la puso
Lleno de honroso temor,
Donde la hermosa Dánae
Vivia libre en prision.

Mas el rapaz ceguezuelo,
Que á nadie le perdonó,
Hizo con sus embelecos
Que la amase el mayor dios.

Deseó Júpiter verla;
Vióla, y al punto la amó,
Y por lograr sus deseos,
Los puso en ejecucion.

Transformóse en granos de oro,
Y entre sus faldas cayó;
Que para ablandar esquivas,
Esta es la forma mejor.

Volvió á tomar su figura,
Y díjole su razon;
Quieren decir malas lenguas
Que con la ninfa durmió.

Si es ansi, no me entremeto;
Ansi lo cuenta Nason,
Que con sus narices grandes
Todo lo supo y olió.

Lo que yo sé, es que se le
       hizo
En la barriga un chichon;
Unos dicen que es preñado,
Pudo ser opilacion.

De aqui nació el interes,
Que es el aguja y farol,
Adonde miran los barcos
Que sulcan el mar de Amor.

En este viento navegan,
Esto es su remo y timon,
Y á cualquier tiempo que falta
Naufraga el pobre amador.

Aqueste es el non plus ultra,
Y al fin, si aquel se acabó,
Antes que pinta la uva,
Os enviarán á Borox.

40.

Declara una moza que no quiere ser casada, sino vivir libre,
teniendo amantes.

No quiero ser casada,
Sino libre enamorada.

No me quiero cautivar,
Ni meterme en sujecion,
Pues lo mismo es casar
Que condenarse á prision;
Y por aquesta razon
Cierto no seré casada,
Sino libre enamorada.

Si os poneis á la ventana,
El marido está gruñendo;
Dice que sois muger vana,
Que está recato mintiendo.
Prometo, pues esto entiendo,

Que no seré yo casada,
Sino libre enamorada.

Si rogais algun amigo
Que haga algo por vos,
Queda bien agradecido,
Piensa se lo manda Dios.
Pues este miramos nos,
¿No es locura ser casada,
Sino libre enamorada?

Los buenos de los casados
Sin parar están riñendo,
Renegando de sus hados.
Cuando los vemos riendo,
Están contentos fingiendo,
Que nunca logra casada,
Sino libre enamorada.

En el Cancionero de Juan de Linares, y en la Floresta de
Böhl de Faber, Tom. 1., p. **363**, hay una cancioncilla ó letrilla parecida á la anterior, que dice:

Dicen que me case yo;
No quiero marido, no.

De la cual composicion es la tercera estrofa la siguiente:

Madre, no seré casada,
Por no ser vida cansada
Ó quizá mal empleada
La gracia que Dios me dió.
No quiero marido, no.

D.

41.

Un enamorado y ademas gloton habla de lo que pueden con él su Ines y ciertas golosinas.

Tres cosas me tienen preso
De amores el corazon:
La bella Ines, el jamon,
Y berengenas con queso.

Esta Ines, amantes, es
Quien tuvo en mí tal poder,
Que me hizo aborrecer
Todo lo que no era Ines.

Trájome un año sin seso,
Hasta que en una ocasion
Me dió á merendar jamon
Y berengenas con queso.

Fue de Ines la primer palma;
Pero ya júzgase mal
Entre todos ellos cual
Tiene mas parte en mi alma.

En gusto, medida y peso
No le hallo distincion;

Ya quiero Ines, ya jamon,
Ya berengenas con queso.

Alega Ines su beldad,
El jamon que es de Aracena,
El queso y berengena
La española antigüedad.

Y está tan en fil el peso,
Que juzgado sin pasion,
Todo es uno, Ines, jamon,
Y berengenas con queso.

Á lo menos este trato
De estos mis nuevos amores
Hará que Ines sus favores
Me los venda mas barato,

Pues tendrá por contrapeso,
Si no hiciere razon,
Una lonja de jamon,
Y berengenas con queso.

42.

Háblase con el castillo de san Cervantes, y se le pide que infunda ciertos pensamientos en una hermosa terrible, que junto á él suele pasearse.

Castillo de san Cervantes,
Tú que estás par de Toledo,
Cercóte el rey Don Alonso
Sobre las aguas de Tajo,

Robusto mas que galan,
Mas firme y peor dispuesto,
Porque tienes mas padrastos
Que un hijo de un racionero.

Contra ballestas de palo
Dicen que fuiste de hierro,
Y que anduviste muy hombre
Con dos Morillos honderos.

Tiempo fue, hablen papeles,
Que te respetaba el reino
Por juez de apelaciones
De mil católicos miedos.

Ya menospreciado ocupas
La aspereza de ese cerro,
Mohoso, como en Diciembre
El lanzon del viñadero.

Como castillo de bien
Que hagas lo que te ruego,
Aunque te he obligado poco
En dos docenas de versos.

Cuando la bella terrible,
Hermosa como los cielos,
Ó por decillo mejor,
Áspera como el invierno,

Si alguna tarde saliere
Á desfrutar sus almendros,
Verdes principios del año
Y apetitoso alimento;

Si de las aguas del Tajo
Hace á su beldad espejo,
Ofrécele tus ruinas
Á su altivez por ejemplo.

Háblale mudo mil cosas,
Que las oirá, pues sabemos
Que á palabras de edificios
Orejas los ojos fueron.

Dirásle que por tus daños
Regale sus pensamientos,
Que es verdugo de murallas
Y de bellezas el tiempo.

Que no fie de los años,
Ni aun un mínimo cabello,
Ni le perdone los suyos
Á la ocasion, que es grande yerro.

Que no se duerma entre flores,
Que despertará del sueño
Dormido del desengaño
Y del arrepentimiento.

Y abrirá entonces la pobre
Los ojos, ya no tan bellos,
Para bailar con la sombra
Mejor que no con el cuerpo.

La idea en que está fundado el anterior romance es por cierto poética, y bien puede sacarse buena enseñanza de la contemplacion de las ruinas de un castillo antiguo, cuyas murallas retrata el Tajo; pero el poeta compositor de esta obrilla no acertó á aprovecharse de su argumento, pues es en su estilo y diccion flojo y desmayado, pareciendo á quien le lee predicador mas que poeta. **D.**

43.

Píntase á Leandro atravesando el Helesponto á nado, y cuéntase lo que siente y habla en imaginacion con su Hero, á quien va á ver.

Por el brazo del Esponto
Leandro va navegando;
Sale del puerto de Ábido,
Hácia Sesto caminando.

Su lindo cuerpo es navío,
El amor le va animando;
Sus brazos sirven de remos,
Que el agua van apartando.

Y los pies por gobernalle,
Á su trabajo ayudando;
Por aguja su cabeza,
Del norte no va curando.

La lumbre es el que llama,
Por ella se va guiando;
Derribara el viento aquella,
Triste curso señalando.

Soltó los vientos Neptuno,
El mar anda rodeando;
Júpiter rompió sus sellos,
Muy gran furor mostrando.

Y el esforzado amador
Va con ánimo nadando;
La fortuna lo maltrata,
Con las ondas va luchando.

Tanto esforzaron los vientos,
Que el triste se va cansando,
Do empezó con gran dolor,
Deste modo lamentando:

,,O la mi tierra de Ábido,
¿Qué pensarás, yo faltando?
¡O mis parientes y amigos,
No me espereis pasando!

,,O la mi Señora Hero,
¿Qué harás, dime tú, cuando
Verás este triste cuerpo,
Que te estaba contemplando?''

Leandro estaba en aquesto,
Su vida se iba apocando;
Zabullóle la agua al hondo,
Murió el triste suspirando,
Y con decir: ,,¡Hero, Hero!''
Su vida se fue acabando.

_____

44.

El dolor de Hero, cuando al asomar el alba ve á su Leandro
muerto en la arena.

Aguardando estaba Hero
Al amante que solia,
Con tristeza y gran cuidado
De ver cuan tarde venia.

Miraba de una ventana
El temporal que corria;
Por las orillas del mar
Sus lindos ojos volvia.

Y en ver la onda que daba
Á la torre do vivia,
Pensaba que era Leandro
Con la escuridad que hacia.

Pero en su mirar contino,
Ya que el alba esclarecia,
Vido un hombre alli tendido,
Que muerto le parecia.

Despues que lo hubo mirado,
Conociólo en demasía;
Que era su amigo Leandro,
Que amaba mucho y queria.

Con grandísimo dolor
Estas palabras decia:
,,¡O desdichada muger,
O gran desventura mia,

„Pues he perdido mi amado,
Que mas que á mí le queria!
Bien me privaste, fortuna,
Del gozo que poseia.

„Ven ya, muerte, si qui-
sieres,
Y daréte esta alma mia;
Viendo mi señor ya muerto,
No quiero vivir un dia.“

Y diciendo estas palabras,
Se echó con gran osadía
Desde la ventana abajo,
Y encima del cuerpo caia.

Á Leandro acompañando,
La hermosa Hero moria;
En los campos elíseos
Hero y Leandro en compañía
Sepultaron juntamente
Con tristeza y agonía.

45.

*Refiérense los amores de Eneas y Dido, y como ella se resiste á
corresponder á su amor, y quiere guardar fé á su difunto esposo,
cuando, sobreviniendo una tempestad, se acogen los dos á una
cueva, donde ella pierde su honra.*

Por los bosques de Cartago
Saltan á montería
La reina Dido y Eneas
Con muy gran caballería.

Un sobrino de la reina
Y Julo Ascanio los guia
Por la dehesa de Juno,
Donde mas caza salia.

Preguntando iba la reina
Ascanio que tal venia,
Y si se acuerda de Troya,
Si vió como se perdia.

Eneas tomó la mano,
Por el hijo respondia:
„Pues mandais vos, Reina Dido,
Renovar la llaga mia,
Ya os conté como ví á Troya,
Que por mil partes ardia.

„Vi las doncellas forzadas,
Muerta la caballería,

Y á Écuba reina troyana
Nadie no la socorria.

„Sus hijos ya sepultados,
Príamo no parecia,
Á Casandra y Polícena
Muertas cabe sí tenia.

„Élena quedaba viuda,
Mil veces la maldecia.“
Eneas que esto contaba,
Un ciervo que parecia,

Echó mano á su aljaba,
Una saeta le tira;
El golpe le dió en vano,
El ciervo muy bien corria.

Pártense los cazadores,
Síguelo el que mas podia,
La reina Dido y Eneas
Quedaron sin compañía.

Tomárala por la mano,
Con turbacion le decia:
„¡O Reina, cuan mejor fuera
En Troya perder la vida!

„Los tristes campos de Frigia
Fueran sepultura mia;
Hector, Tróilo y Páris
Tuviérales compañía.

„¡O reina Pentasilea,
Flor de la caballería,
Mas envidia he de tu muerte
Que descó la vida mia!"

Estas palabras diciendo,
Muchas lagrimas vertia.
La reina le dijo á Eneas:
„Esforzaos por cortesía;

„Que los muertos sobre Troya
Rescatar no se podian."
„No lloraba yo los muertos,
Lloro la desdicha mia

„Que me escape de los Griegos,
Y á las tus manos moria;
Que tu grande hermosura
De amor me quita la vida."

„Falso es tu atrevimiento,
La reina le respondia.
Eneas, vete á tus naves,
Salte desta tierra mia;

„Que la fé que dí á Deifobo,
Yo no la quebrantaria."
Ellos en aquesto estando,
El cielo se revolvia.

Las nubes cubren el sol,
Gran escuridad hacia;
Los relámpagos y truenos
En gran miedo los metia.

El granizo era tan grande,
Que sin piedad llovia;
La reina con gran pavor
Del palafren se caia.

Eneas bajó con ella,
Con el manto la cobria;
Mirando hácia todas partes,
Una cueva la metia.

El aposento era estrecho,
Revolver no se podia;
Mientras la reina en sí torna,
Eneas se desenvolvia.

Apartóle paños de oro,
Los de lienzo le encogia;
Cuando la reina en sí tornó,
De amores se sintió herida.

„¡O traidor, hasme burlado!
¡Cual tratas la honra mia!
Cumplida tu voluntad,
Olvidar me has otro dia.
Si asi lo has de hacer, Eneas,
Yo misma me mataria."

46.

Describese el incendio de Roma por mandamiento de Neron, y
como este le mira alegre y cantando.

Mira Nero de Tarpeya
Á Roma como se ardia;
Gritos dan niños y viejos,
Y él de nada se dolia.
¡Que alegre vista!

Por representar á Troya,
Abrasarla quiso un dia,
Para hacer fiesta á los dioses,
Que desde el cielo la miran.
¡Que alegre vista!

Con su gallarda Popea,
Dueño de su alma y vida,
Mira el incendio romano,
Cantando al son de una lyra:
¡Que alegre vista!

Siete dias con sus noches
Arde la ciudad divina,
Consumiendo las riquezas
Que costaron tantas vidas.
¡Que alegre vista!

Parece que este romance sobre el incendio de Roma gozó de gran valimiento entre el público, pues está contenido en muchas colecciones, si bien muy diferente en unas de como va en otras. Aquí va puesto segun le trae Lope de Vega en su comedia ó tragedia de „Roma abrasada,“ por parecerme esta version la mejor de todas.

Hay en el Romancero un romance menos bueno que este, y con el siguiente estribillo:

¡Agua al fuego, agua al fuego!

En la Silva de varios romances está el anterior compuesto de veinte y dos cuartetas, de las cuales la primera es idéntica á la aquí dada, pero con otro estribillo, que es:

¡Que tiranía, que tiranía!

Las veinte y una cuartetas que siguen son una floja y desmayada descripcion del incendio. La siguiente cuarteta es la con que acaba:

Á los pies se tiende Octavia,
Esa queja no queria.
Cuanto mas todos le ruegan,
Él de nadie se dolía.
¡Que tiranía, que tiranía!

D.

47.

Diálogo del conde con su hija, pesaroso él de no poder darle dote, y resignándose ella con su suerte con promesas de seguir siendo buena en todo trance.

Paseábase el buen conde
Todo lleno de pesar,
Cuentas negras en sus manos,
Do suele siempre rezar,

Palabras tristes diciendo,
Palabras para llorar:
,, Véoos, hija, crecida,
Y en edad para casar.

,, El mayor dolor que siento,
Es no tener que os dar.‟

,,Calledes, padre, calledes,
No debeis tener pesar;

,, Que quien buena hija tiene,
Rico se debe llamar;
Y el que mala la tenia,
Viva la puede enterrar,

,, Pues amengua su linage
Que no debiera amenguar;
Y yo, si no me casare,
En religion puedo entrar.‟

48.

Moralidades sobre las mudanzas del baile y las de los hombres.

Quien bien está, no se mude;
Que el mudar es cosa incierta,
Que pocas veces se acierta.

En el baile la mudanza
Quien la acierta á bien hacer,
Viendo su bien y querer,
Muchas victorias alcanza.
No se mude quien descansa;

Que el mudar es cosa incierta,
Que pocas veces se acierta.

Si el que muda no gana,
Quéjese de su locura;
No dé culpa á la ventura,
Pues quiso seguir su gana.
La cabeza loca y vana
Tenga por cosa muy cierta
Que pocas veces se acierta.

49.

*El amante de Juana, hablando con Bartolillo, hace malos pro-
pósitos respecto al modo de portarse con su querida.*

Cuando á Juana toparé
Otra vez bajo la haya,
Á fé, á fé que le daré
Cosa que no se le caya.

¿Es verdad, dime Bártolo,
Que Juana allá en tu rebaño,
Por verme con ella solo,
Diz que fui de los de antaño?
Dile que cuando veré
Que aforro tiene la saya,
Á fé, á fé que le daré
Cosa que no se le caya.

Dice la falsaria perra
Que platicando en solaz,
Para apaciguar la guerra,
No fui para darle paz.
Cuando yo la besaré,
Porque quejarse no vaya,
Á fé, á fé que le daré
Cosa que no se le caya.

Por callar y tener miedo
Bajo de la haya umbrosa,

Juana agora en hablar quedó,
Yo afrentado y ella quejosa.
Hable Juana y déjeme
Llegar do tiene la raya;
Á fé, á fé que le daré
Cosa que no se le caya.

Calle Juana y sufra, pues
Que si yo la doy mis veces,
Hace que venga á los pies
El mal de los nueve meses.
Cuando adormida hallaré
Su vergonzosa atalaya,
Á fé, á fé que le daré
Cosa que no se le caya.

La muger tengo entendido
Que de los medios difiere,
Y con un hablar fingido
Que pregona lo que quiere.
Pues Juana, segun se ve,
Lo mismo ha de decir se
          ensaya,
Á fé, á fé que le daré
Cosa que no se le caya.

50.

Requiebros de un amante á su amada, y descripcion de lo que por ella siente.

¡Que todo se pasa en flores,
Mis amores,
Que todo se pasa en flores!

Vivo de solo mirarte,
Sin contarte mis pasiones;
Mis debidos galardones
No pido, por no enojarte.
¡Yo morir, y tu burlarte,

Mis amores,
Que todo se pasa en flores!

Cuando me miras riendo,
Luego muero de placer;
Sin otro bien querer ver,
Olvido que estoy muriendo.
Deste modo estoy surciendo
Mis dolores, etc.

51.

Píntase á una graciosa niña lavando á orillas de Manzanares.

Ribericas del rio
De Manzanares
Tuerce y lava la niña,
Y enjuga al aire.

Cuando el paño tiende
Sobre el agua clara,
La corriente para,
Y el rio suspende.
La piedra se enciende
Que el golpe recibe;
La yerba revive
De Manzanares,
Donde lava la niña,
Y enjuga al aire.

Parecen cristales
Las aguas bellas,

Donde estampa las huellas
Á la nieve iguales,
Nácar los rosales
Do el paño llega,
Y un jardin la vega
De Manzanares,
Donde lava la niña,
Y enjuga al aire.

El viento se para,
Deteniendo el vuelo,
Y párase el cielo
Por mirar su cara,
Y entre el agua clara
Muestra la pintura
De la hermosura
En Manzanares, [1])
Donde lava la niña,
Y enjuga al aire.

---

1)   Y entre su donaire
Tuerce y lava la niña, etc.

52.

Diálogo entre un hermitaño y un caballero, preguntando este á aquel si ha visto pasar á su dama, y respondiendo el primero que por alli ha pasado quejosa y maldiciendo á los hombres y á su propia suerte.

De velar viene la niña,
De velar venia.

„Digas tú, el hermitano,
(¡Asi Dios te dé alegría!)
Si has visto por aqui pasar
La cosa que mas queria.
De velar venia.“

„Por mi fé, buen Caballero,
La verdad yo te diria:
Yo la ví por aqui pasar
Tres horas antes del dia.
De velar venia.

„Lloraba de los sus ojos,
De la su boca decia:

¡Mal haya el enamorado
Que su fé no mantenia!
De velar venia.

„¡Maldito sea aquel hombre
Que su palabra rompia,
Y mas si es con las mugeres,
Á quien mas fé se debia!
De velar venia.

„¡Y maldita sea la hembra
Que de los hombres se fia,
Porque al fin queda engañada
De quien antes la servia!
De velar venia.“

53.

Háblase de las mugeres asi solteras como casádas, y satirízanse sus faltas é yerros.

Trébole de la doncella,
Cuando casarse desea,
Que es cogollo de azucena
Y flor del primer amor.

¡Trébole, ay Jesus, como huele!
¡Trébole, ay Jesus, que olor!

Trébole de la casada
Que agenos amores trata;
Que parece hermosa garza,
Que está temiendo el azor.

¡Trébole, ay Jesus, como huele!
¡Trébole, ay Jesus, que olor!

Trébole de la soltera,
Cuando de comun se precia;
Que parece en lo que pela
Tijera de tundidor.

¡Trébole, ay Jesus, como huele!
¡Trébole, ay Jesus, que olor!

Linda cancioncilla es la anterior incluida por Lope de Vega en su comedia de: „El capellan de la Vírgen," suponiendo que mientras bailan la cantan unas villanas de la sagra. En la Copilação de Gil Vicente publicada en Lisboa en 1562 hay una cancion muy parecida á esta. Böhl de Faber la trae en el tomo 1. de su Floresta, asi como Duran en su Cancionero y Romancero de coplas y canciones de arte menor, p. 106. **D.**

54.

Diálogo entre una mesonera y un extrangero que en su casa pide posada, y como los dos se requiebran.

La mesonera.

„¡Quien pasa, quien va!
¡Olá, olá, gente honrada,
Aqui hay posada,
Aqui los regalarán!

„¡Cuan descaminado va!
Lleguen, alleguen,
Gente honrada,
Aqui hay posada."

El extrangero.

„Si nos dais posada,
La mesonerica,
Si nos dais posada,
La mesonera.

„Si nos dais posada
En vuestro meson,
La mesonerica,
Blanca como el sol.
Si nos dais posada,
La mesonerica."

La mesonera.

„Que entrad, el extrangero,
Que todo es vuestro."

El extrangero.

„Que meted la ropa,
Bella Española."

La mesonera.

„Que entrad, el extrangero
De allende el mare."

El extrangero.

„¡Ay me que son leco,
Y esta lande gane!"

La mesonera.

„¡Ay Dios, que donaire
Del extrangero!
Que todo es vuestro."

Cancion vieja es la anterior, la cual, segun parece, mudó y alargó Lope de Vega, poniéndola como cancion para acompañamiento de baile en una de sus comedias que está en el tomo VIII. de sus obras. **D.**

55.

Pinta un poeta al Señor Sarmiento su amigo como pasa su vejez, aguardando la ya cercana muerte.

Deseais, Señor Sarmiento,
Saber en estos mis años,
Sujetos á tantos daños,
Como me porto y sustento.

Yo os lo diré en brevedad,
Porque la historia es bien breve,
Y el daros gusto se debe
Con toda puntualidad.

Salido el sol por oriente
De rayos acompañado,
Me dan un huevo pasado
Por agua, blando y caliente

Con dos tragos del que suelo
Llamar yo néctar divino,
Y á quien otros llaman vino,
Porque nos vino del cielo.

Cuando el luminoso vaso
Toca en la meridional,
Distando por un igual
Del oriente y del ocaso,

Me dan asada y cocida
De una gruesa y gentil ave
Con tres veces del suave
Licor que alegra la vida.

Despues que cayendo viene
Á dar en el mar hesperio,
Desemparando el imperio
Que en nuestro horizonte tiene,

Me suelen dar á comer
Tostadas en vino mulso,
Que el enflaquecido pulso
Restituyen á su ser.

Luego me cierran la puerta,
Y me entrego al dulce sueño;
Dormido soy de otro dueño,
No sé de mí nueva cierta,

Hasta que habiendo sol nuevo,
Me cuentan como he dormido;
Y asi de nuevo les pido
Que me den néctar y huevo.

Ser vieja la casa es esto,
Veo que se va cayendo;
Vóyle puntales poniendo,
Porque no caiga tan presto.

Mas todo es vano artificio;
Presto me dicen mis males
Que han de faltar los puntales
Y allanarse el edificio.

Lope de Vega trae este lindo romance metido en su comedia de „Los Prados de Leon.“ **D.**

56.

*Hablando con los taberneros, y convidándolos á vestir luto, se
cuenta la muerte de Marí García, gran bebedora.*

Poned luto, taberneros,
Por la triste de Marí García;
Que se murió el otro dia
La que os daba sus dineros.

Bebió tanto la cuitada
Una noche de alegrías,
Que de puro trastornada
No supo de sí en tres dias.

Y la boca y las encías
Tenia mas negras que un manto,
Porque fue su colar tanto,
Que sola agotó dos cueros.

Asióla tan reciamente
El vino á la pecadora,
Que con el gran accidente
Estábase hecha una tora.

Mas pasada aquella hora,
Comenzó luego á llamar
Que la vengan á curar
Los físicos y barberos.

Como el físico la vió
De pulso tan variable,
Luego á la hora juzgó
Ser su dolencia incurable;

Y dijo, para que hable
(Es este mi parecer),
Que le traigan de beber,
Para ablandar los gargueros.

Luego que pudo hablar,
Y sosegó su tormento,
Un notario hizo llamar,
Y ordenó su testamento.

Dijo que arrepentimiento
Llevaba y moria de gana
En la fé perfecta y sana
De Cristianos verdaderos.

Y mandóse amortajar
Dentro de una gran odrina,
Y honradamente llorar
Como á su tia Celestina.

Y que lleve su sobrina
Cada dia (pues es razon)
De vino por oblacion
Cuatro cuartos bien enteros.

Item que en una bodega
Le hagan su enterramiento,
Porque si el verano llega,
Terná alli mas templamiento.

Y encima por cubrimiento
Los cascos de la tinaja,
Que fue su preciada alhaja
De bienes perecederos.

Item que en lugar de cera
Haya una bota encendida,
La cual arda toda entera,
Hasta ser bien consumida.

Y la capilla servida
Será ansi de aquesta vez
Con velas hechas de pez,
Y embudos por candeleros.

Dejó por testamentarios
Á Coca y á Madrigal,
Y mandó dos treintanarios
Decir en Guadalcanal,

Y en Yepes y Villareal
Un perpetuo aniversario,
Y que convide el vicario
Alli todos los recueros.

Y en medio de san Martin
Mandó labrar una hermita,

Y que en ella hasta el fin
Su memoria se repita.

Y fuese el agua bendita
De vino blanco á contento,
Y el hisopo de un sarmiento
De los que podan postreros.

57.

Pide á Minguillo su querida que le devuelva un beso que la ha dado, pues por darlo ha sido reñida por su madre.

Pues por besarte, Minguillo,
Me riñe mi madre á mí,
Vuélveme presto, carillo,
Aquel beso que te dí.

Vuelve el beso con buen pecho,
Porque no haya mas reñir;
Á tal podremos decir
Que hemos deshecho lo hecho.

Á tí será de provecho
El beso volverlo á mí;

Vuelve presto, carillo,
Aquel beso que te dí.

Vuélveme el beso por Dios,
Á madre tan importuno;
Pensarás volverme uno,
Y vernás á tener dos.

En bien avengámonos,
Que no me riñan á mí;
Vuélveme presto, carillo,
Aquel beso que té di.

De Diego de la Llana.

58.

Requiebra el conde á la linda Vizcaina, que medio le resiste, medio acepta su amor, con lo cual él la toma en brazos, y se la lleva camino del mar.

El conde.

„Reverencia os hago,
Linda Vizcaina;
Que no hay en Vitoria
Doncella mas linda.

„Lleváisla del alma
Que èsos ojos mira,

Y esas blancas tocas
Son prisiones ricas.

„Mas preciara haceros
Mi querida amiga
Que vencer los Moros
Que á Navarra lidian."

La Vizcaina.

,,Id con Dios, el Conde;
Mirad que soy niña,
Y he miedo á los hombres
Que andan á la villa.

,,Si me ve mi madre,
Á fé que me riña;
Yo no trato en almas,
Sino en almohadillas.‘‘

El conde.

Dadme vuestra mano,
Vámonos, mi vida,
Á la mar; que tengo
Cuatro naves mias.

La Vizcaina.

,,¡Ay Dios, que me fuerzan!
¡Ay Dios, que me obligan!‘‘
Tómala en los brazos,
Y á la mar camina.

En *Los Prados de Leòn*, de Lope de Vega.

59.

*Con la alegoría de una barca habla el poeta de sus pensamientos
que le ponen á pique de perderse.*

Á la orilla del agua
Me pensé perder
Con mi pensamiento,
Ligero batel.

Blandamente Amor
Bonanza anunciaba,
Que al alma llegaba
Tan libre favor;
Mas con su rigor
Me pensé perder

Con mi pensamiento,
Ligero batel.

Tras haber andado
La mayor fortuna,
Mi suerte importuna
Á puerto me ha echado.
Viéndome embarcado,
Me pensé perder
Con mi pensamiento,
Ligero batel.

Don Pedro Calderon de la Barca se explaya en una alegoría muy parecida á la del antecedente romance en su comedia intitulada ,,Mañanas de Abril y Mayo,‘‘ diciendo así:

Ya sabeis que viento en popa
Este amor, este deseo
En el mar de la fortuna
Tuvo de su parte al cielo,
Hasta que, alterado el mar,
El bajel del pensamiento
En piélagos de desdichas
Corrió tormenta de celos.

Asimismo Lope de Vega compuso una larga composicion sobre una barquilla combatida por las ondas, segun sigue:

> Pobre barquilla mia,
> Entre peñascos rota,
> Sin velas desvelada,
> Y entre las olas sola.

Véase en Don Agustin Duran, Cancionero de romances doctrinales, Nr. 9.

El mismo Lope muestra menos acierto en otra composicion, donde prosiguiendo en la misma alegoría, empieza con los versos siguientes:

> Para que no te vayas,
> Pobre barquilla, á pique,
> Lastremos de desgracias
> Tu fundamento triste.

Véase en Duran, ibidem, Nr. 10.   **D.**

Era comun en los poetas castellanos de los siglos XVI. y XVII. usar de la alegoría de la barquilla ó nave, para hablar de sus fortunas, pensamientos y afectos. Acaso siendo los mas de ellos imitadores ya de los poetas latinos, ya unos de otros, tenian puesta la mira para copiarla en la oda de Horacio:

> O navis etc.,

donde con el símil de un navío intenta disuadir el poeta á sus compatricios los Romanos de meterse de nuevo en guerras civiles; pero con la diferencia de que los Españoles poco aficionados á escribir poesías sobre negocios públicos aplicaban á sus propias cosas privadas la alegoría usada por el poeta latino, para hablar de lo tocante á la república ó al estado.

Francisco de Figueroa, poeta del siglo XVI. y con poca razon apellidado el divino, aunque de él haya algunas buenas composiciones, compuso tambien sobre esta alegoría una cancion de las mejores entre las suyas, que empieza asi:

> Cuitada navecilla,
> Por mil partes herida,
> Y por otras dos mil rota y cascada,
> Tírasla ya á la orilla
> Como cosa perdida
> Y aun de sus mismos dueños olvidada, etc.

                                                     A. G.

60.

Habla un poeta con sus pensamientos en el dia de san Juan.

Decidme vos, pensamiento,
Donde mis males están,
Que alegrías eran estas
Que tan grandes voces dan.

Si libran algun cautivo,
Ó lo sacan de su afan,
Ó si viene algun remedio,
Donde mis suspiros van.

„No libran ningun cautivo,
Ni lo sacan de su afan,
Ni viene ningun remedio,
Donde tus suspiros van.

„Mas venido es un tal dia,
Que llaman Señor san Juan,

Cuando los que están contentos,
Con placer coman su pan;

„Cuando á los desconsolados
Mayores dolores dan;
No digo por tí, cuitado;
Que por muerto te tendrán

„Los que supieren tu vida
Y agora no te verán;
Los unos te habrán envidia,
Los otros te llorarán.

„Los que la causa supieren,
Tu firmeza loarán,
Viendo menor tu pecado
Que el castigo que te dan."

61.

*Descríbese un enterramiento que con grande pompa se ha hecho
en un triste valle, siendo la enterrada una doncella que murió
de amores.*

Por un valle de tristura,
De placer muy alejado,
Ví venir pendones negros
Entre muchos de á caballo.

Todos con tristes libreas
De sayal no delicado,
Sus rostros llenos de polvo,
Cada cual muy fatigado.

Por una negra espesura
En silencio se han entrado;
Asentaron su real
En un yermo despoblado.

Las tiendas en que se albergan,
No las cubren de brocado,
Antes por mayor dolor
De luto las han armado.

En una de aquellas tiendas
Un monumento han alzado,
Y dentro del monumento
Un cuerpo han sepultado.

Dicen ser de una doncella
Que de amores ha finado,
La cosa mas linda y bella
Que en el mundo se ha hallado.

Y ellos todos juntamente
Un pregon han ordenado
Que ningun se atreviese,

Ni nadie no fuese osado
De estar en su enterramiento,
Si no fue enamorado.

62.

Dice un poeta lo que haria él, si tuviese el gobierno del mundo.

Si yo gobernara el mundo
(¡No le dé Dios tal desdicha!),
¡Que presto le vieran todos
Vuelto lo de abajo arriba!

Solo anduvieran hermosas,
Y ninguna pediria,
Ni con ellas anduvieran
Cuñada, suegra ni tia.

Mandara soltar las feas
Los miércoles de ceniza,
Y aun pienso que fuera justo
El hacerla de ellas mismas.

Á barbado ceceoso
Le hiciera poner basquiñas;
Que si un lanudo cecea,
¿Qué hará Doña Catalina?

Á los que pretenden gordas,
Con flacas castigaria;
Que no es bien se pretenda
Espíritu ni botija.

Á todo hombre pequeñito
Pusiera tasa en la vida,
Por dar descanso á su alma
De haber estado en cuclillas.

Á los que son langarutos,
Pusiera en lugar de vigas

Todos los dias del Corpus
Con los toldos de la villa.

Desterrara á los doctores
Que cuando recetan libran,
Pues le dan al purgatorio
Las almas á purga vista.

Libres con los miserables
Á los ladrones haria,
Para dar dias de trabajo
Á quien guardó tantos dias.

Impusiera los millones
En gente que años se quita,
Á maravedi por año,
Que no fuera poca sisa.

Mandara enterrar en coches
Mugeres aborrecidas;
Que hay mugeres que por ir
En coche se moririan.

Castigara el mentiroso,
Si en verdades lo cogia;
Que en los que mentir profesan,
Las verdades son mentiras.

Con los pésames á viudos
Diera yo patas arriba;
Que pésames vienen mal
En ocasiones de dicha.
Aqui dió fin mi gobierno,
Á menos que otro me pidan.

63.

Don Olfos viendo pasear á una niña á caballo, maldice de las
mugeres que hacen buena cara á muchos hombres á un tiempo.

,,¡Mal haya dueña ó doncella
Que hiergue faz á otros omes,
Debiendo fincar tenuda
Al que mas la muestra amore!

,,Con sus aleves falsías
Y con sandíos galardones
Mezcla lides é omecillos
Entre buenos infanzones.

,,Yacen sus mentes en lueñe,
En el deber non las ponen
Con el solaz de mudare
Yantares á su sabore.

,,¡Mal haya cuerpo garrido
Que encelado no se esconde,

Manteniendo la lealtad
Á un leale corazone!

,,Magüer non las fagan tuerto,
Fuelgan con las sinrazones;
Y cuando se ven en crencha,
Súbense á los miradores.

,,Cuidades visten por busco,
Briales de lana ó londres,
Y es porque otros barraganes
Estos sus ajuares logren.''

Asi lamenta Don Olfos,
Cabalgando en su morone,
Á ver la niña en cabello,
Que sale á gozar la albore.

Si ha de juzgarse por el lenguage, este es de los romances mas
antiguos que se conocen. Duran presume que es del siglo XIV. **D.**

Guardando el respecto debido á autoridades de tanto valor, como
son las de los Señores Depping y Duran, el autor de esta nota se
atreve á diferir de su parecer. En el romance de que se trata no
van acordes le diccion y la versificacion, siendo aquella la de los
siglos XIV. ó aun XIII., y esta la del siglo XVI. en su último tercio.
Ahora pues posible es, y con frecuencia se ve en autores modernos
remedar el lenguage antiguo, y difícil es al reves, si ya no imposible, que un poeta antiguo usase una versificacion fluida y correcta,
empleando asonantes perfectos, segun llegó á hacerse en época muy
posterior. Era comun en nuestros poetas usar de arcaismos llevados
al extremo. Asi lo hicieron muchos modernos compositores de los romances del Cid. Asi lo han hecho varios de nuestros dias, y entre
ellos Moratin en sus versos al Príncipe de la Paz, que empiezan:

Á vos, el apuesto complido garzon,
Vos mándovos grata la peñola mia.

Tan antigua es la diccion del romance de que aqui se trata, que
parece afectada mas que natural en su continua ancianidad. Sabido

es que quien remeda convierte lo raro y singular del objeto reme-
dado. Hay ademas otra razon que, en sentir de quien esto escribe,
acredita de moderno el romance aqui señalado con el **Nr. 63.** sobre
su versificacion que no es documento de corto valor para probar,
cuando fue escrita. El artificio de anteponer un discurso á la mencion de la persona que le pronuncia, poniendo en la última ó penúl-
tima cuarteta de un romance: **Esto decia, esto hablaba,** fue
ignorado de los poetas antiguos y muy usado por los modernos.
Dadas están las razones, porque el anotador se arroja á disputar con
sus superiores; quede al público entendido en estos puntos el re-
solver quien acierta. **A. G.**

<hr>

64.

Cuéntase como una bella pastorcilla herida de amores, dejando
á su padre, sigue á su querido que de ella va huyendo, y como
atravesando él el Ganges, ella siguiéndole se arroja al rio.

Una bella pastorcilla
De doce años no cabales,
Tierna edad, hermosos ojos,
Vivo retrato de un ángel,

Herida de un tierno amor,
Dejando á su anciano padre,
Desgreñada va corriendo
Por las riberas del Gange.

El cabello de oro fino
Hebra á hebra esparce el aire;
Que al sol eclipsan sus rayos,
Y uno solo alumbra el valle.

Una piel lleva vestida
De un oso, teñida en sangre,
Sobre una corta sayuela
De un grueso sayal de herbage.

Descalza va por la arena,
Y estampando el pie, deshace
Lo que es tierra, y queda cielo,
Si el cielo en la tierra cabe.

Sus ojos bellos serenos
Hechos los lleva dos mares.
Virtiendo divinas perlas
Entre arroyos de cristales.

Á voces dice: „¡Cruel,
Por el cielo que me aguardes!
Óyeme, ¿porqué te ofendes,
Pues no me ofende el buscarte?

„¿Como puedes, di, enemigo,
Romper el pleito homenage?
Mas á quien falta la fé,
No es mucho palabras falten.

„Mis suspiros van tras tí,
¡Ay, que temo no te abrasen!
Mas no, que de hielo eres,
Y helado en mi pecho ardes.

„Fiera me muestras á ser;
Pero ya me engañas tarde:
Pues que, cuando pude, fui
Blanda cera y tú diamante.“

Corrida de aquesta suerte,
Vió del lado á la otra parte

Su ingrato pastor que huye,
Y tras él se arroja al Gange.

65.

Requiebra un amante á la bella mal maridada, cuando, acu-
diendo el marido de esta, la acusa de serle infiel, y amenaza ma-
tarla, llorando ella su mal destino.

„La bella mal maridada,
De las lindas que yo ví,
Véote tan triste, enojada;
La verdad dila tú á mí.

„Si has de tomar amores,
Por otro no dejes á mí;
Que á tu marido, Señora,
Con otras dueñas lo ví

„Bezando y retozando.
Mucho mal dice de tí,
Juraba y perjuraba
Que te habia de ferir.“

Alli habló la señora,
Alli habló y dijo asi:
„¡Sácame tú, el Caballero,
Tú sacásesme de aqui!

„Por las tierras donde fueres,
Bien te sabria yo servir;
Yo te haria bien la cama
En que hayamos de dormir.

„Yo te guisaré la cena
Como á caballero gentil,
De gallinas y capones,
Y otras cosas mas de mil;

„Que á este mi marido
Ya no le puedo sufrir;

Que me da muy mala vida,
Cual vos bien podeis oir.“

Ellos en aquesto estando,
Su marido helo aqui:
„¿Qué haceis, mala traidora?
Hoy habedes de morir.“

„¿Y porqué, Señor? ¿Porqué?
Que nunca os lo merecí;
Nunca besé á hombre,
Mas hombre besó á mí.

„Las penas que él merecia,
Señor, daldas vos á mí;
Con cordones de oro y sirgo,
Señor, ahorques á mí.

„En la huerta de los naranjos
Viva entierres á mí
En sepultura de oro,
Y labrada de marfil.

„Y pongas encima un mote,
Señor, que diga asi:
Aqui está la flor de las flores;
Por amores yace aqui.

„Cualquier que muere de amores,
Mándese enterrar aqui;
Que asi hice yo mezquina,
Que por amores me perdí.“

66.

*Lamentos de un Cristiano, esclavo de Selimo, que á vista de
España con continuo furioso viento navega en una nave turquesca, mientras los Turcos amainan velas en la borrasca.*

Rompiendo la mar de España
En una fusta turquesca
Á vista de donde puso
Hércules fin á la tierra
Un esclavo de Selimo
Al tiempo que el mar se altera,
El maestre de la nave
Á sus grumetes vocea:
„¡Amaina, amaina
La vela, amaina la vela!"

Cuando los vientos contrarios
Con mayor furor se encuentran,
Y con las aguas del mar
Las de los cielos se mezclan;
Cuando se rompen las nubes,
Y fuego y llamas enseñan,
En la amedrentada gente
Sola aquesta voz resuena:
„¡Amaina, amaina
La vela, amaina la vela!"

Estaba el cautivo pobre
Sentado sobre cubierta,
Y del cielo y mar las aguas
Con su triste llanto aumenta.
Á su pensamiento dice,
Que es entonces quien le lleva,
Haciendo las voces eco
En el monte de su pena:
„¡Amaina, amaina
La vela, amaina la vela!"

„Si soy cautivo y esclavo,
Tiempo vendrá que Dios quiera
Que libre de estas prisiones
Vuelva á gozar de mi tierra.
Volveré á mi antigua gloria,
Que entonces tendré por buena,
Y entre tanto, pensamiento,
Sufre, padece y espera:
„¡Amaina, amaina
La vela, amaina la vela!"

67.

*Un pobre cautivo encadenado en Argel llora su mal presente y
bien pasado, acordándose de sus amores y de Leonida su amada.*

Fuera de los altos muros
Que en Argel torres levantan
Sobre las arenas frias
De las mas vecinas aguas,

Ceñido de una cadena
Un pobre cautivo estaba,
Llorando su bien pasado
Y su presente desgracia.

„No siento los hierros duros,
Dice, ni la vida amarga,
Ni verme en el cautiverio
Sujeto á tantas disgracias.

„Ni siento verme apartado
De la tierra que me agrada,
Ni majar de noche esparto,
Ni el comer por mano escasa.

„Víme un tiempo en la ribera
Que el Tajo orilla señala,
Tan lejos de verme preso
Cuanto agora de pisalla.

„Pero si tan cerca estoy,
Presto volveré á mi patria;
Que como vine á ser preso,
Podré volver á gozalla.

„Mas hay un engaño en esto,
Y es que la fortuna avara
Se ha cansado de mi bien,
Y de mi mal no se cansa.

„Dulce Leonida, yo quedo
Padeciendo en tierra extraña,
Preso el cuerpo en hierros duros,
Y para tí libre el alma.‟

El deseo que los Españoles llevados en cautiverio por los Berbe-
riscos tenian de ver otra vez su patria libres de hierros era tema
favorito para los poetas castellanos, los cuales han dejado escritos in-
finitos romances, donde hace papel un su compatricio, gimiendo cautivo y ardiendo en deseo de volver al suelo patrio.   **D.**

68.

Un cautivo cuenta de su linage y patria y de su historia, y
como estando preso y encadenado en Velez de la Gomera, le
agasajaba y regalaba una Mora de él prendada, la cual le dió
lo necesario para su rescate.

Mi padre era de Ronda,
Y mi madre de Antequera;
Cautiváronme los Moros
Entre la paz y la guerra,

Y lleváronme á vender
Á Velez de la Gomera;
Siete dias con sus noches
Anduve en la almoneda.

No hubo Moro ni Mora
Que por mí diese moneda,
Si no fuera un Moro perro
Que por mí cien doblas diera.

Y lleváramе á su casa,
Y echárame una cadena;

Dábame la vida mala,
Dábame la vida negra.

De dia majar esparto,
De noche moler cibera;
Y echóme un freno á la boca,
Porque no comiese della.

Mi cabello retorcido,
Y tornóme á la cadena;
Pero plugo á Dios del cielo
Que tenia el ama buena.

Cuando el Moro se iba á caza,
Quitábame la cadena,
Y echárame en su regazo,
Y espulgóme la cabeza.

Por un placer que le hice,
Otro muy mayor me hiciera;
Diérame los cien doblones,

Y embiárame á mi tierra;
Y asi plugo á Dios del cielo
Que él en salvo me pusiera.

69.

Háblase con la primavera, y se la convida á coronar de guir-
naldas los amores del poeta.

Verde primavera,
Llena de flores,
Coronad de guirnaldas
Á mis amores,

De blanca azucena,
De jazmin y rosa,
Mosqueta olorosa,
Violeta y verbena,
De claveles llena,
Y de otras mil flores,
Coronad de guirnaldas
A mis amores.

Las madejas de oro
Que matan y prenden,

Los soles que encienden.
Y el bien que yo adoro,
Mientras mi mal lloro,
Escogiendo flores;
Coronad de guirnaldas
Á mis amores.

La serena frente
Donde Amor se anida,
Dejad guarnecida
De aljófar de oriente;
El templo luciente
Ornad de colores;
Coronad de guirnaldas
Á mis amores.

70.

Descríbese una borrasca furiosa en la mar, y como en medio de
ella el general de la flota alienta á su gente, y les manda lo
que conviene para salvarse.

Por el ancho mar de España,
Donde las airadas olas,
Encaramándose al cielo,
Fustas y naves trastornan,
Ferido y desbaratado
De una tormenta espantosa,
Les dice á los marineros
El general de la flota:

„¡Olá, olá, que se trastorna!
¡Echa el áncora, aferra, cierra,
voga!“

Soplan los contrarios vientos,
Y con tanta furia soplan,
Que arrancan de los peñascos
Perlas, corales y conchas.

20 * *

Las aguas parecen montes,
Los montes llanos se tornan;
Y al eco de sus acentos
Responden las huecas rocas:
„¡Olá, olá, que se trastorna!
¡Echa el áncora, aferra, cierra,
  voga!"

Braman las aguas soberbias
Por la region procelosa,
Y á vueltas del torbellino
Los peces muestran las colas.
Los marineros se turban,
Los maestres se alborotan,
Toda la gente da gritos,
Y el general los entona:
„¡Olá, olá, que se trastorna!
¡Echa el áncora, aferra, cierra,
  voga!"

Los aires rompen las velas,
Y los mastiles destroncan,

Entra el agua embravecida
Por medio de naves todas.
Cual tabla calafatea,
Cual prepara pez y estopa,
Cual desmaya, y cual se
  anima,
Y cual dice con voz ronca:
„¡Olá, olá, que se trastorna!
¡Echa el áncora, aferra, cierra,
  voga!"

Los pequeños barcos se hunden,
Las gruesas naves se afondan,
Y la gente agonizando
Sus abogados invocan.
Andan en gabias grumetes,
Pilotos de popa á proa;
Y como dan al traves,
Dicen el alma á la boca:
„¡Olá, olá, que se trastorna!
¡Echa el áncora, aferra, cierra,
  voga!"

71.

Pide limosna á una buena señora una gitana, celebrándole sus
gracias y buenas prendas, y prometiéndole venturas.

Galana cara de rosa,
Dame por amor de Dios
Con que pasemos los dos
Esta vida trabajosa.
¡Asi te veas dichosa
De los reinos celestiales!
De tus manos liberales
Dame agora alguna cosa.

Dame ya por Dios, Señora,
De tu mano un dinerico
Para mi hijo Juanico
Por la gracia que en ti mora.

Dame caridad agora,
Pues por Dios te la demando.
No me hagas ir penando,
Ojicos de matadora.

Mucho bien se te procura,
Serás bienaventurada.
Dame ya, Señora honrada,
Para esta criatura,
Dame por la sepultura
De aquel que murió por nos.
Dame, ¡ansi te vala Dios!
Y decirte la ventura:

Dichosa tienes de ser
Y del divinal poder
Favorecida;
De todo el mundo querida
Siempre serás;
Largos dias vivirás,
Señora honrada.
Serás bienaventurada
Con tu marido;
En las armas de Cupido
Has de vencer
Los galanes, y los hacer
Ya tus cautivos,
Pues todos los que hoy son vivos,
Por tí padecen;
Á muchos trabajos se ofrecen,
Por contentarte;
De penas les das gran parte,
Por ser graciosa;
Nunca fuistes maliciosa
Ni traidora;
Condicion de gran señora
Tienes por cierto;
Un gentilhombre va muerto
Por tu beldad,
Y te ama de verdad;
Tú no lo sabes;
En tanta gracia le cabes,
Que bien te quiere;
Y por tí viviendo, muere
Muy de secreto;
Y es tu cautivo y sugeto,
Segun es fama,
Por ser tan graciosa dama,
Segun tú eres;
De los hombres y mugeres
Eres bienquista;
Á muchos matas con tu vista,
Por ser tan bella,
Garrida como una estrella
De la mañana;
Estás, Señora galana,

Hecha de oro;
En tu casa gran tesoro
Está escondido;
El bien te verná cumplido,
Garridica.
Dame, graciosica,
De tus haberes,
Pues tan piadosa eres
Del que mal pasa;
Liberal eres y no escasa
En condiciones;
De las misas y sermones
Eres devota;
Al pobre y persona rota
Cobrir deseas;
En bien obrar te recreas,
Segun es visto;
Devota de Jesú Cristo
Es tu oficio;
Muéstraslo, pues dan indicio
Tus obras buenas;
Las calles van todas llenas
De tus loores;
Muchos matan tus amores
Sin esperanza;
Ninguno cierto te alcanza
De servirte;
Mercedes quieren pedirte
Con razon;
Que les sueltes la prision
Con que los matas.
¿Porqué, Señora, maltratas
El que es tuyo?
Con esto mi bien concluyo;
Que tu ventura,
Tu suerte y dicha segura
Bien cierta está,
Pues que Dios te la dará.
Pues te he dicho la ventura.
Mi Señora,
Dame un dinerico agora
Para esta criatura.

72.

La gitana pide al caballero, lisonjeándole asi como á la señora.

Galano enamoradico,
Cara de buena ventura,
Dame, que te veas rico,
Para este cachorrico;
¡Que Dios quite tu tristura!
Bien haces á todo el mundo,
Á ningun causas daño,
No tienes par ni segundo;
Y en virtud, segun que fundo,
Liberal vas sin engaño.

Muchos pensamientos tienes,
Asi vas asi rodando;
No te mates ni te penes;
Que en el amor de los desdenes
Andas ahora navegando.
Si dices: ,,¿De quien, gitana?''
Ya lo sabes tú de quien,
En la mar, en una galera,
Que por virtud soberana
Yo sé que te quiere bien.

Cierto, cierto, sin dudar,
Te quiere mas que á su vida;
No puede disimular,
Siento tanto su pesar,
Que vive muy dolorida.

En esto quiero servirte;
Amuéstrame acá esa mano;
Que cierto quiero decirte,
Y un secreto descubrirte,
Que vivirás muy ufano.

Enantes de muchos dias
Estareis juntos los dos
Fuera de todas porfías,
Revueltos en alegrías;
Por la fé que debo á Dios,
Gozarásla deseado;
Muy contento y largo tiempo
Vivirás aconsolado,
Con dos niñitos al lado,
Que te darán pasatiempo.

No te correrá fortuna,
Ni de bien serás desnudo,
No temas cosa ninguna;
Muger no tendrás mas de una,
Ni menos serás cornudo.
Saca, saca, venturoso,
Ya siquiera un dinerico,
Enamorado gracioso;
Que Dios te hará dichoso,
Si alegrares á Juanico.

Las dos composiciones que anteceden, sacadas del Cancionero de enamorados, reproducen no sin ingenio y chiste las zalamerías verbosas de los gitanos, que en otros tiempos solian molestar á los que vivian en España con ofrecerles servirles, diciéndoles la buena ventura.   **D.**

73.

Avísase á un mancebo que no fíe de sus amores.

En los tus amores
Carillo, no fíes;
Cata que no llores
Lo que agora ríes.

¿No ves tú la luna,
Carillo, menguarse,
Y amor y fortuna
Que suele mudarse,
Y suele pagarse?
De amores no fíes;
Cata que no llores
Lo que agora ríes.

Guárdate, carillo,
No estés tan ufano,
Porque en el verano
Canta bien el grillo.
De amores no fíes;

Cata que no llores
Lo que agora ríes.

Donde te desvías,
Escúchame un cacho;
Que Amor es muchacho,
Y hace niñerías,
Ni iguales son dias.
De amores no fíes;
Cata que no llores
Lo que agora ríes.

Ni siempre es de dia,
Ni siempre hace escuro;
Ni el bien ni alegría
Es siempre seguro;
Que Amor es perjuro.
De amores no fíes;
Cata que no llores
Lo que agora ríes.

Está sacado el romance anterior del Cancionero de enamorados.

D.

74.

Va el caballero de luto, llorando y gritando por haber perdido á su amiga, y metiéndose en una espesa montaña, allí se entrega á su dolor, haciendo mil pruebas de su pena y de lo que amaba á la difunta.

Gritando va el caballero,
Publicando su gran mal,
Vestidas ropas de luto,
Aforradas en sayal,

Por los montes sin camino,
Con dolor y suspirar,

Y llorando á pie descalzo,
Jurando de no tornar

Adonde viese mugeres,
Por nunca se consolar
Con otro nuevo cuidado
Que le hiciese olvidar

La memoria de su amiga,
Que murió sin la gozar.
Va buscar las tierras solas,
Para en ellas habitar.

En una montaña espesa,
No cercana de lugar,
Hizo casa de tristura
(Que es dolor de la nombrar)

De una madera amarilla,
Que llaman desesperar,
Paredes de canto negro,
Y tambien negra la cal.

Las tejas puso leonadas
Sobre tablas de pesar;
El suelo hizo de plomo,
Porque es pardillo metal,

Las puertas chapadas dello,
Por su trabajo mostrar;
Y sembró por cima el suelo
Secas hojas de parral;

Que adó no se esperan
          bienes,
Esperanza no ha de estar.
En aquesta casa escura,
Que hizo para penar,

Hace mas estrecha vida,
Que los frailes del Paular;
Que duerme sobre sarmientos,
Y aquellos son su manjar.

Lo que llora es lo que bebe,
Y aquello torna á llorar
No mas de una vez al dia,
Por mas se debilitar.

Del color de la madera
Mandó una pared pintar;

Un dosel de blanca seda
En ella mandó parar.

Y de muy blanco alabastro
Hizo labrar un altar
Con canfura betunado,
De raso blanco el frontal.

Puso el bulto de su amiga
En él, por le contemplar;
El cuerpo de plata fina,
El rostro era de cristal.

Un brial vestido blanco
De damasco singular;
Mongril de blanco brocado,
Forrado en blanco cendal;

Sembrado de lunas llenas,
Señal de casta final.
En la cabeza le puso
Una corona real,

Guarnecida de castañas
Cogidas del castañal.
Lo que dice la castaña,
Es cosa muy de notar:
Las cinco letras primeras
El nombre de la sin par.

Murió de veinte y dos años,
Por mas lástima dejar.
¿La su gentil hermosura
Quien es que la sepa loar?

Que es mayor que la tristura
Del que la mandó pintar.
En lo que él pasa su vida,
Es en él siempre mirar.

Cerró la puerta al placer,
Abrió la puerta al pesar;

Abrióla para quedarse,
Pero no para tornar.

75.

Píntase el hermoso bajel donde embarcado Arnaute Mami sale
de Argel á la mar, y como viendo lloroso á su cautivo el Español
Lisardo, y sabiendo que por amores llora, le pone en libertad,
desembarcándole junto á Marsella.

Del ancho muelle de Argel,
De Turcos bien guarnecido,
Sale un lucido bajel
Con el bastardo tendido,

Surcando el salado charco;
Que el Dios Neptuno gobierna
Su licor amargo adonde
Están las marinas deas.

El fuerte Arnaute Mamí
En una fustilla nueva,
Que por su valor la dicen
Capitana de Biserta.

Lleva la popa dorada,
Medio pardas las entenas,
Proa y aspolon azul,
Con la palamenta negra.

De ajedres es la crujía,
Donde los forzados reman,
Fanal de cristal dorado,
Por divisa una Medea.

Es el viento en su favor,
Una tramontana fresca,
Viento que nace y se parte
De las islas de Ginebra.

Va la chusma sosegada,
Porque con vientos navega,

Y á la vista de Turin,
Poco mas de media legua,
Se meten en una cala,
Y están esperando presa.

Y al cabo de poco rato
Se quedan en calma muerta;
Todos los forzados duermen,
Porque tienen centinela.

Solo Lisardo lloraba,
Y en su Sirena contempla.
Como ve que todos duermen,
Les dice: „¡Quien duerme,
duerma!
Yo velo las sinrazones
Que mi corazon despiertan.“

Y tomando un instrumento,
Concertando iba las cuerdas,
La prima con la segunda,.
La cuarta con la tercera.

Á sus locas fantasías
Les dice desta manera.
„Ingrata, y Señora mia,
¿Como de mí no te acuerdas?
Siendo Élena en hermosura,
Medusa en crueldad no seas.“

Oido lo ha el capitan,
Y movido de sus quejas,

Le dice: „Cristiano amigo,
¿Qué tienes que te lamentas?

„¿Trátate el cómitre mal,
Azótate cuando remas,
Ó estando en el vogavante,
La cadena acaso pesa?

„Dímelo, que á fé de Moro,
Que mi palabra te empeño
De poner remedio en todo,
Por mi divino profeta."

„Fuerte Mamí, le responde
El Cristiano con vergüenza,
Los instrumentos del alma
Me han quedado, que es la lengua.

„Amé una dama en España,
Á quien la naturaleza
Puso dos soles que alcanzan
Á todo el mundo de cuenta.

„Esta me pidió el amor,
Y pidióla tan estrecha,
Que teniendo el padre alcalde,
Me desterró á larga ausencia."

Detúvole el Moro, y dijo:
„¡Por la fé [1]) que me sustenta
De no estorbar el vivir
Á la que en tu pecho reina!

„Quiero darte libertad,
Podrá ser, que cuando vuelvas,
Viéndote como cautivo,
De tu mal se compadezca.

„Y pedirásle limosna,
Y cuando la mano extienda,
Tomarásla con la tuya,
Y humildemente la besa.

„Y despues que le hayas dado
Infinitas encomiendas,
Le dirás de parte mia
Que te liberté por ella."

Y llamando un renegado,
Manda que toquen á leva;
Y á la voz de un ronco pito
Alzan áncoras y velas,

Hasta poner el cautivo
En las pomas de Marsella;
Y abrazándole, le dice:
„En España te pusiera;

„Mas dicen que seis bajeles
Van en corso á Cartagena;
No por hacerte á ti bien,
Quieras que á mí mal me venga."

Quedóse el Cristiano eleto
Movido de tal clemencia,
Y ellos á voga arrancada
Se vuelven para su tierra.

Este romance hubo de correr con gran favor entre el vulgo, pues
suele andar impreso en pliegos sueltos entre otras canciones popu-
lares. Está, así como en otras ediciones, en una coleccioncilla de
cinco hojas en 4., cuyo título es: „Cinco romances famosos." Za-
ragosa, 1679.   **D.**

---

1) Por Alá.

76.

Historia de Laurencia Malagueña, y como estando cercana á casarse, cayó cautiva de Moros juntamente con su novio Melchor de Iglesias, y como enamoró á este una Mora que le habia comprado, resistiendo él á sus amores y peticion de que se hiciese Moro, y de lo que despues avino á ambos amantes, hasta que al fin lograron escapar del cautiverio y venir á tierra de Cristianos, adonde se casaron.

Málaga, cuyas murallas
Combate el mar soberbio,
El mayor puerto es del mar,
Que tiene el rey en su reino.

En esta ciudad vivia
Junto á la calle nueva
Una señora, que llaman
Doña Juana de Cabrera.

Esta tal tenia una hija,
Que se llamaba Laurencia,
Mas linda que el sol que sale,
Mas bella que las estrellas.

Tratáronla de casar
Con un hijo de la tierra;
Es galan y gentil mozo,
Llamado Melchor de Iglesias.

Tanto se quieren los dos,
Mas que el agua á la tierra;
Se fueron á pasear
Por la marina afuera.

Víspera era de san Juan,
Se van á holgar unas fiestas
Por la marina arriba,
Y muchas damas con ella.

Se adelantaron los dos,
El buen Melchor y Laurencia,
Cuando de una fuerte roca
Saltan los Moros á tierra.

Encautivaron los dos,
El buen Melchor y Laurencia;
Mas Laurencia que se ha visto
En poder de gente agena,

No hay llanto que llegue al suyo,
Ni pena llega á su pena;
Ya no estima el oro fino
Que le adorna la cabeza,

Ni gargantilla de aljófar
Que su cuello la rodea.
Desde la orilla del agua
Vido á Málaga su tierra.

,,¡Á Dios, Málaga, le dice,
Á Dios, mi patria bella!
¡Á Dios, madre de mi vida!
¡Ay que los Moros me llevan!''

La mañana de san Juan,
Cuando el sol tiende sus velas,
En la plaza de Argel
Ya los sacaron á venda.

Los compró una Mora rica
De gran linage y hacienda;
Mas no son cabales siete años,
Sin que el rescate les fuese.

Mas el demonio es sutil,
Que continuamente vela,
Cuando se aficionó la Mora
De esto buen Melchor de Iglesias.

Le dice: „Sabrás, Melchor,
Que tu amor me causa pena;
Si te vuelves á mi ley,
Y adoras á mi profeta,

„Tú te casarás conmigo,
Y gozarás de mi hacienda.“
Mas Melchor que tiene puestos
Los ojos en su Laurencia,

Le dice: „Mi ama y Señora,
Antes me traga la tierra,
Que no ofenda mi Dios
Ni á su ley verdadera.“

Desde aquel dia la Mora
Tuvo celos de Laurencia,
Pensando que era la causa
Que no se casase con ella.

Al punto la pone en precio,
Y que al instante la vende;
Compróla un Moro rico,
Que era de muy lejas tierras.

Laurencia, desque lo supo,
Muertecida cayó en tierra;
Y desque volvió en sí,
Dijo de aquesta manera:

„Fortuna larga y mudable,
Di, ¿qué quieres que no me dejas?
Que apenas tuve diez años,
Se llevó Dios á mi padre,

„Y agora, esposo del alma,
Me apartan de tu presencia.“
Mas Melchor que no dormia,
Con sobrada diligencia

Se ha salido al camino,
Y mata al Moro que la lleva,
Y mas cuatro mil ducados
Que lleva en su faltriquera.

Fuéronse á un monte espeso
Que de la mar está cerca;
Vieron un barco que estaba
Amarrado á las arenas.

Echan los remos al agua,
Y al viento una fresca vela;
Vela hizo de su camisa
La desgraciada Laurencia.

En dia y medio llegaron
Á ver las blancas almenas
De Málaga, ciudad rica,
Patria mia y mi consuelo.

Mas desque al puerto llegaron,
Mil veces besan la arena;
Van hacer oracion
Á la Vírgen, madre nuestra.

Y desque hicieron oracion,
Hácia su casa se fueron;
Pidieron una limosna
Á unos pobres forasteros.

Baja una hermana que tiene,
Que habia quedado pequeña,
Y no habiéndolos conocidos,
Dijo desta manera:

„Madre, aqui esta una muger,
Y viene un hombre con ella,
Que pide una limosna
Por la Vírgen del Remedio.“

„Diles no pasen delante;
Que aqui tendran la cena.“
Y despues de haber cenado,
Larga conversacion traban.

„¡Válgame Dios, mi Señora,
Y como se asemeja
Á una hija que tenia,
Que se llamaba Laurencia!

,,Allá la tienen los Moros,
No he sabido mas de ellas.''
,,Déme las señas, Señora,
Démelas por vida vuestra.''

,,Tiene los cabellos de oro,
Que á los suyos representan,
Con la nariz afilada,
Y la boquita de perlas.''

,, ¡Ay madre de mis entrañas,
Y lo que causa una ausencia!
¿Es posible, madre mia,
Que á mí no me conocieras,

,, Salida de tus entrañas,
La desdichada Laurencia?
Y este que ves á mi lado,
Es el buen Melchor de Iglesias.''

Y la madre que esto oyó,
Muertecida cayó en tierra,
Y despues de vuelta en sí,
Dos mil abrazos les diera.

El otro dia de mañana,
Los casaron en la iglesia.
¡Dios les haga bien casados,
Y les dé su gloria eterna!

Este romance corre impreso con el siguiente título: ,, Romance en que se da cuenta del mas maravilloso, raro y peregrino portento que se ha sucedido en la ciudad de Málaga. Barcelona. En la imprenta de Ant. Lacaballeria, año 1694.''

No va incluido aqui este romance sino como prueba del modo de tratar los romances y gusto del pueblo en el siglo XVII. Probable es que esta composicion fue hecha por un poeta Malagueño sobre un suceso recien pasado.   **D.**

Con razon dice el Señor D. que este romance antecedente va solo como muestra de las poesías en forma de romances, escritas para el vulgo y por él recibidas con aceptacion. No cabe cosa mas despreciable, considerado como poesía. Es pésimo su estilo, no mejor su lenguage, y abominable su versificacion. Tiene sin embargo muchos compañeros en los romances llamados de ciegos que en España se componian y siguen componiéndose, obra de gente sin instruccion alguna. No es justo medir ni aun el gusto de los últimos años del siglo XVII. ó los primeros del siglo XVIII., la época peor de la literatura y poesía castellana por semejantes obrillas. No eran buenos los romances de Gerardo Lobo, que escribia entonces, ni los de otros contemporáneos; pero puestos en cotejo con la obrilla que antecede, parecen prodigios de estilo y lenguage. Hoy mismo que desde que escribió Melendez se hacen romances bastante buenos, si bien no acaso como los antiguos, salen á luz romances parecidos al de que ahora aqui se trata. Pero dejando esto á parte, ¿ en la cultísima Francia no se imprimen complaintes y otras canciones ridiculísimas? Estas asi como el romance de Laurencia pueden ser citadas

como documentos relativos á las costumbres y al gusto del vulgo en
sus respectivas tierras, pero no como partes del gran todo de las
poesías francesa ó española.   **A. G.**

77.

*Dase aviso á Gil de que no fie de pastoras, diciéndole cuantos
engaños usan las mugeres.*

No fies, Gil, de pastora;
Y si fiares de alguna,
Muda amores cada luna,
Como ellas cada hora.

No fies, y si fiares,
Fia dellas no de hecho.
Ama, teme no declares
Lo que está dentro en tu pecho.
Porque si ves que no mora
En ellas razon ninguna,
Muda amores cada luna,
Como ellas cada hora.

Si quieres que ellas desvíen
Pesares, y en tí no moren,

Ni te fies, cuando rien,
Ni te engañen, cuando lloren.
Si es quien tu alma adora
En desdenes importuna,
Muda amores cada luna,
Como ellas cada hora.

Gil, engaño es y memoria
La muger de todo dado,
Y asi es mas que victoria
Engañar al mismo engaño.
Pues engaños atesora
La muger y la fortuna,
Muda amores cada luna,
Como ella cada hora.

El romance que antecede está sacado de „La Recopilacion de
muchas canciones para cantar á modo pastoril.“ Barcelona, 1677.
2 pliegos en 4.   **D.**

78.

*Pintase como venia Cupido por los elíseos campos con tres da-
mas presas, y como explica el dios de amor porque las castigaba,
pasando de ahi á dar avisos á los enamorados.*

Por los campos elíseos,
Do el Amor mas residia,
Sentí por un hondo valle,
Cuando el alba reia,

Llorar muy agramente,
Y por ver lo que seria,
Apartéme del camino
Mas de temor que osadía.

En esto vide á Cupido
Que en un carro triunfal venia.
Seis caballos le tiraban,
El auriga que regia

Era Páris con Orfeo,
Virgilio con su poesía,
Sin los otros que no cuento,
Que iban en su compañía.

Especialmente tres damas
Llevaba de gran valía,
Presas encima del carro,
Llorando con agonía,

En una cadena atadas,
Que el ver lástima ponia.
Yo preguntando el porque,
Cupido me respondia:

„La una es, porque burlaba
De quien con fé la servia;

La segunda, porque á muchos
De amor cara les hacia;

„La postrera que á su amante
La promesa no cumplia.
Y porque tu aviso des
De lo que aqui se hacia;

„Di á las damas que cualquiera
Que en estos casos caeria,
Llevaré presa cual estas
Á una cárcel do no habia

„Luz, deporte ni descanso,
Ni descanso ni alegría."
Despues que esto me hubo
      dicho,
Cupido siguió su via.

Por esos avisos, Señora
De mi alma y vida mia,
No caigais en ningun caso
De aquestos que os repetia.

El anterior romauce está sacado del Cancionero de enamorados.

D.

79.

Descripcion de la isla de Cucaña, y de los regalos y holgura que en ella se gozan.

Desde el sur al norte frio,
Desde el oriente al ocaso,
La fama con trompas de oro
Publique en acentos claros

El suceso mas famoso,
Y el mas prodigioso hallazgo
Que el dorado sol registra
Luz á luz y rayo á rayo.

Es el caso que un navío
Del general Don Fernando,
Surcando del dios Neptuno
El mal sazonado charco,

Ha descubierto una isla,
Cuyos garifos espacios
Ó son jardines de Vénus,
O son pénsiles de Baco.

Cuyas casas eminentes,
Cuyos rumbosos palacios
Ó brillan con margaritas,
Ó deslumbran con topacios.

Sus fachadas y paredes
Todas son piedra mármol,
De marfiles espejosos,
Y cándidos alabastros.

Sus cuadras, sus aposentos,
Todos están entoldados
De tela de plata y oro,
Y brocado de tres altos.

Bufetes de filigrana,
Escritorios de oro vario,
Baules de pedrería,
Camas de cristal cuajado.

Sábanas de holanda prima,
Colchas de vistosos lazos,
Mantas de olorosas felpas,
Colchones de pluma blandos.

Llámase esta Ciudad Rica,
Isla deliciosa, y tanto,
Que alli ninguna persona
Puede aplicarse al trabajo.

Y al que trabaja, le dan
Docientos azotes agrios,
Y sin orejas le arrojan
De esta tierra desterrado.

Alli todo es pasatiempos,
Salud, contento y regalos,
Alegría, regocijos,
Placeres, gozos y aplausos.

Vívese alli comunmente
Lo menos seiscientos años,
Sin hacerse jamas viejos,
Y mueren de riso al cabo.

Las calles de esta ciudad
Hacen con curioso ornato
De ébanos y de marfiles
Vistosos encajonados.

Las murallas que la cercan,
Siendo de bronce dorado,
Tienen de cerco de diez le-
    guas,
Y de ancho doscientos pasos.

Doce principales puertas
Que están   diamantes   bri-
    llando,
Paso á la ciudad ofrecen;
Pero defienden el paso

Dos guardas en cada una,
Que hechas vigilantes Argos,
No dejan entrar adentro
Pesares, congojas, llantos.

Solo la entrada franquean
Las guardas á todos cuantos
Forasteros quieren ir,
Y lo que pasa en llegando

Es que salen diez doncellas
Vestidas de azul y blanco,
Tan bizarras como hermosas,
Y con instrumentos varios.

Le llevan en medio de ellas
Á un riquísimo palacio,
De que tome posesion,
Á su obediencia quedando

Las damas, para asistir
Á su servicio y regalo.
Y de quince en quince dias
Ó de mes á mes lo largo

Vienen otras diez donzellas
De refresco y con regalos,
Que son hechizos de Amor,
Y de la hermosura encanto.

Es tan rica esta ciudad,
Y es abastecida tanto,
Que si acierta á describirlo,
Mi pluma será un milagro.

Primeramente hay en ella
Á trechos proporcionados
Treinta mil hornos, y todos
Tienen, sin costar un cuarto,

Con abundancia molletes,
Pan de aceite azucarado,
Bizcochos de mil maneras,
Chullas de tocino magro.

Empanadas excelentes
De pichonas y gazapos,
De pollos y de conejos,
De faisanes y de pabos.

De lampreas, de salmones,
De atunas, truchas y barbos,
De sabogas y besugos,
Y de otros muchos pescados.

Pastelones de ternera,
Lechoncillos bien tostados,
Tortadas de varios dulces,
Y de sazonados agrios.

Cazuelas de codornizes,
De arroz, tórtolas y gansos,
Y de otros pájaros bobos,
Sabrosos y extraordinarios.

Hay un mar de vino griego,
Otro de san Martin blanco,
Dos rios de Malvasía,
De vino moscatel cuatro,

De hipocrases tres arroyos,
De limonadas diez charcos,
De agua de limon y guindas,
Canela y anis seis lagos.

De vinagre blanco y tinto
Diez balías en breve espacio;
De aguardiente treinta pozos,
Los mas de ellos admizclados.

De agua dulce, clara y fresca
Doce mil fuentes, que es pasmo
Lo artificioso de todas,
Lo primoroso y lo vario.

De queso una gran montaña,
De mantecadas un campo.
De manjar blanco una dehesa,
Y de cuajada un barranco.

Un valle de mermeladas,
De mazapanes dos llanos,
De canelones dos montes,
De diacitron dos collados.

Hay de miel un largo rio,
Guarnecido y margenado
De arboledas, cuyos frutos
Son pellas de manjar blanco.

Hay ojaldres muy sabrosos,
Buñuelos almibarados,
Mantequillas, requesones
Y pepitos confitados.

Hay treinta acequias de aceite
Y un dilatado peñasco,
La mitad de queso fresco,
Y la otra mitad salado.

Hay diez y siete lagunas,
Continuamente manando,
Aceitunas como huevos,
Y alcaparrones tamaños.

Hay de leche un ancho rio
En muchas partes helado,
Otro de natas y azúcar,
Todo goloso brindando.

Hay una hermosa arboleda
Que tiene por todo el año
Peras, membrillos, camuesas,
Melocotones, duraznos,
Manzanas, granadas, higos,
Todo bueno y sazonado.

Hay campos que dan melones
Ya blancos, ya colorados,
Ya chinos, ya moscateles,
Ya escritos, y ya borrados.

Hay un espacioso bosque
Adonde nacen caballos
Andantes y corredores,
Ensillados y enfrenados,

Potros, yeguas, mulas, vacas,
Carneros, cabritos, gamos,
Corzos, cabras y terneras,
Jabalíes y venados.

Hay un millon de carrozas,
De coches un mare magnum,
De centeno y trigo montes,
De paja y cebada barríes.

Hay ciento y cincuenta cuevas
Que ninguna tiene amo,
Llenas de paños de Londres,
De sedas y de brocados,

Tafetanes y tabíes,
Espolines y damascos,
Toda variedad de sedas,
De lanas y de brocados.

Para las señoras damas
Hay tambien vestidos varios,
Muy llenos de plata y perlas,
Y de diamantes bordados,

Sin que falte cosa alguna
Que sea para su ornato;
Y todo lo dicho cuesta
Solo llegar y tomarlo.

Hay una hermosa alameda,
De cuyos copiosos ramos
Penden diversos vestidos,
Á cada cual ajustados:

Ropillas, guantes, coletos,
Sombreros, medias, zapatos,
Camisas, balonas, vueltas,
Calzones, ligas y lazos.

Hay cuatrocientas iglesias,
Hermitas y santuarios,
Todas de plata maciza
Y oro fino fabricados.

La riqueza de ornamentos,
De esculturas y retablos,
Considérelo el prudente,
Mientras lo envidia el avaro.

De nieve hay una montaña,
De virtud prodigio raro,
Que calienta en el invierno,
Y refresca en el verano.

Hay en cada casa un huerto,
De oro y plata fabricado,
Que es prodigio lo que abunda
De riquezas y regalos.

Á las cuatro esquinas de él
Hay cuatro cipreses altos;
El primero da perdices,
El segundo gallipavos;

El tercero cria conejos,
Y capones cria el cuarto;
Al pie de cada cipres
Hay un estanque cuajado,

Cual de doblones de á ocho,
Cual de doblones de á cuarto;
¡Ánimo pues, Caballeros,

Animo, pobres hidalgos!
Miserables buenas nuevas,
Albricias todo cuitado;

Que el que quisiere partirse
Á ver este nuevo pasmo,
Diez navíos salen juntos
De la Coruña este año.

Esta pintura hecha para el vulgo está sacada de un impreso en medio pliego en IV., cuyo titulo es: „Noticias ciertas en que se contiene el descubrimiento de una isla la mas rica y abundante de todo cuanto hai en el mundo, compuestas por un soldado que iba en el navío que la descubrió." En Zaragoza, por Manuel Roman.   Sin fecha.

Otra cancion vulgar hay, que comienza asi:

Oigan todos los nacidos,
Los que procuran tener
Vida golosa y saber
Nuevas buenas.
Vuelen de Flandes á Atenas,
De levante hasta poniente,
En cualquier ciudad potente
Y lugares,
Y es que el capitan Longares
De Sentlom y de Gorgas,
Con un bergantin no mas,
Navegando
No sé por donde ni cuando
Por el mar ocioso incierto,
Una isla ha descubierto
Fructuosa,
Tierra fértil, deleitosa,
Segun se suena ó blasona,
Llamada Xauxa (Jauja) ó Madrona.
Deleitable, etc.

é igualmente impresa en medio pliego en 4. con el título de: „El ventureso descubrimiento de las insulas de la nueva y fertil tierra de Xauxa (Jauja)." En Barcelona, 1660.   **D.**

Al paso que en Francia y otras tierras el pais de Cocagne (Cucaña en castellano) es el símbolo de imaginarias comodidades y venturas, en España (si bien Cucaña es conocida, como acreditan romances antes citados, y suele llamarse una cucaña á una gran buena fortuna) la isla de Jauja (asi se escribe hoy Xauxa) es la citada con preferencia como el puesto donde sin trabajo se tiene todo cuanto bueno hay en el mundo, ó cuanto la imaginacion ansiosa de deleites puede figurarse. **A. G.**

80.

Los amores de la morena.

Vanse mis amores,
Quiérenme dejar;
Aunque soy morena,
No soy de olvidar.

Vanse mis amores,
Yo no sé porque,
Pues no les mostré
Jamas disfavores.
Díganme: ¿Que errores
Pude yo engendrar?
Aunque soy morena,
No soy de olvidar.

Vase mi alegría
Y todo mi bien,
Vase aquel con quien
Descanso tenia,
Vase el que solia
Siempre me alegrar.
Aunque soy etc.

Vase la luz y alegría
De mi corazon,
Vase la ocasion
De eterna memoria,
Vase muy notoria
Mi vida sin par.
Aunque soy etc.

Si soy morenica,
Sé que no soy fea,
Para que se vea
Si algo se me aplica,
Pues soy graciosica
Para enamorar.
Aunque soy etc.

Si tengo muy ledo
Y moreno el gesto,
Lo que yo concedo,
Deshacer no puedo
Su ley ni quebrar.
Aunque soy etc.

Una extrangeruela
Pienso que mi amado
Me lo ha salteado,
Y en él se consuela.
Ya no hay quien se duela
De mi lamento.
Aunque soy etc.

Ora gusto y siento
Que la fé del hombre
Que la lleva el viento.
Mi amor y contento
Debiera mirar;
Que si soy morena,
No soy de olvidar.

Cancionero de enamorados.

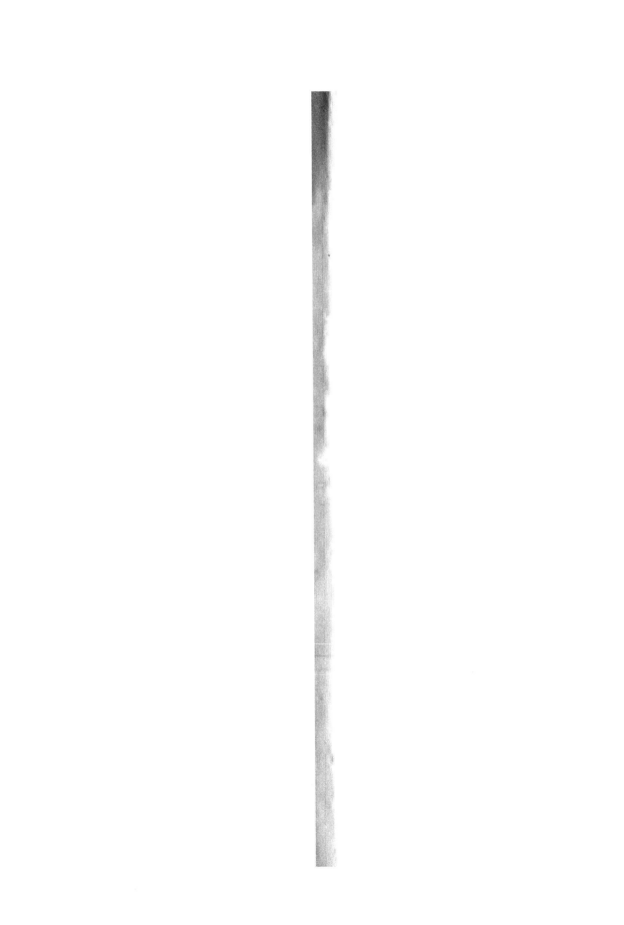

Lightning Source UK Ltd.
Milton Keynes UK
UKHW032219270122
397812UK00006B/356